中国語
音声学概論

［原　著］
林　燾・王理嘉
［改　訂］
王韞佳・王理嘉

梁　辰 訳

Kurosio
くろしお出版

©Peking University Press 2013

The Chinese edition is originally published by Peking University Press.

This translation is published by arrangement with Peking University Press, Beijing, China.

All rights reserved. No reproduction and distribution without permission.

目　次

図表目録 ix

訳序 xiii

改訂版序 xv

初版序 xxi

序論 1

1. 調音音声学 2

2. 音響音声学 3

3. 知覚音声学 3

第1章　音声の形成 11

1.1　音波について 11

  1.1.1　音の伝達 11

  1.1.2　振幅と周波数 14

  1.1.3　複合波とスペクトル 16

  1.1.4　音の共鳴作用 20

1.2　発声の仕組み 21

  1.2.1　音源 21

  1.2.2　音声エネルギーの基本 24

  1.2.3　喉頭と声帯 25

  1.2.4　音の共鳴腔 30

1.3　音声の知覚 34

  1.3.1　人の耳の構造 34

  1.3.2　聴覚と音声知覚 38

1.4　音声の分節と分類 40

iv | 目 次

第2章　母音 45

2.1　母音の性質 45
2.1.1　母音と子音 45
2.1.2　声道の共鳴と母音の音色 47

2.2　母音の分類 48
2.2.1　母音の分類基準 48
2.2.2　基本母音と母音の舌位置の図 50
2.2.3　舌尖母音、反り舌母音、鼻母音 55
2.2.4　母音の長さと緩み 58

2.3　中国語普通話の単母音 61

2.4　母音の音響的特徴 64
2.4.1　声道とフォルマント 64
2.4.2　母音のスペクトログラム 67
2.4.3　母音の調音の仕組みとフォルマントとの関係 70

第3章　子音 77

3.1　子音の調音位置 77
3.1.1　唇 78
3.1.2　舌尖 78
3.1.3　後部歯茎 79
3.1.4　舌面 79
3.1.5　口蓋垂 80
3.1.6　咽頭と声門 81

3.2　調音方法 82

3.3　その他の性質 88
3.3.1　有声性と気息 88
3.3.2　その他の付加的な特徴 93
3.3.3　非肺臓気流音 94

3.4　中国語普通話の子音 96
3.4.1　中国語普通話の子音の調音位置 96

目 次 | v

3.4.2 中国語普通話の子音の調音方法	102
3.5 子音の音響的特徴	105
3.5.1 調音方法と調音位置の音響特性	105
3.5.2 音響的手がかり（acoustic cue）と有声開始時間	110

第4章 音節と音節構造 119

4.1 音節の区切り方	119
4.2 音節構造	123
4.2.1 音節構造の分類と同化	123
4.2.2 音節における母音連結——重母音	127
4.2.3 音節における子音連結——子音結合	130
4.3 中国語の音節構造	133
4.3.1 中国語の音節構造の特徴	133
4.3.2 声母、韻母と四呼	136
4.4 中国語普通話の音節構造	138
4.4.1 中国語普通話の声母	139
4.4.2 中国語普通話の韻母	144
4.4.3 中国語普通話における声母と韻母の組み合わせ	156

第5章 声調 163

5.1 声調の性質	163
5.1.1 声調言語と無声調言語	163
5.1.2 調値と調類	165
5.2 中国語の声調	170
5.2.1 平上去入と陰陽	170
5.2.2 中国語普通話の四声	172
5.2.3 中国語方言の調類	175
5.2.4 入声について	178
5.3 声調の知覚と測定	183
5.3.1 声調の知覚	183

vi | 目 次

| | 5.3.2 | 声調の測定 | 185 |
| | 5.3.3 | 基本周波数から 5 段表調法への変換 | 186 |

第6章　音連続における音の変異 ... 191

6.1	変異の性質	191
	6.1.1	条件変異と自由変異	191
	6.1.2	よく見られる変異の形式	194
6.2	連続変調	200
	6.2.1	連続変調の性質	200
	6.2.2	連続変調の分類	203
	6.2.3	中国語普通話における連続変調	206
6.3	中国語の r 化	209
	6.3.1	中国語 r 化の特徴	209
	6.3.2	中国語普通話の r 化韻	213

第7章　韻律 ... 219

7.1	語強勢と文強勢	219
	7.1.1	語強勢	220
	7.1.2	中国語の軽音と軽声	222
7.2	文強勢	227
	7.2.1	文強勢の分類と分布	227
	7.2.2	文強勢の音声的特徴	229
7.3	リズム	232
	7.3.1	フット	233
	7.3.2	停延	235
	7.3.3	韻律構造と文法構造	235
7.4	イントネーション	237
	7.4.1	字の声調とイントネーション	237
	7.4.2	イントネーション構造	241
	7.4.3	普通話の陳述イントネーションと疑問イントネーション	242

目　次 | vii

第8章　音声学と音韻論 249
8.1　音素と音素帰納 249
8.2　音素帰納の作業原則 252
8.3　音素と異音 260
8.4　音素の集合と配列 265
8.5　音素帰納の多様性 273
8.6　音韻論と弁別的素性理論 285
8.6.1　音素から弁別的素性へ 285
8.6.2　弁別的素性理論の根本──二項対立 287
8.6.3　弁別的素性と今日の音素論 290

第9章　中国語普通話の音素帰納 297
9.1　中国語普通話の韻母の精密表記 297
9.2　中国語普通話の高位母音音素 300
9.2.1　[ɿ]、[ʅ]、[i] に関する音素の分割と統合について 300
9.2.2　高位母音群の音素帰納に関するその他の問題 305
9.3　中国語普通話の中位母音音素 309
9.3.1　[e]、[ɛ]（[ɛ]）、[ə]、[ʌ]、[ɤ]、[o] に関する音素の分割と
統合について 309
9.3.2　反り舌母音 [ɚ]（[ər]）について 312
9.4　中国語普通話の低位母音音素 316
9.5　中国語普通話の子音音素と調素 321
9.5.1　中国語普通話の子音音素 321
9.5.2　ゼロ声母の子音音素としての位置づけについて 324
9.5.3　子音音素の主たる異音 327
9.5.4　中国語普通話の声調体系 333
9.6　異なる体系による2つの音素帰納 339

第10章　中国語ピンイン方案と中国語普通話音素の関係 345
10.1　字母と音 345

viii | 目　次

10.2　中国語ピンイン字母と中国語普通話音素の対応 350

10.3　声母表における字母と音声の対応関係 353

10.4　韻母表における字母と音声の対応関係 358

10.5　中国語ピンイン方案と中国語普通話の簡略表記、精密表記と
　　　の対照 370

訳注の参考文献 375

原著の主要な参考文献 379

索引 383

図表目録

図

図 1-1	水波における水の粒子の振動と波の進行方向	12
図 1-2	空気の粒子の振動と音波の進行方向	13
図 1-3	振り子の「振動」の波形	13
図 1-4	音波の波形	14
図 1-5	峰と谷の頻度が同じで振幅が異なる2つの音波の波形	15
図 1-6	周期が異なる2つの音波	16
図 1-7	2つの純音とそれらを組み合わせた複合音の波形	18
図 1-8	図 1-7 に示す複合音 C のスペクトル	18
図 1-9	ピアノの音とクラリネットの音のスペクトル	19
図 1-10	人の音声器官	22
図 1-11	普通話の母音 ɑ [a] の調音における声門波の一部	23
図 1-12	普通話の摩擦音 s [s] の波形の一部	23
図 1-13	普通話の「大地」の発音の波形	24
図 1-14	喉頭の構造	26
図 1-15	発声するときとしないときの喉頭の状態	27
図 1-16	声門開閉の冠状断面の解剖模式図	27
図 1-17	声門の4つの状態	28
図 1-18	喉頭原音の模擬波形	29
図 1-19	声道の正中矢状断面図	31
図 1-20	口腔における調音器官	32
図 1-21	口音（A）、鼻音（B）、鼻音化音（C）の調音における口腔の正中矢状断面図	34
図 1-22	耳の構造	35
図 1-23	蝸牛の横断面図とコルチ器	37
図 2-1	ɑ と i の調音における口腔の状態	47

x | 図表目録

図 2-2 　母音 ɑ、i、u に見られる舌の可動範囲 50

図 2-3 　舌の可動範囲 51

図 2-4 　8 つの第 1 次基本母音の舌の位置 52

図 2-5 　よく使われる母音の舌の位置 53

図 2-6 　母音の舌の位置 54

図 2-7 　舌尖母音 [ɿ] と [ʅ] の舌の形状 56

図 2-8 　普通話の舌面単母音の舌の位置 64

図 2-9 　声道における共鳴と母音の音色 65

図 2-10 　基本周波数が異なり音色が同じである 2 つの母音のスペクトル 66

図 2-11 　母音 [i]、[e]、[ɛ]、[a] のスペクトログラム 68

図 2-12 　普通話の 8 つの単母音における第 1 〜第 3 フォルマントの配置 ... 70

図 2-13 　普通話における 6 つの舌面母音の F_1-F_2 図 72

図 3-1 　声道における 11 の調音位置 77

図 3-2 　破裂音、摩擦音、破擦音のスペクトログラム 106

図 3-3 　「大地」と「大事」のスペクトログラム 107

図 3-4 　無声―有声摩擦音、無声―有声破裂音のスペクトログラム 107

図 3-5 　無気音と有気音のスペクトログラム 108

図 3-6 　側面接近音と鼻音のスペクトログラム 109

図 3-7 　[t] に異なる母音が後続するときのフォルマント遷移 112

図 3-8 　[t] のローカス 113

図 3-9 　[pa]、[ta]、[ka] それぞれにおける [a] のフォルマント遷移 113

図 3-10 　[apa]、[ata]、[aka] のスペクトログラム 114

図 3-11 　5 つの異なる子音の VOT 115

図 4-1 　「北京大学」の可聴度の変化 120

図 4-2 　「大衣」と「吳阿姨」の可聴度の変化 121

図 4-3 　[i]、[a]、[ia] のスペクトログラム 128

図 4-4 　[ai]、[ia]、[iau] のスペクトログラム 129

図 4-T1 　中国語の音節構造の枠組み 137

図 4-5 　普通話における前響複韻母の調音過程 146

図 5-1 　5 段表調法による北京方言の四声の形 166

図表目録 | xi

図 5-2　普通話の 4 声調のピッチ曲線 187

図 7-1　軽音を含む普通話の 4 語の波形とピッチ曲線 224

図 7-2　異なる位置に現れる文強勢 230

図 7-3　異なる 4 つの声調が文末以外の位置で文強勢を担う場合の
　　　　波形とピッチ曲線 232

図 7-4　英語における陳述文のイントネーション 238

図 7-5　普通話における陳述文のピッチ曲線 239

図 7-6　イントネーション頭部、核、尾部 242

図 7-7　イントネーション核の位置による文全体の調域上限の推移 243

図 7-8　普通話の陳述イントネーションと疑問イントネーション 244

図 7-9　3 種類の疑問文と陳述文のイントネーション 245

表

表 3-1　国際音声字母の簡略表 97

表 3-2　国際音声字母表（2015 年改訂版）.. 98

表 3-3　有気—無気で対立する破裂音、破擦音を上下に重ねて配列した
　　　　普通話の子音表 104

表 4-T1　中国語の 4 方言における 14 種類の音節構造とその語例 134

表 4-1　普通話の声母表 140

表 4-T2　普通話において合口呼韻母に先行する反り舌声母の諸方言
　　　　における発音 141

表 4-T3　普通話の反り舌接近音 [r] の諸方言における発音 142

表 4-T4　普通話の [f-]、[xu-] の諸方言における発音 142

表 4-T5　普通話における [l]、[n] の諸方言における発音 143

表 4-2　普通話の韻母表 151

表 4-T6　普通話における [ɿ]、[ʅ] の諸方言における発音 152

表 4-T7　普通話の [ər] の諸方言における発音 152

表 4-T8　普通話の撮口呼韻母の西南方言、ビン方言、ハッカ方言
　　　　における発音 153

表 4-T9　普通話で合口呼として発音される字の諸方言における発音 153

xii | 図表目録

表 4-T10 普通話で複韻母として発音される字の広州方言における発音...154

表 4-T11 中国語諸方言における単韻母化傾向......................................155

表 4-T12 普通話と方言における鼻音韻尾 156

表 4-3 中国語における声母と韻母の組み合わせ 157

表 4-T13 普通話の [tɕ]、[tɕʰ]、[ɕ] の方言における区別 159

表 5-1 16 の現代中国語方言の調類と中古中国語の声調との対応.........179

表 5-2 中国語の方言における入声字の発音 182

表 6-1 北京方言の r 化韻と本来の韻母との対応 215

表 8-1 普通話の音節における声母と韻母の配列 271

表 8-2 いくつかの母音と子音の弁別的素性の値のマトリックス...........289

表 8-3 普通話音素の弁別的素性 292

表 9-1 単韻母 i に関する 2 種類の音素帰納案 301

表 9-2 /i/ の異音と音環境 305

表 9-3 /u/ の異音と音環境 306

表 9-4 /y/ の異音と音環境 309

表 9-5 普通話における中位母音の分布 309

表 9-6 /e/ と /o/ の異音と音環境 315

表 9-7 /a/ の異音と音環境 321

表 9-8 普通話の子音における多重の相補分布 323

表 9-9 [tɕ] を /k/ に帰属させた場合の [tɕ] と [k] の音環境......................323

表 9-10 [ɕ] を /s/ に帰属させた場合の [ɕ] と [s] の音環境......................324

表 9-11 普通話の調素と異音 337

表 9-12 韻素と国語注音符号における韻母表との対照..........................343

表 10-1 中国語ピンイン方案の声母表 354

表 10-2 中国語ピンイン方案の韻母表 359

表 10-3 ピンイン表記と普通話の簡略表記、精密表記との対照.............372

付録 1 中国語ピンイン方案の字母表 374

訳序

2011 年、訳者が名古屋大学大学院修士課程で音声学を専門分野に選んでから、早くも 10 年余りが過ぎた。この間、日本語と中国語の音声をさまざまな面から比較し、研究を行う中で、日本における中国語音声学の専門書が不足していることを痛感した。日本には中国語を母語として日本語を学ぶ留学生が最も多く、日中音声の対照研究も盛んに行われているにもかかわらず、日本語で書かれた中国語音声の専門的な解説書はきわめて限られている。その一方で、中国語音声学には中国で古くから使われている用語や表現が多く、中国語が使いこなせても、中国語で書かれた音声学の書籍を読むのに困難を覚える研究者は多い。

この状況を少しでも改善するために、日本語非母語話者というハンデがあっても、出版費用の一部を個人で負担しても、訳者は本書の日本語訳を出版することを決断した。翻訳の日本語については、幸い、名古屋大学大学院博士課程在学中に指導教授であった成田克史名古屋大学名誉教授が校閲を引き受けてくださることになった。教授にはほかにも内容にかかわるさまざまなご指摘、ご助言をいただいた。ここに記して感謝申し上げる。

本書の原著は林燾・王理嘉（著）、王韞佳・王理嘉（増訂）『语音学教程』北京：北京大学出版社 2013 年 8 月発行第 1 刷である。ただし、次の理由で原著と異なる点があることをお断りしておく。1. 原著では本文中にかっこでくくられている出典や補足説明などを、この日本語訳では日本の学術書の慣習に合わせて脚注に移し、「（原注）」と記して示している。2. 研究の進展などによって翻訳の時点で修正する必要があると思われた約 120 箇所の記述を、原著者である北京大学王韞佳教授の了解を得て、「△......▽」のように始点と終点を明示して修正している。また図 1-9 や図 2-10 など、訳者が新たに作図したものもある。これらの図は中国語版が再び改訂される場合にも使用される予定である。3. 原著をすべて翻訳し終え、王韞佳教授と修正箇所について相談した際に教授から、原著が刷を重ねるたびに修正を行ったという話があった。現時点での最新版は 2022 年 8 月発行第 9 刷である。その

後、北京大学出版社に尋ねたところ、紙媒体の本を送ってくださったが、日本語版の出版の締め切りに間に合わせるためにこれを第1刷と逐一比較することはできなかった。その代わり、王韞佳教授から過去の修正箇所をまとめた一覧をいただき、同じく「△......▽」で明示して第1刷の日本語訳を修正している。こうした修正に当たり、細かい相談に乗ってくださり、対応してくださった王韞佳教授に厚くお礼申し上げたい。

　また、日本語版では第1章から第10章における記号の使用や表現をできるだけ一致させているものの、不一致の箇所がまだ残る。例えば、中国語の声母rを第1章から第7章で反り舌接近音 [ɻ] で表記しているのに対して、第8章から第10章では有声反り舌摩擦音 [ʐ] で表記している。第8章から第10章をそれ以前の章に合わせようとしたが、表8-3にかかわる記述など、字母を変えることで記述の論理が通らなくなる箇所もあり、それらの修正については原著の改訂を待たなければならない。

　著者も述べているとおり、本書にはまだ改善の余地があるが、本書は中国語音声の単音から韻律に至る各領域のすべての重要課題を取り上げて専門的視点からきわめて詳細な説明を行っているほか、中国語普通話（標準中国語）からだけでなく、中国語諸方言や少数民族言語からの例も多数取り入れるなどにより、他にぬきんでて優れた中国語音声学の参考書となっている。中国語音声に興味を持つ方々はぜひご一読されることをお勧めしたい。

　最後に、本書、日本語版の出版に協力してくださった北京大学出版社の張娜さん、崔蕊さん、名古屋大学大学院修士課程在籍中の指導教授で、訳者を音声学の世界に導いてくださった鹿島央名古屋大学名誉教授、そして今も音声学の世界で自由に研究できる環境を与えてくださった倉片憲治早稲田大学教授にお礼申し上げたい。

梁辰

2023年 春節　早稲田大学所沢キャンパスにて

改訂版序

　本書の初版が刊行されてから早くも 20 年余りがたつ。本書は、学部高学年向けの選択科目、『音声学』の参考書として使用するために林焘氏とともに書き始めたものである。当初は中国語音声の基礎知識にとどまらず、当時の国内外の音声学における研究成果も取り入れようとしたため、各章ではまず、伝統的音声学の立場から基本概念を紹介し、次にこれらの概念を基に、中国語普通話の音体系に焦点を当てて分析を行い、最後に実験音声学における基本的知識と研究成果について述べていた。つまり、本書は章ごとに伝統的音声学、普通話の音声分析、そして実験音声学という 3 つの部分から成り立っていたと言える。また、文科系高学年向けの選択科目用の参考書として、必修科目の『現代中国語』と、これに関連するその他の基礎科目では扱いにくい内容も取り入れ、学生のさらなる学習と研究を促すことを目指していた。

　本書の初版が北京大学出版社によって刊行された時点の発行部数はそれほど多くなかった。しかし、その後、15 〜 16 度ほど版を重ねることとなった。それにはまず、当時は大学の文科系学部のいずれにおいても参考書が不足していたのだが、中でも本書のような普通話の音声をわかりやすく解説する専門書はきわめて珍しかったという事情がある。次に、理科系の分野や、それと深く関わる分野の中にも、音響音声学、自然言語のデジタル解析、聴覚治療、言語心理学など、音声と緊密に関係する領域があり、そうした領域の学生や研究者も本書を必要としていたという状況もあった。ところがその後、本書が台湾や韓国でも出版され、需要がますます広がる中、林焘氏がお亡くなりになり、その数年後、私と王韞佳氏のもとに北京大学出版社の中国語編集室編集者から本書改訂の要請が届いた。慎重に考えを重ねた結果、出版社の要請に応えることとし、全体を通読したうえで王韞佳氏と作業を分担し、私は最終章の改訂にかかわり、その他のすべての章と序論を王韞佳氏が担当することになった。最後に私たち 2 人で全体をまとめ、内容の吟味を行った。

xvi | 改訂版序

序論と各章の改訂内容は以下のとおりである。

1. 音声学の分野で現在、国際的に通用している見解と一致しない内容があれば、それを修正または削除した。例えば初版では子音の調音方法に、妨げを作る方法、気息、清濁、補助的特徴という4つがあったが、改訂版では、妨げを作る方法とそれを克服する方法の2つに修正し、気息、清濁、補助的特徴を「その他の性質」という独立した節にまとめ、そこに有声性と気息、その他のよく見られる付加的な特徴、非肺臓気流音の3つを含めた。また初版では、口蓋化、唇音化などの調音位置にかかわる補助的特徴と、吸着や入破などの気流の源にかかわる特徴を合わせて「子音の付加的な特徴」に含めていたが、後者について改訂版では非肺臓気流音という独立した節を設けて解説している。それとともに、初版では同種の音とした入破音（voiced implosive）と放出音（ejective）を、改訂版では気流の源の違いによって別個に扱っている。

2. 音声分析における技術の進歩により、現在の音声分析はコンピュータープログラムによって行われるようになっているため、初版におけるアナログ信号による音響分析に関する内容を削除し、デジタル信号による分析を追加している。例えば第5章「声調」では、現在、多くの音声分析ソフトウェアにおいてワンクリックで基本周波数とピッチ曲線を見ることができるため、初版における狭帯域スペクトログラムによる基本周波数の観察に関する内容を削除した。

3. 音声学におけるここ20年間の国内外の研究成果によって内容の一部を修正した。例えば、中国語普通話の韻母分析では音韻論の専門家の意見を取り入れ、韻尾によって韻母を分類し、鼻韻母 en、in、uen、ün と鼻韻母 eng、ing、ueng の韻腹を中母音の /e/ と認めた。また、第5章の声調知覚に関する記述では、2000年以降の国内外における中国語普通話および中国語諸方言の声調知覚研究から得られた最新の成果を取り入れている。21世紀の現在、中国語音声学では韻律研究に重点が置かれており、それに合わせて、初版の第7章「強勢とイントネーション」が最も大きく改訂された。この章の表題を「韻律」に変更し、文強勢とリズムに関する内容を補充し、語レベルにおける強勢と軽声に関する内容

改訂版序　│　xvii

も大きく修正している。同時に、イントネーションを扱った節を全面的に書き直し、初版刊行から現在に至るまで国内外で行われた中国語イントネーションの研究から得られた信頼性の高い成果を取り入れている。

4.　中国国内における中国語音声学および中国語方言学には古くから使われてきた表現が多くあり、その中には現在、国際的に通用している表現と一致しないものがある。例えば子音の調音位置を中国国内では舌尖、舌面、舌根など舌の部位によって区別するが、国際的には歯茎、硬口蓋、軟口蓋など、口蓋の部位によって区別する。改訂版では折衷案を取り、子音の妨げの位置として両者を同時に示す。例えば初版の「舌尖中」を「舌尖中─歯茎」のように修正している。[1] また、中国語普通話および中国語諸方言の記述において中国国内では「国際音声字母簡略表」が使われることが多いが、改訂版にはこの表と同時に最新版の国際音声字母表も表中の表記を翻訳したうえで提示している。読者諸氏におかれては使い慣れた表記と結び付けつつ、国際的に通用する音声表記にもなじんでいただければ幸いである。

5.　初版の一部における、理論上、または記述上、不適切な箇所や問題のある部分を修正している。

6.　現代の学術書の規範にのっとり、すべての図と表に番号と表題を付けている。また検索しやすいように本文に先行して図表一覧を追加している。

7.　これまで中国国内では参考文献を載せない教材が多かったが、改訂版では現今の学術書の規範にのっとり、主な参考文献を最後に提示した。しかし教材という性質を考慮し、中国国内の通例に従い、また表現の簡潔性を考慮し、本文では参考文献の情報をできるだけ省いている。

　そのほか、初版の第8章「音素と弁別的素性」も大きく書き直している。この章は3つの部分から成っていたが、改訂版ではこれらを独立した章として立て、初版の第8章の中心部分の内容を拡充して、改訂版の第8章とした。それは、音声学関係の研究集会などにおいて多くの読者から、初版の

1　本書（日本語版）では折衷案ではなく、国際的な慣例および日本の音声学の習慣に合わせて「歯茎」のように受動的調音器官の名称で調音位置を示す。（訳注）

音素論に関する部分が簡略すぎて、授業での説明や独習にかなりの困難を覚えるという声があったからである。こうした意見はおそらく現在の大学、研究機関といった学術部門における変化と関連している。具体的には、まず1990年代から大学の文科系低学年の必修科目である現代中国語の教材で音声学の部分が大きく修正された。その多くにおいて、それまであまり触れられなかった中国語の音素帰納の内容が増え、中には音素の弁別的素性にまで言及するものもある。ところがこれらの教材に述べられた音素帰納の結果が不統一で、普通話の音素の数も一致しないため、教師も学習者も困惑することになる。しかしそこで参照できる書物がない。また音声研究において、理科系出身の研究者の多くは中国語ピンイン方案によって音声をとらえようとしている。中国語ピンイン方案は音声をラテン字母で表す体系であり、字母と音声の間には音素と異音の関係がある。字母を単純に音声と同一視すると、うまく説明できない問題が生じ、誤解が生まれる恐れもある。こうした誤解が大学の文科系専攻における普通話の教育や外国人向けの中国語教育にも現れる。

このような状況を踏まえ、改訂版の第8章では音声学と音韻論の説明を補充し、音素と単音の実体の違いを述べ、「音声を文字に変える」とたとえられる音素帰納の作業原則と、そこに潜む不確定性について述べることとした。この章が続く2章の基礎となる。第9章は普通話の音素帰納に関する論考であり、現代中国語言語学の父と呼ばれる趙元任氏の論述を、具体的な言語実態を例として解釈している。つまり、音素帰納に多様な結果が現れるのは音素帰納の作業原則自体における不確定性に由来するものであり、どの結果が正しく、どの結果が正しくないという問題ではなく、異なる目的や対象によって異なる結果が得られることを示している。第10章はさらに第9章を基に、中国語ピンイン方案と普通話の音素、字母と音声、ピンイン表記と実際の発音の関係について述べ、読者が字母を通して中国語音声への認識を深められるよう、ピンイン表記、音素の簡略表記、精密表記および注音符号の四者を対照した後に、これを表にまとめた。初版と改訂版を比較しつつ読めばわかることだが、この3章の内容の基本的な考えと中心的な内容は初版の最終章である第8章に凝縮しており、改訂版、第8章から第10章は

その内容を拡充したにすぎない。

　本書の改訂作業は、日々の教育活動や期限付きの研究プロジェクトの影響を受け、3 年がかりでようやく完了したが、満足のいくものになったとは言い難い。それは自らの知識に限界があるからでもあるが、ある種の現実的な事情によるものでもある。例えば改訂前は初版で用いた音声記号をすべて国際音声字母に置き換えることをもくろんでいたが、関連する記述まで直さなければならないことに気づき、その作業の負担があまりにも重いため、あきらめざるをえなかった。また単純に記述上の問題もある。例えば現在、気息を伴う子音の表記に [ʰ] を用いるのが国際的な慣例であるが、多くの中国語方言や少数民族の言語に関する研究書では [ʻ] で表記しているため、こうした研究を引用する場合、任意に書き換えるわけにはいかず、多くの章ではそのまま [ʻ] を用いている。² さらに、改訂版では前後の章における表現が一致していない部分もある。例えば、普通話の r 声母の性質に関する記述が前後で一致していない。第 1 章から第 7 章では国際音声字母の反り舌接近音として字母 [ɻ] ([r]) を用いて記述しているのに対して、第 8 章から第 10 章では国際音声字母の有声反り舌摩擦音として字母 [z] を用いて記述している。第 8 章から第 10 章でこの字母を用いたのは、現在の多くの教材や書籍における表記と一致させ、学生にとって読みやすくするための配慮であるが、国際的な慣例との食い違いが生じる。こうした国際的な慣例からの逸脱や本書内における不統一がある場合、注によりそのことを示している。

　私自身高齢のため、視力がかなり低下している。そのため、本書の改訂作業の多くは王韞佳氏によって行われた。同氏は母語としての現代中国語ならびに外国人向けの中国語における音声教育と音声研究に実験研究を取り入れ、多くの成果を挙げている。仮に本書が今後も多くの読者を得て参考とするだけの価値が認められ、さらに改訂がなされるとすれば、王韞佳氏がよりすばらしい改訂版を作り上げるはずである。

　本書の改訂をご提案くださったのは北京大学出版社の杜若明氏、王飆氏である。特に杜若明氏には前期の改訂作業にもご協力いただいた。また、編集

2　本書（日本語版）ではすべて [ʰ] に統一している。（訳注）

xx | 改訂版序

担当者の周鸝氏からも本書の出版に当たり、多大なるご助力を賜った。同氏は専門用語、音声処理の技法や言語表現などさまざまな面で改訂版を校閲し、多くの漏れや不足をご指摘くださった。ほかに中国科学院音響研究所の呂士楠氏からは改訂版の序論について貴重な意見をいただいた。また、北京大学博士課程在学生である東孝拓氏は一部の参考文献の書誌情報を詳しく補ってくださった。これらの方々に深い感謝の意を表したい。

　最後に、今回の改訂をすべての読者にささげるとともに、故林焘氏への追悼としたいと思う。この改訂版に誤りがあれば、それについて私と王韞佳氏がともに責任を負う。読者の方々からの忌憚のないご指摘をお待ちし、ご指摘くださることに感謝したい。

王理嘉

2013 年 端午の節句　北京大学智学苑にて

初版序

　10年ほど前から中国語音声学の入門書を書こうと考えていた。それは当時、北京大学の中国語科学部生を対象に『音声学』という科目を教えていたからであった。ここ2、30年の間に音声学はかなりの進展を遂げていたため、教えながら、中国語科の学生のために国際的な音声研究の成果を取り入れた教材が必要であると感じていた。以来、本書の執筆は常に念頭にあった。しばらくたち、この科目を王理嘉氏が教えることとなり、私たちの授業経験を土台に、2人で協力して本書の執筆に取りかかることを決意した。私がまず内容の綱目を用意し、それに沿って王理嘉氏が授業用の資料を基に序論から第5章までを書き上げ、私がその内容に加筆修正を施した。しかしこの作業をするうちに、中国語科学部生のみを対象にすると、本書の内容をあまりにも制約してしまうことに思い至った。現在、音声学はすでに言語に関わるさまざまな分野と関連しており、これらの分野の研究者も直接的、間接的に一定の音声学の知識を必要としていると考えられる。こうした研究者や、さらに広い範囲の読者の役に立つように、本書の内容をより豊かなものにすることを決心した。このような考えから、私が前半5章の一部の章や節をすべて書き改めるほどの大きな修正と拡充を行い、次に第6章と第7章を書き上げ、王理嘉氏が最後の第8章「音素と弁別的素性」を書き上げた。最後に私が通読し、原稿を確定した。したがって、本書に誤りや足りない点があれば、すべて私に責任がある。

　1986年春、本書出版のための全作業が終わりかけたとき、私は命にかかわる重病を患い、手術を受け、1年余りの静養を余儀なくされた。1987年秋になってようやく仕事に復帰したが、滞積した仕事が多く、本書の作業を再開したのは1989年で、その後とぎれとぎれに修正を重ねてようやく完成に至った次第である。

　本書は音声学の基礎知識を紹介する書である。伝統的音声学から説き始め、近年の国内外の音声学における研究成果も取り入れている。本書の執筆にあたっては、より多くの読者にとっての読みやすさを考慮し、専門的すぎ

る用語や新しく出たばかりの用語の使用はできるだけ避けている。各章は3つの部分で構成される。具体的には、まず伝統的音声学を基に基本概念を紹介し、次に中国語普通話の音声に焦点を当てて分析を行う。そして最後に実験音声学における基本的知見と研究の成果について述べる。したがって、本書は全体が伝統的音声学、普通話音声学、実験音声学の3部分から成ると言える。各部分はそれぞれ独立しているため、読者は本書を通読してもよいし、各自の必要に応じて該当する部分のみを読んでもかまわない。また、最終章「音素と弁別的素性」はあくまでもこの領域を紹介することを目的としている。この領域における理論も実践方法もまだ確定的なものではないため、教材としての本書では詳細を述べることをあえて避けた。なお、現代の音声学では機器が多く使われるが、音声学が耳と口の学問であることに間違いはなく、耳と口の訓練が相変わらず必要であるとの考えから、各章の最後に掲げた練習問題の中にはそのための課題も設けている。こうした課題はできれば専門家の指導の下で行うのが望ましいが、身近に専門家がいない場合、他の学習者とペアを組んで互いに確認しながら取り組んでほしい。

　近年、中国語の方言や少数民族の言語について数多くの調査報告がなされ、それらは本書においても貴重な参考資料となり、本書の内容を大いに補足してくれている。ここでこれらの調査の実施と報告に当たられた方々に感謝の意を表したい。本書では音声を記述する際、まず北京方言における例を挙げ、北京方言に該当する例がない場合、蘇州、広州、アモイ、福州方言などの主要方言から例を挙げる。これらの主要方言に例が見つからない場合、少数民族の言語または英語からの例を挙げる。これらの方言や言語にもふさわしい例が見つからない場合のみ、それ以外の言語から例を挙げる。ただし、ほとんどの例はほかの参考資料からの引用であるため、すべてが検証されているわけではない。また、第1章、第2章における図の一部は国内外の音声学の著書から引用しているが、本書での必要に合わせて修正を加えている。簡潔さを重視し、引用元の図のすべてを載せていないことがある。

　また、本書の執筆に当たった6、7年の間に国内外でさらに新しい研究成果が数多く著されており、原稿を読み直せば新たに修正したい箇所が出てくる。しかし、修正を際限なく続ければ、いつまでも本書が日の目を見ること

ができなくなることを考え、現状の原稿のままとしている。つまり、現段階におけるまとめということで、本書を世に出すこととした。なお、長期にわたって原稿を執筆したため、前後で不一致が生じたり、参考資料の誤りが含まれている恐れもある。これらを含め、本書の難点について読者からのご指摘をお待ちしたい。

林燾

1991 年 国慶節　北京大学燕南園にて

序　論

　音声学は人の話す声を研究する学問である。

　我々はにぎやかな世界に暮らし、とぎれなくさまざまな音を耳にしている。音と言えば、おそらく風の音、雨の音、足音、ラッパの音、モーターのうなる音や動物のほえる音などが思い浮かぶだろう。その中で人の話す声も音の一種である。しかも人の声は人間社会において最も重要な音であるはずだが、聞いた音が思い出せないというのは我々がしばしば経験するところである。音がなければ、人は考えを表しづらくなり、ともに行動することも難しくなる。悪くすると、社会が混乱に陥り、崩壊する恐れさえある。こうしたことから、言語は社会の神経システムにたとえられることがある。

　音声は人々の話す声である。具体的に音声とは、人間の音声器官によって発せられ、意味を伝え、社会的コミュニケーションの機能を果たす音である。人間の音声器官で発せられるのではない、自然界に生じるさまざまな音は音声ではない。せきやあくびの音など、人間の音声器官によって発せられても意味を持たず、社会的コミュニケーションの機能を果たさない、単に生理的欲求を満たすための音は音声ではない。

　言語の音声は意味と結びついている。つまり、意味と結びつかない音や声は音声とは言えない。言いかえれば、意味は音声を媒体として表される。あらゆる音は物体の振動によって形成される音波であるから、本質的には音声も自然物にすぎない。つまり、音は音声言語の物理的な基礎であり、音がなければ音声言語が依拠する物的実在はない。

　言語がなければ人類文明さえ存在しないと言える。人が音声器官を使って音声を出さなかったとしたら、言語そのものが存在しなかっただろう。音声器官も人体の一部であり、人間の制御の下で随意に操ることができ、人間の

他の活動に差し支えることはない。一部の動物もその鳴き声で情報を伝達することができるが、伝達できる情報はきわめて限られており、しかもその能力は生得的である。それに対して、人の音声は人が生まれたあとに習得するもので、しかも伝達できる情報の量はきわめて多い。個々の人間の音声器官に大差はないが、個々の言語によって習得されるものは異なる。言語ごとに、わずか数十の最小単位を用いて変化に富んだ複雑な音声形式を組み立て、数えきれないほどの語を言い表し、言語に豊かな表現力を与えることができる。こうした能力がなかったとしたら、人は高度に発達した言語を構築することができず、高度に発達した文明を創造することもできなかったはずである。

　言語コミュニケーションは話し手の考えと聞き手の考えを結びつける。その過程には心理、生理、調音の間の一連の転換がかかわる。人が話すのは、ほとんどの場合、人に聞かせるためである。音声器官が音声を産出し、空気中を音波が伝播し、聴覚器官から聴覚神経を通じて聞き手の脳に届いてはじめて、聞き手は話し手が伝えようとする意味を理解する。こうして話す目的が達成され、言語コミュニケーションの 1 過程が完結する。この過程には発音→伝播→知覚の 3 段階が含まれる。第 1 段階では話し手の脳が音声器官に指令を出して音声を産出させる。これは心理現象が生理現象に転じる過程である。第 2 段階は音声が空気を媒質として聞き手の耳に伝わる。これは物理現象である。第 3 段階では音声が聴覚器官を通して聞き手の脳に知覚される。これは生理現象が心理現象に転ずる過程である。現代の音声学はこれらの 3 つの段階に応じて主に次の 3 つの下位分野に分かれる。

1. 調音音声学

　調音音声学は音声器官の調音時における生理的特徴を研究する分野であり、比較的長い歴史を持っている。1850 年前後にすでに学問として始動し、伝統的音声学の中心となって、現在ではすでに高度に発達した分野になっている。近年、医療機器の新たな発明と進歩が調音の生理面の実験研究を促進し、調音音声学の発展にさらに拍車をかけている。

2. 音響音声学

音響音声学は口から耳に達するまでの音声の物理的特徴を研究する。かつては主に音響学と呼ばれる分野の専門家が研究を行っていたが、ここ数十年は伝統的音声学と融合し、音響学の専門知識を応用することによって音声学上の現象を解釈するようになっている。そうすることで音声学の研究が加速し、音響音声学は今では最も発展の著しい新しい分野となっている。

3. 知覚音声学

知覚音声学は音声知覚における生理的、心理的特質を研究するとともに、心理的特質が音声認識に及ぼす影響を研究する。すなわち、耳がいかに音声を聞き、脳がいかに音声を認識するかを研究する。心理学と緊密に連携する知覚音声学はここ数十年のうちに形成された新しい分野である。

上記の3つの分野は密接に関連し合っている。全面的かつ本質的に音声の特徴を理解するにはこの3つの分野に関する知識を備えておく必要がある。このうち、伝統的音声学は音声の調音段階の研究を中心として、100年余りの間に数多くの成果を挙げており、現代の音声学3分野の原点であり、研究の基盤でもある。

伝統的音声学は音を聞いて表記することによって研究を行う。すなわち、耳で音声を区別し、一定の記号（例えば音声字母）によって聞いた音を表記し、分析を行う。分析を通じて当該の言語や方言に含まれる音単位が割り出され、音単位が調音される位置と方法が明らかにされ、さらには音単位を組み合わせる規則や組み合わせによって生じる音の変異が解明され、最終的にこの言語または方言の音体系が記述される。

耳で音声を区別するためにはもちろん識別能力が高く、細かく表記できるほうが望ましい。したがって、音声学者はまず音声を区別して表記するための厳格な訓練を受ける必要がある。ただし人の耳で区別できる音声に限りがあるのは明らかであり、厳格に訓練された音声学者でも、表記できるのは音声から受ける主観的な印象にすぎない。1900年代、音声をより客観的に精密に記述しようとして、音声学者たちは主観的に表記された音声を生理的、物理的、医学的な機器を借りて分析し始めた。例えばカイモグラフに

4 | 序　論

よる音声の長さ、高さ、強さの測定、X 線撮影による調音位置の特定、咽頭ファイバースコープによる発声時における声帯の変化の観察などがある。こうした研究が後に実験音声学と呼ばれる 1 つの独立した分野に発展する。近年の科学技術の進歩に伴い、1940 年代以降、新しい機器が多数発明され、スペクトログラフにより音声を目で見ることのできる画像に変え、筋電計により調音時の筋肉の電位の微小な変化を測ることができ、高速度カメラにより声帯の振動を撮影することができるようにもなっている。さらにパーソナルコンピューターの普及と音声分析技術のソフトウェア化は音声研究に非常に高い利便性をもたらしている。かつては観察できなかった音声現象も実験音声学の進歩によって観察できるようになり、本来の伝統的音声学による解釈や理論が修正、補足されている。実験音声学は今日では音響学、生理学、心理学、医学、電気工学など、多領域にわたる総合的な学問分野となっている。

　実験音声学における音声の特徴の解析は精密である。ただし、言語のコミュニケーション機能の点から見れば、音声の生理的、物理的特徴はもちろん重要ではあるが、それよりもこうした特徴が言語において意味を区別する機能を有するか否かという問題のほうがより重要である。例えば中国語話者の多くは n と l に明確な違いがあることを知っているが、南京方言、長沙方言、重慶方言、蘭州方言話者にとって「男 nán」と「兰 lán」、「你 nǐ」と「李 lǐ」[1] の間に違いはなく、一様に n または l で発音するか、n か l かを区別せずにどちらかで発音する。つまり n と l の違いはこれらの方言では意味を区別しない。すなわち、これらの方言の音体系を記述する場合、n と l を 2 つの異なる音単位とすることはできない。このように、言語のコミュニケーション機能によって、生理的、物理的に異なる音声がより少ない数の音単位にまとめられる。こうした音単位を専門用語では音素と呼ぶ。中国の大多数の方言では n と l は 2 つの音素に分かれるが、上記の南京方言、長沙方言などでは n と l という 2 つの異なる音が 1 つの音素に帰属することになる。言語または方言ごとに音素の種類とその数は異なり、音素を配列する規則も異なる。こうした異なる音素と異なる配列の規則が言語や方言の異なる音体系

1　本書において、それぞれ音声表記、音素表記であることを示す [　] も / 　/ も付かない字母は中国語の表音文字「ピンイン」である。（訳注）

を形成する。音素を割り出す方法は、従来の、音声を聞いて表記する伝統的音声学にも定められていたが、音素の研究は、後に伝統的音声学から独立し、音韻論（初期には音素論）と呼ばれることになる新分野において主に行われるようになった。

実験音声学と同じく音韻論も伝統的音声学から発展したものであるが、こちらは主に個別の言語を対象として音声の社会的機能に焦点を当てている。それを基に、より一般性の高い理論を構築しようとする一方、音声の生理的、物理的相違にはそれほどとらわれない。それに対して実験音声学は機器によって音声を客観的に精密に分析する一方、音声の社会的機能はあまり重視しない。ところが 1950 年代にこの 2 つの分野が次第に融合するようになった。音韻論は実験音声学から得られた研究成果を利用し、自らの理論を検証しつつ、いくつかの新しい理論を構築することに成功した。例えば 1950 年代に誕生した弁別的素性理論はまさに実験音声学の成果を基にしている。逆に実験音声学が特定の言語を対象に研究を行う場合、当該言語の社会的機能を無視することはできず、音韻論における知見を参考にすることもしばしばある。例えば音声知覚に関する実験の多くは、音素の意味を区別する機能と直接関係している。

ここ数十年、音韻論と実験音声学が大きく発展し、多くの成果が得られたことは間違いないが、伝統的音声学がそれらにそっくり置き換えられたとは言えない。音を聞いて表記するという伝統的音声学の手法は依然として音韻論の基盤である。また、実験研究がすでに音声学における基本的な研究方法になっているとはいえ、実験内容の立案や実験試料の作成、また実験結果の分析などにおいては、依然として伝統的音声学によって蓄えられた知識が必要とされる。その知識なしには所期の研究成果を得ることはできない。

中国では音声学はさらに、普通話の普及、中国語諸方言と少数民族の言語の調査、言語教育といった領域で重要な役割を担う。十分な音声学の知識がなければ、効率よくこれらの目的を達成することはできない。また一定の音声学の知識があれば、アナウンスや朗読、舞台での台詞や詩歌の朗誦など、音声による表現がより洗練されたものになり、芸術性も高まる。現代の科学技術の高度な発達により、音声研究は上記の範囲を超え、生理学、心理学、

音響学などの分野と緊密に結びついている。また言語矯正、通信技術、自動制御、人工知能などに関する研究においても音声学は不可欠である。音声学はもはや人の言語に関わるすべての分野に関連している。これらの分野は直接的、間接的に音声学の知識を必要としており、これらの分野にとって音声学は欠くことのできない存在となっている。以下、3つの例を挙げてこのことを説明する。

「十聾九唖」といわれるように耳の聞こえない人々の多くは話すこともできない。そのほとんどは音声器官に障害があるわけではなく、聞こえないから話せないのである。統計によると1000人に2人か3人、耳の不自由な人たちがいる。その多くは学ぶ機会がないから話すことができないのである。つまり、実際にはそのうち、完全に聞こえない人はごく少数で、多くの人はわずかに聞こえるが、音声産出のための専門的訓練がなされないために話すことができないのである。残っている聴力を生かして話すことを体得させたり、まったく聞こえない人に対して視覚を通じて発話を引き出すことによって、耳の不自由な人々も健常者と同じように暮らし、働けるようにすることは、多くの国が関心を寄せる課題であり、近年、中国でもこの方面で大きな前進が見られている。ほかに、脳損傷によって失語症に陥った人に話す能力を回復させたり、病気で喉頭を摘出した人に発話能力を回復させることなどは、医療の分野において早期の解決が望まれる課題である。これらの課題解決はいずれも関連分野が緊密に協力してはじめて推進できるものであり、それは話すことにかかわるという事情により、当然、音声学がとりわけ重要な役割を担う。

コンピューターはすでに人工知能の段階にまで発達している。こうした中で、人がコンピューターと自然言語によって簡単で正確に意思疎通できるようにするにはどうすればよいかは人工知能研究の重要な課題である。この課題には、コンピューターが人の話を理解し（音声認識）、発話者を聞き分け（音声識別）、人と同じように発話できる（音声合成）ようにする技術がかかわっている。

数十年前までは、コンピューターが特定の発話者の音声しか認識できず、理解できる語や文も限られていたのに対して、現在の音声認識は発話者、あ

るいは語や文などの制約を受けにくくなり、通信や公共施設など、さまざまな場面で広く応用されている。例えばスマートフォンでは音声によるショートメッセージの入力がすでに広く利用されているが、これも自然言語の音声認識である。確かに、コンピューターによる音声認識はまだ完璧と呼べるレベルには達しておらず、背景に大きな騒音がある場合や発音が明瞭でない場合に認識率が下がることがある。それは、人間は自然言語によるコミュニケーションにおいて分節的特徴（母音や子音の音色）が明瞭でない場合、しばしば超分節的特徴を手がかりとして話を理解するのに対して、コンピューターによる音声認識では自然言語における声調、強勢、イントネーションなどの超分節的特徴がまだ十分に利用できていないからである。言語学者が、多種多様な条件の下での人間による音声認識のしかたと仕組みをさらに深く理解できれば、コンピューターによる音声認識、ひいては自然言語処理において参照できるパラメーターや、意思決定のための判断基準をより多く提供できるようになるだろう。

　音声認識はコンピューターに発話者の個性を無視し、異なる発話者間における音声の普遍性を見いだす能力を求めている。一方、音声識別は発話者の個性を特定できる能力を求めている。個々人の音声の特徴は一定程度、指紋のような唯一性を有するため、「声紋」とも呼ばれる。例えば犯罪捜査において、容疑者が犯人に違いないことを確認するために、容疑者の音声と犯人が残した音声を比較することがある。この技術は今や犯人を特定するための重要な手段の1つとなっている。また音声識別は、個人認証を要するさまざまな装置にとっても大きな応用価値がある。このような見地からすれば、音声学には音声の一般的な性質を追究するだけでなく、個々の発話者の音声的特徴を明らかにすることも求められるはずである。それを行わなければ音声学は異分野からの期待に応えることはできない。

　人がコンピューターと意思疎通を図るためにもう1つ重要なのは、コンピューターに話をさせることであり、それは音声学における音声合成にかかわる事柄である。音声合成には2つの基本的な手法があり、1つはパラメーターによる合成であり、もう1つは録音編集（波形編集）による合成である。前者が各種の音声パラメーター（例えばフォルマント周波数、基本周波

数など）を用いて言語音を無から合成するのに対して、後者は事前に録音したさまざまな自然発話の音声を、目的に合わせて音節や語などの単位に分解し、波形を滑らかに結合する技術を用いて組み合わせ、新しい語や文を再合成する。どちらの手法を用いるにしても、音声学の理論抜きに品質のよい音声を合成することはできない。初期の音声合成はコンピューター側の性能に制約があり、そのため合成された音声の自然度はそれほど高くなく、合成できる文も非常に限られていた。しかし、現在のコンピューターの、ディスク容量をはじめとする性能は大幅に向上しており、それにより今日の音声合成では再合成の手法が主流となっている。編集に用いる自然発話の音声のデータベースにはすでに十分な音声サンプルがあるため、再合成された音声の自然度も大幅に向上し、目的に合った任意の文を作ることができるようになっている。ただし、現在の音声合成に足りないのは文の韻律特徴の自然度である。例を挙げるとすれば、文を構成する各単位における強弱の配置、リズムの緩急、イントネーションなどである。こうした問題が生じる原因は多種多様であるが、そのうちの1つは、自然言語における韻律特徴の研究がまだ十分に進んでいないことである。つまり、自然な合成音声を作成するための十分な理論的根拠を提供できていないのである。一方、音声合成の技術が逆に音声学の理論研究に資する場合もある。例えば、さまざまな音響的特徴のうち、母語話者がその知覚において敏感に反応するものとそうでないものを区別することも音声研究が解決すべき課題の1つである。これは音韻論における重要な研究対象でもある。母語話者が敏感に反応する特徴は音声の弁別的素性であるのに対して、敏感に反応しない特徴は余剰的素性である。弁別的素性の検証のために音声合成によって資料語を作り、検証対象の特徴を変数として母語話者の知覚反応を観察する。このような音響心理学的な手法はすでに実験音声学でよく用いられる基本的な実験手法の1つとなっている。

　音声学は音声通信技術とも緊密に関係している。電話、拡声器、テレビなどによって伝達されるのは直接聞くことのできる音声情報であり、インターネット上にもオンラインで聞くことのできる音声情報が多くある。音声情報には注目すべき特徴が1つある。それは情報の受容に必要である以上の情

報を伴っているということである。つまり、人がある文を発すると、その発話は文の内容を理解するのに必要である以上の音響的特徴を伴っているのである。そこには聞き手が文を理解するのに必要でない情報が多く含まれており、これがいわゆる音声の余剰性と呼ばれるものである。音声の余剰性の多寡は通信効率と密接に関係し、1つの通信回線の中に、伝達する音声の余剰が少ないほど、伝達できる情報は多くなる。コンピューターのディスク容量が等しければ、音声の余剰が少ないほど、記録できる情報は多くなる。したがって、音声の余剰性を研究することは通信効率を高めるために有益である。ただし、音声の余剰性は通信効率を低下させる一方で、混信による通信障害を防止するという一面もある。もちろん、混入する信号があまりにも大きければ音声の余剰性で補うことができず、送信内容が聞き取れなくなる可能性もあるが、雑音がそこまで大きくない環境で人が話を理解できるのはまさに音声の余剰性があるからだと言える。ジェット戦闘機の操縦席や戦車の内部など、激しい騒音がある環境において通信の明瞭性と可聴度をいかに向上させるかは国防科学における重要な課題であり、こうした分野も音声学の研究成果を期待している。

　まとめるならば、音声は相当に複雑な現象であり、その研究は生理学、物理学、心理学などの分野と関係し、社会のさまざまな分野に応用されている。科学技術の発展に伴って音声学はコンピューターや通信技術などの新しい分野とも結びつきを強めている。今日、音声学は言語にかかわる多くの分野においてなくてはならない一角を占めており、また異なる分野と連携することによって、言語に関係する新しい分野も開拓されつつある。今後、音声学の研究がさらに現代科学、現代技術と密に連携し、それらの発展に大きく貢献することが期待される。

第 1 章

音声の形成

1.1 音波について

1.1.1 音の伝達

　物が静止状態にあれば音はしない。音がするのは振動があるからである。どらが鳴ってすぐにどらを手で押さえれば音はすぐに消える。もちろん押さえられたのは音ではなくどらの振動である。振動によって音を出すものを音源という。しかし音源があっても音を伝える媒質がなければ人の耳には聞こえない。音を伝える媒質の中で最も重要なのは空気である。鳴り響くベルを、密閉できるガラス容器に入れ、容器の空気を次第に抜き取っていくと、抜き取る量が増すにつれてベルの音が次第に小さくなり、最後には聞こえなくなる。この簡単な実験から、空気がなければ音源の発した音が伝達されないことがわかる。

　音は空気だけでなく固体や液体によっても伝達される。固体や液体における伝達速度はより速く、減衰は少ない。鉄道の線路に耳を当てれば遠くの列車の車輪の音が聞こえるが、線路から耳を離すとそれは聞こえない。また水の音伝達性能も良好で、1.5 トンの大きな鐘を水の中で打ち鳴らすと、その音は 35 キロ先まで広がる。この距離は鐘を空気中に置く場合よりはるかに長い。ただし、人間にとって音を伝達する最も重要な媒質はやはり空気である。

　音源の振動が空気の振動を引き起こし、振動の波が現れる。このような振動の波が音波である。音波が耳に届くと鼓膜も同様に振動し、その結果として音が聞こえる。

　音波も水波も波形の運動でありながら、その性質は大きく異なる。小粒の石を水に投げ入れると水波が生じて周りに広がる。このとき水面に木の葉が

浮いていても、それは水波の進行とともに移動することはなく、上下に揺れるだけである。この事実から、水波では水の粒子は主に上下に動き、水波は広がる方向に対して垂直に上がり下がりする波形になっていることがわかる。このような、伝わる方向に対して垂直に粒子が変位する波を横波という。

　図 1-1 の 1 つ 1 つの点は水の粒子である。水波は左から右に進行するのに対して、2 つの縦の両矢印が示すように、水波における水の粒子は上下に変位し、高い部分が峰型を、低い部分が谷型を描く。水波が弱まっていくと、粒子の上下の変位幅も次第に小さくなり、最後は静止状態に近づく。

図 1-1　水波における水の粒子の振動と波の進行方向[1]

　空気中の音波の伝達様式は水波とは大きく異なる。図 1-2 に示すように、音源が振動を始めると、その動きにより空気の粒子は音波が伝わるのと同じ方向に変位し、空気の密度が密になったり疎になったりする疎密波が生じる。このような、伝わる方向と同じ方向に粒子が変位する波を縦波という。図 1-2 における音源は音叉であり、その上の矢印は腕が左右に振動することを表し、黒い点は空気の無数の粒子を表す。音叉が外力を受けて振動を始めると周囲の空気の粒子に影響を与える。音叉の右腕を例にとると、右腕が右に変位するとその右側の空気が圧縮され、粒子は相互に近づいて密になるのに対して、右腕が揺れ戻って左に変位すると空気の粒子は静止状態のときよりも相互に離れて疎になる。音叉の腕がこのような左右への往復運動を繰り返すと、空気の粒子に無数の密と疎が生じ、それが周りに伝わっていく。音叉の振動が止まると空気の粒子は平常の状態に戻り、音も消える。

1　図中、大小 2 つの縦の両矢印があるが、小さいほうは 1 つの水の粒子を例に取り上げ、その変位の方向を示すのに対して、大きいほうは水の粒子全体の運動方向を示している。いずれも水波の進行方向に対して垂直であることを表し、大小の違いに特に意味はない。（訳注）

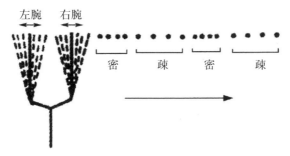

図 1-2　空気の粒子の振動と音波の進行方向

　このような、疎と密がかわるがわる周りに広がっていく音波の伝達様式は、水波の峰と谷の交替とは性質が大きく異なるが、水波と同じように表すことはできる。音波における空気の粒子の変位のしかたは振り子の揺れ方に似ている。図 1-3 に示すように、振り子の下に紙を置き、振り子の揺れる方向に対して垂直に紙を移動すれば、水波と同じような模様が描かれる。空気の粒子の変位によって生じる密の部分を峰、疎の部分を谷にすれば、音波の疎密波を簡便に図で表すことができる。

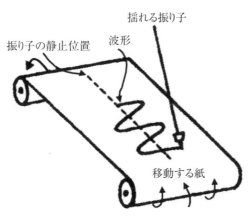

図 1-3　振り子の「振動」の波形

　図 1-4 の横軸 A は空気の粒子が静止状態にあるときの位置である。音源

が振動し始めると、空気の粒子はまず圧縮されて密になり、峰Cを形成する。次に空気の粒子は離れて疎になり谷Bを形成する。このように時間軸に沿って密と疎を峰と谷の繰り返しとして表すことにより、水波と同じような形で音波を表すことができるようになる。音波をこのように表現することにより、音波の観察は容易になる。[2]

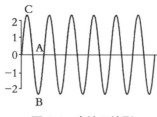

図 1-4　音波の波形

1.1.2　振幅と周波数

　我々が聞く音には大きいものも小さいものも、また高いものも低いものもあり、それぞれ波形に違いが現れる。音が大きく聞こえるのは空気の粒子の振動幅が大きいからであり、逆に音が小さく聞こえるのはその振動幅が小さいからである。空気の粒子の振動幅を振幅という。振幅は空気の粒子が振動する際の静止状態からの最大の変位である。図1-4ではAからC、AからBの距離がこの音波の振幅である。図1-5に2つの波形を示す。上の波形は図1-4に示した波形と同じであるのに対して、下の波形は上の波形に比べて振幅が小さく、そのために音としては小さく聞こえる。

---

[2] 物理学で音波のような縦波を横波として表す方法として、空気に生じる圧力を表示する「圧力表示」と、粒子の変位を表示する「変位表示」がある。ここでの説明は「圧力表示」を基にしている。つまり、振り子の静止状態は平常時の空気の圧力に対応し、座標系の原点になる。その後、音源が振動し始め、近隣の粒子に近づいて行けば行くほど、空気の圧力が高まり、峰Cで圧力が最大となり、これが縦波の最大密度の部分に相当する。その後粒子が逆方向に変位してゆき、谷Bで圧力が最小となり、これが縦波の最小密度の部分に相当する。それに対して、「変位表示」では縦波における粒子の変位を横波の高さに対応させるため、波の進行方向に向かって粒子がもはや変位できなくなった時点が密で、波の進行とは逆の方向に変位できなくなった時点が疎であると説明される。つまり峰から下って0を通過する時点が密、谷を上って0を通過する時点が疎である。（訳注）

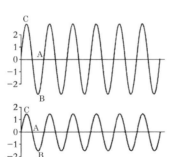

図 1-5　峰と谷の頻度が同じで振幅が異なる 2 つの音波の波形

　音波が伝わるのに伴ってそのエネルギーは次第に弱まり、振幅が小さくなり、同時に音も小さくなる。最終的に振幅はゼロとなり、空気の粒子は静止状態に戻り、音波は消え去る。

　振幅から計算される音の大きさの単位はデシベル（dB）である。音の大小は相対的に表されることが多く、デシベルもそのような値である。比較の便宜のため、ふつう同じ参考値を基準にする。通常の談話における声の大きさは 60 〜 70 dB 程度であり、120 〜 130 dB に至るほどのきわめて大きい音は多くの人にとって大きすぎ、耳に苦痛を感じる。[3]

　ある程度音楽の知識があればわかるように、弦楽器では弦をきつく張れば張るほど音が高くなる。弦をきつく張ることで振動が速まり、密と疎の交替が速くなることにより、音が高くなるのである。図 1-6 に示す 2 つの音波は振幅がほぼ同じであるのに対して、下の音波は上の音波より密と疎の交替が速いために、より高く聞こえる。

　空気の粒子が 1 往復すると振動が 1 周期を終えたことになる。図 1-6 の点線で示す時間間隔が 1 周期である。音波の振動周期が短いほど振動の速度が速く、回数が多くなる。その結果、音は高くなる。音波の振動周期の毎秒当たりの回数をその音波の周波数という。周波数を表す単位はヘルツ（Hz）である。1 秒間に 100 回の周期を持つ振動の周波数は 100 Hz である。また 1 つ

3　120 〜 130 dB は飛行機のエンジン音や近くの落雷などの音量である。またこれほどの大きさとなると、苦痛を感じるどころか、聴覚障害を起こす可能性も十分ある。（訳注）

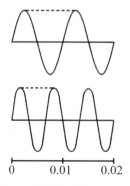

図 1-6　周期が異なる 2 つの音波

の振動周期を終えるのに 1/1000 秒が必要であれば、1 秒間に 1000 回の周期を持つ振動であるから、その周波数は 1000 Hz ということになる。人間に聞こえる音の周波数はおおむね 20 〜 20000 Hz の間にある。高齢者が聞き取れる音の周波数範囲は子供より狭く、難聴が進むほど聞こえる周波数の範囲が狭くなる。20000 Hz を超える音波は人間の耳には聞こえない超音波である。

　現代の音声学において、音波の周波数は多くの現象を説明するための非常に重要な概念である。例えば前述のように、音の高さも音波の周波数によって決まる。女性の声が男性の声よりかなり高く聞こえるのも、男性の話す声の周波数がふつう 80 〜 200 Hz であるのに対して、女性の話す声は 400 Hz にまでも達するからである。

1.1.3　複合波とスペクトル

　同じ楽譜を使ってピアノやクラリネットを演奏し、大きさと高さを完全に一致させても、聞けばすぐにその楽器が何かがわかる。このことから、音には大きさと高さのほかにもう 1 つの性質、すなわち音色があることがわかる。

　上に挙げた音波のいずれもその波形は単純であり、時間と振幅は正弦関数の関係にある。このような音を純音と呼ぶ。高品質の音叉はこのような音を出す。その響きは非常に単調である。自然界の音はさまざまであり、そのほとんどは純音ではない。多くの音は異なる純音を組み合わせた複合音であ

る。複合音の波は複合波と呼ばれる。[4] 複合音を構成する個々の純音は周波数も振幅もさまざまである。複合音のうち、メロディー楽器や人の声などの複合音（楽音という）を構成する純音の中で周波数が最も低く、振幅が最も大きいものを基音と呼び[5]、基音の周波数を基本周波数という。それ以外を倍音という。倍音の周波数は基音の整数倍であり、周波数が高いものほど振幅が小さい。[6] 複合音における基音と各倍音の振幅と周波数の関係は複雑で変化に富むため、さまざまな波形が形成される。その結果、いろいろな音色の音が生じる。図 1-7 に 2 つだけの純音を組み合わせた複合音の波形を示す。図中の音波 A と音波 B は 2 つの純音を表し、音波 C は A と B を組み合わせた複合波である。横軸は時間で、単位は秒 (s) である。仮に音波 A の周期が 1/100 秒、すなわち周波数が 100 Hz であるとすれば、音波 B の周期は 1/300 秒、周波数は 300 Hz ということになる。また音波 A の振幅は音波 B の 2 倍である。この 2 つの純音の音波を重ね合わせると、異なる周波数と振幅が影響し合い、音波 C のような比較的複雑な波形を持つ音が形成される。その中で音波 A は音波 C の基音で、音波 B は第 3 倍音である。ふつう我々の聞く音は多種多様な波が組み合わせられたもので、その波形は図 1-7 に示す音波 C よりもはるかに複雑である。これらの変化に富んだ複合波によってこの世界のさまざまな音が形成されている。[7]

　複合波を分解し、スペクトルを描くことによって基音と各倍音の振幅と周波数を別の角度から見ることができる。例えば図 1-7 の複合波 C は、図 1-8 に示すような 2 次元のスペクトルで表される。このスペクトルの横軸は周波数、縦軸は振幅である。図 1-7 の音波 C が 2 つの純音によって形成されていることは図 1-8 において 2 本の縦線で表される。これにより、音波 A と音波 B の周波数と振幅の違いがはっきりと見て取れる。

4　これに対して純音の波は正弦波と呼ばれる。（訳注）

5　音源においては基音の振幅が最も大きいが、後述の共鳴作用により、実際に聞こえる音の基音の振幅がほかの成分より小さくなることがある。（訳注）

6　これも音源の特徴であり、次の文に述べる「さまざまな波形」は、音源の音に共鳴作用が働くことによってもたらされる。（訳注）

7　複合音には楽音以外に風や波の音である噪音も含まれる。噪音は千差万別の振動の無秩序な集まりであり、楽音のように基音と倍音からなる整然とした構成を持たない。（訳注）

18 | 第1章 音声の形成

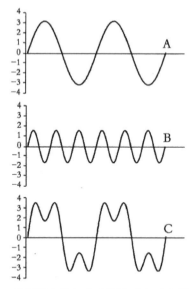

図 1-7 2つの純音とそれらを組み合わせた複合音の波形

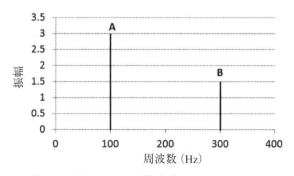

図 1-8 図 1-7 に示す複合音 C のスペクトル

　複合波を構成する基音と個々の倍音の周波数および振幅を分析するには非常に複雑な計算が必要であるが、現在では音声分析用ソフトウェアのスペクトル分析機能により、結果を直ちに表すことができる。図 1-9 にピアノとクラリネットのスペクトルを示す。ピアノの音の高さはロウ C で、クラリネットの音の高さはミッド 1C である。つまりクラリネットの音の高さはピアノより 1 オクターブ高く、その基音はピアノの 2 倍音の高さである。

1.1 音波について | 19

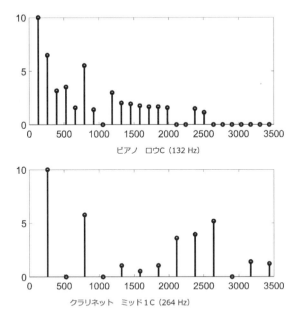

図 1-9　ピアノの音とクラリネットの音のスペクトル

　図 1-9 の 2 つのスペクトルを比較すると、ピアノとクラリネットでは倍音の数、周波数、振幅が異なり、その相違によって音色の違いが生じることが推定できる。ピアノの音の高さはロウ C で基本周波数は 132 Hz であり、その倍音は基本周波数の整数倍の 264、396、528、660、792、924、1056、…となる。それに対してクラリネットの音の高さはミッド 1C で、基本周波数はピアノの倍の 264 Hz である。倍音はその整数倍の 528、792、1056、1320、1584、…となる。このように、一般に音が低ければスペクトルにおける縦線（倍音）の間隔が狭まり、音が高ければその間隔は広がる。ここで注意すべきは、必ずしもすべての倍音がスペクトルに現れるわけではないということである。つまり、振幅が 0 または 0 に近い倍音はスペクトルから抜け落ちて空所のように見える。上の図 1-9 のピアノのスペクトルでは△1980 Hz を超える連続する 2 つの倍音が現れておらず[8]、クラリネットのス

8　ほかに、1056 Hz と 2640 Hz 以上の倍音も現れていない。（訳注）

20 | 第 1 章 音声の形成

ペクトルでは 528 Hz、1056 Hz、2904 Hz に空所が見られる▽。

1.1.4 音の共鳴作用

音を出す物体には固有周波数がある。2 つの物体の固有周波数が同一で、その一方が外力を受けて空気中に音を出すと、もう一方も空気の振動によって揺り動かされ、音を出す。このような現象を共鳴という。

古代中国人はすでに共鳴の現象を発見していた。唐時代の韋絢氏によって編纂された『刘宾客嘉话录』には詩人、劉禹錫が韋絢氏との対談で語った物語や歴史的事実が記されている。その中には次の記述がある。

> 洛阳僧房中磬子夜辄自鸣，僧惧而成疾。曹绍夔素与僧善，往问疾，僧具以告。夔出错镳磬数处，声遂绝。僧问其故，夔日「此磬与钟律合，故击彼应此也。」

洛陽の僧侶の坊舎に置かれた磬が夜中に誰もたたかないのにみずから鳴り出す。僧侶はこれを怖がり、病気になる。僧侶の友人、曹紹夔氏がこのことを知り、やすりで磬の数箇所を削ると磬がひとりでに鳴るのがやんだ。曹氏は磬が鳴る原因について、この磬が夜中に鳴る鐘と「律合」している（固有周波数が合っている）からだと説明した。「击彼应此」（あれが叩かれると、これが応える）とはまさに音の共鳴が起こったということである。磬の数箇所を削った結果、固有周波数が変わり、鐘の音の周波数に合わせて磬がひとりでに鳴ることがなくなったわけである。

太さの異なる瓶の口に息を吹きつけると、太い瓶からは低い音が出るのに対して、細い瓶からは高い音が出る。このことから、瓶のような容器は大きさや形状によって固有周波数が変わることがわかる。[9] また容器の固有周波数はしばしば 1 つとは限らない。仮に、ある容器の中で、ある音波との共鳴が起こるとしよう。その音波が周波数の異なる複数の純音を組み合わせた音だとすれば、容器の固有周波数に等しいまたは近い純音の成分が強められ

9　この場合、固有周波数を持つのは正確には容器ではなく、容器の中の空気である。詳しくは「ヘルムホルツ共鳴」を参照。（訳注）

る。それ以外の純音成分の振幅はそのまま維持されるか弱められ、時には消えることもある。このように容器の中で共鳴が起こると、それによって音波の本来のスペクトルが変化し、波形も変わる。当然ながら、容器の形状が変われば音波の波形も変わる。変化が大きい場合は元の音とまったく異なる音のように聞こえることさえある。人の音声器官がさまざまな音を出せるのもこの共鳴現象と深く関係している。つまり、声帯から両唇までの声道は形の定まらない共鳴腔であり、唇、舌、軟口蓋などの動かせる部分の位置を変えて声道に異なる形状を作り出し、共鳴のしかたを変えることができる。それにより、声帯振動によって作り出された比較的小さな声をよく聞こえる大きさに増幅するとともに、さまざまな音色を付与した音声に仕上げるのである。

1.2　発声の仕組み

1.2.1　音源

　生理学的に、人には発音のために専ら使う器官はなく、音を発するのは実際には呼吸器官と消化器官の一部である。ただし発音の仕組みを説明するために、これらの器官をまとめて音声器官と呼ぶ。中でも発声にかかわる器官を発声器官と呼び、声帯より上で、声に独特の音色を加えて母音を形成したり、子音を産出したりする器官を調音器官と呼ぶ。音声とは基本的に、人が呼吸器官から排出した気流を発声器官と調音器官で調節することで発した音である。気流が声道の異なる部分を通ることや異なる方法で通ることなどによって異なる音が形成される。音声器官の構造と、発音過程におけるそれぞれの器官の機能を理解することは、異なる音を正確に発音し、区別するのに有効である。伝統的音声学における音の記述と分類は、この音声器官の位置とその運動方式に基づいている。

　図 1-10 に人の音声器官を示す。

　声帯と口腔で発せられた音は音源の性質によって主に次の 3 種類に分けることができる。

（1）声帯音源

　気流が声門を通る際に声帯を振動させることによって生じるのが喉頭原音であり、これが声帯音源となる。喉頭原音は周期的な楽音で、その音波を声

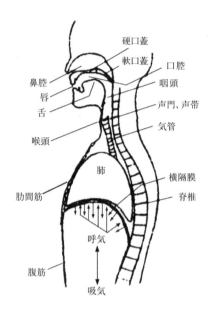

△図 1-10　人の音声器官▽

門波という。音源に喉頭原音が含まれれば、その音は有声音になる。有声音は音声のうちで最も強く響くため、声帯音源は音声における最も重要な音源であると言える。母音は一般に有声音である。図 1-11 に中国語普通話の ɑ [a] の調音における声門波の一部（約 4 周期分）を示す。[10]

(2) 乱流音源

　調音器官の一部が狭まって非常に狭い通路を作ると、気流がそこを通ることによってスースーという持続性のある噪音が作り出される。これが乱流音源である。乱流音源は気流が乱れているために波形に規則性はない。喉頭原音とは異なり、乱流音源の音波は非周期波である。例えば普通話の摩擦音 s の音源は乱流音源である。図 1-12 に s [s] の波形の一部を示す。波形が乱れて周期性がないことがわかる。

10　声門波そのものを記録するのは困難なので、何らかの方法で ɑ [a] の音声から声道における共鳴や唇から放出される際の音響的特性を除去して声門波の波形を抽出したと思われる。（訳注）

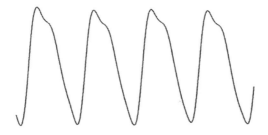

図 1-11　普通話の母音 a [a] の調音における声門波の一部

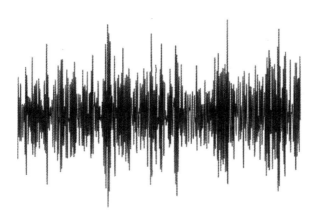

図 1-12　普通話の摩擦音 s [s] の波形の一部

（3）破裂音源

　調音器官の一部が気流を遮断するほど狭められると、滞留した空気に比較的強い圧力が掛かる。その後、突然の開放によって滞留した空気が瞬時に流出し、1 つの短い破裂的な音が形成される。それは衝撃音（瞬間音ともいう）である。破裂音源は音波に短い間隙（かんげき）を作る。普通話の破裂音（閉鎖音）b、d、g も短い間隙の後に瞬間的に破裂が生ずる音であり、衝撃音に属する。図 1-13 に普通話の「大地」の発音の波形を示す。第 2 音節の破裂音の前に間隙として短い無音の空白部が生じている。またどちらの音節にも、子音の調音で気流が妨げを突破する際に生じる瞬間的な衝撃波が見られる。

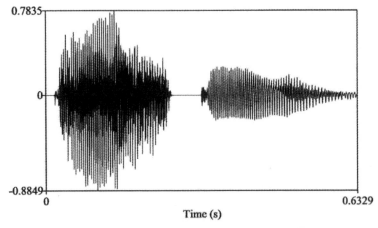

△図 1-13 普通話の「大地」の発音の波形▽

1.2.2 音声エネルギーの基本

　発音に用いられるエネルギーは呼吸のために肺によって形成される気流である。肺は無数の肺胞から成る海綿状の器官であり、自ら拡張、収縮することはできず、肋間筋、横隔膜、腹筋の動きによってそれを行う。外肋間筋の収縮によって肋骨が持ち上がると同時に横隔膜が収縮して下がる結果、胸腔が広がり、肺が拡張することによって吸気の力が生まれる。それに対して腹筋が収縮することで内臓が圧迫され、横隔膜が持ち上がると同時に内肋間筋が収縮して肋骨が下がる結果、胸腔が狭まり、肺が収縮することによって呼気の力が生まれる。呼吸はこうした筋肉の活動によって行われ[11]、呼吸によって生まれる気流が発音のエネルギーになる。このエネルギーの源は肺である。[12]

　安静時、肺気流はかなり安定しており、ふつう呼吸音は聞こえない。呼気にかかる時間と吸気にかかる時間はほぼ同じで、呼吸は毎分 16 回程度行わ

11　無理に息を吐こうとする場合は確かに腹筋や内肋間筋が収縮するが、安静時には外肋間筋と横隔膜が弛緩することで肺が自然に元の大きさに戻ることによって息が吐き出される。（訳注）

12　肺気流は発音のための主たるエネルギー源であるが、軟口蓋と後舌で形成した閉鎖部を前後に動かしたり、声門を閉鎖または発声の状態にして喉頭を上下に動かすことによって生じる気流（それぞれ軟口蓋気流、声門気流という）を発音に使うこともある。（訳注）

1.2 発声の仕組み | 25

れる。発話時には呼気の時間が伸長し、1つの呼吸周期に吸気の占める時間
の割合は15%程度にまで低下する。一気に話す場合は呼気と吸気の時間差
がさらに大きくなる。なお、安静時の呼気の状態での肺胞内圧は大気圧より
わずかに高いだけで、その差は0.25%程度であるのに対して、発話時には
その差が1%と、安静時の4倍になる。

　肺による呼吸がなければ、音声は成り立たないが、肺の音声への関与は主
に呼吸によってエネルギーを提供することに限られる。呼気量は音声の強弱
と密接に関係するが、音声のその他の性質は、肺の活動とほとんど直接的な
関係はない。

1.2.3　喉頭と声帯

　肺から押し出された気流は気管を通り、喉頭に届く。気管は馬蹄形の軟骨
によって構成され、上の部分は喉頭とつながり、下の部分は2つの気管支
に分かれて左右の肺につながる。肺の中で気管支は無数の枝に分かれてい
き、最も細かい枝の先端が肺胞につながる。気流は肺胞から出て小さい枝に
入り、気管支と気管を経て喉頭に届く。

　喉頭は輪状軟骨、披裂軟骨、甲状軟骨およびそれらとつながる筋肉や靭帯
から成る。[13] 輪状軟骨は喉頭の下部にあり、気管とつながり、前が低く後ろ
が高い指輪のような形をしている。披裂軟骨は輪状軟骨の後部の高く隆起し
た部分の上に左右一対あり、それぞれ先の細い杓のような形をしている。[14]
甲状軟骨は最も大きく、左右2つの部分から成るが、喉頭の前部でつなが
り、やや前へ突き出て盾のような形をしている。成人男子ではその突き出し
が強く、外部から観察することができる。この突き出した部分をのどぼとけ
という。図1-14に喉頭の構造を示す。

　下の3図のうち、左の図は正面から、中央の図は背後から見た喉頭で、
右の図は側面から見た喉頭の分解図である。喉頭蓋は喉頭の上のふたとして
機能する。物を食べるときに食べ物が喉頭や気管に入らないように喉頭が

13　喉頭の詳しい構成と構造は大森孝一（2009）を参照。（訳注）

14　全体としては錐体に近い形だが、基底部にくぼみがある。そのため、中国語では「杓
　　状软骨」と呼ばれる。（訳注）

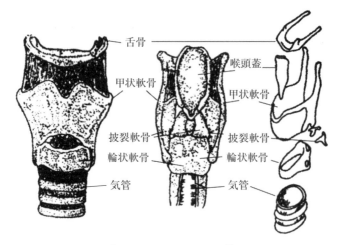

△図 1-14　喉頭の構造▽

上昇し▽、喉頭蓋が後方に倒れて喉頭への通路にふたをする形になる。それに対して呼吸時や発話時に喉頭蓋は後ろに向かって斜めに立ち上がる形となり、気流は妨げられることなく喉頭を通過できる。

　喉頭原音を形成する声帯が喉頭内に位置するため、喉頭は発声においてとりわけ重要な役割を果たす。詳しく見ると、甲状軟骨、披裂軟骨、輪状軟骨と、それらをつなぐ筋肉や靭帯とが上下に連なり、1つの円筒状の空間を形成している。喉頭の内壁には左右に4つのひだがあり、2つずつ対を成す。上の1対は仮声帯といい、正常な発声には関係しない。それに対して下の1対は発声において主たる働きをする声帯である。

　声帯は唇のような形状で粘膜に覆われ、内部は筋肉と靭帯である。声帯のひだの先は薄く、弾性がある。成人男性の声帯の前後長は約 13 〜 14 mm であり[15]、女性ではその3分の2ほどであり、子供ではさらに短い。声帯の前端は甲状軟骨に結合し、固定されている。後端は2つの披裂軟骨にそれぞれ結合し、安静時は開いており、開口部を上から見ると逆V字型をしている。声帯の間の透き間を声門と呼ぶ。発声時には披裂軟骨が近づいて左右の

15　日本人を対象とした計測によると、20歳以上の男性で 15 〜 21 mm 程度、女性で 10 〜 15 mm 程度である（栗田茂二朗 1988）。（訳注）

声帯が接し、声門が閉じられて気流がいったん遮断される。その後、声門下の気圧が上がって気流が声門を突破し、声帯に振動を引き起こして音（声）が発せられる。図 1-15 に発声するときとしないときの喉頭の異なる状態を示す。左の図は発声しないときの喉頭の状態を示す。ここでは喉頭の諸筋肉が弛緩し、声門が逆 V 字型に開いているために気流は自由に通過することができる。右の図は発声するときの喉頭の状態を示す。ここでは外側輪状披裂筋が収縮して披裂軟骨の前方が閉じるように回転し、声門が閉じる。[16] 図 1-16 に声門の開閉の冠状断面、すなわち左右方向の解剖模式図を示す。

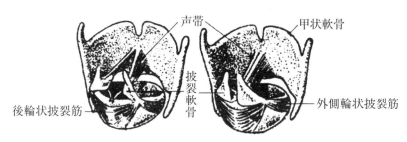

図 1-15　発声するときとしないときの喉頭の状態[17]

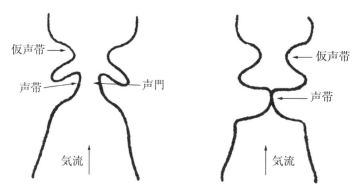

図 1-16　声門開閉の冠状断面の解剖模式図

16　ただし、外側輪状披裂筋の働きだけでは左右の披裂軟骨の間に三角形の透き間が残る。この透き間を閉じるためにはさらに横披裂筋の収縮が必要になる。（訳注）

17　さらに詳しい喉頭の構造とその機能に関して http://www.asahi-net.or.jp/~mf4n-nmr/utanohassei.html（2023/03/13 accessed）を参照。（訳注）

披裂軟骨はさまざまな構えをとることができ、その動きは声帯の位置と声門の状態に直接影響を与える。図 1-17 に、最もよく見られる声門の 4 つの状態を示す。そのうち A は呼吸するときの、声門が開いた状態、B は深呼吸をするときの、声門が大きく開いた状態、C はささやき声を出すときの、披裂軟骨の間に軟骨声門と呼ばれる三角形の透き間はあるが声帯は閉じている状態（気流が軟骨声門から漏れ出るときに摩擦的噪音が生じる）、D は発声するときの、披裂軟骨が転じて合わさり、声門が完全に閉じた状態である。

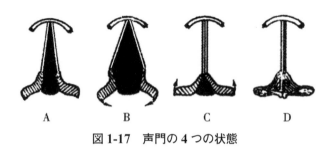

図 1-17　声門の 4 つの状態

　発声するときは上の図の D のように、声門が完全に閉じている。この状態で肺からの気流は阻害され、声門の下に滞留して圧力が高まる。滞留した気流がやがて声門を突破すると、圧力が下がって[18]声帯が再び閉じる。すると再び気流が滞留して圧力が高まり、声門は再度突破される。この過程が繰り返されることで声帯は速やかに開閉を繰り返し、持続的な振動となって肺気流に連続的なブザーのような音を生み出す。これが喉頭原音である。この原初的な音波がいわゆる声門波である。

　声帯振動には強い周期性があり、通常の発話では 1 秒間に約 80 〜 400 回の振動が起こる。したがって、この振動によって生じた喉頭原音の音波も周期波となり、声帯音源として機能することになる。喉頭原音は咽頭、口腔、鼻腔を通って外界に出て初めて知覚される。このときの音波はすでに咽頭、

18　「圧力が下がる」というのは、声門の下の圧力のことを指しているように思えるが、ここでは声門を速い気流が通過することによって気流に減圧が生じ、その力に引き寄せられる形で声帯が閉じるという現象が起きている。通過する流体の速度が高いとその圧力が低下することはベルヌーイの定理によって説明される。（訳注）

口腔、鼻腔の共鳴によって変化し、本来の喉頭原音の原初的な音波とは形が大きく変わっているため、直接に喉頭原音を聞くことはできない。今日では△ラリンゴグラフ（喉頭運動描画器）▽や高速度カメラにより、発声時の声帯振動の状況や気流の噴出する状況を直接観察することができる△が、声帯音を直接収集することはできない▽。声帯振動の様態と成因はかなり複雑であるが、発声の際に気流が阻害されるときと阻害が突破されるときの△気流量▽の変化に強い周期性があるため、△気流量▽の変化を測定して波形で表せば、喉頭原音の周期波とほぼ一致するはずである。△図1-18に、発声時の気流量変化を基に模擬的に描かれた喉頭原音の波形を示す▽。

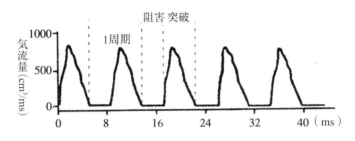

△図 1-18　喉頭原音の模擬波形[19]▽

図の横軸は時間、縦軸は 1 ms の気流量を表す。声門が完全に閉じて気流が阻害されると気流量は 0 になる。声帯が突破されると気流量は急速に増え、約 2 ms で 0 から△800 cm³▽になる。声帯が再び閉じようとするときの気流量の減少のしかたはそれよりも緩やかで、約 3 ms で 0 に戻る。[20] そし

19　阿河邦治ほか（1988: 3）には発声時平均呼気流率として次のような測定結果が紹介されている。Isshiki & von Leden: 成人男子 109 ～ 182 ml/sec（平均 141 ml/sec）、成人女子 76 ～ 172 ml/sec（平均 119 ml/sec）（Hoarseness: Aerodynamic Studies. In: *Archives of Otolaryngology.* 80, pp. 206–213, 1964）; Hirano, Koike & von Leden: 成人男子平均 101 ml/sec、成人女子平均 92 ml/sec（Maximum Phonation Time and Air Usage during Phonation. Clinical Study. In: *Folia Phoniatrica et Logopaedica.* 20, pp. 185–201, 1968）; Yanagihara et al.: 成人男子平均 112 ml/sec、成人女子平均 100 ml/sec（Phonation and Respiration. In: *Folia Phoniatrica et Logopaedica.* 18, pp. 323–340, 1966）。縦軸の尺度と単位に何らかの誤りがあるように思われる。（訳注）

20　開くときは声門を流れる気流は緩やかに増加し、声門が閉じるときは急激に減少するという逆の報告も多数ある。（訳注）

30 ｜ 第 1 章 音声の形成

て新しい周期が始まる。

　声帯は声の高さに最も強く関係している。弦楽器では弦が細い、または短い、またはきつく張られるほど、音が高くなる。声帯も同様である。△声帯の張りと緩みには喉頭におけるさまざまな軟骨と筋肉が関与し、多様な方法でそれが実現されている。例えば▽披裂軟骨とつながる筋肉によって披裂軟骨が両側に転じられると声帯がきつく張られて振動が速まり、発せられる声も高くなる。それに対して披裂軟骨がその逆方向に転じられれば声帯が緩められて振動が遅くなり、発せられる声も低くなる。[21] このような声の高さを制御する人の能力は言語にとってきわめて重要である。中国語は声調を有する言語であり、声調の高さや上げ下げを決めるのもこの声帯の緊張と弛緩である。

　人によって声帯の広さ、厚さ、長さは異なり、声の高さも異なる。子供の声帯は短く薄いため、その声は高く鋭い。成人になれば男子の喉頭は子供のときの約 1.5 倍に拡大し[22]、声帯も厚く長くなる。その結果、発せられる声も子供のころより 1 オクターブほど低くなる。それに対して女性の喉頭は子供のときから 3 分の 1 ほどしか拡大せず、声帯も男性より薄いため、声の低下はわずか 3 度ほどにとどまる。高齢になると声帯も喉頭の筋肉もかなり弛緩するため、男女を問わず、声が若いときより厚みのない低い声になる。

1.2.4　音の共鳴腔

　厳密に言えば、私たちが耳にする声は喉頭原音とは別物である。声帯振動によって形成された喉頭原音は喉頭、咽頭、口腔、唇腔[23]、鼻腔という 5 つ

21　主に輪状甲状筋が収縮して甲状軟骨と輪状軟骨の角度を変えることで声帯を引き延ばし、甲状披裂筋と声帯筋が収縮して声帯靭帯を緩ませることがピッチ調整に関与していると思われる。また輪状軟骨が、前弯した頸椎に沿って上下に動くことによっても甲状軟骨との角度の変化が生じるという研究もある。(訳注)

22　子供でも成長とともに喉頭は拡大する。声帯に関しては日本人の場合、10 歳前後の男子で約 10 mm、女子で約 9 mm、20 歳以上の男性で 15 ～ 21 mm 程度、女性で 10 ～ 15 mm 程度という報告がある（栗田茂二朗 1988）。これから考えると、声帯の長さに関しては、男性で 1.5 ～ 2.1 倍、女性で 1.1 ～ 1.7 倍というように、拡大のしかたにかなり幅があると思われる。(訳注)

23　「唇腔」は中国語の「唇腔」に当てた訳語で、必ずしも日本の音声学で通用する用語ではない。(訳注)

の共鳴腔を通過した後に人に知覚される。喉頭、咽頭、口腔、唇腔、鼻腔から成る人の声道は、随意に動かすことができる調音器官を含む変化に富んだ共鳴腔である。喉頭原音が声道に入ると、声道のさまざまな変化によって異なる共鳴が生じ、千差万別な音が形成される。図 1-19 に人の声道の正中矢状断面、すなわち前後方向の縦の断面を示す。

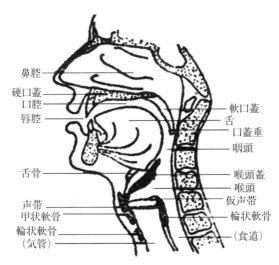

図 1-19　声道の正中矢状断面図

　△咽頭と喉頭は頭蓋底から輪状軟骨下縁の間にある▽。喉頭原音が形成されるとまず咽頭に入る。咽頭の形や大きさは舌の動き、咽頭後壁の緊張と弛緩、喉頭の上下によって変化する。人は咽頭を主な共鳴腔として能動的に用いることはほとんどないが、舌の動きは咽頭の形状に影響を与え、その位置の変化によって咽頭の形状もしばしば変わるため、咽頭も喉頭原音の共鳴に影響を与えると言える。つまり喉頭原音が咽頭に入って生じる共鳴も音の形成に一定の役割を果たしている。

　咽頭は人の進化過程において発音能力の向上に重要な役割を果たしてきた。一般に人以外の動物の声門の位置は高く、声門と口腔の間に空きが少ないため、口腔における舌と軟口蓋の可動範囲は非常に限られている。それに

対して人の声門の位置は低く、声門と口腔の間に長さ数十ミリメートルもの空間、つまり咽頭が存在している。舌と軟口蓋はこの空間があるからこそ前後や上下に十分動くことが可能となり、さまざまな声道の形を作り出して多種多様な音を形成できるのである。人が発音のために咽頭をまれにしか能動的に用いないことは確かだが、咽頭の存在は人類の言語の著しい発達に重要な意味を持っていた。

　口腔は人の調音器官における最も重要な部分である。動かすことのできる調音器官のほとんどが口腔に集まるために、調音にかかわるほぼすべての複雑な変化は口腔において行われる。こうした可動の調音器官には唇、舌、軟口蓋、口蓋垂が含まれる。[24] これらによって口腔の形状と容積、気流の通る通路を変えることができ、ここで喉頭原音をさまざまに共鳴させることができる。また可動の調音器官は固定の調音器官に接近したり、接触することもでき、さまざまな阻害を形成して気流を妨げ、乱流音源と破裂音源を生み出すこともできる。図 1-20 に口腔の構造を示す。そのうち、歯、歯茎、後部歯茎、歯茎硬口蓋、硬口蓋を除くすべての部分が可動である。

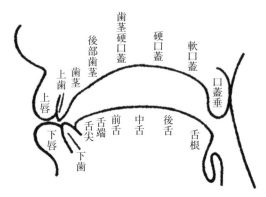

図 1-20　口腔における調音器官[25]

24　ほかに下顎（かがく）も可動の調音器官である。（訳注）

25　原著（中国語版）の図 1-20 では上側の調音位置を「上唇、上齿、齿龈、前硬腭、中硬腭、后硬腭、软腭、小舌」の順に示しているが、そのうち、「前硬腭、中硬腭、后硬腭」は日本の音声学で用いられる調音位置とは異なる。そのため、日本の音声学でふつう用いられる調音位置に合わせ、本書（日本語版）では上側の調音位置を「上唇、上歯、歯茎、

1.2 発声の仕組み | 33

　口腔内での動きが活発で、最も重要とされる器官は舌である。舌はさまざ
まな方向に走る筋肉から成り、非常に複雑な構造をしている。舌全体が前
後、上下に動くだけでなく、その個々の部分（舌尖、前舌、中舌、後舌）も
独立して動くことができる。舌の動きは複雑で、それによってさまざまな形
の共鳴腔を形成し、異なる音を作り出す。調音における舌の位置、形状、動
き方の記述は音の生理学的分析の主な対象であり、音の分類の主たるよりど
ころでもある。舌の働きについては今後の章で詳しく取り上げる。

　両唇は声道の主たる出口であるが、唇と歯との間に小さな共鳴腔が形成さ
れることもあり、本書ではこれを唇腔と名付ける。両唇は完全に閉じること
ができ、それは気流を阻む扉になる。また唇は、気流がかろうじて漏れ出る
程度にまで狭めたり、丸めて唇腔を伸ばして共鳴の特性を変えることもでき
る。両唇のこれらの活動は音に明らかな変化をもたらす。また、口元は顔の
表情を作るのに重要な役割を果たしているため、両唇はほかの調音器官にな
い情報伝達や発話者の感情表出の機能も担っている。

　軟口蓋と口蓋垂も口腔内の可動の調音器官であり、それらの主な働きは気
流の通路を変えることにある。呼吸時には軟口蓋と口蓋垂は下がり、鼻腔と
咽頭がつながって気流は鼻腔に自由に出入りできる。発話時、軟口蓋と口蓋
垂には2種類の動きがある。1つは軟口蓋と口蓋垂が上がり、咽頭後壁に密
着することで鼻腔への通路をふさぐ。この状態では咽頭に達した喉頭原音は
口腔を通らざるをえず、共鳴は口腔で引き起こされる。このように調音され
るのが口音である。例えばɑ、t[26] などである。もう1つは軟口蓋と口蓋垂が
下がり、咽頭から鼻腔と口腔への通路が同時に開く。この状態では咽頭に
達した喉頭原音は口腔と鼻腔の両方を通ることができ、この2つの共鳴腔
で共鳴が起こる。その場合、鼻音化音、例えば [ã]、[ũ] などが生じる。しか
し、このとき口腔のどこかで気流が阻まれれば、喉頭原音は鼻腔だけを通

　後部歯茎、歯茎硬口蓋、硬口蓋、軟口蓋、口蓋垂」とする。なお、中国語の「前硬腭」は
「歯茎硬口蓋」に、「后硬腭」は「硬口蓋」に対応するが、「中硬腭」に対応する調音位置
はない。また、原著では下側の調音位置を「下唇、下歯、舌尖、舌叶、前舌面、中舌面、
后舌面、舌根」としているが、「舌叶」（blade, lamina）に本書では訳語として「舌端」を
当てる。（訳注）

26　tは口音であるが、無声音のために喉頭原音の有無にかかわらず調音される。（訳注）

らざるをえず、鼻音が調音されることになる。例えばm、nなどである。図1-21に軟口蓋と口蓋垂の動きによって形成される3つの状態を示す。

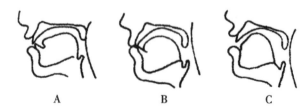

△図1-21　口音（A）、鼻音（B）、鼻音化音（C）の調音における口腔の正中矢状断面図▽

Aでは軟口蓋と口蓋垂が後方に上がり、喉頭原音は口腔しか通ることができない。これによって口音が調音される。Bでは軟口蓋と口蓋垂が下がり、鼻腔への通路が開き、喉頭原音は鼻腔と口腔という2つの共鳴腔に入ることができるが、両唇が閉じて気流が口腔から外に出られないために、喉頭原音は鼻腔しか通ることができず、両唇鼻音mが調音される。Cでは鼻腔と口腔がともに開いており、これによって形成される鼻音化音は口音と鼻音の音色を兼ねる。

口腔は可変的な共鳴腔であり、咽頭も限定的ながら可変であるのに対して、鼻腔は固定的な共鳴腔である。異なる鼻音は唇または舌の動きによって作り出される。鼻音の調音では鼻腔が主要な共鳴腔で、口腔は副次的な共鳴腔である。それに対して、鼻音化音の調音では鼻腔と口腔は共鳴に等しく関与する。

1.3　音声の知覚
1.3.1　人の耳の構造
発話時に調音された音が音波の伝播によって聞き手の耳に届き、その後、その音声に託された意味が理解されてはじめて、言語コミュニケーションの1つの過程が完結する。聴覚器官がどのように音を知覚し、分析するかを理解するためには、まず人の耳の構造についてその概要を知る必要がある。

人の耳は気圧の微小な変化を察知することができる非常に敏感な器官である。耳は外耳、中耳、内耳の3つの部分に分かれる。図1-22に耳の構造を示す。

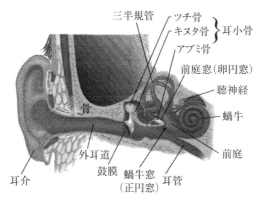

△図1-22　耳の構造▽

外耳には耳介、外耳道と鼓膜が含まれる。より効率的に音を受け取れるように、多くの動物は音の方向に耳介を向けることができるのに対して、人の耳介は固定されており、集音に自律的に関与することはない。外耳道は長さ約 2.5 cm、直径約 0.7 cm である。一方の端は耳介とつながって開放されており、音を受け入れることができる。もう一方の端は鼓膜によって閉じられている。外耳道全体は1本の細い管であり、その共鳴周波数は約 3500 Hz[27]である。音波が外耳道に入ると、3500 Hz 付近の周波数が共鳴によって2倍以上にも強められるために、人は 3000 〜 4000 Hz の音に最も敏感である。鼓膜は楕円形である。奥に向かってややくぼんでおり、厚さは約 0.1 mm で非常に薄い。音波が外耳道から鼓膜に届くと、それがもたらす圧力変化が鼓膜に振動を引き起こし、その機械的な運動が中耳に伝わる。

中耳は鼓膜の奥の耳小骨を含む空間である。その容積は約 2 cm^3 で、中に3つの耳小骨があり、それぞれツチ骨、キヌタ骨、アブミ骨と呼ばれる。重さはわずか 20 mg ほどであり[28]、人体における最も軽くて小さい骨である。

27　外耳道を 2.5 cm、気温 30 ℃、音速 350 m/s として算出した結果である。（訳注）
28　ツチ骨が 24.91 mg、キヌタ骨が 27.39 mg、アブミ骨が 3.38 mg という計測値がある

36 | 第1章　音声の形成

これらの耳小骨がつながり、鼓膜と内耳を結ぶ機械的連鎖を形成する。具体的には、鼓膜が音波によって振動し、まずツチ骨を動かす。ツチ骨はキヌタ骨を押し、キヌタ骨はアブミ骨を押す。アブミ骨の底は内耳の入口である前庭窓と呼ばれる小さい薄い膜に結合している。つまり、鼓膜の振動によって生じた圧力が3つの耳小骨を経て前庭窓に伝わる。耳小骨はてこの役割を果たし、アブミ骨の底に伝わる圧力はツチ骨に伝わった圧力よりも強くなる。しかも鼓膜の面積は前庭窓の25倍[29]であることから、前庭窓に届く圧力は鼓膜の受ける圧力をはるかに上回る。その結果、内耳に伝わる振動も大きく増幅され、人の音の知覚能力を大幅に向上させる。なお、中耳の下には咽頭につながる耳管があり、それは大気と連絡する通路である。耳管によって中耳内の気圧を調節し、鼓膜がその内側と外側から受ける圧力を均等にすることができる。中耳はほかに内耳を保護する働きもあり、外部から伝わる音があまりにも大きい場合、アブミ骨筋が収縮し、アブミ骨の動きを抑制し、前庭窓への振動の伝達を一定程度に抑える。その際、鼓膜張筋も収縮して鼓膜の振動を弱め、内耳の損傷を防ぐ。もちろん過大な音がきわめて急激に入ってくる場合、中耳の保護機能が間に合わず、内耳が損傷し、聴覚能力が侵されることもある。

　内耳は頭蓋骨に深く埋もれた器官であり、△前庭器官と蝸牛からなる。前庭器官は三半規管など、体の平衡を維持するための器官であり、聴覚と関係しない▽。前庭窓は内耳の入口部分で、前述のとおり、中耳のアブミ骨と結合し、奥の蝸牛へと続く。前庭窓がアブミ骨から受けた振動は蝸牛に伝わる。蝸牛はカタツムリの殻の形に似ており、実際に渦巻き状の管である。管は渦巻きの中心に近いほど細くなる。管は3段に分かれ、中段には比較的狭い中央階がある。中央階は蝸牛管とも呼ばれる。蝸牛管によって蝸牛は上下に隔てられ、上段は前庭階、下段は鼓室階と呼ばれ、中はリンパ液で満たされている。[30] 蝸牛の先端の蝸牛孔を通じて前庭階と鼓室階は結ばれており、2つの階のリンパ液はこれを通して行き来できる。蝸牛管の外部は前庭

（小川郁ほか 2017: 89）。（訳注）

29　17倍とも言われている（村田公一ほか 2011）。（訳注）

30　蝸牛管の中は内リンパ液で、前庭階と鼓室階の中は外リンパ液である。（訳注）

膜と基底膜に包まれており、中は粘性が比較的高い内リンパ液で満たされている。蝸牛管と前庭階は前庭膜によって隔てられ、蝸牛管と鼓室階は基底膜によって隔てられる。基底膜の上には1万を超える有毛細胞が載っており[31]、細胞の上端は蓋膜につながり、それらがコルチ器と呼ばれる非常に精密な器官を成す。コルチ器は聴神経に直接つながり、有毛細胞が受けた機械的な揺れを神経インパルスに変え、聴神経を介して脳に送る。図1-23に蝸牛の横断面を示す。

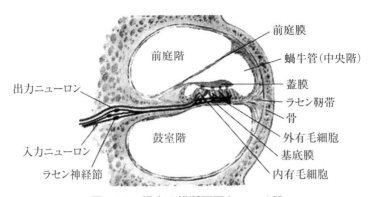

図 1-23　蝸牛の横断面図とコルチ器

コルチ器の主たる機能は、音波の機械的振動に含まれる情報を神経系の信号に転じることにある。その過程は概略的に次のとおりである。前庭窓がアブミ骨に押されて振動し、その圧力変化が蝸牛を満たすリンパ液を通じて基底膜に伝わる。基底膜の上に載る有毛細胞は感覚毛の曲がり方によって興奮し、電気信号であるインパルスを生み、ニューロンに伝える。[32] そのインパルスは聴神経を介して脳の聴覚中枢に伝わる。音波の周波数が異なれば、蝸牛管を満たすリンパ液に伝わる圧力変化も変容し、基底膜が最大の振幅で振動する位置も変化する。周波数が高いほど、最大振幅が現れる位置が前庭窓に近づくのに対して、周波数が低いほど、それは蝸牛孔、すなわち蝸牛の最

31　片方の内耳で12000程度という記述が多い。（訳注）

32　内有毛細胞は音を感知して脳に伝え、外有毛細胞は伸縮して音への感度を調整する働きをすると考えられている。（訳注）

38 │ 第 1 章　音声の形成

も細い端に近づく。異なる位置が異なる周波数に反応する、すなわち特定の
位置における有毛細胞が特定の周波数に反応するのである。ただし、人間は
非常に細かい周波数の違いまで弁別できるが、基底膜の異なる位置だけでは
それほど微細な弁別を実現することはできない。聴覚の仕組みについてさら
なる研究が必要である。[33]

1.3.2　聴覚と音声知覚

　前述の音波、調音器官および聴覚に関する説明により、調音、音波、聴覚
の 3 者に因果関係が存在するように思えるかもしれない。すなわち、特定
の声道の形によって特定の音波が生まれ、それによって特定の聴覚受容が起
こるように思えるが、このような考え方は間違いではないとしても 3 者の
関係のとらえ方をあまりにも単純化しすぎている。実際には調音、音波、聴
覚の間にそのような簡単な因果関係はない。同じ音を異なるように知覚する
こともあれば、異なる音を同じように知覚することもある。3 者間の関係は
複雑である。さらに具体的に言えば、男性と女性、高齢者と若者のそれぞれ
が発音したɑは、聞けばɑと知覚できるが、実際の音には大きな違いが存
在する。また顔立ちや体格と同様に、声道の広さ、長さなども人によって異
なる。人それぞれに個別の音声的特徴がある。しかし、個人によって生じる
音声の違いが大きくても、それは必ずしも音を識別するための障害にはなら
ない。我々は他人の話す内容を理解できるだけなく、発話者の声を特定す
ることもできる。すなわち個人に特有な音声の特徴を聞き取ることもできる。
またタバコをくわえながら話すと、口の動きが大きく制限され、当然、声
道の形状もふだん話すときと異なる。しかし、それでも我々は明確に知覚
し、意味を理解することができる。これらの例から、音波が聴覚器官を通じ
て電気信号として脳に伝えられ、音声知覚が行われるまでに、複雑な解析過
程が介在すると考えられる。近年、科学研究のためのさまざまな機器やコン
ピューターの急速な発達によって、この解析過程を実験的に研究することが
可能となっているが、研究はまだ模索段階にとどまり、脳による音声知覚の

33　異なる位置が異なる周波数に反応することで周波数を弁別するのは「場所説」であり、
　　周波数の知覚に関してほかに「時間説」も広く知られている。（訳注）

1.3 音声の知覚 | 39

謎の解明までにはまだ遠い道のりがある。

　現段階でわかっているのは、脳が音声知覚を行うとき、聴覚器官から伝えられる信号から音声知覚にとって有意な情報のみを選択し、信号に含まれるほかの情報は余剰的情報として扱うということである。[34] 音声知覚にとって有意な情報を特定することは音声合成や音声通信の分野において重要である。例えばαのスペクトルからαの知覚に必須の情報を特定することができれば、必須の情報だけを抽出してαの音を合成することができる。抽出されないほかの情報は、発話者の個人的な特色を反映しようが、単に発話時に生じていた騒音であろうが、αの知覚に関係しない。

　人の音声知覚能力は調音能力と緊密に関係している。幼児が親の話す言葉を大量に聞き、多くを理解したうえで、みずからも言葉を発し始めるのと同じで、音声の知覚は調音に先立っている。逆に、調音をうまく遂行できれば、それは知覚にも有利に働く。自分の発音できる音は区別しやすいが、発音できない音は区別しにくい。音声学を学ぶには自分が発音できない音も聞き分ける必要があるが、聞き分けられるだけでなく、発音もできればなおよい。

　発話によって生じた音波は聞き手の耳に入るだけでなく、話し手自らにもその音は聞こえる。脳が調音器官を操って産出した音を聴覚器官が受け取り、再び脳に伝える過程を聴覚フィードバックという。脳は聴覚フィードバックによって調音器官が発した音が発話の目的に適しているかを判断する。発した音が適切でなければ、脳が調音器官に必要な修正を行うように指示する。話し手にヘッドホンをかけて発話させ、その音声を 0.5 秒程度の遅延をもってヘッドホンに流すと大多数の人の発話が途切れ、さらにはまったく話せなくなる者もいる。それは発した音声と耳に届く音声が時間的にずれ、聴覚フィードバックが効かなくなるために自らの発音が正しいか否かを判断できなくなるからである。[35] このことから、聴覚フィードバックは調音

34　脳の音声知覚過程に関してはまだ未解明の部分が多く、この記述のように、有意な情報と余剰的な情報が明確に二分され、それぞれに異なる処理が行われることについて、まだ確証は得られていない。（訳注）

35　自分の音声を遅れて聞かせることを遅延聴覚フィードバックと呼ぶ。遅延聴覚フィードバックは多くの場合、吃音（きつおん）や発話速度を遅くする障害を生じさせるが、その機構はまだ十分に解明されていない（河原英紀 2003）。（訳注）

40 | 第1章 音声の形成

に相当の影響力を持つことがわかる。したがって長期にわたって耳が不自由な状態が続くとしばしば調音にも問題が起こる。自らの発話が聞こえないことにより聴覚フィードバックが得られないために発音を調整できず、年月を重ねるとともに健常者とは異なる発音を身に付けることになる。

1.4　音声の分節と分類[36]

　ほとんどの学問分野では、研究のために対象を何らかの単位に分けて分類を行う。分類の基準や方法は研究の目的によって異なる。音声学もそうである。連続する音声をいくつかの単位に分け、一定の基準と方法に従って分類を行うことがまさに音声学の重要な課題である。

　前述のとおり[37]、音は音色、高さ、大きさ、長さという4要素からなる。この4要素は音声において異なる役割を果たしながら、同時に存在する。話し手が一連の音を発音し、それが聞き手の耳に入り、聞き手が時系列に沿ってこの一連の音を受け取り、その信号が脳に伝わって分析される。その際、脳には音色、高さ、大きさ、長さが同時に届くが、脳にはこの4要素を分離する能力がある。音声においては音色の変化が主たる役割を果たし、高さ、大きさ、長さは音色に付随すると考えてもよいが、異なる言語においてそれぞれの要素が果たす機能は必ずしも同じではない。この4要素はひとまず2つのレベルに分けることができる。1つは音色に関わる分節的要素で、もう1つは高さ、大きさ、長さという超分節的要素である。

　分節的要素であれ、超分節的要素であれ、調音、音波、聴覚という3つの視点からさらなる分析を行い、切り分けと分類を行うことができる。伝統的音声学では、分節的要素に対しては調音位置と調音方法の観点から分析を行うのに対して、超分節的要素については主観的な聴覚的感覚を基に研究を

36　本節では、第2章以下で伝統的音声学と近代的な音響音声学の手法を交えながら詳述される音声学上の諸単位、すなわち、最小分節としての音、最小分節より小さい音声現象としてのわたり、単独あるいは複数の最小分節によって構成される音節、そして単独あるいは複数の音節に掛かる超分節的要素が紹介される。（訳注）

37　「1.1.3 複合波とスペクトル」では音には大きさと高さのほかに、もう1つの性質、すなわち音色があると述べてあり、一般的にはこの3つが音の3要素と呼ばれる。音声にとって重要な長さを含めた4要素に言及するのはここが初めてである。（訳注）

1.4 音声の分節と分類 | 41

行う。現代の音声学では音波の音響分析が大幅な進歩を遂げ、調音の仕組み
や聴覚による知覚の研究にも大きな進展が見られるが、音の分節と分類には
伝統的音声学の方法が依然として使い続けられている。これらの方法は今日
の視点から見れば確かに厳密さに欠ける面があるが、各種の音声事象を比較
的簡潔に説明できるため、それらを引き続き用いることは、初心者の学習に
とってだけでなく、音声学の継承という点でも有益である。

　発話における分節的要素は時間とともに変化する。我々は音色の変化をは
じめとするいくつかの音声的特徴によって発話をいくつにも切り分けるが、
切り分ける単位の大きさにはかなりの自由度がある。例えば休止によって切
り出された単位は比較的大きく、その中にはさらに切り分けられる小さな単
位がある。その中の最小の分節は、波形が安定し、1つの音として知覚され
るものである。例えばɑが単独で調音されるとき、調音器官の位置はあま
り変化せず、調音の持続時間が伸びても発音されるのはɑであることに違
いはなく、それは最小の分節単位として認められる。しかし、ɑがほかの音
に挟まれて調音される場合、前後の音の影響により、しばしばそれらの間に
移行的な音が現れる。こうした移行的な音はあくまでも1つの音からもう1
つの音への橋渡しにすぎず、その役割は決して軽くはないが、分節音とは言
えない。例えばi「衣」やɑ「阿」を1つずつ調音すると、2つの音の境界
は非常に明確であるが、連続的にiɑ「鴨」を調音すると、iからɑへと漸次
移行し、2つの分節の間に明確な境界は見られなくなる。こうした移行部は
もちろん一定の時間を占めるが、一般にそれを最小の分節単位として認める
ことはできない。

　知覚上、最もたやすく聞き分けられる分節単位は音節である。音節は最小
分節になることもある。例えば普通話の語気助詞ā「啊」は最小分節から成
る単音節語である。しかしこれより頻繁に見られるのは複数の最小分節から
成る音節である。例えば普通話のbiān「边」という音節は4つの最小分節
からなる音節であり、英語のget（得る）は3つの最小分節からなる音節であ
る。中国語は音節の境界が非常に明確で、ごく少数の例外を除き、1漢字が
1音節に相当する。中国語における「字」は書記単位であると同時に、ほと
んどの場合、話し言葉における音節でもある。例えば「他说话字字清楚」と

42 | 第1章　音声の形成

いうのは「彼の発話における音節はどれもはっきりしている」という意味
であるが、7字で7音節である。また、（字で数えているのかもしれないが）
子供でさえ文における音節の数を答えることができる。ただし、音節は知覚
上、聞き分けやすい一方で、調音の仕組みや音波の特性からその本質的な特
徴を説明しようとすると、そう簡単ではない。少なくとも今のところ、音節
の本質を十分に説明し、音節の境界を客観的かつ明確に確定する理論と方法
はない。

　超分節的要素は高さ、大きさ、長さから成る。超分節的要素は1音節に
付与することもできれば、音節より大きい分節単位、例えば多音節語や句な
どに付与することもできる。基本周波数を基に高さを、振幅を基に大きさ
を、持続時間を基に長さを分析し、音波によって超分節的要素を客観的にと
らえることができる。しかし、聞き手の主観に基づく分析も一般的な超分節
的要素の研究には有効である。言語における音の高さ、大きさ、長さの変化
は分節的要素の変化ほど激しくなく、多くの場合、意味を区別する働きもそ
れほど重要ではない。[38] しかし、言語が異なれば超分節的要素の担う役割も
大きく異なるため、その位置づけに統一的基準は存在しない。例えば高さは
中国語において特別な役割を果たし、「妈」mā、「麻」má、「马」mǎ、「骂」
mà は分節成分は同じで、主な違いは高さの変化にある。こうした高さの変
化の違いは伝統的に「声調」（あるいは「字調」）と呼ばれる。中国語をはじ
めとする声調を有する言語では知覚によって声調の高さの変化を分類し、定
義することができるのに対して、このような分類と定義は英語、フランス
語、ロシア語などの声調のない言語にとっては必要ではない。

　また、多くの言語において音節に強弱の違いがあり、強弱の配置が意味
を区別する役割を担う。例えば、普通話の「买卖」mǎimài のように2音節
がともに強く発音されると「買うことと売ること」を意味するのに対して、
「买卖」mǎimɑi のように第2音節が軽く発音されると「商売」の意味にな

38　初期の音声学の研究においてそうした観点があったが、このあとに述べられるとおり、
　中国語などの声調言語においては超分節的要素の役割が重要である。また、意味を区別す
　る働きに限らず、超分節的要素は発話の意図、話者の感情を表すのにも重要な役割を果た
　し、現代の言語研究あるいはコミュニケーション研究では重視されている。（訳注）

る。英語の content は強勢が第 1 音節にあると「中身」を意味するのに対して、第 2 音節にあると「満足」の意味になる。強弱はしばしば高さ、長さの変化とかかわり、時に音色の変化を引き起こすこともある。これらの問題について、今後の章の中で詳しく述べていく。

練習

1. 5つの周波数成分を持つ複合波の基本周波数が150 Hz、その振幅が60 dB、第2倍音が45 dB、第3倍音が50 dB、第4倍音が20 dB、第5倍音が35 dB であるとする。この複合波のスペクトルを描きなさい。
2. 下の図は普通話のɑとiのスペクトルである。(1) これらの音のうち、より高い声で発音されたのはどちらか答えなさい。またそのように判断する理由を述べなさい。(2) 2つのスペクトルのどちらにも振幅に3つの峰が現れるが、その位置が異なり、ɑとiの音色が異なることがわかる。これらの峰が現れるおおよその周波数を答えなさい。(1 kHz=1000 Hz)

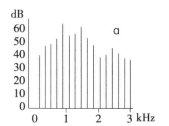 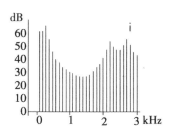

3. 下の図は普通話のi (A)、u (B)、n (C)、f (D)を調音するときの調音器官の状態を表す。唇、舌、軟口蓋の位置、形状、構えなどにそれぞれどのような違いがあるかを述べなさい。

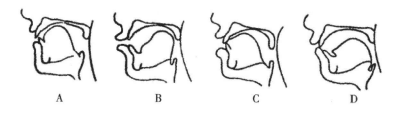

44 | 第1章 音声の形成

4. ピンインで次の文を表記しなさい。その中の「女儿」、「幼儿园」、「一块儿」、
「花儿」がそれぞれ何音節であるか、そこにはどのような超分節的要素が含
まれるか、それぞれの「儿」の発音が同じであるか否かを答えなさい。

　他的女儿和幼儿园的小朋友一块儿去公园看花儿。

第2章

母音

2.1 母音の性質

2.1.1 母音と子音

　1つのまとまりのある連続発話は、それぞれ音質が異なる最小単位の音声から成り立つ。これらの最小単位の音声は調音器官の構えの違いによって開放型と閉鎖型の2種類に分かれる。喉頭・咽頭を抜けて口腔に入り、最後に唇を出るまでの過程において、気流が抵抗なく声道を通り、妨げられることのない音声は開放型である。これに対して声道の一部が狭められ、気流が抵抗なしに通ることができず、妨げを受ける音声は閉鎖型である。連続発話では、開放型の音声と閉鎖型の音声が常に入れ替わるため、音質が異なる最小単位の音声が次々に現れる。伝統的音声学では開放型の最小単位の音声を母音、閉鎖型の最小単位の音声を子音という。母音と子音は音声学における最も基本的な概念であり、この2つを併せて単音と呼ぶ。音声学における分節音の分類と記述は常にこの2つの概念に基づいて行われる。

　母音の調音では気流は抵抗なく声道を通り、声帯の振動によって引き起こされた声の音波は周期性を保つ。声帯振動を伴う母音はすべて有声音である。例えば、中国語普通話のa、o、iは典型的な母音である。それに対して子音の調音では、気流はどこかで妨げられ、その妨げを突破するか押しのけるかして外に出るしかないため、そこで生じる音は衝撃音や持続的噪音になることが多い。例えば普通話のb、d、gは、気流が完全にせき止められ、その妨げを突破するときに生じる衝撃音である。これに対して、f、s、xは声道が狭められ、気流がその狭めを押しのけて出るときに生じる持続的噪音である。これらの音が調音される際に声帯が振動していれば、これらの音は

46 | 第2章 母音

有声音となる。普通話の sù と英語の zoo（動物園）とは、頭子音がともに持続的噪音であるが、前者の [s] と表記される音では調音時に声帯振動が止まるのに対して、後者の [z] と表記される音では調音時に声帯振動が保たれ、有声音の性質を持つ。

　m または n などの調音でも声道に閉鎖が生じる。ただし、気流は口腔で妨げられるものの、軟口蓋後部が下がり、鼻腔への通路が開かれるため、気流は鼻腔に流れ、鼻音が生じる。また、l のような音では多くの場合、舌によって口腔中央の通路が妨げられるが、気流は舌の両側を通り抜けることができる。m、n、l のような音は、気流がさしたる抵抗もなく声道を通ることができるため、その性質は比較的母音に近く、その音波も比較的母音に近い。しかし、これらの音は調音の際に声道のどこかで気流が完全または部分的に妨げられることから、あくまでも閉鎖型に属する。ただし、一部の音声学の文献では、これらの音は周期波成分が非周期波成分より優勢であることから、母音と同じ種類にまとめ、鳴音と呼ぶことがある。

　母音の調音では声道の各部分にまんべんなく力が入り、気流が抵抗なく通るのに対し、子音の調音では声道の一部を狭めるため、そこにとりわけ力を入れる必要がある。つまり、声道の各部分に入る力は均等ではない。しかしながら、このように声道を開放するか閉鎖または狭めるかによって母音と子音を分別できるとは言っても、声道の開放には程度の差が大きく、開放が小さくなればなるほど、調音される音は限りなく閉鎖型の音に近づく。一方、気流の通路にわずかな狭めを作って軽く妨げるだけのこともある。このように調音された音は母音と子音の中間にある。例えば i を調音するときに舌を本来の高さより少し上げて舌面に力を入れると、声道は閉鎖の状態にかなり近づき、気流は妨げられ、かすかに摩擦の音が聞こえてくる。このように調音された i は限りなく子音に近い。このような母音と子音の中間にある音を音声学では接近音[1]と呼び、一般に子音として扱う。

1　母音と子音の中間にある音を音声学では接近音というが、「接近」はあくまでも調音器官が摩擦を生じない程度に近づくのであり（風間喜代三ほか 2004: 216）、摩擦が聞こえるならそれは摩擦音と呼ぶのが正しい。（訳注）

2.1.2 声道の共鳴と母音の音色

母音の音色は声道の共鳴周波数によって決まる。母音の調音では、まず声帯が振動し、声帯音[2]を出す。それと同時に、声帯音が口腔のみに導かれるように軟口蓋後部が上がり、鼻腔への通路をふさぐ。口腔は声道の中で最も自由に動き、形の変化に富む部分である。口腔内の調音器官、中でも舌の細かな動きによって声道は微妙に形を変え、それが声帯音の共鳴のしかたに影響を与え、音色の異なる母音を作ることができる。

喉頭、咽頭、口腔、両唇から成る声道は途中でおおよそ直角に屈曲した共鳴腔である。しかし、共鳴の本来の性質からすれば、共鳴腔が曲がっているかまっすぐ伸びているかは共鳴周波数に大きく影響しない。成人男性の共鳴腔の長さは声道の始点である声帯から終点である唇までで約 17 cm である（成人女性ではこれよりやや短い）。この共鳴腔を一端が閉じ、もう一端が開いた管と見なすならば、閉じた端は声帯である。声が声帯の振動によって生み出され、その上の管に入ると声帯音は共鳴を引き起こし、管の開放端を出て母音として聞こえてくる。管の形が変われば引き起こされる共鳴の周波数も変化し、聞こえる母音の音色も異なってくる。以下では、普通話の ɑ と i を例にとり、このことを説明してみたい。図 2-1 は ɑ と i を調音するときのそれぞれの舌の位置と口腔の開きの程度を示したものである。

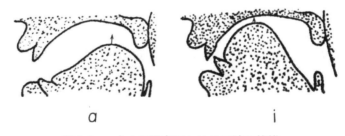

図 2-1　ɑ と i の調音における口腔の状態

この図が示すように、ɑ と i を調音するときの舌の位置は大きく異なる。舌が盛り上がることによって舌と口蓋の間に狭めが生じ（図中の矢印の部分）、

2　第 1 章で述べた「喉頭原音」と同じ。（訳注）

48 | 第2章　母音

この狭めが声道を前後2つに分けるが、ɑの調音では口が大きく開き、口腔前部が広く深く、逆に口腔後部が狭く浅い。他方、iの調音では口の開きが比較的小さく、口腔前部が狭く浅く、逆に口腔後部が広く深い。ɑとiの音色を分かつのは、この口腔前部と後部の形の差によって生じる共鳴周波数の違いである。その他の母音も同様の仕組みで異なる音色として聞こえる。

　口腔前部と後部の広さ、深さは、主に舌の盛り上がる位置によって決まる。また、上の図2-1からわかるように、舌の位置の違いは口腔の形だけでなく、咽頭の形にも影響する。舌の最高点が後ろに寄ると咽頭は狭まり、逆に舌の最高点が前に寄ると咽頭は広がる。[3] 舌は形の変化に富んだ筋肉組織であり、わずかな位置の変化でも前後に二分される声道の形に変化を与え、異なる共鳴周波数をもたらすため、さまざまな音色の母音を形成することができる。

　また、唇の変化も声道の形に大きく影響する。安静時の唇は緩んで平らである。それに対して、調音時に唇を丸めて前に突き出すと声道の長さを伸ばすことができる。それによって共鳴周波数が変わり、母音の音色も変わる。普通話の「意 yì」と「遇 yù」の違いがよい例で、前者が唇を丸めない調音であるのに対して、後者は唇を丸める調音である。口腔内のために観察しづらい舌の形の変化とは異なり、唇の形の変化は目で直接観察できる。

2.2　母音の分類
2.2.1　母音の分類基準

　さまざまな音色を持つ母音を的確に分別するには、一定の基準に基づいて母音を見分けなければならない。もちろん、その目的によって分類の結果や細かさは異なる。また、どのような基準に基づいてもすべての母音を確実に識別することはできない。このことはすべての色を確実に識別できないことに似る。色を赤、黄、青、白、黒の5種類のみに分けることもできれば、細かく10種類以上、20種類以上に分けることもできる。しかし何種類に分けるにせよ、それらの境界がどこにあるかははっきりしない。母音の分類も細かくすることもできれば粗くすることもできる。そして、ɑ、i、uなどのよう

3　厳密に言えば、声道を二分するのは舌の最高点ではなく、舌と口蓋または舌根と咽頭後壁が最も近づく点である。（訳注）

に、母音を種類ごとに異なる文字で表すこともできる。しかし、これらの文字はあくまでも個々の母音を表記する記号にすぎず、分類の細かさによっては、文字が表す母音の実態も変わりうる。つまり、こうした母音を表記する文字に不変の意味はない。一方、音声学は音声を専門的に扱う学問であるから、母音の分類も必然的に細かくなる。そのためにより多くの記号を用い、それぞれの記号が母音をより精密に表記できるようにしなければならない。

　生理、物理、聴覚のいずれによっても母音を分類することができる。そのうち、聴覚は主観に左右されやすい。聴覚的印象によって表される音の響きの大きさや長さ、また軟らかさや鋭さなどは主観を免れないため、聴覚によって母音を科学的かつ詳細に分類することは難しい。また、物理的、つまり音響的特徴に基づく母音の分類は精密だが、精密であるがゆえの困難が伴う。こうした理由から、音声学における母音の分類は生理に基づいて行われることが多い。すなわち舌と唇の形によって母音を分類し、表すのである。このような分類方法は簡便でもあり、また調音の動きと直ちに結び付けられるものでもある。

　前述のように、母音の音色は生理的視点からすれば、主に唇と舌の形状によって決まる。したがって唇の形と舌の位置さえとらえられれば、母音は的確に記述し、分類することができる。舌の位置はその盛り上がりの最高点の口腔内における高低と前後を座標軸として特定される。他方、唇の形は、丸めの有無によって決まる。これらを併せ、音声学では以下の3つの基準に基づいて母音を分類する。

　（1）舌の高低——口腔内の舌の位置が高いものを高母音、低いものを低母音とする
　（2）舌の前後——口腔内の舌の位置が前寄りのものを前母音、後ろ寄りのものを後母音とする
　（3）唇の丸め——唇の丸めがあるものを円唇母音、丸めがないものを非円唇母音とする

　すべての母音が上の3つの基準によって記述できる。例えば、図2-1が示すように、iの調音では舌は高く前に盛り上がり、唇に丸めはない。このことからiは前・高・非円唇母音と記述できる。この3つがまさにiという字

母が表す母音の特徴である。

2.2.2 基本母音と母音の舌位置の図

母音の音色を定める3つの基準のうち、唇の形には円唇、非円唇[4]という2つの状態しかなく、しかもその形は観察しやすい。逆に舌は動きが複雑で、しかも外部から観察しにくい。つまり舌の位置を説明するのはより難しい。そのうち、母音ɑ、i、uを調音するための舌の位置は母音の調音において口腔内で舌が到達しうる限界点であるため、以下ではこの3つの母音を例として舌の位置について説明していく。図2-2の黒い点は舌の盛り上がりの最高点を示す。この最高点こそが声道前部と声道後部の境界である。[5] この図が示すように、母音ɑ、i、uの調音ではそれぞれ舌の高低と前後が異なる。これらの母音の舌の最高点を結ぶと三角形が描かれる。本来、口腔は水平方向に広く、垂直方向に狭い。また前方が広く、逆に後舌と軟口蓋との間隔が狭い構造である。また、筋肉構造も舌の上下または前後に動く範囲に影響する。例えば、iとuはどちらも高母音に属するが、uは後母音であるため、舌の動く範囲が狭く、どれほど高く盛り上げてもiのように高くはならない。また、舌が低いと前後方向の可動範囲が狭くなるという性質もある。そのため、低母音ɑの舌の前後方向の可動範囲はi、uのような高母音ほど広くない。

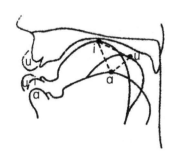

図 2-2　母音 ɑ、i、u に見られる舌の可動範囲

4　非円唇はさらに細かく、唇が左右に引かれている張唇と唇が緩んでいる弛唇に分けることができる。（訳注）

5　前記の注3を参照。（訳注）

実際に母音を調音すると、舌が動く範囲は四角形を描く。図 2-3 に示す四角形は母音を調音するときに舌が動きうる最大の範囲であり、4 つの字母でその 4 つの頂点を表す。この 4 つの字母は国際音声字母[6]と呼ばれるものであり、ピンインと区別するため、国際的な慣例にしたがい、文中では [ ] でくくって [i]、[u]、[a]、[ɑ] のように表記する。ところで、国際音声字母とは国際音声学会によって考案され、100 年にわたる発展と数々の改訂を経て、現在では音声を表記するために最もよく使われる記号である。

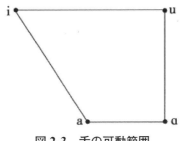

図 2-3　舌の可動範囲

この四角形の範囲内で舌は自由に動くことが可能で、音色が異なるさまざまな母音を作ることができる。この範囲内における舌の位置をさらに詳しく記述するため、高低を 4 つの段階に分け、それぞれを高、半高、半低、低[7]と名付ける。それに前後を加味すると、8 つの位置が得られる。この 8 つの位置に相当する母音を第 1 次基本母音という。国際音声字母により第 1 次基本母音は図 2-4 のように表される。この図では均等に配置された点によって 8 つの第 1 次基本母音の舌の位置が定められる。これらの位置が定められることにより、その他の母音の舌の位置を決めるための比較的客観的な拠り所が得られる。

この図は単にそれぞれの母音における舌の高低と前後の位置を表すにすぎ

6　International Phonetic Alphabet, IPA。（訳注）

7　狭、半狭、半広、広とも呼ばれる（風間喜代三ほか 2004: 255）。日本語音声学や英語音声学では、高、半高、半低、低に比べ、狭、半狭、半広、広のほうが多く見られるが、中国語との対応を考慮し、本書では高、半高、半低、低という呼称を用いる。（訳注）

ず、唇の状態は表していない。原則として、どの位置にある母音にも円唇と非円唇の2種類があるはずである。しかし、実際には前母音には非円唇母音がより多く見られるのに対して、後母音には円唇母音が多い。第1次基本母音もこれに応じて、前母音の4つは非円唇母音であり、後母音は [ɑ] を除く3つが円唇母音である。また、唇の丸めの程度も舌の高さと深く関係する。舌の位置が高いほど唇の丸めは強く、逆に舌の位置が低いほど丸めは弱くなる。例えば、図2-4で舌の位置がもっとも低い母音 [a] は非円唇母音である。[8]

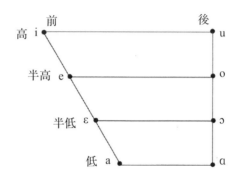

図2-4　8つの第1次基本母音の舌の位置

図2-5にはさらに中国語普通話と中国語諸方言の記述によく使用される他の母音を含め、それらの舌の位置を示す。前述のように、国際音声字母は舌の高低を高、半高、半低、低という4つの段階に分けるが、前母音は口の開きの自由度が大きいため、間に [ɪ](低めの高)[9]、[ɛ](中位高)[10]、[æ](高めの低)[11] という3つの高さが追加され、実質的に7つの段階に分けられる。舌

8　それに加えて、後母音には円唇のものが多い中で、低母音の [ɑ] が非円唇になることからも舌の高さと唇の丸めとの関係が示唆される。(訳注)

9　[ɪ] は広めの狭母音とも呼ばれる。(訳注)

10　前後方向における中間の位置「中」と区別するため、本書では上下方向における中間の位置を中位高と呼ぶ。つまり、中国語の「央」(前後方向における中間の位置)には日本語の「中」を当て、中国語の「中」(上下方向における中間の位置)を「中位高」と訳す。(訳注)

11　[æ] は狭めの広母音とも呼ばれる。(訳注)

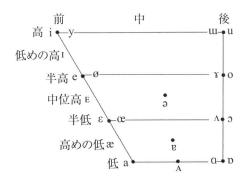

△図 2-5　よく使われる母音の舌の位置▽

の前後は前、中、後[12]という 3 つの範疇に分かれる。さらに、それぞれに円唇と非円唇が設けられる。2 つの字母が対を成す場合は左側が非円唇母音、右側が円唇母音である。このようにして、合計 21 の常用国際母音字母が定義される。以下ではこれら 21 母音の性質を前述の 3 つの基準にしたがって記述するとともに、北京方言を中心に例を挙げる。北京方言に該当例がない場合、中国語に属するほかの方言からの例を挙げる。

[i]	前・高・非円唇。北京「衣」[i]
[ɪ]	前・低めの高・非円唇。蘇州「面」[mɪ]
[e]	前・半高・非円唇。アモイ「提」[tʰe][13]
[ᴇ]	前・中位高・非円唇。蘇州「三」[sᴇ]
[ɛ]	前・半低・非円唇。北京「灭」[miɛ]
[æ]	前・高めの低・非円唇。蘇州「毛」[mæ]
[a]	前・低・非円唇。北京「安」[an]
[y]	前・高・円唇。北京「鱼」[y]
[ø]	前・半高・円唇。蘇州「南」[nø]
[œ]	前・半低・円唇。広州「靴」[hœ]

12　後舌は奥舌とも呼ばれる（風間喜代三ほか 2004: 255）。（訳注）

13　原書では、調音時に気息を伴うことを表す補助記号として [ʻ] と [ʰ] の両方を用いているが、本書（日本語版）では [ʰ] に統一する。ただし、現在も「有気の」を表すのに [ʻ] を用いる中国語音声学の著書や論文が見られる。（訳注）

[ə]	中・中位高・非円唇。北京「恩」[ən]	
[ɐ]	中・高めの低・非円唇。広州「民」[mɐn]	
[ʌ]	中・低・非円唇。北京「阿」[ʌ]	
[ɯ]	後・高・非円唇。合肥「楼」[nɯ]	
[ɤ]	後・半高・非円唇。北京「鹅」[ɤ]	
[ʌ]	後・半低・非円唇。松江「脱」[tʰʌ]	
[ɑ]	後・低・非円唇。北京「肮」[ɑŋ]	
[u]	後・高・円唇。北京「乌」[u]	
[o]	後・半高・円唇。成都「哥」[ko]	
[ɔ]	後・半低・円唇。広州「火」[fɔ]	
[ɒ]	後・低・円唇。蘇州「卖」[mɒ]	

　上記の 21 字母のほか、[y] と [ø] の間に前・低めの高・円唇の [ʏ] があり、[u] と [o] の間に後・低めの高・円唇の [ʊ] がある。中母音には高・非円唇の [ɨ] と高・円唇の [ʉ] があり、[ə] と [ɐ] の間に、中・半低・非円唇の [ɜ] と中・半低・円唇の [ɞ] がある。図 2-6 は国際音声学会によって定められた母音の舌の位置を表す図 (2005 年版) である。ここでかっこにくくって示すように、中国語音声学界で使い慣れている字母 [ɛ]、[A] は国際音声字母の母音図には含まれない。

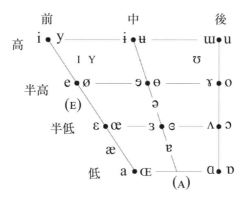

図 2-6　母音の舌の位置

(国際音声学会から 2005 年に公開された国際音声字母一覧より引用)

舌の位置と唇の形をさらに精密に表すため、必要に応じて音声字母に補助記号を付けることができる。母音にかかわる補助記号は主に以下の7つである。

記号	意味	例
˔	舌の位置がやや高い	[e̝][o̝]
˕	舌の位置がやや低い	[e̞][o̞]
˖	舌の位置が前に寄る	[u̟][ə̟]
˗	舌の位置が後ろに寄る	[u̠][ə̠]
¨	舌の位置が中舌に寄る	[ë][ö]
˒	唇の丸めが強い	[ɔ̹][ɒ̹]
˓	唇の丸めが弱い	[o̜][y̜]

2.2.3 舌尖母音、反り舌母音、鼻母音

多くの母音では舌の筋肉の各部分にまんべんなく力を入れる。これらの母音を舌面母音という。しかし、舌尖にことに力を入れて調音される母音もある。これらの母音を舌尖母音と呼ぶ。北京方言の zi、ci、si「资、磁、思」と zhi、chi、shi「知、吃、诗」に含まれる母音 i は舌尖母音であり、それは舌面母音 [i] の調音とは大きく異なる。国際音声字母では、zi、ci、si の母音 i を [ɿ] で、zhi、chi、shi の母音 i を [ʅ] で表す。[14]

舌尖母音を調音するには、馬の鞍のように舌の後部を盛り上げると同時に舌尖に力を入れてこれを盛り上げる。図 2-7 が示すように、[ɿ] は [ʅ] よりも舌尖の盛り上がる位置が前寄りであるのに対して、舌の後方の盛り上がる位置は後ろ寄りである。舌尖の位置の前後により、[ɿ] を舌尖前母音、[ʅ] を舌尖後母音と呼ぶ。

舌尖母音の調音においては声帯が振動し、声道には極端な狭めがないため、摩擦は生じない。よって舌尖母音は開放型の調音に属し、母音としての条件を満たす。つまり、舌尖母音はそれに先行する子音とは性質が異なり、その延長ではないといってよい。[15] また、舌尖母音が多様な子音と組み合わ

14　この2つの字母は国際音声字母としては認められていない。後出の注 18 を参照。（訳注）

15　北京方言では、[ɿ] と [ʅ] は摩擦音に後続する位置にのみ出現するため、これらの母音

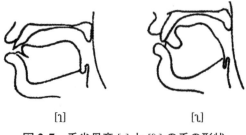

図 2-7　舌尖母音 [ɿ] と [ʅ] の舌の形状

される中国語方言もある。[16] 例えば、安徽合肥、山西汾陽の方言には [mɿ]「米」、[tʅ]「低」という組み合わせがある。さらに汾陽方言において [ɿ] が「姨」という自立した音節を成すことは、[ɿ] と [ʅ] が子音の延長であるという説に対する反証となる。

[ɿ] と [ʅ] はどちらも非円唇の舌尖母音である。これに対立[17]する円唇の舌尖母音はそれぞれ [ʮ] と [ʯ] である。その例として蘇州方言の「诗」[sʮ] と湖北麻城方言の「鱼」[ʮ] がある。これにより、中国語の舌尖母音は方言もあわせると次の4つである。[18]

	非円唇	円唇
舌尖前母音	[ɿ]	[ʮ]
舌尖後母音	[ʅ]	[ʯ]

舌面母音を調音しながら舌尖を硬口蓋に向けて反るように持ち上げていく

は先行する摩擦音の延長であるという説が中国語音声学界で唱えられた時期があることから、あえてこのような説明がなされている。（訳注）

16　中国語方言については第4章の注5を参照。（訳注）

17　音における対立とは、音の違いによって意味が区別されることを指す。（訳注）

18　[ɿ]、[ʅ]、[ʮ]、[ʯ] は国際音声字母ではない。スウェーデンの中国語学者であるベルンハルド・カールグレン（Bernhard Karlgren）がスウェーデン語の方言字母の中から、反り舌で発音した摩擦を伴う [i] を表す非円唇の [ʅ]（IPAにおける音節主音としての反り舌接近音 [ɻ̍] か反り舌摩擦音 [ʐ̍] に相当する）と、同じく反り舌で発音した摩擦を伴う [y] を表す円唇の [ʯ] を借用し、中国語の音声を表したことに由来するが、[ɿ] と [ʮ] はカールグレンが [ʅ] と [ʯ] に対応させて作った字母であるといわれる（Branner 2006: 266）。なお、本書において [ʮ] は円唇・舌尖前母音だけでなく、円唇・硬口蓋接近音の表記にも用いられる。（訳注）

と反り舌母音になる。このように舌尖を反らせて作る母音は右曲がりの尾が付いた逆さまの r を添えて表す。例えば [aɹ]、[əɹ] などである。これらを1つの字母で表すこともできる。例えば [ɑ]、[ɚ] である。ただし、書字または印刷の便宜のために [ar]、[ər] のように表すことも多い。この場合 [r] は、先行の母音を反り舌で調音することを表すだけで、それ自体が独立した音であるわけではない。

　反り舌母音は中国語方言に多く見られるが、その大多数は r 化音として表れる。例えば、北京方言の「花儿」huār、「歌儿」gēr、「兔儿」tùr などの主母音がそうした反り舌の母音である。r 化音の変化は特に複雑であるため、その詳細については改めて第6章で述べる。r 化音以外の反り舌母音は、「儿」、「耳」、「二」、「而」など、普通話では er と読む字に限る。これらの字は一部の方言において必ず反り舌中母音の [ər] と調音される。なお、北京方言もそうした方言に属するが、これらの er と読むべき字には母音の遷移も観察される。すなわち、舌の位置が比較的低い位置から反り舌の動作に伴ってやや上昇していく動きである。この動きは第4声に特に顕著であり、「二」èr を精密表記するならば、[ɐɚ] または [ʌɚ] のようになるであろう。

　アメリカ英語にも多くの反り舌母音が存在する。これはイギリス英語とアメリカ英語の大きな違いの1つとしてしばしば指摘される。例えば、sir（あなた）、poor（貧しい）、board（板）、hard（硬い）など、母音に r が続く場合、イギリス人はこの r を調音しないのに対して、多くのアメリカ人は先行する母音を反り舌母音として調音するのである。

　母音を調音しながら軟口蓋を下げて鼻腔への通路を開くと、声が口腔だけでなく、鼻腔にも伝わるため、その両方で共鳴が起こる。母音の音色もそれによって変化し、鼻音の特徴を帯びて鼻母音となる（図1-21参照）。国際音声字母では母音に補助記号の [˜] を加えることで鼻母音を表す。例えば [ã]、[ũ]、[ĩ] のようにである。

　中国語の多くの方言に鼻母音が観察される。例えば、アモイ方言では「影」が [ĩã]、紹興方言では「三」が [sæ̃] と調音される。また、昆明方言では「烟」が [iẽ]、蘭州方言では「门」が [mə̃]、太原方言では「阳」が [iɤ̃] と調音される。ところが北京方言では鼻母音は唯一、反り舌母音と組み合わされ、r

58 | 第2章 母音

化音にのみ現れる。例えば北京方言では「缝儿」fèngr が [fɚr] と調音される。

　フランス語にも鼻母音が存在する。例えば、bon（よい）は [bɔ̃]、vin（ワイン）は [vɛ̃]、un（一）は [œ̃]、dans（…の中で）は [dɑ̃] と調音される。鼻母音の存在はフランス語音声の1つの特徴である。

　母音は発声開始からも、発声開始後しばらくたってからも軟口蓋を下げて鼻音化させることができる。後者のような母音を半鼻音化母音という。この違いを明確に示す必要がある場合、鼻音化の補助記号を母音の後ろに付ける。このことによって、鼻音化の生起に時間が必要であることを示す。例えば、上海では「忙」を [maˠ] と言う者が多数いるし、南京では「烟」を [ieˠ] と言う者も多い。[aˠ]、[eˠ] はどちらも半鼻音化母音である。厳密に言えば、北京方言の「忙」[mɑŋ][19]、「缸」[kɑŋ] の母音も、次に来る鼻音の影響で鼻音の特徴を帯びる半鼻音化母音である。

2.2.4　母音の長さと緩み

　母音の長短は本来相対的なものである。例えば、話のテンポを速くすると個々の音節は短くなり、それにしたがって母音の長さも短くなる。しかし多くの場合、どの音節の母音が長く、どの音節の母音が短く調音されるかは恣意的ではない。[20] 例えば、アモイ方言では「揖」[ip] の [i] は子音 [p] に先行するため、「衣」[i] より短い。英語では bit（少し）の [i] は無声子音 [t] に先行するため、bid（宣言する）、big（大きい）、bin（ふた付きの大きな容器）などの [i] より短くなる現象が見られる。

　母音の長短の違いを示す必要がある場合、国際音声字母では母音の後ろに超分節音の記号 [ː] を付けることで、母音が比較的長いことを表す。例えば [iː]、[aː] のようにである。逆に、母音の上に [˘] を付けることで、母音が比較的短いことを表す。例えば [ĭ]、[ă] のようにである。母音の長短で意味を

19　「忙」[mɑŋ] における [ɑ] は先行する [m] の影響によって、半鼻音化母音ではなく、最初から鼻音化する可能性が高い。（訳注）

20　中国語普通話には母音の長短によって意味が区別される語がない。そのため、次の文では方言の例を挙げている。（訳注）

区別する言語もあり[21]、中国の少数民族の言語ではこのような母音の長短による意味の区別が多く見られる。例えば次のような語である。

	短母音	長母音
チベット語	[mi]（人）	[mi:]（人の）
モンゴル語	[ud]（昼）	[u:d]（門）
チワン語[22]	[in]（痛み）	[i:n]（煙）
ヤオ語[23]	[lai]（菜）	[la:i]（かご）

　これに対して、母音の長短によって意味が区別される中国語の方言は比較的少ない。広州方言ではこれに近い対立が見られ、例として「心」[sɐm] と「三」[sa:m]、また「立」[lɐp] と「腊」[la:p] を挙げることができるが、これらの対立では母音は長短のみならず、音色も明らかに異なる。

　多くの場合、母音の長短に付随してその他の違いも観察される。例えば、上に挙げた広州方言の短母音 [ɐ] は長母音 [a:] より舌の位置が高く、後ろ寄りである。すなわち、広州方言の [ɐ] と [a:] は長さの違いだけでなく、両者の音色の違いによっても聞き分けられる。英語の eat [i:t]（食べる）と it [it]（それは）においても、母音の長さが異なる一方で、厳密に言えば後者の短母音は [i] というより、舌の位置がやや低い [ɪ] である。同様にチワン語やヤオ語に見られる長母音と短母音の間にも音色の違いが存在する。またチベット語では、長母音と短母音に付く声調も異なる。例えば、[mi]（人）と [mi:]（人の）は母音の長短のほかに声調も異なる。

　調音器官の筋肉の緊張度も母音の音色に影響を与える。筋肉が比較的緊張して調音される母音は張り母音、反対に筋肉が比較的弛緩して調音される母音は緩み母音と呼ばれる。北京方言では「妈妈」māma の 2 番目の ɑ が軽く調音される。この母音は短いだけでなく、調音するときの筋肉の緊張が比較

21　日本語はその 1 つである。（訳注）

22　チワン語（中国語表記は「壮语」）とは、チワン族によって話される言語の総称である。中国語学の枠組みではチワン語はシナ・チベット語族チワン・トン語派チワン・タイ語支の 1 言語とされている（黄海萍 2019）。（訳注）

23　ヤオ語（中国語表記は「瑶语」）とは、中国南部からベトナム北部、ラオス北部、タイ北部にかけて居住するミャオ族およびヤオ族によって話される言語である（加藤昌彦 2016）。（訳注）

60 | 第2章 母音

的緩い。これらのことがこの母音の音色に影響を与え、中母音の特徴が加わり、緩み母音となるのである。

　一部の言語では、母音の張りと緩みによって意味が区別される。例えば、英語の beat（打つ）と bit（少し）、pool（水たまり）と pull（引く）の違いはそうした母音の緊張度によって生じるものである。beat の [i] と pool の [u] は張り母音であり、比較的長く、明瞭に調音されるのに対し、bit の [i] と pull の [u] は緩み母音であり、比較的短く調音され、舌の位置もやや低い。これらはそれぞれ [ɪ]、[ʊ] とも表記される。調音時の筋肉の緊張度を含めて母音を表記する必要がある場合、音声字母の下に短い横棒を入れることで張り母音を表すことができる。[24] 母音の緊張度によって意味が区別される中国の少数民族言語は多く、次のような例を挙げることができる。

	張り母音	緩み母音
イ語[25]	[vu̠]（入る）	[vu]（腸）
ジンポー語[26]	[te̠]（斜）	[te]（大小）
ハニ語[27]	[na̠]（黒）	[na]（肯）
モンゴル語	[us̠]（水）	[us]（毛）

　母音の張りと緩みを生み出す仕組みとその現れ方は言語によってまったく同じというわけではない。例えば英語の緩み母音はそれに対応する張り母音

24　これは、本章「2.2.2 基本母音と母音の舌位置の図」の最後にもあるとおり、国際音声字母では張り母音ではなく、調音位置が後ろ寄りであることを表す補助記号であり（p. 55 本文、補助記号の説明を参照）、張り母音を表すというのは中国国内の音声学に限られた表記法である。（訳注）

25　イ語（中国語表記は「彝语」）とは、中国の四川・貴州・雲南の3省に渡って居住するイ族の言語である。イ語は6つの方言に分けられ、そのうち Nuosu と呼ばれる北部方言が政府によってイ語の標準形とされ、学校で正式に教育される唯一のイ語となっている（浅山佳郎 2018: 8）。（訳注）

26　ジンポー語（中国語表記は「景颇语」）とは、ミャンマー北部、中国雲南省西端、インド北東部で話される言語である。ジンポー語はミャンマーの比較的大きな民族集団の1つであるカチン人が話す言語の1つである。言語的に多様なカチンの人々の共通語としても通用しており、カチン語とも呼ばれる（倉部慶太 2020: 1）。（訳注）

27　ハニ語（中国語表記は「哈尼语」）とは、主に中国雲南省南部に居住するハニ族およびミャンマー東部のシャン州、またラオス、タイ、ベトナムの北部に主に居住するハニ族によって話される言語である。（訳注）

より舌の位置が中寄りである。また、イ語の張り母音は主に喉頭と声帯の筋肉の緊張により、気流の通過量が減ぜられて調音される。それに対して緩み母音では声帯の緊張が比較的緩く、声門が強く閉じずに呼気が流れ出るため、息漏れ声に近い音声が作り出される。

2.3　中国語普通話の単母音

　他の母音と組み合わされることなく、音節内で自立できる母音のことを単母音という。普通話には9つの単母音がある。そのうち6つが舌面母音、2つが舌尖母音、1つが反り舌母音である。ここからは、この9つの単母音について詳しく述べていく。

　　　　　i [i]　　　　　　　例：衣、低、西、集体、希奇

　i [i] の舌の位置は高く、前寄りである。普通話の中で口腔内の通路が最も狭い前母音であり、国際音声字母の第1次基本母音 [i] の位置とほぼ同じである。

　　　　　u [u]　　　　　　　例：烏、都、苏、図书、鼓舞

　u [u] の舌の位置は高く、後ろ寄りである。唇は丸められる。普通話の中で唇の丸めがもっとも強い母音であり、舌の位置と唇の形は国際音声字母の第1次基本母音 [u] とほぼ同じである。

　　　　　ü [y]　　　　　　　例：迁、居、区、语句、序曲

　ü [y] と i [i] はおおまかには円唇か非円唇かで対立する母音である。[i] を調音しながら徐々に唇を丸め、その際に舌の位置を変えなければ [y] が生じる。厳密に言えば、üは [y] より舌の位置がやや低い [ʏ] である。また、üの調音の際に唇を丸めない北京方言話者も一部存在する。これらの話者は調音を始めてから速やかに唇を丸めるため、[i] から [y] への移行が観察される。このような調音は正確には [iy] と表記されるべきである。

　　　　　o [o]　　　　　　　例：波、泼、摸、薄膜、磨墨

　o [o] は国際音声字母の第1次基本母音 [o] より舌の位置がやや低い半高と半低の中間、つまり中位高の後母音である。正確には [o̞] と表記されるべきである。o [o] は u [u] より舌の位置がかなり低いため、唇の丸めも [u] より弱い。これは舌が相対的に低い位置にあることによって生じるものである。

62 | 第2章 母音

普通話の o [o] は両唇音にのみ後続し、その前にしばしば短い [u] が挿入される。したがって、さらに厳密には、o は [uo̞] と表記されるべきである。つまり o の調音は複母音的な特徴を帯びており、舌の最終位置は基本母音の [o] より低く、唇の丸めがより弱い。

　普通話では、第1次基本母音に掲げられた単母音 o [o] は感投詞や語気助詞[28]、例えば、「哦、噢」に見られる。ただし、これらの語は調音が非常に不安定であるため、[o] と調音されたり、[ɵ] もしくは [ɔ] と調音されることもある。

　　　　　e [ɤ]　　　　　　例：鹅、哥、车、合格、特色

　[ɤ] は [o] に対応する非円唇母音と見なすこともできる。[o] を調音しながら唇を両側に引き、丸めをなくせば [ɤ] が生じる。普通話では e [ɤ] も o [o] と同様、舌の位置が比較的低い。しかし、実際には普通話の e [ɤ] と o [o] の違いは非円唇か円唇かだけにとどまらず、e [ɤ] は o [o] に比べて中寄りであり、また、高い位置から低い位置にわずかに移動するという動きにもある。この動きは第4声においてとりわけ顕著であり、厳密には [ɤ̞̀][29] と表記されるべきである。

　　　　　ɑ [a]　　　　　　例：啊、他、沙、发达、大麻

　ɑ [a] は単独で韻母[30]を成す場合、その舌の位置は国際音声字母の第1次基本母音の [a] のやや後ろで、厳密に表記すれば [ʌ] であるが、他の母音または末尾子音と組み合わされると変化する。

　　　　　i̩[31] [ɿ]　　　　　　例：资、词、思、自私、此次

　普通話の i は z、c、s に後続する場合、舌尖前母音 [ɿ] として調音される。[ɿ] の調音では舌尖に力が込められ、舌には2箇所に盛り上がりが生じる。1つは舌尖、もう1つは舌の後部である。舌尖は摩擦を生じない程度に上の

28　中国語の語気助詞とは、文末や、話し言葉ではポーズ（読点）が置かれる部分に付いて発話者の感情や態度を表す言葉である。日本語の終助詞「よ」や「ね」と類似し、疑問、推量、命令、感嘆、呼びかけ、確認など、さまざまな感情、態度を表す。（訳注）

29　[˘] は中寄り、[ˋ] は第4声であることを表す記号である。（訳注）

30　韻母は中国語音節の構成要素の1つであり、頭子音を除く残りの部分を指す。詳細は第4章を参照。（訳注）

31　ï は [ɿ] と [ʅ] の両方を表し、舌面母音 [i] に対比される。詳細は第10章「10.4 韻母表における中母音字母の発音規則」を参照。（訳注）

歯茎に近づき、唇は丸めない。

ï [ɭ]　　　　　例：知、吃、诗、支持、日蚀

普通話の i は zh、ch、sh、r に後続する場合、舌尖後母音の [ɭ] として調音される。[ɭ] は [ɿ] と同様に舌尖母音であり、調音方法も同じであるが、前述のとおり舌の盛り上がる位置が異なる。図 2-7 に示したように、[ɭ] では舌尖が硬口蓋に近寄るため、舌の前部の盛り上がりが [ɿ] より後ろ寄りになる。それに対して舌の後部の盛り上がりは [ɿ] より前寄りになる。また、咽頭も [ɿ] より広い。i [i] と区別するために、[ɿ] と [ɭ] をあわせて ï と表記することができる。

er [ər]　　　　　例：而、尔、耳、二

er は反り舌母音であり、舌尖も調音に関与する。この調音では、舌は中位高の母音 [ə] の位置にあり、同時に舌尖が硬口蓋に向けて反り上がる。[ər] における [r] は反り舌の働きのみを表すもので、[ər] を国際音声字母では [ɚ] とも書く。ただし、実際には第 4 声の「二」の調音は [ar] に近づいている。

なお、反り舌母音は舌尖と舌面がともに作用する母音であるため、特殊な性質を持つ一種の舌尖母音と見なすこともできる。

上記の単母音のほか、普通話には次の 2 つの舌面母音も単母音として現れる。ただし、この 2 つの母音の出現は大きく制限されている。

e [ə] では舌は前にも後ろにも寄らず、また高くも低くもない。いわば、舌がもっとも弛緩している状態にある。この単母音 [ə] は普通話の軽声音節のみに現れ、軽声[32] として調音される「的」、「了」、「着」などに見られる。調音の長さは比較的短い。他の単母音との対比において、軽声音節に現れる [ə] は短母音の緩み母音ととらえることができる。

ê [ɛ] が単独で音節に現れるのは語気助詞「欸」においてのみである。また、この字の調音は非常に不安定である。多くの場合、その調音は半低の前母音 [ɛ] と表記されるが、この語で表そうとする気持ちの違いによって舌の位置が変化し、ときには [ei] と調音されることさえある。

以上の記述に基づき、図 2-8 に普通話の舌面単母音のおおよその位置を示

32　軽声音節または軽声については第 7 章を参照。（訳注）

す。この図は各母音の舌の位置の概略的な範囲を示すにすぎない。母音の位置には話者それぞれの発話習慣による個人差があるからである。例えば、[y] を調音するのにこの図が示す位置より舌を低くする者もいれば、[ɤ] を調音するときに舌の位置が後ろに寄る者もいる。さらに、低母音 [a] に観察される個人差はとりわけ大きく、この図が示す位置より舌が前に寄る者もいるし、後ろに寄る者もいる。中母音であることを明確にするためには [a] ではなく [ʌ] と表記すべきであろう。ただし、いかに個人差があるといっても、その調音が中母音の範囲を逸脱してはならない。なお、この図 2-8 では [a] によって、舌が前寄りになった場合の調音の位置を示している。

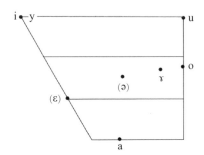

図 2-8　普通話の舌面単母音の舌の位置

2.4　母音の音響的特徴
2.4.1　声道とフォルマント

　母音の音源は声帯の振動によって作られる周期性を持つ声帯音である。声帯音は声道を通り、共鳴を引き起こす。複合音としての声帯音は、声道の固有周波数と一致するか、それに近い成分の振幅が拡大する一方、その他の成分の振幅は縮小する。声道の形が変化すればその固有周波数も変わる。それにより声道に起こる共鳴にも変化が生じ、振幅が拡大または縮小する成分も変わる。その結果、音色に変化が生じる。

　声帯音には成分（または倍音）の周波数が高いほど振幅が小さいという特徴がある。すなわち、スペクトル上では周波数の低い成分から高い成分に向かって単調な振幅の低下が見られる。この単調なスペクトルに声道の共鳴が

作用して母音を特徴づけるスペクトルが生じるのである。さらに声道の形が変化し、共鳴が起きる周波数帯が変わることによって母音のスペクトルは大きく変化し、多様な音色の母音が生み出される。図 2-9 は [u]、[i]、[ɑ] という 3 つの母音のスペクトルの変化プロセスを表す。左端の図は声帯音のスペクトルを表したもので、周波数が高くなるにつれて各成分の振幅が小さくなっていくことがわかる。[33] この図が示すように、この 3 つの母音の声帯音は同じである。つまり（正常な声帯音にはスペクトル上の凹凸は生じないので）声帯音によって母音を区別することはできない。中央の列の図は [u]、[i]、[ɑ] それぞれの調音における声道の固有周波数のスペクトルパターンである。右端の図は、声帯音のスペクトルが 3 つの形の異なる声道において共鳴の作用を受けて変化したあとのスペクトルである。これが我々に [u]、

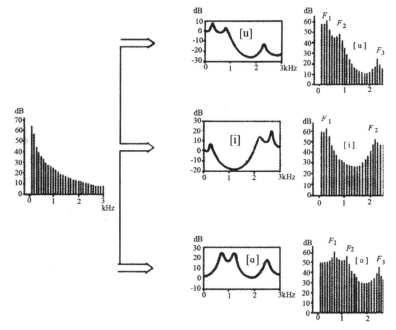

図 2-9　声道における共鳴と母音の音色

33　縦軸の単位が dB なので、正確には「振幅」ではなく「音圧レベルが小さくなっていく」と言うべきであろう。（訳注）

[i]、[ɑ] と聞こえる音のスペクトルである。

　中央の列の3つのスペクトルを比べると、そのいずれにも振幅の比較的大きい周波数帯が3つ存在し、それらはスペクトル上の峰として現れる。この峰のことをフォルマント（formant）といい、周波数の低い方から順に番号を付けて、第1フォルマント、第2フォルマント、第3フォルマントと呼ぶ。これを略して F_1、F_2、F_3 と書く。実際にはさらに高い周波数の F_4、F_5 なども存在するが、それらは音色に大きくかかわらないため、ここでは F_3 までを示すにとどめる。以上をまとめると、母音の音色はフォルマント周波数によって決まり、スペクトル上ではフォルマントの配置として現れる。そのうち、F_1 と F_2 の働きがもっとも強く、多くの場合、この2つのフォルマント周波数だけでも母音の音色は決まる。

　母音のフォルマント周波数と基本周波数（f_0 と表す）との間には絶対的な依存関係は存在しない。基本周波数は声帯振動の回数によって決まるのに対して、フォルマント周波数は声道の形によって決まる。すなわち、この2つの周波数はそれぞれ無関係と言える。上の図2-9では声帯音の f_0 は100 Hz であるが、それが声道を通って音色の異なる3つの母音となっても f_0 自体は変わらない。また、母音を調音する際に声道の形さえ保てば、声の高さがいかに変化しても母音の音色は変わらない。

　図2-10に声の高さ（基本周波数）が異なる2つの [ɑ] のスペクトルを示す。左の図の f_0 は100 Hz で、これは成人男性の声の高さに近い。スペクトルは図2-9に示された [ɑ] と同じである。また、各成分の周波数は200 Hz、300

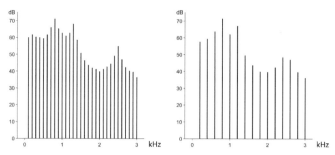

△図 2-10　基本周波数が異なり音色が同じである2つの母音のスペクトル▽

Hz、400 Hz、…のように整数倍で増えていき、スペクトル上に成分（倍音）が密に並んでいる。それに対して、右の図の f_0 は 200 Hz で、これは成人女性の声の高さに近い。各成分の周波数は 400 Hz、600 Hz、800 Hz、…のように整数倍で増えていく。左の図に比べると倍音の並び方は疎であり、聞こえてくる声も高い。しかしながらフォルマントの配置に違いはなく、そのためにいずれも母音 [ɑ] と聞こえるのである。

2.4.2　母音のスペクトログラム

　スペクトルは周波数と振幅という 2 次元の関係を表すことができるが、時間という変数は表せない。ある音声を分析する場合、その音声をいくら細かく切っても必ず一定の時間の長さがある。したがって、周波数、振幅、そして時間という 3 次元の関係を同時に表せるものこそが音声の音響的特徴の全体像を映すことができる。現代の音声学では、スペクトログラム [34] がこの役割を果たす。

　スペクトログラムは横軸が時間、縦軸が周波数であり、色の濃淡で振幅の大きさを表す。色が濃いほど振幅が大きい。広帯域スペクトログラム（帯域幅の広いフィルターによって分析されたスペクトログラム [35]）では、そこに描かれる模様の中に垂直に並ぶしま模様が見られる。その 1 つ 1 つのしまが声帯振動の 1 つの周期を表す。すなわち強い音圧と弱い音圧（あるいは音圧がないこと）の交替を表す。1 秒当たりの垂直のしまの数は声帯の振動数に等しく、それはすなわち基本周波数である。各しまの濃い黒の部分が連なると、横向きの黒い棒状の模様（バー）が現れる。これが、母音のフォルマントである。一般に、この横バーの中央に線を引き、その値をフォルマント周波数とする。2 つのフォルマント周波数の値が非常に近い場合、2 つのフォルマントが 1 つとなり、より太い横バーとして現れることもある。この場合、2 つのフォルマントを分かつことができないため、横バーの下限の周波数に 150 Hz を加えて F_1 の値とし、横バーの上限の周波数から 150 Hz

---

34　図 2-11 参照。（訳注）

35　広帯域と狭帯域スペクトログラムの違いは、呉宗済・林茂燦（1989）『実験語音学概要』（附録）北京：高等教育出版社を参照。（原注）

を減じてF_2の値とするというような便宜的な方法をとることもある。ただし、この方法はあくまでもフィルター帯域幅を 300 Hz に設定したスペクトログラムだけに使えるものであり、得られる数値も近似値にすぎない。とは言うものの、多くの場合、音声学上の要求を満たすことはできる。

　図 2-11 は母音 [i]、[e]、[ɛ]、[a] のスペクトログラムである。この図の縦軸は周波数で、単位はヘルツ（Hz）である。横軸は時間で、単位は秒 (s) である。この図からわかるように、異なる母音のスペクトログラムのパターンは大きく異なる。異なる話者が同じ母音を調音するとフォルマント周波数の絶対値は若干変わるものの、フォルマントパターンが大きく変わることはない。本来は聴覚によって知覚される母音の音色であるが、それがスペクトログラムによって目で観察でき、測定することもできる画像となる。図 2-11 が示す4つの母音の第1および第2フォルマント周波数の計測結果を図の下に示す。

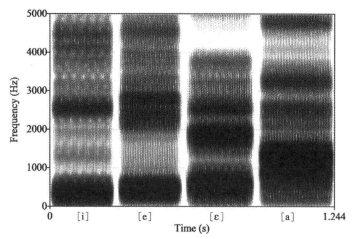

図 2-11　母音 [i]、[e]、[ɛ]、[a] のスペクトログラム

	[i]	[e]	[ɛ]	[a]
F_1	300	550	750	1000
F_2	2500	2050	1850	1250

もちろん、発話者が違えばこれらのフォルマント周波数の絶対値も変わる。

しかし、2 つのフォルマントによって成り立つパターンは変わらない。この 4 つの母音の異なるパターンは、スペクトログラム上で F_1 と F_2 の間隔としても現れる。[i] はその間隔が最も大きいのに対して、[a] はもっとも小さく、F_1 と F_2 が合わさって太い 1 本の横バーのようになっている。周波数の絶対値が変わっても、F_1 と F_2 のこうした相対的な位置関係は変わることなく、その間隔は常に [i]、[e]、[ɛ]、[a] の順に狭くなっていく。現在ではスペクトログラムの観察は音声学で常用される方法であり、Praat[36] などの音声分析ソフトウェアを使えば簡単に母音のスペクトログラムを作成することができるようになっている。また、ソフトウェアによっては個々のフォルマントの中心周波数の値も示すことができる。ただし、ソフトウェアを用いてフォルマント周波数を分析するには、それを適切に設定することが大切である。

　各母音におけるフォルマントの相対的位置関係、あるいは母音間の異なるフォルマントパターンをより精確に説明するためには、個々人の調音における偶然性を考慮する必要がある。そこで複数の発話者によって調音された音声の平均値を算出する方法がとられる。この方法は 1950 年代、76 名のアメリカ人を対象として、英語の母音フォルマント周波数を求めた際に最初に採用され、現在もよく用いられている。中国社会科学院言語研究所音声研究室はこの方法を用い、男性 4 名、女性 4 名、児童 4 名から成る 12 名の発話者によって調音された母音のフォルマント周波数から普通話の単母音の平均フォルマント周波数を次のようにまとめている。

		[i]	[u]	[y]	[o]	[ɤ]	[a]	[ɿ]	[ʅ]
	男	290	380	290	530	540	1000	380	390
F_1	女	320	420	320	720	750	1280	420	370
	児童	390	560	400	850	880	1190	440	410
	男	2360	440	2160	670	1040	1160	1380	1820
F_2	女	2800	650	2580	930	1220	1350	1630	2180
	児童	3240	810	2730	1020	1040	1290	1730	2380

36　Praat はアムステルダム大学の P. Boersma と D. Weenink を中心として開発された音声分析用のフリーソフトウェアである。（訳注）

	男	3570	3660	3460	3310	3170	3120	3020	2600
F_3	女	3780	3120	3700	2970	3030	2830	3130	3210
	児童	4260	4340	4250	3580	4100	3650	3920	3870

（成人男性を例として）上の6つの舌面母音と2つの舌尖母音のフォルマント周波数をスペクトログラムの形で表すと、各母音におけるフォルマントの位置とそれによって形づくられるパターンが大きく異なることがわかる。図2-12は普通話における各単母音のフォルマントの配置である。

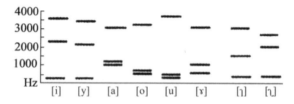

△ **図 2-12** 普通話の 8 つの単母音における第 1 ～第 3 フォルマントの配置 ▽

2.4.3 母音の調音の仕組みとフォルマントとの関係

スペクトログラムに現れる母音のフォルマントパターンと母音の発音の仕組みを考えあわせると、声道、フォルマント周波数、そして母音の音色という3者が互いに関連していることがわかる。この関連性は主に以下の3点に現れる。

第1に、F_1は舌の高低と緊密に関係する。舌が高くなるほどF_1は低くなる。逆に、舌が低くなるほどF_1は高くなる。図2-11に示された4つの前母音のスペクトログラムから、このことがよくわかる。つまり、[i]から[a]へと舌の位置が低くなるにつれ、F_1の周波数は高くなる。図2-12に示した普通話の6つの舌面単母音のスペクトログラムにもこの関連性を見いだすことができる。つまり、[i]、[y]、[u]は舌が最も高く、F_1が最も低いのに対して、[a]は舌が最も低く、F_1が最も高い。[o]と[ɤ]は舌の位置が[i]、[y]、[u]と[a]の間にあり、そのF_1もそれらの中間に位置する。

第2に、F_2は舌の前後と深く関係する。舌が前寄りであるほどF_2は高くなる。逆に、舌が後ろ寄りであるほどF_2は低くなる。[i]、[e]、[ɛ]、[a]と

いう 4 つの前母音では舌の高低が異なるだけでなく、舌の前後方向の位置
も舌が下がるにつれて次第に後ろ寄りとなる。スペクトログラム上ではそれ
が F_2 の段階的な下降として現れる。図 2-12 に示された普通話の [i] と [u] の
F_2 を比べると、この関係がより明確にわかる。つまり、この 2 つの母音は
ともに高母音であるが、[i] は前母音であることから、F_2 周波数が 2000 Hz
以上の高さに達するのに対して、[u] は後母音であることから、F_2 周波数は
500 Hz 程度にとどまる。

　第 3 に、F_2 は唇の丸めにも影響される。唇を丸めることで F_2 をやや下げ
ることができる。F_2 と舌の前後との関係からわかるように、F_2 の高さは声
道の前部共鳴腔の大きさと関係している。舌が後ろ寄りになると、前部共鳴
腔の容積が大きくなり、したがって F_2 は下がるのに対して、舌が前寄りに
なると、前部共鳴腔の容積が小さくなり、したがって F_2 も上がる。唇を丸
めれば前部共鳴腔を前方に延ばすことになるため、F_2 は低くなる。図 2-12
からわかるように、[y] と [i] は舌の位置は同じであるが、円唇の [y] は非円
唇の [i] より F_2 の周波数がやや低い。同様に、[o] と [ɤ] も舌の位置が同じで
ありながら、[o] は [ɤ] より F_2 の周波数がやや低い。

　F_3 は、F_2 のように舌の位置との関係が緊密ではないが、舌尖の動きの影
響を受ける。舌尖を盛り上がらせて調音すると F_3 の周波数はかなり下がる。
図 2-12 に示された舌尖母音 [ɿ]、[ʅ] と舌面母音 [i] のスペクトログラムの比
較からその影響がよくわかる。[37]

　フォルマント周波数は母音の音響的特性であるが、我々が母音の音色を感
じ取るのは聴覚による知覚の結果である。音響学と心理学に基づく知覚実験
によると、周波数の物理的な高さは知覚された音の高さと比例するわけでは
ない。仮に 1000 Hz を基準とすると、高さが半分になったと知覚されるに
は、周波数が 500Hz に下がるだけでは足らず、400 Hz 程度にまで下がる必
要があるといわれている。逆に、高さが倍になったと知覚されるのは、周波
数が 2000 Hz どころか 4 倍の 4000 Hz にまで達したときだという。[38] その一

37　すなわち、[i] よりも [ɿ]、[ʅ] のほうが F_3 が低い。（訳注）

38　人間の知覚特性に合わせた音の高さの尺度としてメル（mel）尺度がある。1000 Hz、40
　dB の純音のピッチを 1000 mel としたときに、その倍の高さと感じられる 2000 mel の純

方で、周波数の高さと聴覚が感じ取る高さとの間には一定の関係式が成り立つ。このような関係式に基づいて表される母音のフォルマントの高さは、我々の母音知覚を説明するのにより適している。さらに、我々の母音の舌の位置に関する認識にもより近い。図 2-13 の縦軸は F_1 の線形座標軸、横軸は F_2 の対数座標軸である。横軸の左方向が舌の前寄りの位置に対応する。原点は右上である。この図は普通話における 6 つの舌面単母音の F_1-F_2 の位置を表しており、母音ごとに示された 3 つの位置はそれぞれ児童、成人男性、成人女性における F_1 と F_2 のフォルマント周波数の平均値に対応している。

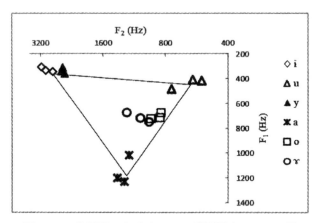

図 2-13　普通話における 6 つの舌面母音の F_1-F_2 図

母音の F_1 と F_2 の周波数に基づいて描かれた図を母音の F_1-F_2 図と呼ぶ。上の図 2-13 の方法で描かれた母音の F_1-F_2 図では、各母音の位置するところが伝統的な母音の舌位置の図とほぼ重なる。[i]、[u]、[a] という 3 つの母音から成り立つ不等辺三角形も、図 2-2 の破線で示された舌の可動域とよく似ている。

音の周波数は約 3000 Hz である。なお、「ピッチ」とは厳密には上記のとおり、音の感覚的な高さを指すが、音声学では「基本周波数」と同義で用いられることが多い。第 5 章以下でピッチと基本周波数の両方が使用されるが、違いはなく、いずれも基本周波数の意味で用いられる。（訳注）

2.4 母音の音響的特徴 | 73

　フォルマント周波数は個人差が大きく、F_1-F_2図の座標系における個々人の母音の位置も異なる。同一発話者によって調音された同一母音でもフォルマント周波数は常に一定ではない。すなわち、音響に基づく母音図における各母音の位置は第1次基本母音のように固定しているわけではない。図2-13の母音のF_1-F_2図と図2-5の母音の舌位置の図を比較すれば、最も目立つ違いは [ɚ] である。音響に基づく母音図では [ɚ] は中母音に近い。このことは、前述の普通話単母音 e [ɤ] に関する説明とおおむね一致している。

　現代の音声学では、さまざまな母音を量的に比較し、考察することはすでに一般的となり、音響に基づく母音図も母音の音色を示すための常套手段となっている。しかし、母音の舌位置の図は調音器官の動きと直接関連しているため、音声学の初心者が母音の音色を理解するためには適していると言える。

練習

1. 舌の位置と唇の形の観点から次の母音を記述しなさい。

　　　　[ɚ] [æ] [ə] [ɑ] [ɯ] [ɔ] [ɐ] [ɛ] [ʌ] [ø]

2. 次の舌の位置と唇の形を持つ母音を国際音声字母で表しなさい。

　　　　前・半高・非円唇　　　　　　前・半低・円唇

　　　　前・低めの高・非円唇　　　　後・低・円唇

　　　　中・中位高・非円唇　　　　　前・高・円唇

　　　　後・半高・円唇　　　　　　　中・低・非円唇

　　　　前・高めの低・非円唇　　　　前・中位高・非円唇

3. 次の母音の調音を練習しなさい。練習では舌の位置と唇の形の変化に注意すること。

　　　　[i]—[e]—[ɛ]—[a]　　　　　　[a]—[ɛ]—[e]—[i]

　　　　[u]—[o]—[ɔ]—[ɑ]　　　　　[ɑ]—[ɔ]—[o]—[u]

　　　　[a]—[ʌ]—[ɑ]　　　　　　　[ɑ]—[ʌ]—[a]

　　　　[i]—[y]—[y]—[i]　　　　　　[e]—[ø]—[ø]—[e]

　　　　[ɛ]—[œ]—[œ]—[ɛ]　　　　　[u]—[ɯ]—[ɯ]—[u]

　　　　[o]—[ɤ]—[ɤ]—[o]　　　　　[ɔ]—[ʌ]—[ʌ]—[ɔ]

[ɑ]—[ɒ]—[ɒ]—[ɑ]
[y]—[ø]—[œ]　　　　　[œ]—[ø]—[y]
[ɯ]—[ɤ]—[ʌ]　　　　　[ʌ]—[ɤ]—[ɯ]
[ə]—[ɐ]—[ʌ]　　　　　[ʌ]—[ɐ]—[ə]
[i]—[ɪ]—[e]　　　　　　[e]—[ɪ]—[i]
[e]—[ɛ]—[ɛ]　　　　　　[ɛ]—[ɛ]—[e]
[ɛ]—[æ]—[a]　　　　　　[a]—[æ]—[ɛ]

　練習する際は、国際音声字母の録音[39]を聞きながら、専門家に指導してもらうとよい。それができない場合は、[i]、[u]、[a] など、比較的習得しやすい音を先に練習し、それを基準にして次第に他の音の練習に移るとよい。必ずしも上の順番どおりに練習しなければならないわけではない。

4. 次の母音の舌位置を表す図の様式に 8 つの第 1 次基本母音と普通話の 6 つの舌面単母音の位置を書き入れなさい。

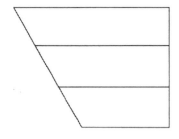

5. 次の [i]、[ɛ]、[æ]、[u] のスペクトログラム（順不同）により、各母音の F_1 と F_2 の周波数を測定しなさい（近似値でかまわない）。その後、どのスペクトログラムがどの母音のものかを答えなさい。

39　http://web.uvic.ca/ling/resources/ipa/charts/IPAlab/IPAlab.htm（2023/04/06 accessed）を参照。（訳注）

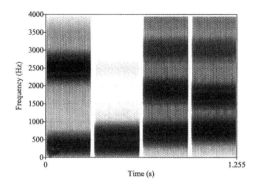

6. 次の9つの英語の母音の F_1 と F_2 の周波数（32名のアメリカ人男性発話者から得られた平均値）を基に、下の様式を用いて母音の F_1-F_2 図を描きなさい。

	[i]	[ɪ]	[ɛ]	[æ]	[ɑ]	[ɔ]	[ʊ]	[u]	[ʌ]
F_1	270	390	530	660	730	570	440	300	640
F_2	2290	1990	1840	1720	1090	840	1020	870	1190

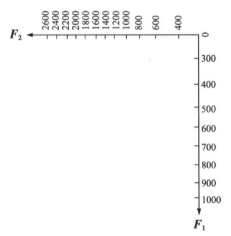

第3章

子音

3.1　子音の調音位置

　子音の調音では気流が声道のどこかで妨げられる。この妨げは声道内の可動の調音器官と固定の調音器官、または2つの可動の調音器官の協働によって作られ、その位置によって子音の音色は変わる。この妨げの位置を子音の調音位置と呼ぶ。調音位置はおおむね11に分けられ、それによって子音は分類される。図3-1にその11の調音位置を示す。

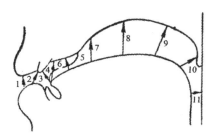

図3-1　声道における11の調音位置

　この11の調音位置は、可動の調音器官の違いによって次の「3.1.1 唇」から「3.1.6 咽頭と声門」の6種類にまとめることができる。[1]（1）から（11）が上の図3-1の調音位置に対応する。

---

[1] 中国の音声学では可動の調音器官によって子音を分類し、名付けるのに対して、一般音声学や日本の音声学では固定の調音器官によって分類することが多い。日本の音声学の用語に合わせるため、以下の分類に用いる調音器官は必ずしも前に述べた可動の調音器官ではなく、「3.1.3 後部歯茎」のように固定の調音器官である場合がある。（訳注）

3.1.1 唇

上唇も下唇も声道における可動の部位である。ただし、唇の可動範囲は比較的狭い。主に下唇の働きにより、多くの場合、次の2種類の子音が作られる。

（1）両唇音

下唇と上唇が近づいて妨げを作る。北京方言[2]の「八」bā [pa]、「妈」mā [ma] における [p]、[m] などがその例である。

（2）唇歯音

下唇が上歯に近づいて妨げを作る。北京方言の「发」fā [fa]、蘇州方言の「肥」[vi] における [f]、[v] などがその例である。

3.1.2 舌尖

舌尖は声道において最も自由に動かすことのできる部位である。前に伸ばすこともできれば、上に反らせることもできる。上歯の裏面から硬口蓋に至るいずれの位置にも舌尖は近づくことができる。舌尖によって作られる音は次の3種類に分けられる。

（3）歯音

舌尖を上歯の先端に近づけるか、上歯と下歯の間に挟むようにして妨げを作る。山東莒県方言の「叔」[θu]、英語の thin [θin]（薄い）、this [ðis]（これ）における [θ]、[ð] などがその例である。

（4）歯茎音

舌尖が上歯の歯茎または上歯の裏面に近づいて妨げを作る。北京方言の「答」dá [ta]、「拿」ná [na] における [t]、[n] などがその例である。これらの子音の調音では、舌尖が上歯の裏面に近づいて妨げを作ることもできれば、△舌の先端は下歯の裏面に向かい、舌尖の後部が歯茎に近づいて妨げを作ることもできる▽。いずれも聴覚上、大きく異なることはない。北京方言の「苏」sū における [s] が後者の例である。また、必要に応じて補助記号 [̪] を用い、舌尖がやや前に伸びて上歯の裏面に近づくことを表すこともできる。例えば、[t̪]、[n̪]、[s̪] のようにである。

2　中国語方言については第4章の注5を参照。（訳注）

3.1 子音の調音位置 | 79

(5) 反り舌音

　舌尖が反り、硬口蓋の前部に近づいて妨げを作る。舌尖の反り上がる程度によって硬口蓋に近づく位置も変わる。近づく位置が比較的後ろ寄りで、硬口蓋と向き合うのが舌尖の表側ではなく、裏側になることもある。北京方言の「樹」shù [ʂu] における [ʂ] がその例である。この音を調音するには、舌尖を歯茎または歯の裏面に近づけて [s] を調音しながら舌尖を徐々に反り上げればよい。その後、逆に舌尖を平らに戻していけば、再び [s] が生じる。これを繰り返せば、[s ʂ s ʂ s ʂ s ʂ] が次第に調音できるようになる。これは「四十」をささやいているように聞こえるはずである。国際音声字母では [ʂ]、[ʐ]、[ʈ]、[ɳ] のように字母に右曲りの尾を付けたり、記号自体を下方に伸ばすことで反り舌音を表す。

3.1.3　後部歯茎

　舌尖の少し後ろにある部位とかかわる音は次の 1 種類に限られる。

(6) 後部歯茎音

　舌尖よりやや後ろの部位が歯茎裏の盛り上がりの少し後ろの部位に近づいて妨げを作る。この調音では舌面のへりにも力を入れて上の臼歯に付ける。広州方言の「诗」[ʃi]、金華方言の「书」[ʃu]、英語の she（彼女）[ʃi]、フランス語の je（私）[ʒə] における [ʃ]、[ʒ] などがその例である。ただし、これらを比較すれば、広州方言と金華方言の [ʃ] は調音位置が前寄りなのに対して、英語やフランス語の [ʃ]、[ʒ] は調音位置が後ろ寄りであり、さらにしばしば唇の丸めが伴うことがわかるはずである。

3.1.4　舌面

　舌面は比較的広いため、これを前、中、後の 3 つに分ける。それぞれを硬口蓋または軟口蓋のどこかに近づけることで妨げを作ることができる。舌面が関わる音には次の 3 種類がある。

(7) 歯茎硬口蓋音 [3]

　前舌面を歯茎後部から硬口蓋前部に近づけて妨げを作る。国際音声字母で

3　歯茎硬口蓋音は中国語によく見られる子音の 1 種であるが、世界の言語にはそれほど多

80 | 第3章　子音

は字母の末端を左に巻くことでこの種の音を表す。北京方言の「西」xī [ɕi]、蘇州方言の「宜」[ŋi] における [ɕ]、[ŋ] などがその例である。

(8) 硬口蓋音

　中舌面を硬口蓋後部に近づけて妨げを作る。山東煙台方言の「鶏」[ci]、浙江永康方言の「虚」[çy] における破裂音 [c]、摩擦音 [ç] をその例として挙げることができる。ところで、母音 [i] の舌の盛り上がる位置は中舌面[4]にあるため、母音 [i] を調音しながらさらに舌を盛り上げ、硬口蓋に近づけていけば気流は妨げられ、中舌面によって調音される子音となる。その中で気流が妨げられ始める状態、すなわちわずかな摩擦が引き起こされる状態で調音される音が接近音の [j] であり[5]、摩擦が強まって、△調音された音の子音的特徴が強くなると有声摩擦音が生じ、これを国際音声字母では [ʝ] で表す▽。この時、声帯の振動が止まっていれば無声の [ç] が生じる。[iiijjjiiijjj] を繰り返してから、△[jjjçççjjjççç]▽を繰り返すことで硬口蓋音の調音を練習し、その感覚をつかむとよい。

(9) 軟口蓋音

　後舌面を軟口蓋に近づけて妨げを作る。多くの場合、軟口蓋の前部、すなわち軟口蓋の硬口蓋に隣接する部分に近づける。北京方言の「姑」gū [ku]、「喝」hē [xɤ] における [k] と [x] がそれに相当する。

3.1.5　口蓋垂

　口蓋垂も声道における可動の調音器官である。ただし口蓋垂は軟口蓋に付随して動くか、気流の力によって振れるだけであり、自力で動くことはできない。口蓋垂による妨げを伴う音は次の1種類のみである。

　くない。そのため、この音は国際音声字母の子音表では主たる子音表ではなく、「その他の記号」（Other Symbols）に組み入れられている。しかもそのうち、無声摩擦音の [ɕ] と有声摩擦音の [ʑ] のみが示されている。（訳注）

4　前舌から後舌までを舌背と呼び、[i] の調音は舌背の前寄りの部分が硬口蓋の方向に盛り上がると記述されることが多い。本章「3.3.2 その他の付加的な特徴」の「(1) 硬口蓋化」でも「舌の前部が硬口蓋に向かって盛り上がる」という記述がある。（訳注）

5　第2章の注1を参照。（訳注）

（10）口蓋垂音

　舌根の前部を口蓋垂に近づけて妨げを作る。多くの場合、近づけていくのは舌根と舌面の境界辺りである。先に軟口蓋音 [k] または [x] を調音してから調音位置を少し後ろに寄せれば口蓋垂音 [q] と [χ] が生じる。浙江永康方言の「虎」[χu] における [χ] がその例である。また、少数民族の言語、例えばチアン語[6]、スイ語[7]では体系性を持つ口蓋垂音が存在する。四川理県桃坪のチアン語では「割」[ku] と「鋼」[qu] で子音が異なり、貴州三都のスイ語では「龙」[ka] と「乌鸦」[qa] で子音が異なる。これらの対において、いずれも前者が軟口蓋音であり、後者が口蓋垂音である。

3.1.6　咽頭と声門

　咽頭から声帯までの声道において作られる音は咽頭音と声門音である。[8]咽頭音は舌根を咽頭後壁に近づけ、妨げを作ることによって調音される子音であり、声門音は声帯自体が緊縮し、閉鎖または狭めを作ることによって調音される子音である。声門音は咽頭音よりも調音位置が下である。よく見られる咽頭音と声門音の数は限られているため、これらをまとめて説明する。

（11）咽頭音と声門音

　力を入れて息を吐き出すと、しばしばのどの奥から摩擦する音が聞こえる。これは声門音の [h] である。英語の hot（熱い）[hɔt] における [h] がその例である。これに声帯の振動が伴えば、有声の [ɦ] が生じる。広州方言の「虾」[ha]、蘇州方言の「话」[ɦo] における [h]、[ɦ] をそれぞれ無声と有声の声門音の例として挙げることができる。これに対して強く閉じた声門を急激に開放すると声門破裂音 [ʔ] が生じる。母音 [a] を調音するたびに声門を強

6　チアン語（中国語表記は「羌语」）はシナ・チベット語族の下位群の１つであり、中国四川省西部を南北に縦断する川西民族走廊と呼ばれる地域の中国少数民族の言語の１つである。（訳注）

7　スイ語（中国語表記は「水语」）は中国南西部に位置する貴州省黔南布依族苗族自治州・三都スイ族自治県およびそれに隣接する榕江、荔波、独山、都匀などの県のスイ族（中国語表記は「水族」）が話す言語である。使用人口は約 28 万人で、シナ・チベット語族カム・タイ語派カム・スイ諸語に属する。（訳注）

8　中国語音声学では、この２つを合わせて喉音という。（訳注）

82 | 第3章　子音

く閉じて [a] の音を途切れさせれば、[aʔaʔaʔ] のような音の連鎖が聞こえる。[ʔ] は中国語方言によく現れる音であり、多くの場合は母音に後続する。この音を添加すると母音が突如休止するような印象を与える。蘇州方言の「答」[taʔ]、太原方言の「德」[təʔ] などがその例である。一部の北京方言話者においては、「挨」āi、「欧」ōu、「恩」ēn などの音節を調音する際に先に喉頭を緊縮させて [ʔ] を挿入する現象が観察される。

　妨げが声門より上の舌根と咽頭後壁によって作られると咽頭音が生じる。国際音声字母では [ħ] と [ʕ] でその無声と有声の摩擦音を表す。

3.2　調音方法

　気流が声道内を抵抗なく通ることができる状態から妨げられる状態になり、再び抵抗なく通ることができる状態になるには常に一定の過程が必要となる。この過程は時間軸に沿って3段階に分けられる。その第1は、調音にあずかる複数の器官が互いに近づいて妨げを作る段階であり、これを接近という。第2は、妨げを作る器官が一定時間、緊張を保って妨げを維持する段階であり、これを阻害という。第3は、調音にあずかる能動的な調音器官がもう1つの器官から離れ、筋肉が緩んで閉鎖が解除される段階であり、これを開放という。この過程における各段階で妨げを作る方法が異なれば、作り出された子音もそれに応じて異なってくる。こうした子音の調音方法の違いをとらえるには、調音の過程における妨げの作り方とそれを克服する方法を明らかにすればよい。

　妨げを作る方法または克服する方法により、子音は次の7種類に分けられる。

（1）破裂音

　阻害段階では声道の妨げの位置が完全に閉鎖されて気流がせき止められるため、音は開放段階まで短時間、途切れる。その後、閉鎖が瞬時に開放され、気流が一気に流れ出るため、破裂的な短い音が生じる。声道が完全に閉鎖されるため、この音は閉鎖音とも呼ばれる。[9] 次のいずれの調音位置にも

9　破裂音 (plosive) と閉鎖音 (stop) には細かな意味の違いがある。閉鎖音とは、妨げによって声道が完全に閉鎖されることによって作られる音である。そのあとで閉鎖が瞬時に

3.2 調音方法 | 83

破裂音がよく観察される。

[p]　両唇破裂音。北京「八」[pa]

[t]　歯茎破裂音。北京「都」[tu]

[ʈ]　反り舌破裂音。西安「朝」[ʈɔ]

[ȶ]　歯茎硬口蓋破裂音。衡山「假」[ȶia]

[c]　硬口蓋破裂音。煙台「鶏」[ci]

[k]　軟口蓋破裂音。北京「姑」[ku]

[q]　口蓋垂破裂音。チアン語「鋼」[qu]

[ʔ]　声門破裂音。蘇州「屋」[oʔ]¹⁰

（2）摩擦音

　阻害段階では声道が完全に閉鎖せず、気流が妨げを押しのけるようにして流れ出るため、こすれるような音が生じる。次の 11 の調音位置のいずれにも摩擦音がよく観察される。また、摩擦音は阻害段階において声道が完全に閉鎖されないため、その気流は破裂音ほど激しくない。その一方で、摩擦音は気流が途切れない限り阻害段階を維持できるため、音として長く伸ばすことができる。開放と同時に妨げがなくなり、その段階で音も消えるが、長く伸ばせるという点で摩擦音は、一瞬しか聞こえず、引き伸ばすことのできない破裂音とは大きく異なる。

[ɸ]　両唇摩擦音。松江「夫」[ɸu]

[f]　唇歯摩擦音。北京「夫」[fu]

[θ]　歯摩擦音。莒県「叔」[θu]

[s]　歯茎摩擦音。北京「苏」[su]

───────────────────

開放されるかどうかは問題ではない。しかし特別な場合を除き、破裂音の代わりに閉鎖音を用いてもよい。（原注）

10　「3.1.6 咽頭と声門」の「(11) 咽頭音と声門音」で述べられたとおり、「[ʔ] は中国語方言によく現れる音であり、多くの場合は母音に後続する。この音を添加すると母音が突如休止するような印象を与える。」つまり、[oʔ] に母音が後続するとすれば、[ʔ] に「接近－阻害－開放」の 3 段階がそろい、妨げが克服されて生じる声門破裂音となるのだが、[oʔ]の次に間や休止がある場合は、[ʔ] は開放の段階を欠き、内破のみによって生じた調音器官の状態、すなわち声門閉鎖となるのである。これに対して、「一部の北京方言話者においては、「挨」āi、「欧」ōu、「恩」ēn などの音節を調音する際に、先に喉頭を緊縮させて [ʔ] を挿入する現象が観察される」における [ʔ] は声門破裂音の例である。（訳注）

84 ｜ 第3章　子音

- [ʂ]　反り舌摩擦音。北京「书」[ʂu]
- [ʃ]　後部歯茎摩擦音。広州「史」[ʃi]
- [ɕ]　歯茎硬口蓋摩擦音。北京「虚」[ɕy]
- [ç]　硬口蓋摩擦音。煙台「虚」[çy]
- [x]　軟口蓋摩擦音。北京「呼」[xu]
- [χ]　口蓋垂摩擦音。永康「虎」[χu]
- [h]　声門摩擦音。蘇州「好」[hæ]

（3）破擦音

　阻害段階では声道が完全に閉鎖されるため、気流はせき止められる。開放段階に入ると閉鎖が次第に解除され、気流が妨げを押しのけるようにして流れ出るようになるため、摩擦の音が聞こえる。つまり破擦音とは、閉鎖のあとに摩擦を生じる音だと言える。ただし、ここでは閉鎖と摩擦が時間的に緊密に繋がるため、1つの調音過程と見なされる。破擦音の多くは中舌面より前の位置で調音され、それより後ろの位置で調音されることは少ない。よく現れる破擦音は次の6種類である。

- [pf]　唇歯破擦音。西安「猪」[pfu]
- [tθ]　歯破擦音。莒県「猪」[tθu]
- [ts]　歯茎破擦音。北京「租」[tsu]
- [tʂ]　反り舌破擦音。北京「猪」[tʂu]
- [tʃ]　後部歯茎破擦音。広州「猪」[tʃu]
- [tɕ]　歯茎硬口蓋破擦音。北京「居」[tɕy]

（4）鼻音

　接近段階では口腔内が完全に閉鎖されるとともに軟口蓋の後部が下がり、鼻腔への通路が開かれる。阻害段階では気流が鼻腔を抵抗なく通ることができるため、鼻音が生じる。鼻音は引き伸ばして発音することができる。また多くの鼻音は有声音であり、調音時に声帯が振動して周期性を持つ声門波が生じるため、鼻音に特有のフォルマントが観察される。よく現れる鼻音は次の6種類である。

- [m]　両唇鼻音。北京「妈」[ma]
- [n]　歯茎鼻音。北京「泥」[ni]

[ɳ]　反り舌鼻音。深県「南」[ɳan]

[ȵ]　歯茎硬口蓋鼻音。蘇州「宜」[ȵi]

[ɲ]　硬口蓋鼻音。永康「鱼」[ɲy]

[ŋ]　軟口蓋鼻音。広州「牙」[ŋa]

ほかに唇歯鼻音 [ɱ] もあるが、これは多くの場合、音節連続に現れるものである。[11] 例えば、英語の emphasis（強調）の m は後続する唇歯音 ph [f] の影響を受け、唇歯鼻音 [ɱ] として調音される。また口蓋垂鼻音 [ɴ] も存在するが、比較的まれである。[12]

(5) 側面接近音

　気流が声道中央を通らないように舌尖が妨げを作るが、舌の両側または片側に透き間を残しているため、気流はそこを通過できる。鼻音と同様に側面接近音も有声音であり、特有のフォルマントを有する。最もよく現れる側面接近音は次のものである。

　　　　[l]　歯茎側面接近音。北京「拉」[la]

　[l] の調音では舌尖を歯茎に当てて妨げを作ってもよいし、舌尖を硬口蓋の前部に当ててもよい。それよりさらに後ろに当てると反り舌側面接近音の [ɭ] が生じる。例えば、山東寿光方言の「丝儿」[səɭ] や山西平定方言の「梨儿」[liɭ] には反り舌側面接近音 [ɭ] が現れる。ただし前者の [ɭ] は r 化韻尾であるのに対して、後者の [ɭ] は r 化韻母である。[13] 歯茎側面接近音 [l] と反り舌側面接近音 [ɭ] が対立する中国の少数民族言語もある。台湾の先住民族が話すパイワン語はその 1 つである。パイワン語では、[lə ɭət]（唇）中の 2 つの側面接近音を互いに入れ替えることはできない。また、硬口蓋側面接近音 [ʎ] はまれではあるが、フランス語やスペイン語など、ヨーロッパの言語に見られる。フランス語の南部方言にある œil [œʎ]（目）はその一例である。

　側面接近音の調音で舌の脇に残る透き間がさらに狭められると、そこを通

11　音節連続ではなく、音節内に現れる例として英語の nymph（水の精）における m を挙げることができる。（訳注）

12　必ずしもまれとは言えない。例えば日本語の撥音が文末に現れる場合、[ɴ] と調音される。（訳注）

13　r 化については第 6 章「6.3 中国語の r 化」を参照。（訳注）

86 | 第3章　子音

る気流によって摩擦が引き起こされ、その結果、側面摩擦音が生じる。側面摩擦音は声帯の振動を伴わないものが多く、歯茎摩擦音 [s] に近い音のように聞こえるが[14]、摩擦を引き起こす部位は舌尖ではなく、舌の両側または片側である。これには次のような例がある。

　　　[ɬ]　歯茎側面摩擦音。台山「四」[ɬi]

　中国の少数民族の言語には側面摩擦音がよく観察される。例えば、チベット語ラサ方言の [ɬa]（神）やイ語の [ɬu]（炒）そしてリ語[15] の [ɬau]（二）などがその例である。[16]

(6) 震え音と弾き音

　唇、舌尖、口蓋垂の筋肉は一定の弾性を持つ。そのため、これらの器官は通過する気流の力を受けて振動する性質がある。このようにして調音される音を震え音という。中国語の方言では震え音はまれであるが、中国の少数民族または中国語以外の言語にはよく見られる。例として次のようなものがある。

　　　[ʙ]　両唇震え音。リ語聖乍土話[17] [tʙy]（管轄）
　　　[r]　歯茎震え音。チベット語ラサ方言 [ra]（羊）
　　　[ʀ]　口蓋垂震え音。フランス語 Paris [paʀi][18]（パリ）

　気流によって舌尖が1回だけ弾くような動きをすると歯茎弾き音の [ɾ] が生じる。スペイン語では歯茎震え音と歯茎弾き音に明らかな違いが見られる。例えば、perro [pero]（犬）の r は歯茎震え音であるのに対して、pero [peɾo]（しかし）の r は歯茎弾き音である。また口蓋垂による弾き音もあるが、これは震え音と同じ [ʀ] で表す。

14　これは中国語母語話者の感覚であり、日本語母語話者は必ずしもそう感じるわけではない。[s] ではなく、日本語のヒとシの子音の中間のように聞こえるという者もいるだろう。（訳注）

15　リ語（中国語表記は「黎语」）は海南省の黎族・苗族自治県を中心に話される言語で、タイ・カダイ語族リ語派に属する。（訳注）

16　[ɬ] は無声音である。有声の歯茎側面摩擦音は [ɮ] で表す。（訳注）

17　リ語聖乍土話とは四川省涼山地区に分布するリ語の北方方言を代表する下位方言である（陈世良 2002）。（訳注）

18　フランス語の Paris [paʀi] における [ʀ] は実際には摩擦音化することが多い。（訳注）

(7) 接近音

　阻害段階においても口腔の通路はほぼ開いている。気流が通過する際にかすかな摩擦が生じるのみであるか、摩擦がまったく生じない。接近音は有声音であり、その性質は母音に近い。そのため、次の3種類の接近音は半母音とも呼ばれる。

　　　　[w]　両唇円唇接近音。この接近音の調音では後舌面が盛り上がり、軟口蓋に近づく形がよく観察される。北京「吴」[wu]

　　　　[j]　硬口蓋接近音。北京「移」[ji]

　　　　[ɥ]　硬口蓋円唇接近音。北京「鱼」[ɥy]

　上の3つのほかに、次の3つもよく見られる。

　　　　[ɹ]　歯茎接近音。英語 red [ɹed]（赤）

　　　　[ɻ]　反り舌接近音。北京「入」[ɻu]

　　　　[ʋ]　唇歯接近音。北京「瓦」[ʋa]

　北京方言の「吴」、「移」、「鱼」の調音では初めにしばしば筋肉の緊張が見られ、時にはかすかな摩擦が生じる。このようなかすかな摩擦を伴う接近音を表すために [w]、[j]、[ɥ] を用いてかまわない。[19] 多くの中国語方言では母音が音節初頭に現れる場合にこの現象が頻繁に生じる。[20] ところが、接近音の有無で意味を区別する言語もある。英語の year [jiə]（年）と ear [iə]（耳）を分かつのは音節初頭に接近音の [j] があるかどうかである。なお、英語のred（赤）、right（権利）などの語頭の r- は摩擦が非常に弱い歯茎接近音 [ɹ] であるが、アメリカ英語では多くの場合、反り舌接近音の [ɻ] として調音される。「热」rè、「然」rán など、北京方言の語頭の r- も特に強勢が置かれない限り、かすかな摩擦を伴うだけの反り舌接近音であると思われる。ただし、北京方言の r- はアメリカ英語の r- と異なり、唇を丸める必要はない。また

19　[w]、[j]、[ɥ] によってこのような摩擦を表すことの合理性については検討が必要である。詳細は第9章の注10を参照。このような音の表記には補助記号を用いることもある。例えば Ladefoged（1968）における Table 1. Consonants occurring in West African languages などの記述では [w˔] で有声両唇円唇軟口蓋摩擦音を表記した。[˔] は調音器官が通常より高いこと（raised）を表す。（訳注）

20　「この現象」とは、「吴」、「移」、「鱼」は本来母音だけで成り立つ語だが、それぞれの前にしばしば [w]、[j]、[ɥ] が添加されるということである。（訳注）

88 | 第3章　子音

一部の北京方言話者は「蛙」wā、「文」wén、「微」wēi などに含まれる w を、かすかな摩擦を伴う唇歯接近音 [ʋ] として調音することがある。

　英語の標準語や北京方言では歯茎震え音 [r] が存在しないため、[ɹ] や [ɻ] を表すために便宜的に字母 [r] を使うことが多い。つまり、誤解が生じない限りにおいて、red を [red]、「入」を [ru] と表記することが許される。また近年、英語の approximant が「近い」という意味を含むことから、接近音を「近音」、側面接近音を「側近音」のように詰めて訳すこともある。[21]

3.3　その他の性質

3.3.1　有声性と気息

　子音を調音するときの声帯には 2 つの状態がある。1 つは振動しない状態で、この場合は無声音が発せられる。例えば、[p]、[t]、[s]、[ts] などである。もう 1 つは振動する状態で、この場合は有声音が発せられる。例えば、[m]、[n]、[l] などである。多くの子音には有声音と無声音の対立がある。英語の seal [siːl]（判、印）と zeal [ziːl]（熱意）は音節初頭子音が無声音か有声音かによって区別される。北京方言の「毕」bì [pi] は英語の be [bi]（である）と聞こえ方が似ているが、実際には前者の [p] が無声音であるのに対して、後者の [b] は有声音である。

　前にも述べたように摩擦音は引き伸ばして調音できる。無声摩擦音は、その阻害段階で声帯を振動させれば有声摩擦音に転じる。[f v f v f] または [s z s z s] のように、無声摩擦音と有声摩擦音は連続して交互に発音することができる。これに対して破裂音や破擦音は自由に引き伸ばすことができないため[22]、有声音と無声音の違いを摩擦音のように明確に感じ取ることができない。[23] [mpa]

21　原著の記述に合わせて「近音」（中国語の「近音」）と「側近音」（中国語の「边近音」）という訳語を当てたが、日本の音声学でこうした言い方をすることはほとんどない。（訳注）

22　実際には破裂音は引き伸ばすことはできないのに対して、破擦音の摩擦部分は引き伸ばせる。（訳注）

23　普通話では破裂音や破擦音は日本語のような有声音と無声音ではなく、無気無声音と有気無声音の対立を成すため、普通話の話者にとって有声破裂音や有声破擦音を発音する感覚をつかむのは簡単ではない。そのために次に続く文のような方法が紹介されるわけである。（訳注）

や [ntsa] のように無声破裂音または無声破擦音の前に同じ調音位置の鼻音を挿
入することによって有声破裂音、有声破擦音を作ってみるとよい。鼻音 [m] や
[n] を発音したあとも声を出し続ければ、これらの鼻音に後続する本来無声で
あるはずの [p] や [ts] が有声音になる。その際、鼻をつまんで息が漏れないよ
うにする。繰り返して練習した後に手を放し、鼻音を挿入せずに声帯を振動さ
せることができれば、有声破裂音、有声破擦音が発音できるようになる。

　多くの言語で破裂音、摩擦音、破擦音は有声か無声かによって対立を成
す。国際音声字母でも有声音と無声音を異なる字母で表記している。その中
でよく使われるものを次に示す。

　　　破裂音（無声—有声）： [p]-[b]、[t]-[d]、[ʈ]-[ɖ]、[ȶ]-[ȡ]、[c]-[ɟ]、[k]-[g]、
　　　　　　　　　　　　　　[q]-[ɢ]
　　　摩擦音（無声—有声）： [ɸ]-[β]、[f]-[v]、[θ]-[ð]、[s]-[z]、[ʂ]-[ʐ]、[ʃ]-[ʒ]、
　　　　　　　　　　　　　　[ɕ]-[ʑ]、[ç]-[ʝ]、[x]-[ɣ]、[χ]-[ʁ]、[h]-[ɦ]、[ɬ]-[ɮ]
　　　破擦音（無声—有声）： [pf]-[bv]、[tθ]-[dð]、[ts]-[dz]、[tʂ]-[dʐ]、[tʃ]-[dʒ]、
　　　　　　　　　　　　　　[tɕ]-[dʑ]

中国語諸方言においては、江蘇・浙江、湖南、ビン南に分布する一部の方
言にのみ、比較的豊かな有声破裂音、有声摩擦音そして有声破擦音が存在
する。ビン南方言に属するアモイ方言の「麻」[ba] と「爬」[pa]、「宜」[gi]
と「奇」[ki] の子音はそれぞれ有声か無声かによって対立する破裂音である。
また、湖南中部から南部に分布する湘方言の一部にも有声音と無声音の体系
的な対立が見られる。例えば、双峰方言には次のような対立が存在する。

　　　「巴」[po] ―「爬」[bo]　　　　　「资」[tsɿ] ―「时」[dzɿ][24]

　　　「刀」[tə] ―「桃」[də]　　　　　「知」[tʂʅ] ―「池」[dʐʅ]

　　　「高」[kə] ―「搅」[gə]　　　　　「鸡」[tɕi] ―「其」[dzi]

　　　　　　　　　　　　　　　　　　「花」[xo] ―「华」[ɣo]

　呉方言に属する下位方言の多くにも有声音と無声音の対立が観察される。
これが呉方言の 1 つの大きな特徴とされることが多い。浙江温州方言から
次のような例を挙げることができる。

24　この [ɿ] と次の [ʅ] については第 2 章「2.2.3 舌尖母音、反り舌母音、鼻母音」を参照。
　（訳注）

90 ｜ 第3章　子音

「闭」[pi]	―「弊」[bi]		「火」[fu]	―「祸」[vu]
「搭」[ta]	―「达」[da]		「所」[so]	―「坐」[zo]
「街」[ka]	―「茄」[ga]		「虾」[ho]	―「下」[ɦo]
			「记」[tsɿ]	―「忌」[dzɿ]

　蘇州方言でも有声音と無声音が対立するといわれている。しかし、実際には蘇州方言で有声破裂音や有声破擦音が発音されるとき、声帯は振動していない。そのかわり、開放段階に入って母音が発音されると同時に喉頭での摩擦を伴う有声の [ɦ] が挿入される。つまり厳密にはこれらの音は典型的な有声音ではなく、[pɦa] や [tɦa] のように表記されるべきものである。このような現象は清音濁流と呼ばれる。この清音濁流の現象は今では消え去りつつある。蘇州方言を話す若者たちの多くはこれらの音を無声音と区別しなくなっている。例えば、「部」[pɦu] は「布」[pu] と同じように調音されるようになっている。しかし音節が連続する場合に限り、依然としてこれらの音声における有声性が観察される。例えば「分布」と「分部」では今日もなお、前者が無声音、後者が有声音として聞こえる。

　鼻音と側面接近音は一般に有声音である。しかし、声帯振動を伴わずに発音することもできる。この場合、無声鼻音と無声側面接近音となる。国際音声字母では [m̥]、[n̥]、[l̥] のように補助記号 [◌̥] によって無声化を表す。これらの音を調音するには、まずふつうの [m] と [n] を発音しておいて声帯振動を止めればよい。そうすると [m̥]、[n̥] が生じ、鼻から息が漏れているように聞こえる。中国語諸方言には無声鼻音と無声側面接近音はまれであるが、中国南西部の少数民族の言語にはよく見られる。例えば次のような例がある。

　　[m̥]　貴州三都スイ語 [m̥a]（犬）

　　[n̥]　四川喜徳イ語 [n̥u]（深）

　　[ɲ̥]　雲南碧江ヌソ語[25]［ɲ̥i]（住）

25　ヌソ語（中国語表記は「怒苏语」）は中国の少数民族の1つであるヌ族（中国語表記は「怒族」）が話す言語である。ヌ族またはヌ語に関する日本語の資料はきわめて少ないため、以下に簡単に説明しておく。
　　ヌ族の構成員は2010年の統計によると3万人余りである。中国の少数民族の中でも比較的人口が少ないほうである。ヌ族はさらに言語と文化が異なる4つの支系に分かれる。第1に、チベット自治区察隅県および雲南省貢山独龍ヌ族自治県のヌ族であり、この支系

　　　　[l]　　貴州大南山ミャオ語[26] [laŋ]（帯）

　開放段階で、噪音として聞こえる気息を発する子音は有気音と呼ばれる。
この気息の音（気音という）は主に咽喉または声門で生じるため、国際音声
字母では [ʰ] を付けることによって表す。中国語普通話の「怕」[pʰa] や、英
語の two（二）[tʰu] などがその例である。ところが子音の調音器官が前舌面
または舌尖で、後続する母音の舌の位置も比較的前寄りである場合、気音が
生じる位置もこれに応じて変わり、子音の調音位置とほぼ同じになることも
ある。例えば [tɕʰi]、[tsʰi]、[tʂʰi] では気音が生じる位置は摩擦が起こる位置
と一致する。しかしこれらの気音も同じく [ʰ] で表す。なお、中国の音声学
では「他」[tˈa] のように、[ʰ] に代えて [ˈ] を用いることも多い。

　中国語で有気音は無声破裂音と無声破擦音に最も多く見られ、無気音と対
立を成す。例えば北京方言からは次のような例を挙げることができる。

「罢」[pa] ―「怕」[pʰa]	「自」[tsɿ] ―「次」[tsʰɿ]
「地」[ti] ―「替」[tʰi]	「住」[tʂu] ―「处」[tʂʰu]
「故」[ku] ―「库」[kʰu]	「记」[tɕi] ―「气」[tɕʰi]

　気息を伴う有声音は、気息を伴う無声音よりもはるかに数が少ない。ま
た、有声音では気息も有声になることが多く、声帯振動が強く聞こえる場合
は [ɦ] で表す。四川中江県辺りには湘方言に由来する老湖広話[27] と呼ばれる

は阿龍または貢山ヌ族と呼ばれ、独龍語に属する貢山方言を話す。第2に、雲南省福貢県
上帕鎮と鹿馬登郷のヌ族であり、この支系は阿ヌまたは福貢ヌ族と呼ばれるが、すでに多
くの者がヌ語ではなくリス語（中国語表記は「傈僳语」）または中国語を話すようになって
いる。第3に、雲南省福貢県匹河ヌ族郷のヌ族であり、この支系は人口が最も多い。匹河
ヌ族郷は本来碧江県に統括されるため、この支系はヌソまたは碧江ヌ族とも呼ばれ、ヌソ
語を話す。第4に、雲南省蘭坪県兎峨郷のヌ族であり、この支系は若柔または蘭坪ヌ族、
兎峨ヌ族と呼ばれ、若柔語を話す。ヌソ語も若柔語もシナ・チベット語族チベット・ビル
マ語派イ語分支に属する言語である（施路・文薇 2017；朱国伟 2017）。（訳注）

26　ミャオ語（中国語表記は「苗语」）は中国南部、ベトナム、ラオス、タイなどに居住す
　るミャオ族（中国語表記は「苗族」）の言語の総称であり、ミャオ・ヤオ語族のミャオ語派
　に属する。（訳注）

27　中国で湖広と言えば清の時代から中国中部に位置する湖南省と湖北省を指すが、老湖
　広話は湖南省と湖北省から遠く離れた中国南西部に位置する四川省で話される。それは人
　口の移動に伴う方言地域の移動によると思われる。四川省は盆地であるために周辺地域と
　の交流がそれほど盛んでないだけでなく、中国史上に起きた数度の戦乱を免れたことか
　ら、老湖広話には比較的古い中国語の特徴が残されているという。それゆえ、老湖広話は

92 ｜ 第3章　子音

下位方言がある。老湖広話では有声破裂音と有声破擦音それぞれに有気音と無気音が存在する。老湖広話に属する永興方言からは「地」[di] と「提」[dʱi]、「在」[dzai] と「才」[dzʱai] という例を挙げることができる。こうした例は中国語諸方言の中でもきわめて珍しい。もう1つの例は雲南滄源のワ語[28] の有気有声音である。ここでは破裂音と破擦音に整然とした有気と無気の対立があり、合わせて次の4種類の対立が成立している。

　　　　　[ta]（蒼白）— △[tʰa]▽（待つ）

　　　　　[da]（晒す）— △[dʱa]▽（予め）

　　　　　[tɕa]（蝉）— △[tɕʰa]▽（試みる）

　　　　　[dza]（遮る）— △[dzʱa]▽（シーツ）

　ほかに鼻音、側面接近音および有声摩擦音でも有気と無気が対立している。

　　　　　[ma]（地）— △[mʱa]▽（竹ひご）

　　　　　[la]（竹）　— △[lʱa]▽（遅れる）

　　　　　[va]（広い）— △[vʱak]▽（掛ける）

　呉方言でも鼻音と側面接近音に有気音が存在する。例えば蘇州方言の「面」と「来」は精密表記では △[mʱɪ]▽ と △[lʱɛ]▽ と表記されるものである。ただし、実際には有声音に伴う気息は比較的弱い。また、しばしば声門における摩擦も伴うため、多くの場合は後続する母音にまで影響を与える。

　中国の少数民族の言語、例えばミャオ語、チベット語の方言、ヌソ語などには有気無声摩擦音がある。この種の有気音の多くは声門における摩擦を伴い、後続する母音と同時に調音されるもので、世界の言語の中でも比較的まれである。貴州台江ミャオ語では有気無声摩擦音と無気無声摩擦音が次の例のように対立する。

　　　　　[fa]（瓜）— [fʰa]（手をこすり合わせる）

　　　　　[so]（花椒）— [sʰo]（消える）

　　　　　[ɕi]（紙）—[ɕʰi]（試食する）

有声破裂音、有声摩擦音、有声破擦音を持つ中古中国語の生きた化石とも言われている（黎新第 1994）。（訳注）

28　ワ語（中国語表記は「佤语」）は中国雲南省西南部からミャンマー連邦シャン州東部の山間部に暮らすワ族（中国語表記は「佤族」）が話す言語であり、モン・クメール語族に分類される（山田敦士 2016）。（訳注）

3.3.2 その他の付加的な特徴

　子音は子音ごとにその調音位置と調音方法が決まっている。しかし、調音的に可能でさえあれば、本来とはやや異なる位置や方法を用いて付加的な性質を与え、子音の音色に変化をもたらすこともできる。よく見られる付加的特徴には以下の3種類がある。

（1）硬口蓋化

　子音を調音する際に舌の前部が硬口蓋に向かって盛り上がると [i] の音色が加わる。国際音声字母では子音字母に [ʲ] を付けることで硬口蓋化を表す。例えば [pʲ]、[kʲ] のようにである。便宜的に [pj]、[kj] と表記することもある。中国南西部の少数民族の言語には多くの硬口蓋化した子音が見られ、しかもこれらの音が硬口蓋化しない本来の子音に対立して意味を区別する。これには次のような例がある。

貴州榕江トン語[29] [pa]（魚）— [pja]（岩石）
貴州三都スイ語[30] [sa]（晒）— [sja]（擦られて肌の表面に浮き上がっ
た赤や紫の痕）
広西龍勝ヤオ語[31] [tsen]（金）— [tsjen]（神）
広西武鳴チワン語[32] [ka]（腿）— [kja]（苗）

ロシア語における ть、нь、ль などの軟音と呼ばれる音も、実際には子音 т [t]、н [n]、л [l] の硬口蓋化した音であり、しかも本来の [t]、[n]、[l] と対立している。例えば、брат [brat]（兄弟）— брать [bratj]（持つ）、стал [stal]（彼が来た）— сталь [stalj]（鋼）などを挙げることができる。中国語の方言にも硬口蓋化した子音はあるが、上の例のように対立を成して意味を区別することはほとんどない。例えば蘇州方言では子音に [i] が後続し、それにさらに別の母音が後続するならば、[i] は弱く発音されるとともに先行する子音と緊密に結びつき、先行する子音を硬口蓋化する現象が観察される。例えば、「标」、

29　トン語（中国語表記は「侗语」）は中国の少数民族の1つであるトン族（中国語表記は「侗族」）が話す言語で、タイ・カダム語族カム・タイ語派カム・スイ諸語に属する（渡邊明子 2016）。（訳注）

30　注7を参照。（訳注）

31　第2章の注23を参照。（訳注）

32　第2章の注22を参照。（訳注）

94 | 第3章 子音

「香」、「写」は精密表記では [pʲiæ]、[ɕʲiaŋ]、[sʲiɒ] と表記される。ただし、蘇州方言には硬口蓋化するか否かによって対立する語はないため、一般にこれらの音を硬口蓋化した音とは見なさず、[piæ]、[ɕiaŋ]、[siɒ] と表記することが多い。この現象は蘇州方言の響きの軟らかさに一役買っていると思われる。

(2) 円唇化

　子音を調音しながら唇を丸めればその子音は円唇化する。国際音声字母では子音字母に [ʷ] を付けて表す。例えば、[tʷ]、[kʷ] のようにである。広州方言における「瓜」[kʷa]―「家」[ka] と「群」[kʰʷən]―「勤」[kʰən] は、それぞれ前者が円唇化することにより対立する語の対である。中国南西部の少数民族の言語にも円唇化がよく見られ、しかも多くの場合は円唇化しない音と対立を成す。広西羅城ムーラオ語[33]から次の例を挙げることができる。

　　　　[pa]（父の一番上の姉）―△[pʷa]▽（婆）　　[ta]（過）―△[tʷa]▽（鎖）

　　　　[tsa]（渣）―△[tsʷa]▽（抓）　　　　　　　　[ka]（カラス）―△[kʷa]▽（雲）

ところで、子音の円唇化は子音の調音と並行して起こる現象であるのに対して、子音に円唇母音 [u] が後続する場合は先に子音が調音されてから [u] が調音されるのであり、両者は大きく異なる。

(3) 軟口蓋化

　子音を調音する際に舌の後部が軟口蓋の方向に少し盛り上がれば非円唇後母音 [ɯ] の性質が加えられる。国際音声字母では [ɫ]、[l̴]、[z̴] のように、字母の中ほどに [~] を付けることで軟口蓋化を表す。英語では feel（感じる）[fiɫ] や pool（池）[pʰuɫ] のように、音節末に位置する l が軟口蓋化されることが多い。

3.3.3　非肺臓気流音

　これまで述べてきた子音の調音に利用される気流はいずれも肺臓からの呼気によって生み出されるものであり、これらの音は肺臓気流音と呼ばれる。

33　ムーラオ語（中国表記は「仏佬语」）は中国広西チワン族自治区中部・北西部、特に羅城ムーラオ族自治県を中心に居住するムーラオ族（中国語表記は「仏佬族」）が話す言語であり、シナ・チベット語族・カムのタイ語派・カム・スイ諸語に属する（王均・鄭国乔 1980: 1–2)。（訳注）

3.3 その他の性質 | 95

世界の言語の子音の大半は肺臓気流音である。[34] しかし、言語には吸着音、入破音、放出音のように、調音時に妨げを克服する気流が肺臓によらない、非肺臓気流音も存在する。この 3 種類の子音の調音方法としては破裂音が最も多い。

(1) 吸着音

調音時に後舌面が盛り上がり、軟口蓋に密着して 1 つの閉鎖を形成する。その状態で両唇を閉じるか、舌の前部を軟口蓋より前の口蓋のどこかに密着させてもう 1 つの閉鎖を形成する。2 箇所の閉鎖によって口腔内に 1 つの閉鎖空間が形成される。この閉鎖空間が突然開かれるとその容積が急に増大し、内部の気圧が急速に下がり、外界から気流が一気に流れ込んでくる。その結果、破裂的な音が聞こえる。[35] この破裂的な音が吸着音である。これは中国語の「啧啧称赞」（舌を鳴らしながら賞賛する）に含まれるオノマトペ「啧啧」（舌を鳴らす音）の音に近い。ただし吸着音は中国語においてはあくまでも非言語的な音の要素にすぎない。言語的機能を果たす吸着音はアフリカ南部で話される一部の言語に見られる。

(2) 入破音

声道のいずれかの位置に閉鎖を作り、声門を閉じて喉頭を下げると声門より上の閉鎖空間が広がり、内部の気圧が下がる。開放段階では閉鎖空間内より気圧が高い外界から空気が一気に流れ込んでくる。つまり、入破音を調音するための気流は肺臓気流音とは逆に、内から外へではなく、外から内へ流れ込むのである。また、喉頭を下げるときに声門は強く閉じておらず、その結果、わずかながら肺臓からも声門を通じて空気が漏れ出る。漏れ出る気流は声門を通る際に声帯振動を引き起こすため、入破音のほとんどは有声音である。国際音声字母では入破音は [b]—[ɓ] のように、破裂音の字母の上部に右曲がりのフックを付けることで表す。吸着音に比べて入破音の分布は広く、アフリカやアメリカ大陸の多くの言語に見られる。中国南西部の少数民族の言語、例えばチワ

34　子音に限らず、母音もほとんどが呼気による肺臓気流音である。（訳注）

35　実際には閉鎖空間を開く前に、軟口蓋と後舌を後ろに引いて容積を増大させることで空間内を減圧する。そこで前方の閉鎖を開放すると気流が流入して破裂的な音が生じるのである（Ladefoged & Johnson 2011: 144）。（訳注）

96 | 第3章 子音

ン語、スイ語、プイ語[36] など、また中国語諸方言、例えば呉方言、エツ方言、ビン南方言などにも見られる。例えば海南文昌方言では「磨」[ɓo] —「波」[ɓo]、「书」[tu] —「猪」[ɗu] のような破裂音と入破音の対立が見られる。

（3）放出音

放出音の調音過程は入破音とは正反対である。声道のいずれかの位置に閉鎖を作り、声門を閉じて喉頭を上げることで声門より上の閉鎖空間が狭くなり、気圧が上がる。開放段階では気圧が高い閉鎖空間から外界へ空気が流れ出る。つまり放出音を調音するための気流は肺臓気流音の気流と同じ方向に流れる。しかし、両者における気流の源は上に述べたように異なる。国際音声字母では放出音は [p'] のように ['] を付けて表す。放出音は主にアフリカやアメリカ大陸の言語に観察される。

なお、下の表3-1 に中国国内の言語学界で常用される国際音声字母の簡略表を、表3-2 に国際音声学会が 2005 年に公開した国際音声字母の一覧表を示す。[37]

3.4　中国語普通話の子音

中国語普通話には 22 の子音がある。ここではこれら 22 の子音の調音位置と調音方法を説明する。

3.4.1　中国語普通話の子音の調音位置

子音の調音には少なくとも 2 種類の調音器官が関与するが、厳密に表記する必要がない場合、一般にその一方のみで調音位置を表す。例えば、舌尖—歯茎音は歯茎音、前舌面—硬口蓋音は硬口蓋音、後舌面—軟口蓋音は軟口蓋音のように略して表記する。このような略称を用いれば、普通話の子音は調音位置によって次の 6 種類に分けられる。

36　プイ語（中国語表記は「布依语」）は中国貴州省南部に居住するプイ族（中国語表記は「布依族」）が話す言語であり、タイ・カダイ語族に属する言語である。（訳注）

37　国際音声字母は 2015 年に新たに改訂されたため、本書（日本語版）では 2015 年版を掲げる。（訳注）

表 3-1　国際音声字母の簡略表

子音

調音法	声帯・気音	両唇	唇歯	歯	歯茎（前寄り）[38]	歯茎	反り舌	後部歯茎	歯茎硬口蓋	硬口蓋	軟口蓋	口蓋垂	咽頭	声門
破裂	無声・無気	p				t	ʈ			c	k	q		ʔ
破裂	無声・有気	pʰ				tʰ	ʈʰ			cʰ	kʰ	qʰ		ʔʰ
破裂	有声・無気	b				d	ɖ			ɟ	g	ɢ		
破裂	有声・有気	bʱ				dʱ	ɖʱ			ɟʱ	gʱ	ɢʱ		
破擦	無声・無気		pf	tθ	ts		tʂ	tʃ	tɕ					
破擦	無声・有気		pfʰ	tθʰ	tsʰ		tʂʰ	tʃʰ	tɕʰ					
破擦	有声・無気		bv	dð	dz		dʐ	dʒ	dʑ					
破擦	有声・有気		bvʱ	dðʱ	dzʱ		dʐʱ	dʒʱ	dʑʱ					
鼻	有声	m	ɱ			n	ɳ			ɲ	ŋ	ɴ		
震え	有声					r						ʀ		
弾き	有声					ɾ	ɽ							
側面接近	有声					l	ɭ			ʎ				
側面摩擦	無声					ɬ								
側面摩擦	有声					ɮ								
摩擦	無声	ɸ ʍ	f	θ	s		ʂ	ʃ	ɕ	ç	x (ʍ)	χ	ħ	h
摩擦	有声	β	v	ð	z		ʐ	ʒ	ʑ	ʝ	ɣ	ʁ	ʕ	ɦ
摩擦を伴わない接近音および半母音	有声	w ɥ	ʋ			ɹ	ɻ			j (ɥ)	ɰ (w)	ʁ		

母音

	舌面母音			舌尖母音	
	前	中	後	前	後
高（狭）	i y	ɨ ʉ	ɯ u	ɿ ʮ	ʅ ʯ
半高（半狭）	e ø	ɘ ɵ	ɤ o		
中央		ə (ɚ)			
半低（半広）	ɛ œ	ɜ ɞ	ʌ ɔ		
低（広）	a ɶ	ɐ	ɑ ɒ		

38　この表で普通話の舌尖と歯茎を用いて調音される7つの歯茎音 [t tʰ ts tsʰ n l s] を2列に分けて示す理由については「3.4.1 中国語普通話の子音の調音位置」を参照。（訳注）

98 | 第3章　子音

表3-2　国際音声字母表 (2015年改訂版)

子音 (肺臓気流音)

	両唇	唇歯	歯	歯茎	後部歯茎	反り舌	硬口蓋	軟口蓋	口蓋垂	咽頭	声門
破裂音	p b			t d		ʈ ɖ	c ɟ	k g	q ɢ		ʔ
鼻音	m	ɱ		n		ɳ	ɲ	ŋ	ɴ		
震え音	ʙ			r					ʀ		
弾き音		ⱱ		ɾ		ɽ					
摩擦音	ɸ β	f v	θ ð	s z	ʃ ʒ	ʂ ʐ	ç ʝ	x ɣ	χ ʁ	ħ ʕ	h ɦ
側面摩擦音				ɬ ɮ							
接近音		ʋ		ɹ		ɻ	j	ɰ			
側面接近音				l		ɭ	ʎ	ʟ			

子音 (非肺臓気流音)

吸着音		入破音		放出音	
ʘ	両唇	ɓ	両唇	ʼ	例示：
ǀ	歯	ɗ	歯／歯茎	pʼ	両唇
ǃ	(後部)歯茎	ʄ	硬口蓋	tʼ	歯／歯茎
ǂ	硬口蓋歯茎	ɠ	軟口蓋	kʼ	軟口蓋
ǁ	歯茎側面	ʛ	口蓋垂	sʼ	歯茎摩擦

（表 3-2、前ページから続く）

その他の記号

ʍ	無声（両）唇・軟口蓋摩擦音	ɕ ʑ	歯茎硬口蓋摩擦音
w	有声（両）唇・軟口蓋接近音	ɺ	歯茎側面弾き音
ɥ	有声（両）唇・硬口蓋接近音	ɧ	ʃ と x との同時調音
ħ	無声喉頭蓋摩擦音	破擦音および二重調音は、必要ならば2つの記号をタイで結んで表すことができる。 t͡s k͡p	
ʕ	有声喉頭蓋摩擦音		
ʔ	喉頭蓋破裂音		

補助記号

̥	無声の ŋ̥ d̥	̤	息漏れ声の b̤ a̤	̪	歯裏音の t̪ d̪
̬	有声の s̬ t̬	̰	きしみ声の b̰ a̰	̺	舌尖の t̺ d̺
ʰ	有気の tʰ dʰ	̼	舌唇音の t̼ d̼	̻	舌端の t̻ d̻
̹	円唇の強い ɔ̹	ʷ	唇音化した tʷ dʷ	̃	鼻音化した ẽ
̜	円唇の弱い ç̜	ʲ	硬口蓋化した tʲ dʲ	ⁿ	鼻腔開放 dⁿ
̟	前寄りの u̟	ˠ	軟口蓋化した tˠ dˠ	ˡ	側面開放 dˡ
̠	後寄りの e̠	ˤ	咽頭化した tˤ dˤ	̚	外破のない d̚
̈	中舌化した ë	̴	軟口蓋化あるいは咽頭化した ɫ		
̽	中位 — 中舌化した ě	̝	狭い e̝ (ɹ̝ = 有声歯茎摩擦音)		
̩	音節主音の（成節的）n̩	̞	広い e̞ (β̞ = 有声両唇接近音)		
̯	音節副音の（非成節的）e̯		舌根が前寄りの e̘		
˞	r音性の ɚ a˞		舌根が後寄りの e̙		

（表3-2、前ページから続く）

母音

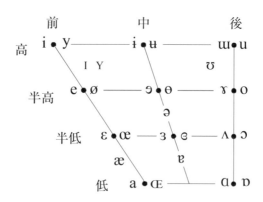

対を成す字母の右側は円唇母音である。

超分節記号

ˈ	第1強勢	|	小グループ（韻脚グループ）
ˌ	第2強勢　ˌfoʊnəˈtɪʃən	‖	大グループ（音調グループ）
ː	長い　　　　eː	.	音節の切れ目（音節境界）　ɹi.ækt
ˑ	半長の　　　eˑ	‿	連結している（切れ目のない）
˘	特に短い　　ĕ		

声調および高さアクセント

e̋ または ˥	超高・平坦	ě または ˩˥	上昇
é または ˦	高・平坦	ê または ˥˩	下降
ē または ˧	中・平坦	e᷄ または ˦˥	高・上昇
è または ˨	低・平坦	e᷅ または ˩˨	低・上昇
ȅ または ˩	超低・平坦	e᷈ または ˧˦˧	上昇下降
↓ ダウンステップ		↗ 全体的上昇音調
↑ アップステップ		↘ 全体的下降音調

（1）両唇音

b [p]	無気無声両唇破裂音	例：罢、布、办、辨别、标本
p [pʰ]	有気無声両唇破裂音	例：怕、铺、盼、批评、偏僻
m [m]	有声両唇鼻音	例：骂、木、慢、美满、面貌

（2）唇歯音

f [f]	無声唇歯摩擦音	例：发、父、饭、方法、反复

（3）歯茎音

d [t]	無気無声歯茎破裂音	例：度、代、岛、道德、地点
t [tʰ]	有気無声歯茎破裂音	例：兔、太、讨、团体、探讨
n [n]	有声歯茎鼻音	例：怒、耐、脑、牛奶、泥泞
l [l]	有声歯茎側面接近音	例：陆、赖、老、联络、力量
z [ts]	無気無声歯茎破擦音	例：字、早、宗、走卒、自尊
c [tsʰ]	有気無声歯茎破擦音	例：次、草、聪、层次、粗糙
s [s]	無声歯茎摩擦音	例：四、扫、松、思索、琐碎

（4）反り舌音

zh [tʂ]	無気無声反り舌破擦音	例：志、找、丈、政治、主张
ch [tʂʰ]	有気無声反り舌破擦音	例：斥、吵、唱、出产、车床
sh [ʂ]	無声反り舌摩擦音	例：事、少、上、手术、声势
r [r]³⁹	有声反り舌接近音	例：日、扰、让、柔软、容忍

（5）歯茎硬口蓋音

j [tɕ]	無気無声歯茎硬口蓋破擦音	例：记、借、见、经济、积极
q [tɕʰ]	有気無声歯茎硬口蓋破擦音	例：气、窃、欠、请求、确切
x [ɕ]	無声歯茎硬口蓋摩擦音	例：戏、谢、现、学习、虚心

（6）軟口蓋音

g [k]	無気無声軟口蓋破裂音	例：故、个、告、骨干、公共
k [kʰ]	有気無声軟口蓋破裂音	例：库、课、靠、刻苦、宽阔

39　前述のとおり、普通話には歯茎震え音 [r] はなく、それによって意味を区別することがないため、本書（日本語版）では便宜的に有声反り舌接近音 [ɻ] を [r] で表記する。ただし、その他の言語と対照するような場合は正確に [ɻ] と表記したほうがよいので、本書を引用する場合は注意されたい。（訳注）

102 | 第3章　子音

　　h [x]　　　無声軟口蓋摩擦音　　　　　　　　例：户、贺、号、欢呼、辉煌
　　ng [ŋ]　　有声軟口蓋鼻音（音節末のみに現れる）
　　　　　　　　　　　　　　　　　　　　　　　例：东、登、工厂、长江

　上記6種類の調音位置を持つ普通話の子音のうち、両唇音、唇歯音、歯茎硬口蓋音、軟口蓋音の調音位置は比較的固定されているのに対して、歯茎音と反り舌音の調音位置には一定の変動が許される。[40] つまり、この2種類の子音では、能動的な調音器官である舌尖が受動的な調音器官に接近または接触する点に一定のずれが容認され、その位置は必ずしも固定されたものではない。

　普通話において、舌尖と歯茎を用いて調音される7つの子音のいずれも歯茎音と呼ばれるが、2つの異なる調音位置で調音する者も少なくない。これらの話者は歯茎破擦音 [ts]、[tsʰ] と歯茎摩擦音 [s] を調音する際、舌尖の前部を上歯または下歯の裏面に近づける（若い男性の北京方言話者には [s] を調音しようとして舌尖をさらに前へ出し、歯音 [θ] のように調音する者もいる）。一方、歯茎破裂音 [t]、[tʰ] と鼻音 [n]、側面接近音 [l] の調音では舌尖を歯茎のやや後ろに近づける（[l] の調音で舌尖を反り上げ、反り舌側面接近音 [ɭ] のように調音する者さえいる）。こうした調音をする話者がいることも考慮するならば、歯茎音は [ts]、[tsʰ]、[s] と [t]、[tʰ]、[n]、[l] の2種類に区分するほうがよい。その違いを明示する必要がある場合、前者を [t̪s]、[t̪sʰ] などのように、補助記号を添えて表記すればよい。

　また、普通話における4つの反り舌音はいずれも舌尖が反り上がり、硬口蓋に近づくが、反り上がる程度には個人差がある。硬口蓋の前部付近に反り上がる者もいれば、硬口蓋の中ほどまで反り上がる者もいる。ただし反り上がりすぎると、硬口蓋に近づくのが舌尖ではなく舌尖の裏面になり、音色が普通話本来の反り舌音とは大きく異なることになるので注意が必要である。

3.4.2　中国語普通話の子音の調音方法

　調音方法、すなわち調音における妨げの作り方によって普通話の子音は次

40　実際には軟口蓋の調音位置にもかなりの変動が許される。同じ [k] でも、[ki] と [ka] を発音してみれば、調音位置がかなり異なることがわかるだろう。（訳注）

の 6 種類に分けられる。

　（1）破裂音　　　　　　[p]、[pʰ]、[t]、[tʰ]、[k]、[kʰ]
　（2）摩擦音　　　　　　[f]、[s]、[ʂ]、[ɕ]、[x]
　（3）破擦音　　　　　　[ts]、[tsʰ]、[tʂ]、[tʂʰ]、[tɕ]、[tɕʰ]
　（4）鼻音　　　　　　　[m]、[n]、[ŋ]
　（5）側面接近音　　　　[l]
　（6）接近音　　　　　　[r]

　一般的に、無声破裂音の調音では妨げを作る調音器官の筋肉の緊張は強く、妨げを克服するための気流も強い。これに対して有声破裂音では気流は声帯を振動させるためにも使われるため、妨げに届く気流は比較的弱く、調音器官の筋肉の緊張も無声破裂音ほど強くない。しかし、無声の破裂音のみを有する普通話では、無気音の場合、その調音における調音器官の筋肉の緊張はそれほど強くなく、気流もあまり強くない。したがって、普通話の無気無声破裂音は中国語方言、例えば蘇州方言や広州方言の無声破裂音ほど硬く鋭くはない。筋肉の緊張の程度や気流の強さという点では普通話の無気無声破裂音は有声破裂音に近く、声帯振動を伴わないという点でのみこれと異なる。したがって、これらは厳密には [b]、[d]、[ɡ] と表記されるべきである。また、普通話の無声破擦音にも同様の特徴が観察される。

　普通話における 6 つの有気音の気息は中国語方言の有気音と同様にかなり強く、喉頭で摩擦が生じるほどである。したがって、これらは厳密には [ph]、[th]、[kh]、[tsh]、[tʂh]、[tɕh] と表記されるべきである。例えば「兔」[thu]、「车」[tʂhɤ] の発音では、[t] と [tʂ] のあとにそれぞれ「户」[xu]、「喝」[xɤ] に近い音が聞こえる。[41] これをもたらすのが、強い気息が引き起こす喉頭内の摩擦である。

　普通話では有気音はすべて硬音、無気音はすべて軟音であり、有声―無声の対立はない。そのため、連続発話における音変化や軽声音節では、本来無声音であるはずの音節初頭子音 [p]、[t]、[k] や [tɕ]、[tʂ]、[ʂ] などが同化によって有声化しやすい。

41　摩擦が強いために、聴覚印象としては軟口蓋摩擦音 [x] に近い音が聞こえるという趣旨と思われる。（訳注）

104 | 第3章　子音

　普通話における△5つ▽の有声音の中で反り舌接近音 [ɹ] の性質はやや特殊である。多くの場合、[ɹ] の摩擦は非常に弱く、摩擦を伴わないと見なすこともできる典型的な有声接近音である。この音を特に強調しようとする場合のみ摩擦が生じ、有声摩擦音 [ʐ] となる。中国語音声学ではこの [ʐ] を用いてこの音を表記した時期もある。[42] しかし調音のみならず、音響的な性質からも、普通話の音体系からも、この音を無声音 [ʂ] と対立する有声音 [ʐ] と見なすことは適切ではない。なぜなら、そうすることで普通話の音体系に唯一の有声―無声で対立する子音が生じてしまうからである。逆にこの音を有声反り舌接近音 [ɹ] に分類すれば、[l] とともに接近音の範疇に入り、有声音が存在しない、より整った普通話の音体系が構築される。[43] つまり、こうすることで、表 3-3 に示すように普通話の子音表はより簡潔にまとめることができ、普通話の子音が有声―無声ではなく、有気―無気で対立するという性質もより鮮明に表れてくるのである。

表3-3　有気―無気で対立する破裂音、破擦音を
上下に重ねて配列した普通話の子音表

調音方法＼調音位置		両唇音	歯茎音	軟口蓋音	歯茎硬口蓋音	反り舌音	前寄りの歯茎音
破裂音	無気	p	t	k			
	有気	pʰ	tʰ	kʰ			
鼻音		m	n	ŋ			
破擦音	無気				tɕ	tʂ	ts
	有気				tɕʰ	tʂʰ	tsʰ
摩擦音		f		x	ɕ	ʂ	s
接近音			l			r	

42　本書の第8章から第10章でも [ʐ] を用いている。（訳注）

43　鼻音、側面接近音、接近音には一般に有声音のみが存在するため、特に必要がある場合を除き、これらの音が有声音であることには言及しない。（原注）
　　したがって、この「有声音が存在しない、より整った普通話の音体系が構築される」は、破裂音、摩擦音、破擦音のみを念頭に置いた記述である。（訳注）

3.5　子音の音響的特徴
3.5.1　調音方法と調音位置の音響特性
　子音の調音には調音位置の違いもあれば調音方法の違いもある。それに加え、有声―無声や有気―無気のほか、さまざまな付加的な音の相違もある。すなわち人は子音の調音に、持ちうるすべての調音能力を利用しているといっても過言ではない。したがって子音の音響的特徴も母音に比べてかなり複雑である。どの子音にも性質の異なる音響的特徴が組み合わされ、その組み合わせも変化に富んでいる。その結果、スペクトログラム上で子音を見分けるのは母音を見分けるより難しい。

　子音の音声は音源の性質と深く関わっている。音源が発する音の性質は大きく、衝撃音、持続的噪音、喉頭原音の 3 種類に分けられる。子音はこの 3 種類の音の組み合わせである。これらはスペクトログラム上で 3 つのまったく異なる模様として現れる。

　（1）バースト

　衝撃音は破裂によって作られる音であり、現れるとすぐに消えてしまう。その持続時間は一般にわずか 10 ms 程度である。衝撃音はスペクトログラム上では垂直の細い線として現れる。これをバーストと呼ぶ。

　（2）摩擦区間

　持続的噪音は摩擦によって作られる音で、引き伸ばすことができる。スペクトログラム上では高い周波数域に黒の濃淡が不規則に入り乱れた模様として現れる。

　（3）ボイスバー

　喉頭原音は声帯振動によって作られる音で、周期性を持つ。スペクトログラム上では底辺近くに一定の幅を占める濃い横向きの帯の形で現れる。これについては△下記の図 3-4 を基に説明する▽。

　破裂音は衝撃音の典型であるのに対して、摩擦音は持続的噪音の典型である。破擦音は両者の組み合わせである。図 3-2 に示す [ta]、[sa]、[tsa] のスペクトログラムにこの違いがよく現れている。この図では [t]、[s]、[ts] に後続する母音はいずれも [a] である（[a] の後半を省略している）。[t] は狭く細長いバーストとして現れ、[s] は非常に不規則な持続区間として現れる。一

方、[ts] はバーストに摩擦区間が後続するが、[t] と [s] に比べ、バーストの色も摩擦区間の色も薄くなっている。3者の違いは明白である。

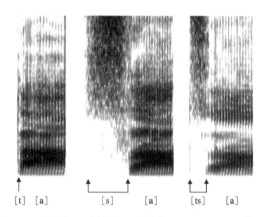

図 3-2　破裂音、摩擦音、破擦音のスペクトログラム

　無声破裂音では阻害段階で発声がないため、スペクトログラム上ではバーストの前に空白が見られる。破裂音にほかの音声が先行する場合、この空白は一目でわかるので、破裂音を識別するための有効な手段となる。しかし、破裂音に先行する音がなければこの空白は確認しにくい。図 3-3 に普通話の「大地」と「大事」のスペクトログラムを示す。このスペクトログラムを観察すると、「大地」の「大」の母音 [a] のフォルマントの終端から「地」の子音 [t] のバーストまでが空白になっている（矢印の部分）。これが [t] の阻害段階である。特に開放が弱い破裂音、または色が薄いスペクトログラムではバーストが観察しづらくなるため、この空白部は破裂音を見分ける重要な手がかりとなる。

　有声音に現れるボイスバーは母音のフォルマントに似ているが、母音に比べてかなり弱く、スペクトログラム底辺近くの低い周波数帯に濃い横向きのバーとして現れる。子音が有声であるかそれとも無声であるかはこのバーの有無によって判断される。図 3-4 に 2 組の有声音と無声音の対立を示す。後続する母音はいずれも [a] である。

3.5 子音の音響的特徴 | 107

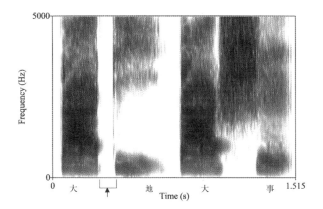

図3-3 「大地」と「大事」のスペクトログラム

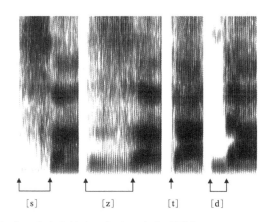

図3-4 無声―有声摩擦音、無声―有声破裂音のスペクトログラム [44]

この図が示すように、[s] と [z] の主な違いは [z] の摩擦区間の底辺に近い低い周波数帯に黒ずんだボイスバーが見えることである（2つの矢印で示す部分）。[s] にはこのボイスバーはない。また、[z] では上方の周波数帯にフォルマントも現れている。ただしこれは母音フォルマントのように明確な

---

44 原著者によると、語頭に現れる [t] の閉鎖区間が空白であるためにその始点が確認しづらく、本図にまとめる際、一部が削除された可能性があるとのことである。（訳注）

ものではない。一方、[t] と [d] における無声—有声の違いは閉鎖区間にボイスバーが観察されるかどうかにあり、[d] にはくっきりとしたボイスバーが見られるのに対して、[t] のバーストに先行する区間は空白である。

　有気音に伴う気息もスペクトログラム上で摩擦区間として現れるが、摩擦音より広い周波数帯に現れ、黒の度合いが比較的薄い。図 3-5 に無気音 [t] と有気音 [tʰ] のスペクトログラムを示す。この図が示すとおり、[tʰa] のバーストから発声の開始に至るまでに短時間の不規則な模様が現れている（矢印の部分）。これが気息を表す。[45]

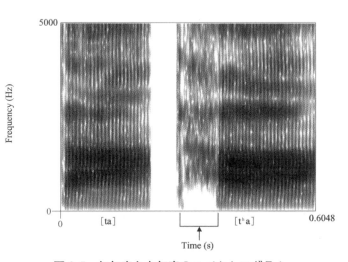

図 3-5　無気音と有気音のスペクトログラム

　弾き音と震え音のスペクトログラムに現れる特徴もバーストであり、現れる本数は弾くまたは震える回数に対応する。ただし弾き音と震え音のバーストは非常に細く、互いの間隔も非常に近いため、1 本 1 本を識別するのが難しいこともある。[46]

---

[45] それに対して [t] には類似する不規則な模様がほとんど観察されない。（時間軸の 0 の直後にバーストがあり、ほとんど息が漏れることなく、すぐに母音が始まっている。）（訳注）

[46] 弾き音と震え音の特徴はバーストではなく、調音器官の弾く動作または震える動作によって声道が狭まることによる比較的短時間の音声の減衰である。この音声の減衰は弾き

鼻音と側面接近音は母音に似た性質があり、そのスペクトログラムも母音に似ている。ただし、これらの音はフォルマントが母音ほど強くないため、スペクトログラム上に現れる黒の度合いが母音より薄い。また、母音と結合する際にしばしばフォルマントが不連続となる「断層」が観察される。鼻音はF_2が弱く、消失することも多い。側面接近音はF_2以上のフォルマントが比較的弱く、時には低い周波数帯にボイスバーだけが現れることもあるため、スペクトログラム上で比較的識別しづらい音声である。図3-6に側面接近音 [l] と鼻音 [n] のスペクトログラムを示す。後続する母音は [a] である。

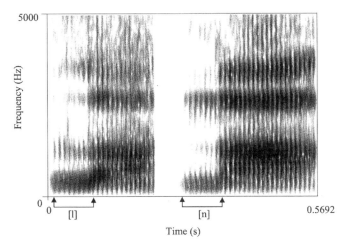

図 3-6　側面接近音と鼻音のスペクトログラム

前章で述べたとおり、母音のフォルマントとはエネルギーが集中し、振幅が拡大する周波数帯である。フォルマントが現れる位置は共鳴腔の形状によって決まる。子音の調音では調音器官の動きにつれて共鳴腔の形状も変化し、その結果としてエネルギーが集中する周波数帯も変化する。[47] しかし、

音では1回、震え音では複数回反復して生じる。それに対応してスペクトログラム上には黒の度合いの薄くなる箇所が現れる。（訳注）

47　詳細は次節「3.5.2 音響的手がかり（acoustic cue）と有声開始時間」におけるフォルマント遷移に関する記述を参照。（訳注）

110 | 第3章　子音

　子音は共鳴ではなく、阻害によって調音される音のため、鼻音と側面接近音を除き、母音のようなフォルマントは現れない。[48] 子音では一般にフォルマントではなく、一定の範囲にエネルギーの強い周波数帯が現れるだけである。それがどれほど強いか、集中するかそれとも分散するかは子音の調音位置と関連する。例えば、摩擦音 [f] はエネルギーが弱く、また分散しているため、スペクトログラム上でとらえにくいのに対して、[s] はエネルギーが比較的集中して強く、その下限が高い。[s] に比べると、[ɕ] はエネルギーの強い周波数帯が広く、その下限も低い。そして [x] はエネルギーの強い周波数帯の下限がさらに低く、エネルギーも弱い。

　こうした違いがあるものの、エネルギーの強い周波数帯、その強さ、集中度からスペクトログラム上で子音の調音位置を判別できる場合はかなり限られている。例えば、弱い摩擦音の噪音がスペクトログラム上にはっきりと現れないこともあれば、破裂音に観察されるバーストがあまりにも細く、そこでエネルギーの強い周波数帯を観察するのが難しいこともある。また、鼻音と側面接近音の音源は衝撃音や持続的噪音ではなく、喉頭原音であるためにフォルマントを形成できるとはいうものの、それは母音のように明瞭ではないために、スペクトログラムからその調音位置を判断するのはかなり困難である。

3.5.2　音響的手がかり（acoustic cue）と有声開始時間

　我々は多くの場合、連続する音声を離散的な音の連鎖として分析する。そのためには連続する音声を切り分ける、すなわち分節する必要がある（第1章「1.4 音声の分節と分類」を参照）。言語学の立場からすればこのような分節は有効な手段である。しかし音響学の立場からすれば、連続する音声では音波も連続的であり、そこには明確に区切られた個々の音が存在するのではなく、音声のどの部分をとってもそれらが連なって互いに影響しあっている。つまりどの音声のどの部分を取っても、その音響的特徴が周囲に影響を与え、また周囲から影響を受けもしている。図3-4 に示した △[ta]、[da]▽ における [a] を観察すると、[a] の F_2 の先端部分が時間とともに上から下に向かっ

48　接近音としての [r] にもフォルマントは現れる。（訳注）

3.5 子音の音響的特徴 | 111

て動いていることがわかる。この下降はまさに先行する子音の音響的特徴が
[a] に与える影響を表すものであり、このようなフォルマントの動きをフォル
マント遷移[49]と呼ぶ。生理的観点からすると、フォルマント遷移は子音の調
音位置から母音の舌の位置への調音器官の移動を反映するものであり、音響
的観点からすると、それは子音調音の妨げの開放段階に生じる声道の共鳴特
性が隣接する母音のフォルマント周波数に与える効果であると言える。

　フォルマント遷移は知覚上、子音[50]を感じ取るための重要な手がかりであ
る。破裂音は調音されるとすぐに消えてしまう。スペクトログラム上に現
れるバーストの持続時間はわずか 10 ms 程度と非常に短く、現れない場合も
ある。しかし破裂音はそれに後続する母音に影響を与え、母音の F_2 に上昇、
下降のようなフォルマント遷移をもたらし[51]、それが破裂音[52]を聞き取るため
の音響的手がかりとなる。したがって、仮に破裂音のバーストを取り除いて
も、このフォルマント遷移さえ残せば依然としてその破裂音が聞き取れるの
である。逆にこのフォルマント遷移を取り除いてしまえば、母音に先行する
子音が何であるかを判断しづらくなる。つまり子音[53]の知覚には破裂音自体
の音響的特徴であるバーストよりも母音に観察されるフォルマント遷移のほ
うが重要なのである。図 3-7 に歯茎破裂音 [t] に異なる母音が後続する場合
に現れる、形の異なるフォルマント遷移を示す。

　図 3-7 にはそれぞれの母音の F_1 と F_2 のみを示す。母音側から見ると F_1
は [t] に向かっていずれも下に曲がっているのに対して、F_2 には上を向くも
のもあれば、下を向くものもあり、ときに平らなものもある。この図には

49　原著では「音響的手がかり（acoustic cue）」（中国語表記は「音征」）と述べられている
　　が、直前の記述は母音のフォルマントにのみ言及しているため、音響的手がかりより限定
　　的な意味を持つ「フォルマント遷移」（formant transition）（中国語表記は「过渡音征、共
　　振峰迁移」）と訳す。（訳注）

50　厳密に言えば、フォルマント遷移は子音の調音位置を聞き取るための音響的手がかり
　　である。（訳注）

51　フォルマント遷移は F_2 だけでなく F_1 と F_3 にも生じるが、調音位置の知覚に関しては
　　F_2 の遷移が重要な音響的手がかりである（Delattre et al. 1955）。（訳注）

52　厳密に言えば、破裂音の調音位置である。（訳注）

53　厳密に言えば、子音の調音位置である。（訳注）

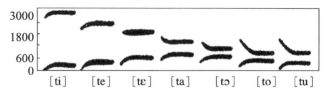

図 3-7 [t] に異なる母音が後続するときのフォルマント遷移

示していないが、類似する現象は F_3 にも見られる。この図に示した各母音の F_2 の向く方向を比較すれば、それが同じ 1 点、つまり 1800 Hz 付近に集まっていくことがわかる。フォルマント遷移が向かう先の周波数をローカスという。図 3-7 を簡略化し、[ti]、[tɛ]、[tu] の F_2 だけを残し、スペクトログラムを重ねると図 3-8 のようになる。ここには破線で、[i]、[ɛ]、[u] の 3 つの母音の F_2 の延長が 1800 Hz に集まっていく様子を示す。子音は調音位置によってフォルマント遷移が向かう先の周波数が異なる。1800 Hz は歯茎音のローカスであり、母音が子音に先行しても後続しても、その F_2、F_3 はそれぞれのローカスに向かい、フォルマント遷移としてスペクトログラムに現れる。例えば、両唇音のローカスは約 700 Hz であり、軟口蓋音のローカスは約 3000 Hz である。[54] そのため、同じ母音 [a] の F_2 であっても、先行する子音の調音位置によってローカスが異なり、フォルマント遷移の向きも変わる。図 3-9 に $F_2 = 1200$ Hz の母音 [a] が [p]、[t]、[k] に後続する場合の、それぞれのフォルマント遷移を示す。この図が示すように、フォルマント遷移の向きの違いによって [a] に先行する子音の調音位置を判別することができる。つまり、前にも述べたとおり、フォルマント遷移は子音を聞き取るための重要な音響的手がかりとなる。実際のスペクトログラムに現れるフォルマント遷移は、図 3-8 と図 3-9 に示すほどはっきりしたものではないが、子音のおおよその調音位置を推測するには十分である。フォルマント遷移とローカスが発見されたことは音声合成の進展に拍車をかけた。[55] ローカスを定め

54　ここで述べるローカスは F_2 ローカスである。（訳注）

55　ローカスは Pattern-Playback という一種の音声合成の手法によって発見され（Cooper et al. 1952; Delattre et al. 1955; Liberman et al. 1954）、その発見によって音声合成がさらに進歩したのである。（訳注）

ることで調音位置が異なる破裂音が合成できるようになり、その了解度も大幅に向上したのである。

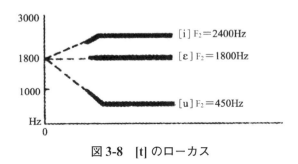

図3-8　[t] のローカス

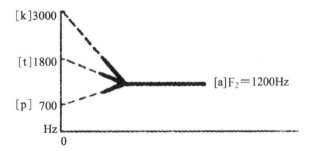

図3-9　[pa]、[ta]、[ka] それぞれにおける [a] のフォルマント遷移

　母音に子音が後続する場合、母音の末尾にも類似したフォルマント遷移が現れる。広州方言「湿」[sap]、「失」[sat]、「塞」[sak]、または「碟」[tip]、「秩」[tit]、「敵」[tik] における違いは、母音に後続する調音位置の異なる破裂音にある。これらの [-p]、[-t]、[-k] は阻害段階で完結し、開放しない。つまり妨げを作るだけで、気流で妨げを突破するには至らない。したがってスペクトログラム上にもバーストは現れない。それにもかかわらずこの3つの音が聞き分けられるのは、母音の末尾におけるフォルマント遷移の働きであり、スペクトログラム上ではそれは母音フォルマントの向かう方向の違いとして現れる。

　図3-10は [apa]（上）、[ata]（中）、[aka]（下）のスペクトログラムである。

114 | 第3章 子音

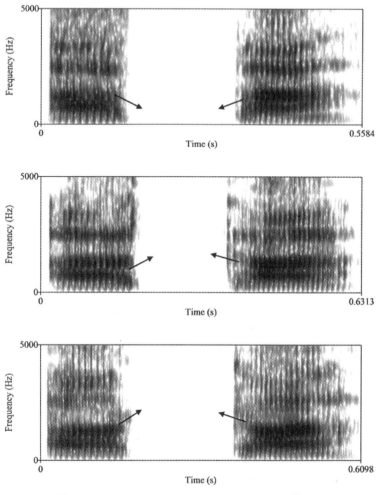

図 3-10　[apa]、[ata]、[aka] のスペクトログラム

各図の中央の空白は無声破裂音の阻害段階である。それぞれの母音の終わりと始まりの位置には矢印を置き、その向きにより母音フォルマントの向く方向を示す。この図が示すように、[apa] では前後の母音から中央の子音に向かって F_2 が下降し、約 700 Hz の周波数帯を指す。[ata]、[aka] では母音から子音に向かって F_2 が上昇するが、[ata] ではその傾きが小さく、約 1800

Hz の周波数帯を指すのに対して、[aka] ではその傾きが大きく、約 3000 Hz の周波数帯を指す。[56]

　子音と母音の間にはフォルマント遷移以外にもう1つ重要な音響的手がかりがある。それは有声開始時間（Voice Onset Time, VOT）である。有声開始時間は破裂音の開放と声帯振動の時間関係を表す値であり、これにより、比較的正確に破裂音の有声性と有気性を把握することができる。図 3-11 では開放する瞬間を 0 として、0 より前の時間をマイナスの値、0 よりあとの時間をプラスの値とする。時間はミリ秒 (ms) を単位とする。調音器官の図（最上段）で 0 より前で 2 本の線が近いのは、2 つの調音器官により妨げが作られ、阻害段階にあることを表している。それに対して、0 より後ろで 2 本の線が遠くなるのは、開放段階に入り、妨げが解消することを表す。その下の (1) から (5) までの 5 本の線は、VOT の代表的な 5 つの型である。直線は声帯が振動していないことを表し、波線は声帯が振動していることを表す。

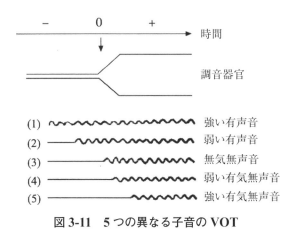

図 3-11　5 つの異なる子音の VOT

　この図の (1) 強い有声音と (2) 弱い有声音は開放に先立って声帯が振動し始める型を表しており、VOT ＜ 0 である。(3) 無気無声音は開放とともに声帯が振動し始める型で、VOT = 0 である。(4) 弱い有気無声音と (5) 強

56　フォルマント遷移の方向が子音の調音位置を知覚するための音響的手がかりの1つで

い有気無声音は開放してしばらくしてから声帯が振動し始める型で、VOT
＞0である。例えば、開放前50 msから声帯が振動し始める破裂音があれ
ば、VOT＝-50 msとなり、その破裂音は有声音である。それに対して、開
放と同時、または開放の直後に声帯が振動し始めれば、その破裂音はVOT
＝0の、またはVOT＝0に近い無気無声音である。そして、開放後50 ms
たってから声帯が振動し始めれば、VOT＝+50 msとなり、その破裂音は有
気無声音となる。

　異なる言語または方言では有声開始時間がある程度異なり、また個人差も
見られる。フランス語に比べ、英語の有声破裂音のVOTはマイナスの数値
の絶対値が小さく、弱い有声音さらに時には無気無声破裂音に近くなるこ
とさえある。蘇州方言の単音節に現れる清音濁流という有声音も、実際に
はVOTがプラスであり、厳密に言えば典型的な有声音ではない。中国語に
おける無気無声破裂音はVOTがかなり遅めで、プラスの数値も大きいのに
対して、英語の無気無声破裂音として発音された有声破裂音は中国語の無気
無声破裂音に比べ、有声開始がやや早く、ロシア語の無声破裂音はさらに早
く、VOTのプラスの値が最も小さい。このように、無気無声破裂音のVOT
は言語によって異なっており、その違いはスペクトログラム上で明確に測る
ことができる。

練習

1. 調音位置と調音方法の観点から次の子音を記述しなさい。

　　　[θ]、[ç]、[ŋ]、[ɬ]、[tʃ]、[ɳ]、[tʂʰ]、[β]、[pf]、[ʀ]

2. 次の調音位置と調音方法に該当する音を国際音声字母で表しなさい。

　　　無気無声軟口蓋破裂音　　　　　　無声歯茎側面摩擦音

　　　有気無声反り舌破擦音　　　　　　硬口蓋接近音

　　　無気無声両唇破裂音　　　　　　　有声唇歯摩擦音

あることは間違いないが、調音位置ごとに固定されたローカスがあってフォルマントが必
ずそこを目指して遷移するという考えは単純すぎる。例えば子音の前後に異なる母音があ
れば、フォルマント遷移の方向は子音だけではなく、もう一方の母音の影響も受ける。人
は、音声連続に含まれるいくつもの情報を重層的にとらえて子音の調音位置を判断してい
ると思われる。（訳注）

無声歯茎硬口蓋摩擦音　　　　　　　　無声口蓋垂摩擦音

有気無声後部歯茎破擦音　　　　　　　有声歯茎鼻音

3. 次の字母に補助記号を付けなさい。

　　k（円唇化）　　　　　d（外破のない）　　　　s（硬口蓋化）

　　l（軟口蓋化）　　　　m（きしみ声の）　　　　n（無声化）

4. 次の字母が表す音を調音しなさい。

　　　　[f ɸ f ɸ f]　　　　　　　[s θ s θ s]

　　　　[s ʂ s ʂ s]　　　　　　　[s ʃ s ʃ s]

　　　　[ɕ ç ɕ ç ɕ]　　　　　　　[ɕ x ɕ x ɕ]

　　　　[x χ x χ x]　　　　　　　[x h x h x]

　　　　[s ʂ ɕ x χ h]

　　　　[p f pf]　　　　　[t s ts]　　　　[t ʃ tʃ]　　　　[t ʂ tʂ]　　[t ɕ tɕ]

　　　　[z s z s z]　　　　[m m̥ m m̥ m]　　　[n n̥ n n̥ n]

　　　　[ma m̥a ma m̥a ma]　[na n̥a na n̥a na]

　　　　[pa mba ba]　　　　[ta nda da]　　　[ka ŋga ga]

　　　　[pa ba pa ba]　　　[ta da ta da]　　[ka ga ka ga]

　　　　[ta tʰa]　　　　　　[tsa tsʰa]　　　　[sa sʰa sa sʰa]

　　　　[la ła la ła]

　　　　[sa sja sa sja]　　　[ka kja ka kja]

　　　　[sa swa sa swa]　　　[ka kwa ka kwa]

　　　　[la ła la ła]

　　　△[b ɓ b ɓ]▽　　　　　[d ɗ d ɗ]

　　練習する際は、国際音声字母の録音を聞きながら専門家に指導してもらうとよい。それができない場合は、[p]、[t]、[k]、[s]、[m]など比較的習得しやすい音を先に練習し、それを基準にして次第に他の音の練習に移るとよい。必ずしも上の順番どおりに練習しなければならないわけではない。

5. 次の語の普通話の発音を国際音声字母で表しなさい。

　　父母　　　　　思虑　　　　　汽车　　　　　历史

　　吃了　　　　　逼迫　　　　　可惜　　　　　刻薄

古诗	记者	他的	大字
呼吸	摩擦	戏剧	泥土
博士	日期	志气	次序

6. 次のスペクトログラムにおける子音の VOT は本文の図 3-11 に示した型のどれに当てはまるか答えなさい。また、各子音の VOT の値を推定しなさい。（下図 [tʻa] の [ʻ] は [ʰ] の中国式表記である。）

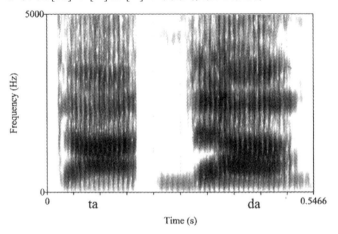

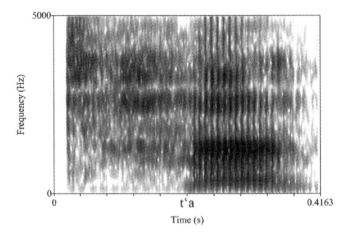

第4章

音節と音節構造

4.1 音節の区切り方

音節とは知覚上、最も聞き取りやすい分節単位の1つである。例えば中国語話者が wǒqùtúshūguǎn という音声を聞くと、たいていそれを自然に5つの部分、すなわち5つの音節に分ける。文字で書き表せば、それらは「我去图书馆」という5つの漢字に対応する。また英語の university（大学）を聞けば、その意味がわかるか否かは別として、ほとんどの者がそれを △[juː-nɪ-vɜː-sə-ti]▽ という5つの音節に分けるが、英語話者もこの語が5つの音節から成り立つことに同意するはずである。このように、音節は音声学の専門知識なしに知覚の直感によって分けることのできる単位である。

一般に1漢字が1音節に対応する。しかし漢字は書き言葉の単位であり、それを基に音声を音節に分けることはできない。中国語で1漢字が1音節に対応しないこともある。例えば「花儿」や「罐儿」などは2つの漢字で書くにもかかわらず、それらは実際には huār、guànr のように1音節に対応する。

音節は知覚的に捕捉できるとは言うものの、音節をいかに正確に定義し、しかも科学的にその内実を説明するか、また音節の境界をいかに定めるかは、音声学にとって最も解決の難しい課題の1つである。このことについて、音節を区切ることを連なる2つの山を区切ることに例える者もいる。すなわち、一見すれば2つの山が隔たっているように見えるにもかかわらず、それを正確に区切ることは不可能に近い。

100年もの間、音声研究者たちは音節を区切るためのさまざまな方法を唱えてきた。これらの方法は大きく2つに分けることができる。1つは知覚に

基づく方法で、もう1つは調音に基づく方法である。

　知覚に基づく方法のうち最も有力なのは音節の区切りを可聴度の変化から見いだそうとする方法である。実験の結果、同じ力で発音しても、子音より母音のほうが可聴度が大きい。また、高母音より低母音、無声音より有声音、破裂音より摩擦音、そして摩擦音より鼻音のほうが可聴度が大きい。[1] 連続する音声の中では母音と子音がかわるがわる現れることにより、可聴度も大きくなったり小さくなったりしながら連続的に変化していく。この見方によれば、可聴度の違いがあるからこそ、我々は音節を感じ取れるのである。つまり、可聴度が最も大きい音が音節の中心となり、可聴度が最も小さい音が音節の境界となる。例えば「北京大学」[peitɕiŋtaɕyɛ] という音声連続では、感じ取られる可聴度の大きさによっておおむね図 4-1 に示す起伏が生じている。

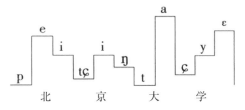

図 4-1 「北京大学」の可聴度の変化

　この図に示すように、可聴度が上がり下がりするたびに1つの音節が成り立つ。1つの音節の中で子音は一般にその初頭と末尾に現れ、その部分の可聴度が下がり、そこが音節の境界として知覚される。したがって、この可聴度に基づく方法は子音が現れる場合に有効である。一方、母音あるいは接近音が音節の初頭や末尾に現れる場合もあり、このような音節の境界を可聴度で定めようとすると困難が生じる。例えば北京方言の「大衣」は2音節語、「吳阿姨」は3音節語である。図 4-2 に示すように、この2つの語にはともに1つの起伏しか観察されない。この起伏だけを見れば、2音節語の「大衣」は単音節語の「代」と区別されず、3音節語の「吳阿姨」は単音節語の「外」

1　音の可聴度におけるこのような階層を可聴度階層（sonority hierarchy、sonority scale）と呼ぶ。さらに同じ摩擦音であっても、sin [sɪn]、shin [ʃɪn] における [s]、[ʃ] は thin [θɪn]、fin [fɪn] における [θ]、[f] より可聴度が大きい（Ladefoged 1975）。（訳注）

と区別されないが、知覚上はこれらの語を容易に区別することができる。[2]

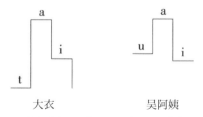

図 4-2 「大衣」と「呉阿姨」の可聴度の変化

　実際の発話では一貫して同じ力で発音するということはまずない。力の入れ方によって可聴度の大小が逆転することも考えられる。したがって可聴度だけでは知覚によって感じ取れるすべての情報を表すことはできない。例えば [a] は [i] より開口度が大きく、確かに [i] より可聴度が大きい。しかし [i] の長さを伸ばすとともに、力を込めて [a] と同じ大きさになるように発音すれば、可聴度は [a] と同じになることもある。そこで、可聴度だけで音節を区切ることの弱点を補うために、可聴度に代えて了解度を基準にする方法が唱えられるようになった。了解度とはどれほど明確に知覚されるかを表す度合いである。この考え方では、知覚上、実際に感じ取られた了解度によって音節の境界が決まるという。すなわち可聴度だけでなく、音声の大きさ、高さ、長さの違いも考慮に入れようとする。知覚の了解度が可聴度、大きさ、高さ、長さという4つの要素に左右されることは明らかである。したがって、音節を区切る方法としてこれら4要素を同時に取り入れ、了解度をある程度、客観的に測定できるようにすることが理想だが、現段階ではまだ実現していない。つまり了解度の考え方は理想論にとどまり、現時点では音節を区切る客観的な基準としてこれを用いることはできない。[3]

2　それは2つの単母音をつなげたものと二重母音とでは音声に明らかな違いがあるからである。（後述の「4.2.1 音節構造の分類と同化」、「4.2.2 音節における母音連結──重母音」を参照。）可聴度は音節を区切るための有効な手段ではあるが、上の例からもわかるように、それだけであらゆる音節を区切ることができるわけではない。（訳注）

3　可聴度は、同じ条件で発音した場合に音の種類ごとに想定される聞こえの度合いである。了解度は、それに音の大きさ、高さ、長さという物理量を加味することにより、客観性を与えようとした試みであろう。（訳注）

122 | 第 4 章　音節と音節構造

　調音に基づく方法についてもさまざまな試みがなされてきたが、その中で比較的有力なのは、調音時の筋肉の緊張度によって音節を区切る方法である。調音の際、調音器官の筋肉は緊張と弛緩を繰り返す。この考え方によれば、筋肉が緊張するたびに 1 つの音節が形成される。例えば北京方言で [ɕiou] は、筋肉の緊張が 1 回だけなら「休」と聞こえるが、2 回になると「西欧」と聞こえる。このような音節の区切り方は我々が調音するときの感覚に近い。しかし、調音には調音器官の複数の筋肉が同時に関与するため、緊張する筋肉も緊張しない筋肉もある。また同時に緊張する筋肉であっても、緊張の続く時間や緊張の程度は異なり、そのすべてが音質、大きさ、高さなど、さまざまな要因の制約を受けるため、音節を区切るのにどの筋肉が決定的な役割を果たしているかは定かになっていない。実験の結果から調音器官の筋肉の代わりに内肋間筋に着目し、それが強く収縮して多くの呼気を外界に放出すれば、そのたびに 1 音節が形成されると主張する者もいる。しかしこの主張はまだ十分に検証されておらず、しかも我々が言葉を発するときの直感とはほど遠いため、広く支持されてはいない。

　ひと言で言えば音節は、直感的に切り分けるのが最も容易な音声単位であるにもかかわらず、いまだにその本質を科学的に説明できない。今後、音節の本質についてさらなる研究を重ねる必要があるが、その際、音節の区切りには個々の言語の音節構造の影響もあることを意識しておかなければならない。すなわちどの言語にも固有の音節構造があり、音節の区切りにはその言語固有の音節構造が影響を与える。例えば [is] を聞けば、英語話者なら 1 音節の is（be の 3 人称単数現在）と思うだろうが、中国語話者は「意思」と 2 音節に分けてとらえるだろう。それは、英語の音節構造では摩擦音が音節の末尾に現れることが許されるのに対して、中国語では摩擦音は音節の初頭にのみ現れるからである。その影響で、中国語話者の多くは [s] のあとに母音 [ɿ] があるように感じるのである。また、英語の golf はそもそも単音節語であるにもかかわらず、外来語として中国語に音訳される場合、「高尔夫」のように 3 音節語となる。それは 2 つの子音が連続して 1 つの音節に現れたり、l や f のような子音が音節末に現れることが中国語では許されないからである。その結果、中国語話者の多くは [l]、[f] をそれぞれ自立音節の er、fu ととらえるのである。

また、話す言語は同じでも話者によって音節の区切り方が異なることもある。これは語の異なる発音によって時折生じる。例えば英語の temperate（温和な）を3音節の [tempərit] と発音する者もいれば、2音節の [temprit] と発音する者もいる。[4] また発音が同じでも、音節の数について異なる見解を持つこともありうる。例えば英語の fire（炎）[faiə] を単音節語と見なす者もいれば、[ə] を自立音節とする2音節語と見なす者もいる。

4.2　音節構造

4.2.1　音節構造の分類と同化

多くの音節では母音が音節の中心である。子音が音節の中心となることはまれであり、音節の中心となる場合もその大半が有声音である。[5] 例えば北京方言の fu△「夫」▽ は多くの場合 [fʮ] と発音され、また、アモイ方言の白読[6]における「媒」[hm̩]、「光」[kŋ̍]、蘇州方言の白読における「你」[ŋ̍]、文読における「儿」[l̩]、大南山ミャオ語の [pl̩]（野良猫）、英語の little [litl̩]（小さい）、そしてチェコ語の △krk▽ [kr̩k]（のど）などを挙げることができる。呼びかけに答える語の大半も鼻音が音節の中心となる。例えば北京方言の

4　2音節の [temprit] は、3音節の [tempərit] の [ə] の脱落によって生じた発音だろうが、[ə] の脱落に伴い、[r] が音節主音となる可能性もあり、[temprit] が依然として3音節であるという見方もできる（https://phonetic-blog.blogspot.com/2011/12/more-syllabic-consonants.html 2022/02/05）。（訳注）

5　続く本文には中国語の方言が数多く挙げられるため、ここで表 4-T1 をはじめとする表に取り上げられて比較される方言について概略的に述べ、各方言を代表する地名を《　》に入れて示す。

　中国語は大きく7つの方言に分かれる（李小凡・項梦冰 2009: 33–34）。北方方言（官話方言）、呉方言《蘇州、紹興、温州》、湘方言《長沙》、カン方言（中国語表記は「贛語」）《南昌》、ハッカ方言（中国語表記は「客家话」）《梅県》、ビン方言（中国語表記は「闽语」）《福州、アモイ》、エツ方言（中国語表記は「粵语」）《広州》である。そのうち北方方言はさらに大きく8つに分かれる。北京方言《北京》、東北方言《瀋陽》、冀魯方言《済南》、胶遼方言《煙台》、蘭銀方言《蘭州》、中原方言《西安》、江淮方言《南京、揚州、合肥》、西南方言《昆明、武漢、成都》である。ただし、中国北方の中原地域に属しながら中原方言と相違が大きいため、別個に扱われる「晋語」（中国語表記は「晋语」）《太原》と呼ばれる方言もある。（訳注）

6　中国語の多くの方言には文白異読という現象がある。文は文読の略で、本を読むときの字の発音を指す。それに対して白は白読の略で、話し言葉の発音を指す。（訳注）

124 | 第4章　音節と音節構造

「嗯」[n̩]、「呣」[m̩]、「噷」[hm̩]、「哼」[hŋ̍] などである。それに対して無声音が音節の中心になることはきわめてまれで、ほとんど感情を表す間投詞に限られる。北京方言で不満や賞賛を表す、[ts] と同じ調音位置の吸着音「嘖」や、英語で人の注意を引く psst [pst] の [s] がそれに当たるが、このような音節構成は出現頻度が非常に低い。

　上記を除き、ほとんどの場合、音節の中心は母音であり、子音は母音の前後に現れ、母音に依存する。母音と子音によって形成される基本的な音節構造は大きく次の4種類に分けられる。

　　　　(1) V　　　　(2) CV　　　　(3) VC　　　　(4) CVC

ここで V は母音、C は子音を意味する。V 型と CV 型は母音で終わるため、開音節と呼ばれるのに対して、VC 型と CVC 型は子音で終わるため、閉音節と呼ばれる。多くの言語ではこの4種類の音節の型がそろっている。ただし、日本語のように際立って開音節の V 型と CV 型を多用する言語もあれば、雲南麗江ナシ語[7]やアフリカやアメリカ大陸に分布する一部の言語のようにまったく閉音節がない言語もある。

　上に示した4つの基本的な音節構造に成分 V または成分 C を追加することにより、1音節のままでさまざまな構造を作り出すことができる。成分 V を追加すれば、VV や VVV などの母音の連なりに拡張することができる。例えば北京方言における「压」[ia] は V から形成された VV、「表」[piau] は CV から形成された CVVV、「端」[tuan] は CVC から形成された CVVC である。また成分 C を追加すれば、CC や CCC などの子音の連なりに拡張することもできる。例えば英語における east [iːst]（東）は VC から形成された VCC、play [plei]（遊ぶ）は CV から形成された CCVV、strange [streindʒ]（奇妙な）は CVC から形成された CCCVCC である。1音節における VV や VVV のような母音の連なりを母音連結と呼び、1音節における CC や CCC のような子音の連なりを子音連結と呼ぶ。中国語では豊かな母音連結が見ら

7　ナシ語（中国語表記は「納西语」）は中国の少数民族の1つであるナシ族（中国語表記は「納西族」）が話す言語である。ナシ族は主に中国雲南省の西北部、標高 2400 m 前後の高原を中心に暮す民族である。ナシ語はシナ・チベット語族、チベット・ビルマ諸語に分類されている（黒澤直道 2015）。（訳注）

れる一方、子音連結は非常に少ない。[8]

　連続発話では母音と子音が常に交替して出現する。前述のとおり、連続発話を1つ1つの音節に区切ることができるのは知覚または調音によるところが大きいが、音節の区切りには個々の言語に特有の音節構造も深く関係する。例えば中国語には子音連結が非常に少ないために、CVCCVのように2つの子音が隣接すれば、音節境界がこの2つの子音の間にあると推定できる。すなわちCVCCVはCVC + CVから成り立つと考えられる。ところが英語ではCV + CCV、CVC + CV、CVCC + Vのような音節構造が許容されるため、CVCCVではこの3つの区切り方はいずれも可能である。

　中国語においても、例えばCVCVCという音声連続であれば2通りの区切り方が可能である。CV + CVCとCVC + VCである。北京方言の [fanan] はまさにその例であり、[fanan] は [fa + nan]「发难」、[fan + an]「翻案」のどちらの区切り方でも語として成立する。子音連結が豊かで音節構造がさらに複雑な言語なら、このような現象がさらに多く見られる。英語から次の例を挙げることができる。

> a.　[ə + neim] a name（1つの名前）
> 　　　[ən + eim] an aim（1つの目標）
>
> b.　△[grei + dei]▽ grey day（曇りの日）
> 　　　△[greid + ei]▽ grade A（一級品）
>
> c.　[wait + ʃuːz] white shoes（白い靴）
> 　　　[wai + tʃuːz] why choose（どうして選ぶ）

しかしながら、英語話者はこのような対になる音声を容易に区別できる。それは連接（juncture）があるからである。1つの音からもう1つの異なる音に移る際には必ず一定の移行過程が現れる。この移行過程が連接である。連接には2種類がある。形態素内で各音の間に現れる連接は閉連接と呼ばれる。第3章「3.5子音の音響的特徴」で述べた、子音との境界に現れる母音

8　母音が連なることを表す用語として（二）重母音や連母音、母音連鎖などがある。日本の音声学では1音節を成す「愛」[ai] を二重母音と呼ぶのに対して、2音節に分かれる「家」[ie] を連母音と呼ぶように、（二）重母音と連母音を区別することが多い（大髙博美2016）。ここで述べる、中国語に多く観察される母音連結は1音節を成す重母音である。（訳注）

126 ｜ 第 4 章　音節と音節構造

のフォルマント遷移は 1 種の閉連接である。それに対して、形態素をまた
ぐ連接は開連接と呼ばれ[9]、＋で表記される。

　開連接は音節の境界を知る手がかりとなる。北京方言における [ɕiou]「休」
と [ɕiɛn]「先」はいずれも 1 音節であるのに対して、[ɕi + ou]「西欧」と [ɕi
+ iɛn]「吸烟」はいずれも 2 音節である。それは後二者に開連接があるのに
対して前二者にそれがないからである。一方、[fa + nan]「发难」と [fan +
an]「翻案」、[tɕʰiɛn + niɛn]「前年」と [tɕʰiɛn + iɛn]「前言」の違いは、それ
ぞれの対における開連接の現れる位置にある。[10]

　中国語は音節構造が単純であり、また音節ごとに声調があることから、音
節境界はかなり明確である。北京方言を例にとれば、鼻音 [-n] と [-ŋ][11] 以外
の子音は音節初頭にのみ現れ、音節末尾には現れない。これも音節を分ける
ための確実な音声的手がかりである。

　ほかにもさまざまな音声的特徴が開連接として音節を区切る手がかりとな
る。例えば [n] は音節初頭に現れるときよりも音節末尾に現れるときのほう
が弱く、またしばしばそれに先行する母音を鼻音化する。このことは中国語
における [fa + nan]「发难」と [fan + an]「翻案」、英語における a name と an
aim を弁別する手がかりとなる。また母音で始まる音節では、しばしばその
前に声門破裂音 [ʔ] または接近音の [j]、[w] が挿入され、これが音節の始ま
りを表す目印となる。[ɕiou]「休」と [ɕi + ʔou]「西欧」、[ɕiɛn]「先」と [ɕi +
jiɛn]「吸烟」もこれによって弁別される。そのほか、英語の I scream よりも
ice cream のほうが [k] の気息が長いことも、開連接の異なる位置を知覚する

9　原著には開連接は音節連接とも呼ばれるという記述があるが、それは中国語ではほとん
　どの場合、1 音節が 1 漢字、1 漢字が 1 形態素に相当するという言語事実があるからと思
　われる。しかしこのことは必ずしもすべての言語に通用するわけではないので、ここでは
　音節連接という言い方を避け、原著の「音節連接」をすべて開連接と訳すことにする。ま
　た、この前後の説明において原著が形態素の意味で「音節」を用いる場合も、混乱を避け
　るためにすべて形態素と訳す。（訳注）

10　[tɕʰiɛn + niɛn]「前年」と [tɕʰiɛn + iɛn]「前言」の違いは、連接の位置の違いというより
　は、下でも言及されるように、後方の音節に声母 n があるかないかであろう。（訳注）

11　中国語音声学では、音が音節内のどの位置に現れるかを示したい場合、[n-]、[-n] のよ
　うにハイフンを付し、それぞれ音節の初頭、末尾に位置することを表す。後述の C-、-C
　や [-ŋ] も同様である。（訳注）

ための手がかりとなる。

　長さも連接を識別する手がかりとして頻繁に用いられる。北京方言の「前年」[tɕʰiɛn + niɛn] における [-n + n-] は 1 つの長い [n] に聞こえ、「前言」[tɕʰiɛn + iɛn] の第 1 音節の [-n] の 2 倍ほどの長さに感じられる。これにより、[-n + n-] の間に明確な境界がなくても、聞き手は [tɕʰiɛn + niɛn] には語中に 2 つの [n] が含まれ、1 つは最初の音節の末尾に、もう 1 つは次の音節の初頭にあると認識し、それぞれを異なる 2 つの音節に割り振ることができる。英語では音節初頭の [d] は音節末尾の [d] より長いために grey day と grade A が弁別される。同様に、white shoes における [ʃ] も why choose における [tʃ] よりかなり長いために両者は弁別される。

　1 つの音から別の音への移行があると、しばしば同化が起こる。例えば北京方言の iɑn で、舌の位置が高い i と n に挟まれた ɑ は、同化によって舌の位置がやや高まり、その結果、iɑn が [iɛn] のように調音される。ただし同化は一般に形態素内にのみ生じ、形態素の境界を越えればその作用は大幅に弱まり、さらには消失することもある。したがって同化が起こるか否かも中国語の音節の境界を識別する手がかりとなる。例えば「先」と「西安」における ɑ の音色は異なり、「先」△[ɕiɛn]▽では同化によって ɑ が [ɛ] になるのに対して、「西安」△[ɕi + an]▽ではそのような変化は起こらない。

　開連接を知覚する手がかりは多岐にわたっており、我々が音節を区切るときも 1 つの手がかりだけに頼るわけではない。「西安」を「先」と混同しないのは、「西安」では「先」のように、ɑ が [ɛ] になるような同化が起こらないだけでなく、「西安」の 2 字それぞれに完全な声調があるのに対して、「先」には 1 つの声調しかないことや、「西安」の発音では [a] の前に声門破裂音 [ʔ] が挿入されることなどが複合して音節境界が示されるからであると言える。同様に、英語の grey day における [d] は grade A における [d] より長いほかに、day における [ei] の基本周波数が A における [ei] よりやや高いことも開連接を知る手がかりとなる。

4.2.2　音節における母音連結——重母音

　1 つの音節における複数の母音の連なりを重母音という。そのうち 2 つが連

なる VV 構造を二重母音といい、3 つが連なる VVV 構造を三重母音という。

重母音には次の 2 つの特徴がある。

（1）舌の動きは滑らかで、母音の音色が間断なく変化していく。例えば二重母音 [ia] の調音では舌が [i] から [a] まで徐々に下がっていき、それにつれて音色も連続的に変わっていく。その過程は [i] を調音し終えてから [a] を調音するというのではなく、[i] と [a] の間には無数の中間的な音が並んでいる。スペクトログラムで見れば、[ia] の全体にフォルマントの滑らかな移行が現れ、[i] と [a] の間に明確な境界を設けることはできない。図 4-3 に示す 3 つのスペクトログラムを比較すれば、[ia] において [i] の F_1 が次第に上昇する一方、F_2 は次第に下降し、滑らかな動きとともに最終的に [a] のフォルマント配置に至ることがわかる。このフォルマントの滑らかな動きこそ、二重母音の調音における滑らかな舌の移動の反映である。三重母音の調音では舌が 3 つの点を通過するように移動する。多くの場合、中間の母音は舌の位置が低く、全体として舌が高から低へ、さらに低から高へと方向を転じて移動し[12]、スペクトログラム上では向きが逆の 2 つのフォルマントの動きが観察される。

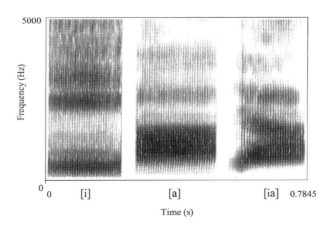

図 4-3　[i]、[a]、[ia] のスペクトログラム

12　上に例として挙げられた英語の fire を単音節語と見なすならば、その母音は三重母音であって、低—高—低という舌の動きもあることになるが、原著者らはその立場をとらないのであろう。（訳注）

(2) 重母音を構成する各母音の強さと長さは同じではなく、そのうちの1つだけが明瞭に聞こえる。例えば北京方言の「鴉」[ia] において [i] は [a] ほど明瞭ではない。図 4-3 からもわかるように、[a] に比べて [i] は非常に短く、フォルマントが安定しないうちにすでに [a] に向かい始める。それに対して [a] は長いので、精密表記すれば [ia] となるであろう。ところで、[ai]、[ou]、[ɔi] などのように先行する母音が明瞭に聞こえる二重母音を前響重母音[13] と呼ぶのに対して、[ia]、[uo]、[iɔ] などのように後続する母音が明瞭に聞こえる二重母音を後響重母音[14] と呼ぶ。多くの場合、低母音のほうがより明瞭に聞こえる。また [iau]、[iai]、[uai]、[uɔi] などのような三重母音では一般に中央の母音が最も明瞭に聞こえ、両端の母音が弱く聞こえるために中響重母音[15] と呼ぶ。図 4-4 に [ai]、[ia]、[iau] の順に 3 種類の重母音のスペクトログラムを示す。いずれにおいても [a] のフォルマントが比較的安定しており、音節の中でここが最も明確に聞こえる部分であると思われる。

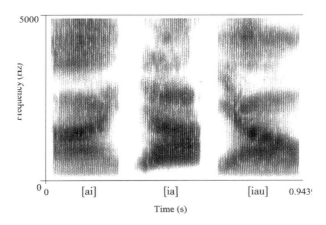

図 4-4　[ai]、[ia]、[iau] のスペクトログラム

13　中国語音声学における用語であり、一般音声学では下降二重母音という。（訳注）
14　中国語音声学における用語であり、一般音声学では上昇二重母音という。（訳注）
15　中国語音声学における用語であり、三重母音はふつう中間の母音が明瞭に聞こえるため、一般音声学では単に三重母音という。（訳注）

130 | 第4章 音節と音節構造

　世界の言語を見渡してみても、二重母音を形成する2つの母音の可聴度が同程度であることはまれである。[16] チベット語ラサ方言の [tau]（配偶者）とアリ方言の [tia]（のど）における2つの母音は長さが近く、可聴度もほぼ変わらないだけでなく、先行する母音から後続の母音への移行も短いために真性重母音と呼ばれるのに対して、通常の重母音は仮性重母音と呼ばれる。また、英語の our [auə]（私たちの）のように中間の母音が弱く、両端の母音が強い三重母音も存在すると主張する者も一部にあるが、これに対しては、our [auə] は2音節に区切るべきものであり、真の三重母音ではないという主張がある。

4.2.3　音節における子音連結——子音結合

　1つの音節の中で子音も連続して現れることがある。インド・ヨーロッパ語族ではそうした例が多数あり、多くの場合、2つないし3つの子音が連結している。例として英語の play [plei]（遊ぶ）、box [bɔks]（箱）、distinct [distiŋkt]（明確な）などを挙げることができる。さらに4つ、5つまで連続することもある。例えば英語の glimpsed [glimpst]（一見する、過去形）、ロシア語の к встрече △[kˈfstrʲetʃɪ]▽（会合へ）などである。

　子音結合は重母音と性質が大きく異なる。重母音 VV では音色が連続的に変化していき、途中で突然別の音に転ずることで生じるような明確な境界はない。それに対して子音結合における子音の結びつきは比較的緩く、子音それぞれに固有の調音過程が備わり、音色も比較的離散的であるため、急激な転換によって形成される境界がある。このような両者の違いを表すために、子音クラスターまたは子音グループなどの用語を使うことを推奨する者もいる。いずれにしても、子音結合はあくまでも音節内に観察される子音の連続であり、音節をまたぐ子音連続は子音結合や子音連結ではないことに注意が必要である。例えば英語の extra [ekstrə]（余分の）は ex と tra の2音節から成り立っており、すなわち [eks + trə] であるために、[kstr] は4つの子音によって形成される子音結合ではない。

　子音結合を形成できる子音は多く、その組み合わせもかなり自由であるとは言うものの、制約がないわけではない。英語では子音結合 CC が音節

16　2つの母音の可聴度がほぼ同じである二重母音は平二重母音と呼ばれる。（訳注）

の初頭に現れる場合、先行する子音が破裂音であれば後続の子音は必ず [l] か [r]、もしくは接近音である。play [plei]（遊ぶ）、try [trai]（試みる）、quick [kwik]（速い）などがその例である。これに対して、あとの子音が破裂音または鼻音である場合、先行する子音は必ず [s] である。split [split]（割る）、street [striːt]（街路）、square [skwɛə]（正方形）などがその例である。[17]

　シナ・チベット語族はインド・ヨーロッパ語族ほど子音結合が豊かではない。これまで中国語諸方言に本来の意味での子音結合はまだ見いだされていない。広東台山端芬地区における「字」[tɬ]、「词」[tɬʰ] のように、広東台山や安徽黄山方面に分布する方言には △[tɬ] や [tɬʰ]▽ という歯茎破裂音と歯茎側面摩擦音の組み合わせが存在するが、これらは中国語のほかの方言にふつう見られる [ts] と [tsʰ] に相当するものであり、本来の意味での子音結合ではない。またハッカ方言の「瓜」は [kva] と発音するが、その [v] はほかの中国語方言の [u] に相当することから [u] の異音[18]にすぎず、よって [kv] も子音結合とは見なしがたい。

　また、クラ・ダイ語族やミャオ・ヤオ語族の言語の多くには子音結合があるものの、その数は比較的限られている。広西武鳴チワン語の [kve]（割る）、貴州ビ節大南山ミャオ語の [plou]（毛）をその例として挙げることができる。これに対してチベット・ビルマ語派の言語には豊かな子音結合があり、その数は最大で 100 以上に上る。チベット語道孚方言には 106 の子音結合が存在する。例えば [pta]（採る）、[fsi]（猿）、[rtʂa]（髪の毛）、[zgru]（羽毛）、[xçak]（切り裂く）などである。またその組み合わせ方もインド・ヨーロッパ語族に比べて自由度が高い。なお、チベット語ラサ方言では子音結合の大部分がすでに消失している。[19]

　中国の少数民族の言語には鼻音で始まる子音結合が観察され、その多くは

17　鼻音の例として snow [snəʊ]（雪）、smooth [smuːð]（滑らかな）などを挙げることができる。（訳注）

18　第 8 章「8.2 音素帰納の作業原則」の「(2) 相補分布」を参照。（訳注）

19　古代チベット語の文字資料から推定して、その書き言葉には 190 もの子音結合があったと思われる（呂士良・于洪志 2012）。しかし現在のチベット語ラサ方言では、一部の話者に限って nC 型の子音結合が見られる以外、ほとんどの子音結合が消失してしまった（趙金灿 2010）。（訳注）

132 | 第4章 音節と音節構造

鼻音に同じ調音位置の破裂音が後続するものである。例として広西都安布努ヤオ語における [mpo]（蓋）、[ntu]（紙）、[ɲce]（柱）、[ŋku]（降りる）を挙げることができる。チベット語ラサ方言話者には [pu]（虫）を [mpu] と、[ta]（矢）を [nta] と発音する者もいる。また調音位置が異なる子音結合もある。例えばチベット語道孚方言の [mtsʰo]（湖）、[mŋə]（人）などである。鼻音に破裂音のほか、摩擦音が後続する中国語方言もある。山西省中部の文水、平遥に分布する方言にはこの現象が観察される。文水方言の [mbu]（母）、[ndou]（努）、[nzu]（女）、[nzuen]（暖）などがその例である。ちなみに [nz] は摩擦成分が強いため、これを鼻摩擦音と呼ぶ研究者もいる。しかし、実際にはこれらの破裂音や摩擦音は、鼻音の妨げを克服するために筋肉がやや緊張することによって形成されるもので[20]、精密表記では [mᵇ]、[nᵈ]、[nᶻ] とされる。つまりこれらの破裂音や摩擦音は母音へ移る途中に現れる経過的な音にすぎず、上述の少数民族の言語に見られる △[mp]▽、[nt]、[mtsʰ] などとは性質が異なり、子音結合ではない。

　ところで、破擦音は同一またはそれに近い調音位置で、ともに無声または有声の破裂音と摩擦音の組み合わせによって形成される音であり、スペクトログラム上でも破裂音と摩擦音の特徴が見て取れる。このことから、破擦音も破裂音と摩擦音が組み合わされた子音結合であると思われがちだが、実際には破擦音は1つの調音動作によって作られる、つまり破裂音から摩擦音への移行には接近—阻害—開放という過程が1回のみ現れるために子音結合ではない。さらに、多くの言語では破擦音は単独の子音と同等の機能を持つ。例えば中国語における [ts]、[tɕ]、[tʂ] は [t]、[s]、[ʂ] と同等の機能を果たし、「租」[tsu]、「都」[tu]、「苏」[su]、「书」[ʂu] のいずれにおいても [u] に先行する子音が1つの声母（後述の「4.3.2 声母、韻母と四呼」を参照）として機能する。[21] また英語における [tʃ]、[dʒ] も [t]、[ʃ]、[ʒ] と同じ機能を果

20　実際には軟口蓋後部の上昇とそれによる鼻腔への通路の閉鎖が早まり、口腔内の気圧が上昇するが、口腔内の妨げを維持しようとして調音器官（舌または唇）の筋肉の緊張が高まるため、その妨げを克服する際に破裂的または摩擦的な音が生じると思われる。（訳注）

21　「居」[tɕu]、「猪」[tʂu] においても、[u] に先行する子音が1つの声母として機能する。（訳註）

たし、chop [tʃɒp]（たたき切る）、top [tɒp]（頂上）、shop [ʃɒp]（商店）のいずれにおいても、[ɒp] に先行する子音が 1 つの子音として機能する。これに対して、似たような子音の組み合わせであっても、それらが 2 つの子音として機能するならば破擦音ではなくなる。例えばドイツ語の ᐟtrotz [trɔts]ᐞ（…にもかかわらず）と英語の cats [kæts]（猫、複数形）の末尾は一見、同じ [ts] という子音の組み合わせであるが、ドイツ語の [ts] は音節の末尾にも、音節の初頭にも現れることができ、機能的に単独の子音と本質的に変わらないことから 1 つの破擦音と見なすことができる。それに対して英語の cats に含まれる [s] は 1 つの独立した形態素であり、それは音節の末尾にしか現れず、ほかの破裂音と組み合わせることもできる。例えば cats [kæts]、cups [kʌps]（茶わん）、books [buks]（本）における [s] は名詞が複数であることを表し、puts [puts]（置く）、leaps [li:ps]（跳ぶ）、looks [luks]（見る）における [s] は動詞が 3 人称単数現在の形であることを表す。これらのことから、英語では [ps] や [ks] と同様に [ts] を破擦音ではなく、語末の [t] に別の形態素 [s] が添加された子音連結と見なすのが正しい。

4.3　中国語の音節構造

4.3.1　中国語の音節構造の特徴

　中国語には世界の多くの言語と同様に 4 つの基本的な音節構造がそろっている。例えば北京方言の「阿」[a] は V 型、「大」[ta] は CV 型、「安」[an] は VC 型、「単」[tan] は CVC 型である。ただし中国語ではこの 4 つの音節構造に対して厳しい拡張条件が加えられている。それは中国語には豊かな重母音が存在する一方で、子音結合は許容されないからである。その結果、V は VV または VVV に拡張できても、C は CC または CCC に拡張できない。そして三重母音は必ず開音節となる。さらに閉音節末尾の子音 -C は鼻音（N）または破裂音（P）に限られる。また音節を構成する音は一般に 4 つを超えてはならない。こうした制約を受ける中国語の音節構造は比較的単純で分析しやすい。結果として中国語の音節構造の型は 10 種類に絞られる。閉音節末尾の子音 -C を、-N と -P とに分けてもわずか 14 種類である。以下の

134 | 第4章 音節と音節構造

表4-T1[22] に、中国語の中で特に違いが大きい4つの方言を例として、14種類の音節構造を示す。

表4-T1　中国語の4方言における14種類の音節構造とその語例

		北京	蘇州	福州	広州
1	V	阿 [a]	安 [ø]	阿 [a]	丫 [a]
2	VV	鴨 [ia]	冤 [iø]	也 [ia]	欧 [ɐu]
3	VVV	腰 [iau]	—	歪 [uai]	—
4	CV	打 [ta]	担 [tɛ]	家 [ka]	花 [fa]
5	CVV	到 [tau]	多 [təu]	交 [kau]	教 [kau]
6	CVVV	吊 [tiau]	—	娇 [kieu]	
7	VN	安 [an]	翁 [oŋ]	安 [aŋ]	暗 [ɐm]
8	VP	—	恶 [oʔ]	物 [uʔ]	鸭 [ap]
9	VVN	弯 [uan]	容 [ioŋ]	恩 [ouŋ]	晏 [ian]
10	VVP	—	欲 [ioʔ]	越 [uəʔ]	滑 [uat]
11	CVN	担 [tan]	张 [zaŋ]	斤 [kyŋ]	帮 [bɔŋ]
12	CVP		闸 [zaʔ]	粒 [laʔ]	驳 [bɔk]
13	CVVN	端 [tuan]	详 [ziaŋ]	半 [puaŋ]	—
14	CVVP	—	菊 [tɕ ioʔ]	局 [kuɔʔ]	—

　この表から、中国語の方言には必ずしも14種類の音節構造のすべてがそろっているわけではないことがわかる。北京方言には -P で終わる音節がなく、蘇州方言と広州方言には三重母音がない。例として挙げた4方言では、福州方言だけに14種類すべてがそろっている。この14種類以外に、浙江方言、ビン方言、エツ方言などでは子音単独で自立音節を成すものがある。例えば蘇州方言における「你」[n̩]、「亩」[m̩]、「鱼」[n̩]、アモイ方言における「梅」[m̩]、「酸」[ŋ̍]、広州方言における「五」[ŋ̍] などである。これらの子音によって形成される自立音節では子音が、ほかの音節における母音と同様に音節の中心となる。中国語の音節構造の考察では、これらの子音を韻母（次節「4.3.2 声母、韻母と四呼」を参照）と見なし、声化韻と名づける。したがってこれらの音節は V 型に含める。

　以上の14種類の音節構造から、中国語の音節構造の枠組みは次のように

22　表または図の番号にＴが付くものは、訳者が追加したタイトルである。以下同様。（訳注）

4.3 中国語の音節構造 | 135

表すことができる。

(C) + (V) V (V) + (N、P)

かっこは音節中の任意の成分を表す。NとPが同じかっこに入っているのは、両者が対立しており、現れるとすればそのいずれかが現れることを意味する。また、上の枠組みに1つの制限を付け加えなければならない。それはNまたはPの前に三重母音は現れないということである。すなわちVVVN、VVVP、CVVVN、CVVVPという4つの音節構造は中国語としては許容されない。そのうち、CVVVN、CVVVPは5つの成分を含むため、そもそも中国語として許容されない構造である。ただし、この制限は多くの中国語方言から得られた一般的なものにすぎず、きわめてまれにこの制限が破られることがある。例えばアモイ方言の話し言葉の [ŋĩ kiauʔ kiauʔ] （ごわごわとした様子）における [kiauʔ] に当てる字はないが、その構造は確かにCVVVCであり、上に述べた制限がここでは破られている。また「剪」を[tsienʔ]、「仰」を [ŋiaŋʔ] と発音する方言も海南省にある。これらの語は音節構造がCVVNPであり、声門破裂音 [ʔ] が鼻音の次に現れる。これらは中国語方言の中でもきわめて珍しい。ほかに注意すべきは、閉音節中に連続して現れる2つの母音は本当の意味での重母音ではない。[23] そのうち、先行する

23　閉音節中に連続して現れる母音連結として「间」[tɕiɛn] における [iɛ] を挙げることができる。[tɕiɛn] では [tɕ] が声母、[i] が韻頭（介音）、[ɛ] が韻腹、[n] が韻尾である。中国語では、韻腹 [ɛ] がまず韻尾 [n] と組み合わされて韻基 [ɛn] を形成する。その後、韻頭 [i] と組み合わされて韻母の [iɛn] を形成する。最後に声母の [tɕ] と組み合わされて音節を形成する。それに対して、開音節中に連続して現れる母音連結として「交」[tɕiɑu] における [iɑu] を挙げることができる。[tɕiɑu] では [tɕ] が声母、[i] が韻頭（介音）、[ɑ] が韻腹、[u] が韻尾である。
　　「閉音節中に連続して現れる2つの母音は本当の意味での重母音ではない」は、「间」[tɕiɛn] における [ɛ] が最初に必ず韻尾 [n] と組み合わされてから [i] と組み合わされるという順序や、[i] が韻頭（介音）であり、韻基には含まれないということを重視しているように思われる。ちなみに、同様の考えから「交」[tɕiɑu] における [iɑu] は本当の意味の三重母音ではなく、韻頭（介音）＋前響重母音と見なす者もいる（张倩 2018）。しかしながら、開音節である「夹」[tɕia] では [tɕ] が声母、[i] が韻頭（介音）、[a] が韻腹である。上記、「4.2.2 音節における母音連結──重母音」の説明によれば、「韻頭（介音）＋韻腹」である [ia] は中国語の後響重母音として認められ、本当の意味の重母音であることから、ここの「閉音節に連続して現れる2つの母音は本当の意味での重母音ではない」という表現自体は適切ではないと思われる。（訳注）

136 | 第 4 章　音節と音節構造

母音は韻頭で、後続する母音は韻腹である。韻腹は先に子音である韻尾と組み合わされ、韻基を形成してから韻頭と組み合わされるのである。

4.3.2　声母、韻母と四呼

　これまで述べてきたように、中国語の音節は比較的切り分けやすく、音の連なりをそれぞれの音節にまとめるのは容易である。早くも漢の時代[24]から経学者たちは、古代経書に含まれる難読字の音表記のために、1 つの文字が表す音声を 2 つの部分に分け、部分ごとに読みやすい字を当てていた。その方法は、先行する文字の前半の音声と後続する文字の後半の音声を組み合わせて当該の文字の発音を表すというものである。いわゆる反切である。例えば「垢、古厚切」のように、「垢」は「古」[ku] の前半の [k] に「厚」[xou] の後半の [ou] をつなげて [kou] と発音することを表すのである。

　反切による音表記の方法は中国語のような音節構造が比較的単純な言語に適しており、中国語の音節構造の基本的な特徴に適合する。反切は当時、漢詩で韻を踏むのにも利用されていた。反切で後半の字が同じであれば正しく韻が踏まれるからである。反切によって古代中国人は 1 文字の音節がより細かく分割できることに気づいた。この方法はその後も継承され、中国語の音節を分析するための最も基本的な手段となり、現在も利用されている。

　この古くから受け継がれた方法では、音節を二分し、音節初頭の子音を声母と呼び、声母に後続するすべての成分をまとめて韻母と呼ぶ。つまり中国語の音節構造においては、その初頭に子音 C- があればそれが声母である。そして C- に続く成分はいくつあってもまとめて韻母という。一方、音節初頭に C- がなければこの音節の声母はゼロとなる。V、VC、VVC のような音節はゼロ声母音節である。この分析方法は中国語の音節構造にふさわしく、声母と韻母の概念があってこそ、中国語の音節に含まれる基本的な規則や音声体系が明確かつ簡潔に示されるのである。

　音節構造が簡単明瞭であることはシナ・チベット語族に属する言語が共有する特徴といってよい。中国語の音節の枠組みはシナ・チベット語族に属す

24　紀元前 206 年から紀元後 220 年までである。（訳注）

るほかの一部の言語にも適用でき、また音節を声母と韻母に分けて分析する方法は言語間の相違を明らかにするのにも有用であることから、これらの言語の研究に広く用いられている。

　前述のように、音節構造の枠組みから声母 C- を除いた残りの部分すべて、つまり (V) V (V) + (N、P) が韻母である。その中でかっこなしの V は韻母の必須成分であるとともに音節の中心でもあり、韻腹と呼ばれる。韻腹は韻母の中で開口度が最も大きく、最も明瞭に聞こえる成分である。韻腹の前の (V-) を韻頭という。韻頭は声母と韻腹の間にあるために介音とも呼ばれる。韻腹の次の (-V)、(-N)、(-P) は韻尾という。韻頭と韻尾の V は多くの場合、舌の位置が比較的高い。例えば北京方言の [iɑu][25] では [ɑ] が韻腹、[i] が韻頭、[u] が韻尾である。韻母には 7 つの型がある。V、VV、VN、VP、VVV、VVN、VVP である。そのうち、VV は前響重母音でもよいし、後響重母音でもよい。つまり VV 型の二重母音では韻腹が先でもあとでもよい。それに対して、VVV、VVN もしくは VVP では韻腹が必ず中央に位置する。

　声母と韻母を分けることによって中国語の音節構造の枠組みを図 4-T1 のように書き換えることができる。その中で韻尾の (V、N、P) の各項は互いに対立するが、一部の方言ではまれに V と N または P が同時に現れ、二重韻尾となることがある。福州方言における「莺」[eiŋ]、「江」[kouŋ]、「悪」[auʔ]、「十」[seiʔ] などがその例である。ただしこれらの例が示すように、二重韻尾の音節に韻頭が現れることはない。

図 4-T1　中国語の音節構造の枠組み

25　韻母 iɑo の表記として、「4.2.1 音節構造の分類と同化」で例に挙げられた「表」では [piau] とされているのに対して、ここでは [iɑu] とされ、不一致が生じている。それは音声をどこまで精密に表記するかによって生じる問題であるとは言うものの、統一すべきところである。しかし、その他の韻母にも表記の不一致が見られるため、逐一修正はしない。正確な表記については第 10 章の「表 10-3 ピンイン表記と普通話の簡略表記、精密表記との対照」を参照。（訳注）

138 | 第4章 音節と音節構造

中国語では高母音 [i]、[u]、[y] のみが韻頭 (V-) になりうる。これに韻頭がない場合を加えれば、韻頭には合わせて4種類がある。韻母を分類するには、伝統的な方法の1つとして四呼が用いられる。四呼は韻頭と深く関係し、次のように分類される。

(1) 開口呼。韻頭がなく、韻腹が [i]、[u]、[y] 以外の韻母。[a]、[ou]、[ər] など。

(2) 斉歯呼。韻頭または韻腹が [i] の韻母。[i]、[ia]、[iou] など。

(3) 合口呼。韻頭または韻腹が [u] の韻母。[u]、[ua]、[uan] など。

(4) 撮口呼。韻頭または韻腹が [y] の韻母。[y]、[yɛ]、[yən] など。

実質的に四呼は、韻母の始めに [i]、[u]、[y] があるか否か、あればどれであるかによって分類される。韻腹が [i]、[u]、[y] の韻母は韻頭を持たないため、韻頭が [i]、[u]、[y] の韻母と同じくそれぞれ斉歯呼、合口呼、撮口呼に分類される。

韻母に声母を組み合わせて音節を構成する場合、声母と直接結ぶのは韻母の始めの母音である。声母と韻母の組み合わせの可能性については強い規則性があり、それは声母の調音位置と韻母の始めの母音の性質によって決まる。伝統的四呼分類法はこの組み合わせを説明するのにも用いられている。例えば北京方言では、歯茎破擦音と△摩擦音▽の声母は開口呼、合口呼と組み合わせることができるのに対して、斉歯呼、撮口呼とは組み合わせることができない。すなわち「赞」[tsan]、「苏」[su] のような音節は許容されるのに対して、[tsin]、[sy] のような音節は許容されない。また、蘇州方言では歯茎音の声母は開口呼、斉歯呼と組み合わせられるが、合口呼、撮口呼とは組み合わせられない。したがって蘇州方言では「灾」[tsɛ]、「心」[sin] のような音節が許容されるのに対して、[tsuɛ]、[syn] のような音節は許容されない。つまり中国語では方言によって声母と韻母の組み合わせ規則も変わり、それぞれに独自の特色がある。

4.4 中国語普通話の音節構造

中国語普通話は北京方言の発音を基準としているため、普通話の音節構造を分析するということは、実際には北京方言の音節構造を分析することであ

4.4 中国語普通話の音節構造 | 139

る。一概に北京方言話者といっても、年齢、性別、学歴、人的環境など、さ
まざまな背景によって発音に個人差があるが、発音に個人差があっても音節
構造が変わることはほとんどなく、それが音節構造の分析に大きく影響する
ことはない。

4.4.1 中国語普通話の声母

　中国語普通話には 22 の子音がある。そのうち軟口蓋鼻音 [ŋ] は音節末に
だけ現れ、声母にはならない。また歯茎鼻音 [n] は音節末にも現れるが、声
母にもなる。ほかの 20 の子音はいずれも声母にしかならない。普通話では
ほとんどの音節が子音で始まり、ゼロ声母の音節はまれである。さらに北京
方言話者はゼロ声母音節の発音で韻母の前に声門音または接近音を挿入する
ことが多い。すなわち、北京方言話者は開口呼の前に弱めの声門破裂音 [ʔ]
または声門摩擦音 [ɦ] を挿入し、例えば「餓」を [ʔɤ]、「傲」を [ɦuɑ] のよう
に発音する。一方、斉歯呼、合口呼、撮口呼の前にはしばしば韻母と調音位
置の近い [j]、[w]、[ɥ] のいずれかを挿入する。例えば「鴨」を [jia]、「窩」
を [wuo]、「約」を [ɥyɛ] のように発音する（第 3 章「3.2 調音方法」の「(7)
接近音」を参照）。これらの音の摩擦や破裂は比較的弱く、また挿入は任意
であるため、通常は音声として表記しない。[26]

　なお、普通話には 6 種類のゼロ声母音節がある。高母音 [i]、[u]、[y] で始
まる 3 種類と、非高母音 [a]、[o]、[ɤ] で始まる 3 種類である。前述のとお
り、ゼロ声母音節の前にしばしば接近音の [j]、[w]、[ɥ] もしくは声門音の
[ʔ]、[ɦ] が挿入される。これらの音は、それ自体を意図的に発音しようとし
て発音された音ではなく、音節の初頭に位置する韻母に付随する音にすぎな
い。また、ゼロ声母に現れるこれらの音どうしは同属の子音でもないことか
ら、調音位置と調音方法によって中国語の声母を分類する場合、ふつうゼロ
声母は除外される。

　表 4-1 は、音節末子音としてのみ現れる [ŋ] を除く普通話の 21 の声母を

26　原著者は接近音に摩擦成分があってもよいという見方のようだが、「『接近音』という名
　称から、摩擦が生ずるほど『接近』している音と誤解されやすいが、あくまでも単に近づ
　くだけで摩擦は生じない」（風間喜代三ほか 2004: 216）ことに注意すべきである。（訳注）

140 ｜ 第4章　音節と音節構造

調音位置と調音方法によって分類したものである。

表4-1　普通話の声母表

調音方法＼調音位置		両唇音	唇歯音	歯茎音	反り舌音	歯茎硬口蓋音	軟口蓋音
破裂音	無気	(b) [p]		(d) [t]			(g) [k]
	有気	(p) [pʰ]		(t) [tʰ]			(k) [kʰ]
破擦音	無気			(z) [ts]	(zh) [tʂ]	(j) [tɕ]	
	有気			(c) [tsʰ]	(ch) [tʂʰ]	(q) [tɕʰ]	
摩擦音			(f) [f]	(s) [s]	(sh) [ʂ]	(x) [ɕ]	(h) [x]
鼻音		(m) [m]		(n) [n]			
側面接近音				(l) [l]			
接近音					(r) [r]²⁷		

　上の表4-1を第3章「3.4 中国語普通話の子音」の表3-1と比較するとよい。「3.4 中国語普通話の子音」では、北京方言話者には歯茎音を前寄りの [ts]、[tsʰ]、[s] とやや後ろ寄りの [t]、[tʰ]、[n]、[l] の2通りに分けて発音する者が多いと述べた。しかし普通話におけるこの2通りの発音は調音位置に関して対立するわけではないため、必ずしも区別する必要はなく、一括して歯茎音に分類することもできる。

　ほかの言語または中国語の方言との対比において、普通話の声母には次の特徴を見て取ることができる。

　(1) 互いに対立する破擦音と摩擦音の組が3つある。これらは [ts]、[tsʰ]、[s]―[tʂ]、[tʂʰ]、[ʂ]―[tɕ]、[tɕʰ]、[ɕ] のように整然とした対立を成す。そのうち、反り舌音 [tʂ]、[tʂʰ]、[ʂ] は、呉方言、ビン方言、エツ方言など、中国語の多くの方言には欠けている。それに対して、北方方言に属する多くの方言には普通話と同じ3つの組がそろっている。ただし、東北方言に属する瀋陽方言には反り舌音の組がない。西南方言の多くも反り舌音の組を欠いてい

27　反り舌接近音の国際音声字母による表記については、第3章「3.2 調音方法」の「(7) 接近音」における接近音の記号に関する記述を参照。（原注）

4.4 中国語普通話の音節構造 | 141

るが、昆明などのように反り舌音の組を持つ方言も一部にある。なお、反り舌音がない方言の多くは反り舌音の組を歯茎音の組 [ts]、[tsʰ]、[s] と統合している。つまり「找」[tʂ-] と「早」[ts-]、「初」[tʂʰ-] と「粗」[tsʰ-]、「诗」[ʂ-] と「思」[s-] が区別されずに同じ音として発音される。[28] ただし、普通話の [tʂ]、[tʂʰ]、[ʂ] をほかの声母として発音する方言もあり、中でも表 4-T2 に示すように、合口呼が後続する場合が最も複雑である。この表で 1 字に 2 行が当てられる場合、上の行が文読で、下の行が白読である。

表 4-T2 普通話において合口呼韻母に先行する
反り舌声母の諸方言における発音[29]

	普通話	瀋陽	武漢	西安	蘇州	福州	アモイ	梅県	広州
猪	tʂ-	ts-	tɕ-	pf-	ts-	t-	t-	ts-	tʃ-
除	tʂʰ-	tsʰ-	tɕʰ-	pfʰ-	z-	t-	t-	tsʰ-	tʃʰ-
书	ʂ-	s-	ɕ-	f-	s-	ts-	s- ts-	s- ts-	ʃ-

　なお、ビン方言、カン方言、ハッカ方言には反り舌音の組だけでなく、歯茎硬口蓋音の組 [tɕ]、[tɕʰ]、[ɕ] も欠けている。普通話の声母 [tɕ]、[tɕʰ]、[ɕ] はこれらの方言においてそれぞれ [ts]、[tsʰ]、[s]（広州方言をはじめとするエツ方言の一部の地域では [tʃ]、[tʃʰ]、[ʃ] と発音されることもある）、または [k]、[kʰ]、[x] に統合されている。
　(2) 反り舌接近音 [r] がある。反り舌接近音 [r] の出現については方言による違いが大きい。多くの方言では [r] がゼロ声母となる。そのほか、[l]、[n]、[z]、[v] などに変わることも多く、むしろ次の表 4-T3 に示すように [r] として現れる方言のほうが少数である。
　この表に示すように、中国語諸方言では普通話の [r] にはゼロ声母の発音が最も多く対応し[30]、[r] の発音は普通話以外では西安方言の「人」の 1 例し

---

28 「找」と「早」は開口呼韻母、「初」と「粗」は合口呼韻母、「诗」と「思」は斉歯呼韻母である。（訳注）

29 「猪、除、书」はいずれも合口呼韻母である。（訳注）

30 [r] が [j、i、y、ɯ、ɚ] と発音される場合を指し、表 4-T3 に示す全 31 例のうち 11 例を

142 | 第4章　音節と音節構造

かない。[r] の発音は南方方言ではほとんど見られず、ほぼ北方方言に限られる。しかもそのほとんどは北京方言と同様に強く発音されて摩擦が強まり、有声摩擦音 [ʐ] となることが多い。

表 4-T3　普通話の反り舌接近音 [r] の諸方言における発音 [31]

	普通話	瀋陽	武漢	西安	蘇州	福州	アモイ	梅県	広州
人	r-	j-	n-	r-	z- ŋ̩-	j- n-	l-	ŋ-	j-
日	r-	i	ɯ	z- ɚ-	z- ŋ̩-	n-	l-	ŋ-	j-
如	r-	y	y	v-	z-		l- n-	i	j-

（3）唇歯摩擦音 [f] があり、しかも [xu-] とは区別される。ビン方言を除き、ほとんどの中国語方言に [f] の声母がある。しかし出現する音環境が各方言で異なっており、とりわけ [xu-] と同じと見なせるか否かが重要な意味を持つ。次の表 4-T4 に示すように、普通話では区別される [f-] と [xu-] が部分的に合一していると見なすことのできる方言もあれば、完全に合一していると見なすことのできる方言もある。

表 4-T4　普通話の [f-]、[xu-] の諸方言における発音

	普通話	成都	長沙	福州	アモイ	梅県	広州
夫	f-	f-	f-	xu pu-	hu p-	f-	f-
呼	xu	f-	f-	xu- kʰu	h- kʰ-	f-	f-
飞	f-	f-	f-	xi pu-	hu- p-	f- p-	f-
灰	xu-	xu-	f-	xu-	hu-	f-	f-

占める。（訳注）

31　表中、ハイフン付きのものは声母である。以下同様。（訳註）

4.4 中国語普通話の音節構造 | 143

長沙方言の声母fは唇歯摩擦音 [f] と両唇摩擦音 [ɸ] の中間的な音[32]である。なお、表には示されていないが、南昌方言のように声母fが両唇摩擦音 [ɸ] に近い音として現れることもある。一般的に、南方方言において [f-] と [xu-] が合一するか否かは複雑な問題だが、ビン方言とエツ方言はその両極端にある。つまり福州やアモイなどのビン方言ではfという声母がまったく存在しないのに対して、エツ方言に属する広州方言では逆にfが普通話よりも広い範囲に現れる。広州方言では普通話の [xu-] をすべて [f-] と発音するほか、一部の [kʰ-] とわずかながら [ɕy-] も [f-] と発音する。例えば「苦、款、课、科」や「训、勋」などは広州方言ではすべてfを声母とする字である。

　(4) [n] と [l] が区別される。普通話と同様に [n] と [l] が明確に区別される中国語方言も多いが、ビン方言、湘方言、カン方言、西南方言および江淮方言の一部、また中国の西北部に分布する一部の方言ではこの 2 つの音が区別されない。[n] と [l] を区別しない地域は中国の国土の半分近くを占める。その中には開口呼と合口呼に先行する [n] と [l] だけが区別されない地域もあれば、四呼のいずれかを問わず、[n] と [l] がまったく区別されない地域もある。さらに次の表 4-T5 に示すように、一口に区別されないといっても、すべてを [n] で発音する方言もあれば、すべてを [l] で発音する方言もあり、合一の様式は必ずしも同じではない。加えて [n] と [l] が自由異音[33]で、どちらで発音してもよい方言さえある。

表 4-T5　普通話における [l]、[n] の諸方言における発音

	普通話	成都	武漢	南京	揚州	蘭州	南昌	長沙	アモイ
南	n-	n-	n-/l-	l-	l-	n-/l-	l-	n-/l-	l-
兰	l-	n-	n-/l-	l-	l-	n-/l-	l-	n-/l-	l-
年	n-	ŋ-	n-/l-	l-	n-	n-/l-	ŋ-	n-/l-	n-
连	l-	n-	n-/l-	l-	n-	n-/l-	l-	n-/l-	l-

また、同じ方言でも、話者によって [n] と [l] の発音が異なることもある。

32　中間ではなく、長沙方言の f の実際の発音は [f] より [ɸ] に近いと主張する研究者もいる（曽毓敏 1991）。（訳注）

33　第 8 章「8.3 音素と異音」の「(2) 自由異音」を参照。（訳注）

144 | 第4章 音節と音節構造

例えば福州方言では大部分の話者が [n] と [l] を区別できるにもかかわらず、自由異音として発音する話者もいる。

　(5) 有声声母が少ない。中国語の大多数の方言に有声声母は少ない。普通話もこの点で多くの方言と変わりはなく、鼻音の [m] と [n]、側面接近音の [l] など、ほかの言語にも有声音としてよく現れる音を除くと、有声音は接近音の [r] のみである。[34] それに対して中国語で有声声母が最も豊かなのは呉方言である。呉方言では破裂音、破擦音、摩擦音のいずれにおいても有声と無声が対立し、[p]、[pʰ]、[b]—[ts]、[tsʰ]、[dz]—[f]、[v] という体系を成している。また湘方言に属する一部の方言にも比較的多くの有声声母が存在する。例として双峰方言を挙げることができる。これらの有声声母は、普通話やそのほかの方言では調音位置を同じくする無声声母として現れ、有気破裂音・破擦音と無気破裂音・破擦音のどちらになるかは声調によって決まる。例えば「定」と「同」は蘇州方言では有声声母の [d-] で発音されるが、普通話では「定」が第4声であるために無気破裂音の [t-] と発音されるのに対して、「同」は第1声であるために有気破裂音の [tʰ-] と発音される。[35]

4.4.2　中国語普通話の韻母

　中国語普通話には 38 の韻母がある。これらの韻母を、構成する要素によって3種類に分ける。

(1) 単韻母

　単韻母とは1つの母音Vによって構成される韻母のことである。合わせ

34　本書（原著ならびに日本語版）では基本的に [r] を有声接近音として扱っているが、上記 (2) や第3章「3.4.2 中国語普通話の子音の調音方法」で述べられているように、この音は強く発音されて摩擦が生じ、有声摩擦音 [ʐ] となることが多い。一般に鼻音、側面接近音、接近音はそもそも有声音であるからその有声性は無標であるのに対して、摩擦音には有声音と無声音が備わるため、その有声性は有標である。[r] が基本的には接近音であるにしても、条件によって摩擦音として調音されることがあれば、そのときの有声性は有標であり、その意味で明示的に有声声母と呼ぶべきは [r] だけであるという趣旨と思われる。（訳注）

35　中国語の音声を通時的にとらえれば、蘇州方言の属する呉方言の音は普通話の音より古い。（訳注）

て 9 つあり、それらは ɑ [a]、o [o]³⁶、e [ɤ]³⁷、i [i]、u [u]、ü [y]、ı̈ [ɿ]、ı̈ [ʅ]、er [ɚ] である。単韻母を構成する母音の調音についてはすでに第 2 章において詳しく述べたのでここでは繰り返さないが、音節にかかわる特徴について述べておきたい。単韻母のうち、6 つの舌面の単韻母³⁸は声母と組み合わされることもあれば、単独で自立音節を成してゼロ声母音節に現れることもある。それに対して 2 つの舌尖の単韻母 ı̈ [ɿ] と ı̈ [ʅ] は、調音位置が近い破擦音または摩擦音の後ろの位置にのみ現れる。逆に反り舌の単韻母 [ɚ] は単独で自立音節としてゼロ声母音節にのみ現れ、声母と組み合わされることはない。また、軽声音節に現れる [ə] と語気助詞に現れる ê [ɛ] は単独では韻母にならない。なお、「花儿、玩儿」などの「儿」は r 化韻と呼ばれるもので、反り舌によって引き起こされる作用であって単韻母ではない。r 化韻については第 6 章で詳しく取り上げる。

(2) 複韻母

複韻母とは重母音 VV または VVV によって構成される韻母のことである。合わせて 13 あり、3 種類に分けられる。

① 前響複韻母（ゼロ韻頭、母音韻尾）

ɑi [ai]	例：挨、来、改、白菜、爱戴
ei [ei]	例：碑、雷、给、北美、配备
ɑo [ɑu]	例：袄、劳、搞、报告、号召
ou [ou]	例：欧、楼、狗、口头、熟肉

前響複韻母は合わせて 4 つあり、これに属する韻母の特徴として、ゼロ韻頭（開口呼）であることと、韻尾が高母音の -i あるいは -u であること³⁹を挙げることができる。これらの韻母では初頭の母音はしばしば中位高に近づく傾向が見られ、そのうち、ɑi と ou ではこの傾向が比較的顕著である。ɑi

---

36　o [o] が単韻母であるか複韻母であるかについては議論が続いている。ここでは中国語ピンイン方案にしたがって分類を行う。（原注）

37　韻母 e [ɤ] は実際の発音では舌の位置が変化し、精密表記では [ɤ̞] とされる。（原注）
　　第 2 章「2.3 中国語普通話の単母音」で、[ɤ] における高から低への舌の動きが第 4 声で特に顕著であることが指摘されている。（訳注）

38　すなわち ɑ [a]、o [o]、e [ɤ]、i [i]、u [u]、ü [y] である。（訳注）

39　すなわち、前響複韻母は前響重母音によって構成される。（訳注）

[ai] における [a] の発音は、実際にはやや後ろ寄りの [æ] であり、精密表記すれば [æ] または [ӕ] となる。ただし、ふつう、書きやすさを重んじて [a] と表記することが多い。一方、ou [ou] における [o] は実際には [o] の舌の位置に比べて前寄りで低い。精密表記では [ọ] または [ö] と表記される。それに加えて [o] の唇の丸めも比較的弱く、一部の話者の発音では [ə] に近い。よって ou を [əu] と表記することもできる。なお、前響複韻母における後方の母音は調音過程の向かう方向を示すにすぎない。つまり舌は必ずしもその字母が表す位置まで移動しなければならないというわけではない。例えば [ɑu] における [u] は多くの場合、[ʊ] か [o] と発音される。同じく [ai] における [i] も [ɪ] と発音されがちであり、時に [e] と発音されることさえある。また、舌は低から高へ直線的には移動せず、途中、中位高の中母音 [ə] に近づく動作もしばしば見られる。図 4-5 により、上の 4 つの前響複韻母の調音過程を概略的につかむことができる。実際の発話では調音過程の長さは一定ではない。丁寧に発音したり、強調したりするなら、調音過程は長くなり、韻母の始まりと終わりが音声字母が表すとおりの舌の位置をとることもある。逆にぞんざいな発音では音節全体が短くなり、調音過程も縮まることがある。その場合、前響複韻母の調音過程が 1 つの単韻母と大差ないものになることさえある。つまり ɑi [æi] が [ɛ] になることもある。[40]

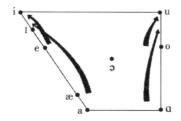

図 4-5　普通話における前響複韻母の調音過程

② 後響複韻母（韻頭あり、ゼロ韻尾）

　　　　iɑ [ia]　　　　　　例：鸦、加、霞、加价、假牙

40　この点が、次に述べる後響複韻母との大きな違いである。（訳注）

ie [iɛ]	例：爷、街、邪、结业、铁鞋
uɑ [ua]	例：蛙、刷、华、花袜、挂画
uo [uo]	例：窝、说、活、火锅、错过
üe [yɛ]	例：约、薛、决、约略、雀跃

後響複韻母は合わせて5つあり、これに属する韻母の特徴として、ゼロ韻尾であること、韻頭が高母音の i-、u- または ü- であることが挙げられる。後響複韻母では前の母音も後ろの母音も舌の位置が比較的よく保たれる。iɑ [ia] と uɑ [ua] における [a] は単韻母 ɑ [a] の舌の位置と基本的に変わらないが、やや後ろ寄りであり、[ʌ] に近い。ie [iɛ] と üe [yɛ] における [ɛ] はともに舌の位置がやや高く、[e] に近いが、両者の音色に違いがある。[yɛ] の [ɛ] は先行する韻頭の影響を受けて唇がやや丸められるからである。なお後響複韻母では韻頭が一般に短く発音される。精密表記すれば [ĭa]、[ĭɛ]、[ŭa]、[ŭo]、[y̆ɛ] となる。ただし、いずれにおいても韻頭の舌は本来の調音位置から大きく離れることはなく、後響複韻母全体の調音過程も比較的安定していることから、丁寧に発音する場合もぞんざいに発音する場合も大きく変わらず、前響複韻母のように単韻母になるようなことはほとんどない。

③ 中響複韻母（韻頭あり、母音韻尾）

iɑo [iau]	例：腰、聊、叫、巧妙、叫嚣
iou [iou]	例：优、流、旧、悠久、牛油
uɑi [uai]	例：歪、怀、帅、摔坏、外快
uei [uei]	例：微、回、睡、追随、摧毁

中響複韻母は合わせて4つあり、三重母音 VVV によって構成されるが、実際の構造は V + VV である。つまり韻頭と前響複韻母によって構成される。韻頭は短く発音されるが、本来の調音位置は比較的よく保たれる。iɑo [iau] における [au] と uɑi [uai] における [ai] は前響複韻母と性質がまったく同じである。つまり uɑi における [a] も舌の位置が高い [æ] に近い。韻尾 [i] も [ɪ]、[e]、[ɛ] のいずれでもよい。短く発音される場合、韻母の調音過程も縮まり [uɛ] に近づく。また iou [iou] における [o] と uei [uei] における [e] は比較的短く、第1声と第2声ではとりわけ短く聞こえる。「优、油」（第1声、第2声）と「有、又」（第3声、第4声）、「微、围」（第1声、第2声）

148 | 第 4 章　音節と音節構造

と「伟、胃」（第 3 声、第 4 声）を比較すれば、「优、油」と「微、围」それ
ぞれにおける o と e のほうが短いことがわかる。

(3) 鼻韻母

　鼻韻母とは韻尾に -N を持つ韻母である。合わせて 16 あり、2 種類に分け
られる。

　① 舌尖鼻韻母

ɑn [an]	例：安、単、含、谈判、灿烂
iɑn [iɛn]	例：烟、颠、鲜、前线、片面
uɑn [uan]	例：弯、端、欢、贯穿、转换
üɑn [yan]	例：冤、捐、宣、全权、渊源
en [ən]	例：恩、痕、身、认真、根本
in [iən]	例：因、侵、新、殷勤、亲近
uen [uən]	例：温、昏、顺、论文、伦敦
ün [yən]	例：晕、群、寻、均匀、军训

舌尖鼻韻母は [-n] を韻尾とする。合わせて 8 つあるが、さらに 2 種類に分
けることができ、いずれにも開口、斉歯、合口、撮口の四呼がそろっている。

　2 種類のうちの 1 つは、/a/[41] を韻腹とする韻母である。そのうち、iɑn は
韻腹の前後の音の舌の位置がともに高いため、同化によって韻腹の舌の位置
も高まり、その結果、韻腹の発音は [ɛ] となる。実際には üɑn [yan] におけ
る [a] も同化によって舌の位置がやや高く[42]、[æ] になるために精密表記では
[yæn] と表記される。この韻母は北京方言内で発音に違いがあり、[yɛn] と
表記される発音になることもある。

　もう 1 つは、ピンインを見る限りでは韻腹が異なるように思える韻母で
ある。すなわち en と uen は韻腹が e、in と ün は韻腹が i と ü である。しか
し、in と ün の実際の発音では i、ü から鼻音韻尾に至る途中にいずれも短い

41　音素（意味を区別する音声の最小単位）を表す。詳しくは第 8 章「音声学と音韻論」を
　　参照。（訳注）

42　üɑn [yan] は 2 つの介音、すなわち [yu-] を持つ韻母であるという主張もある。詳しく
　　は王福堂（2007）「普通话语音标准中声韵调值的几个问题」『语言学论丛』（35）北京：商
　　务印书馆を参照。（原注）

[ə] が挿入され、引き伸ばして発音すれば [ə] が聞こえるようになる。また、現代北京方言の韻脚体系から見れば、この4つの韻母は元は同じ韻轍[43]（人辰轍）に属し、相互に韻を踏むことができる。こうしたことから、この4つの鼻韻母は同じ韻腹と韻尾から成ると考えられる。さらに r 化される場合の規則から見てもこの4つの鼻韻母は韻腹が同じであることが証明される（第6章「6.3 中国語の r 化」を参照）。さらに中国語ピンイン方案[44]の韻母表ではこの4つの韻母が同じ行に並べられていることから、方案の策定者もこれらの韻母の韻腹を同じ /e/ として認めていると言える。なお in と ün は韻腹の発音が比較的短く、[iən]、[yən] と表記されるが、簡略表記では [in] と [yn] である。

② 軟口蓋鼻韻母

ɑng [ɑŋ]	例：昂、郎、张、厂房、帮忙	
iang [iɑŋ]	例：央、凉、将、响亮、想象	
uang [uɑŋ]	例：汪、荒、庄、狂妄、状况	
eng [əŋ]	例：烹、登、争、丰盛、更正	
ing [iəŋ]	例：平、丁、星、命令、评定	
ong [uŋ]	例：红、东、中、工农、从容	
ueng [uəŋ]	例：翁、蓊、瓮	
iong [yuŋ]	例：拥、兄、雄、汹涌、穷凶	

軟口蓋鼻韻母は [-ŋ] を韻尾とする。合わせて8つあるが、これも2種類に分けることができる。

その1つは /ɑ/ を韻腹とするもので、撮口呼はない。その音はすべて [ɑ] であるが、舌の位置はやや前寄りである。もう1つは、ピンインを見る限りでは韻腹が異なるように思える韻母である。まず eng における [ə] は後続の鼻音韻尾からの逆行同化を受けた結果、舌の位置がやや後ろ寄りで低くなる。[ə] と [ʌ] のほぼ中間にあり、精密表記では [ʌ] と表記される。[45]「分」

43　韻轍については第9章の注7を参照。（訳注）

44　中国語ピンイン方案（中国語表記は「汉语拼音方案」）は 1958 年公布の、中華人民共和国が定めた発音表記法である。詳しくは第 10 章を参照。（訳注）

45　[ə] と [ʌ] のほぼ中間にあるということは、さらに精密に表記すれば [ʌ] である。（訳

150 | 第4章 音節と音節構造

[fən] と「风」[fʌŋ] を比較すればその違いは明らかである。また、ing にお
ける韻腹も実際には /e/ であり、[i-] と [-ŋ] との間に比較的短い [ə] がある。
ただし韻頭と韻尾に影響され、この韻腹 [ə] の発音は開口呼の eng ほど明瞭
ではない。精密表記では [iəŋ] あるいは [iɣ̃ŋ] と表記されるが、簡略表記で
は [iŋ] である。北京方言では ing と eng は互いに韻を踏むことができる。次
に ong は一見すると開口呼であるが、字母 o がここで実際に表す音素は /u/
である。o と表記するのは手書きにした場合の読みやすさを考慮した結果で
ある。音素 /u/ を表すということはつまり、この韻母は実際には合口呼であ
る。ただし、この [u] は舌の位置がやや低く、実際の発音は [u] と [o] の中
間である。精密表記すれば [ʊŋ] となる。また、ueng は ong と相補分布[46] を
なし、ong は子音声母と組み合わされる場合にのみ現れるのに対して、ueng
はゼロ声母音節にのみ現れる。したがって、ueng と ong とは同一の韻母が
異なる音環境に現れた異音と見なされ、この韻母は合口呼として、開口呼
の eng と対立を成す。[47] 最後に iong であるが、ピンインからは斉歯呼のよう
に見えるが、実際の発音は [y] で始まるため、撮口呼である。iong の [y] と
[-ŋ] の間には比較的短い [u] がある。この [u] を、/e/ が韻頭と韻尾の両方の
影響を受けた特殊な異音と見なせば、2つ目の種類の軟口蓋鼻韻母全体を、
介音が異なるものの、韻腹の音素が同じ韻母としてまとめることができる。
このように、韻母の実際の発音と中国語ピンイン方案が定める表記との間に
はややずれがある。中国語ピンイン方案はあくまでも中国語の普通話を使う
すべての話者のために作られた音表記の「方案」にすぎず、音声学を研究す
るために作られた専門的な記号体系ではない。したがって方案と実際の普通
話の音体系との間にある程度の食い違いがあるのはやむをえない。中国語ピ
ンイン方案は、それが記述する言語の音体系をできるだけ忠実に反映するだ
けでなく、書きやすさや読みやすさにも配慮しなければならない。よって方
案における音声記号の選択には一定の裁量が認められてしかるべきである。

注)

46　第8章「8.2 音素帰納の作業原則」の「(2) 相補分布」を参照。(訳注)

47　ueng [uəŋ] と ong [uŋ] は同じ韻母にもかかわらず音声表記が異なる理由に関しては第
　　10章「10.4 韻母表における中母音字母の発音規則」を参照。(訳注)

4.4　中国語普通話の音節構造　|　151

　表 4-2 に普通話のすべての韻母に用いられるピンイン表記と国際音声字母
による表記を示す。この表から、中国語ピンイン方案における韻母のピンイ
ン表記はすでに国際音声字母にできるかぎり近づけられていることがわか
る。ただし違いもある。△ピンインによる表記と国際音声字母による表記と
の違いは次の 2 点である。(1) 国際音声字母によれば [i]、[ɿ]、[ʅ][48] のように
異なる 3 つの字母で表記される韻母が、ピンイン表記ではいずれも i で表記
される。(2) 国際音声字母では [uŋ]、[yuŋ] と表記される韻母がピンイン表
記では ong、iong と表記され、これらは中国語ピンイン方案の中で、そのピ
ンイン表記により開口呼、斉歯呼に分類される。なお、er はピンインで表
記することはできるが、中国語ピンイン方案の韻母表には含まれない。[49]▽

表 4-2　普通話の韻母表[50]

		開口	斉歯	合口	撮口
ゼロ韻尾		-i [ɿ][ʅ]	i [i]	u [u]	ü [y]
		ɑ [a]	iɑ [ia]	uɑ [ua]	
		o [o]		uo [uo]	
		e [ɤ]	ie [iɛ]		üe [yɛ]
		er [ər]			
母音韻尾	i 韻尾	ai [ai]		uai [uai]	
		ei [ei]		uei [uei]	
	u 韻尾	ao [au]	iao [iau]		
		ou [ou]	iou [iou]		
鼻音韻尾	n 韻尾	an [an]	ian [iɛn]	uan [uan]	üan [yæn]
		en [ən]	in [iən]	uen [uən]	ün [yən]
	ng 韻尾	ang [aŋ]	iang [iaŋ]	uang [uaŋ]	
		eng [əŋ]	ing [iŋ]	△ueng [uəŋ] / ong [uŋ]▽	iong [yuŋ] ([yŋ])

48　[ɿ]、[ʅ] は国際音声字母ではない。詳しくは第 2 章の注 18 を参照。（訳注）

49　中国語ピンイン方案の韻母表に続く「説明」の部分にまとめられる。（訳注）

50　中国語ピンイン方案の韻母表（第 10 章の表 10-2 を参照）は表 4-2 とは異なる。表 4-2
はピンイン表記と、国際音声字母による表記を比較するために作られた表であり、ピン
イン表記が添えてはあるが、韻母は国際音声字母を基に四呼に分けられている。よって ong
[uŋ]、iong [yuŋ] は合口呼と撮口呼に分類される。それに対して、中国語ピンイン方案の
韻母表における韻母はピンイン表記に基づいて四呼に分けられるため、ong [uŋ]、iong
[yuŋ] は開口呼、斉歯呼に分類される。（訳注）

152 | 第4章　音節と音節構造

　諸方言との対比において、普通話の韻母については次の特徴を挙げることができる。

　(1) 舌尖韻母 [ɿ] と [ʅ] がある。中国語の多くの方言に [ɿ] があるが、[ʅ] があるのは反り舌音を有する方言のみである。ほとんどの方言ではこの2つの韻母は調音位置がそれに近い声母としか組み合わせることができないが、合肥方言の「比」[pɿ] と「米」[mɿ] のように、少数の例外もある。次の表 4-T6 に示すように、この2つの韻母がまったくない方言の多くはエツ方言とビン方言に属する方言である。

表 4-T6　普通話における [ɿ]、[ʅ] の諸方言における発音

	资	丝	知	汁	时	日
普通話	[tsɿ]	[sɿ]	[tʂʅ]	[tʂʅ]	[ʂʅ]	[ɻʅ]
アモイ	[tsu]	[si]	[ti]	[tsiap]	[si]	[lit]
福州	[tsy]	[si]	[ti]	[tsaiʔ]	[si]	[niʔ]
広州	[tʃi]	[ʃi]	[tʃi]	[tʃɐp]	[ʃi]	[jɐt]

　また、一部の方言には円唇の舌尖韻母もある。例えば蘇州方言における「时」[zʮ]、「猪」[tsʮ] や陝西咸陽方言における「苏」[sʯ]、「书」[ʂʯ] である。また撮口呼韻母における [y] をすべて円唇・舌尖前母音 [ʮ] または [ʯ] で発音する湖北省東部の一部地域の方言もある。例として湖北応城方言における「鱼」[ʮ]、「说」[sʯe] や湖北黄陂方言における「如」[ʮ]、「水」[ʂʯei] などがある。

　(2) 反り舌韻母 [ɚ] がある。普通話では [ɚ] と発音する字は十数個に限られる。そのうち常用されるものはさらに少なく、「儿、而、耳、尔、二」などだけである。北方方言におけるほとんどの方言では [ɚ] の発音は普通話と同様であるが、ほかの方言では次の表 4-T7 に示すように大きく異なる。

表 4-T7　普通話の [ɚ] の諸方言における発音

普通話	武漢	合肥	蘇州	温州	長沙	南昌	福州	アモイ	梅県	広州
[ɚ]	[ɯ]	[a]	[l]	[ŋ]	[ɤ]	[ə]	[i]	[li]	[ɲi]	[tou]

4.4 中国語普通話の音節構造 | 153

（3）四呼がそろい、そのうち合口呼の韻母が比較的多い。中国語の方言には四呼がそろったものが多いが、ビン方言、ハッカ方言、また雲南、貴州方面で話される西南方言の一部方言には撮口呼が欠けている。次の表 4-T8 に示すとおり、ビン方言とハッカ方言では撮口呼を斉歯呼または合口呼と統合しているのに対して、西南方言に属する一部の方言では斉歯呼と統合している。

表 4-T8　普通話の撮口呼韻母の西南方言、ビン方言、ハッカ方言における発音

	普通話	昆明	アモイ	梅県[51]
呂	[ly]	[li]	[lu]	[li]
靴	[ɕyɛ]	[ɕie]	[hia]	[hiɔ]
宣	[ɕyɛn]	[ɕiɛn]	[suan]	[siɛn]

また次の表 4-T9 に示すように、普通話で合口呼で発音される字が諸方言では合口呼で発音されないことが多いため、普通話には合口呼が特に多いように見える。

表 4-T9　普通話で合口呼として発音される字の諸方言における発音

	普通話	武漢	蘇州	長沙	南昌	福州	アモイ	梅県	広州
杜	[tu]	[tou]	[dəu]	[təu]	[tʰu]	[tou]	[tɔ]	[tʰu]	[tou]
多	[tuo]	[to]	[təu] [tɤ]	[to]	[tɔ]	[tɔ]	[to]	[tɔ]	[tɔ]
孫	[sun]	[sən]	[sən]	[sən]	[sun]	[souŋ]	[sun] [sn̩]	[sun]	[ʃyn]

普通話で合口呼として発音される「杜、多、孫」のうち、「杜」が 2 つの、「孫」が △3つ▽ の方言において合口呼で発音されるのに対して、「多」はどの方言でも合口呼としては発音されない。このような発音の違いは実際には一部の韻母が分化した結果であり、普通話でこの 3 つの韻母で発音される字のすべてがそれぞれの方言において合口呼として発音されないわけではない。例えば普通話の「斧」[fu] はこれらの方言においてもほとんどが韻母に [u] を持つ。

51　撮口呼が合口呼と統合する例として「驢」[ly]（普通話）→ [lu]（梅県）がある（https://www.syndict.com/index.htm 2024/02/02 accessed）。（訳注）

154 | 第4章 音節と音節構造

(4) 複韻母が比較的多い。中国語諸方言の中には複韻母が少ない方言がある一方で、大多数の方言には多くの複韻母が存在し、普通話でもそうである。普通話には合計 13 の複韻母があり、韻母総数の約 3 分の 1 を占める。しかし普通話よりさらに多くの複韻母を持つ方言もある。例えば長沙方言には普通話にない [io]、[ya]、[yai]、[yei] という 4 つがある。例として「削」[ɕio]、「刷」[ɕya]、「帅」[ɕyai]、「水」[ɕyei] を挙げることができる。エツ方言とビン方言には普通話にない母音韻尾 [-y] があり、例として広州方言の「虚」[hœy]、福州方言の「預」[øy] を挙げることができる。これに対して複韻母が比較的少ない方言はエツ方言や呉方言に集中する。エツ方言は特に後響複韻母が少なく、例えば広州方言は後響複韻母を欠いている。次の表 4-T10 に示す字の発音を比較されたい。

表 4-T10　普通話で複韻母として発音される字の広州方言における発音

	家	花	街	多	岳	外	交
普通話	[tɕia]	[xua]	[tɕiɛ]	[tuo]	[yɛ]	[uai]	[tɕiɑu]
広州	[ka]	[fa]	[kai]	[tɔ]	[ŋɔk]	[ŋɔi]	[kɑo]

　広州方言の韻母構造には韻頭がない。「瓜」[kwa]、「归」[kwai]、「夸」[kʰwa]、「群」[kʰwɐn] などにおける [w] は一見すると韻頭のようだが、実際にはこれらの [w] は声母 [k]、[kʰ] としか組み合わせることができず、しかもその結び付きが非常に緊密であることから、声母の円唇化によって作られた付随的な音であると考えられる。したがって精密表記では [kʷ] または [kʰʷ] とされ、[w] を韻頭とするのではなく、[k] と [w] をまとめて 1 つの円唇化した声母と見なす。そのほか、広州方言の「夜」[jɛ]、「幼」[jau]、「华」[wa]、「威」[wai] における [j]、[w] も声母であり、韻頭ではない。これに対して呉方言にはエツ方言とは逆に前響複韻母が少ない。これは呉方言の 1 つの大きな特徴とも言える。呉方言を代表する蘇州方言では前響複韻母は [əu] だけに限られる。例として「多」[təu]、「苏」[səu]、「歌」[kəu] を挙げることができる。普通話における前響複韻母は蘇州方言では単韻母で発音される。このような単韻母化の傾向は北方方言にも観察される。次の表 4-T11

4.4 中国語普通話の音節構造 | 155

に示す例を比較されたい。

表4-T11　中国語諸方言における単韻母化傾向

	摆	悲	包	收
普通話	[pai]	[pei]	[pɑu]	[ʂou]
蘇州	[pɒ]	[pɛ]	[pæ]	[sɤ]
紹興	[pa]	[pɛ]	[pɒ]	[sɤ]
揚州	[pɛ]	[pəi]	[pɔ]	[sɤɯ]
済南	[pɛ]	[pei]	[pɔ]	[ʂou]
西安	[pæ]	[pei]	[pau]	[ʂou]

　上の表に示すとおり、普通話における前響複韻母は、呉方言に属する蘇州方言と紹興方言ではすべて単韻母になり、北方方言に属する揚州方言、済南方言、西安方言でも部分的に単韻母になる。

　(5) 子音韻尾は [-n] と [-ŋ] 以外にはない。方言も含めれば中国語の子音韻尾は大きく2種類に分けられ、1つは破裂音韻尾 -P で、もう1つは鼻音韻尾 -N である。普通話はその中で子音韻尾が少ないほうであり、破裂音韻尾はなく、鼻音韻尾も [-n] と [-ŋ] の2つに限られる。破裂音韻尾が最も豊富なのはエツ方言とビン方言である。例として広州方言における「猟」[lip]、「列」[lit]、「力」[lik]、アモイ方言における「立」[lip]、「日」[lit]、「力」[lɪk]、「裂」[lɪʔ]（白読）などを挙げることができる。アモイ方言には破裂音韻尾が4種類あり、ビン方言に限らず、中国語の諸方言の中でも最多の可能性がある。[52] そのほかの方言では破裂音韻尾はほとんどが [-ʔ] に限られる。破裂音韻尾が付いた韻母の多くは発音が短く、伝統的に入声韻と呼ばれる、性質の変化した声調として扱われる。これについては声調について述べる第5章で詳しく取り上げる。これに対して中国語の鼻音韻尾は主に [-m]、[-n]、[-ŋ] の3つに分けられるが、次の表4-T12に示すとおり、各方言における分布は大きく異なる（* が付くものは文読であり、それに対する白読は示していない[53]）。

52　中国においては方言調査が現在も行われているため、まだ断定はできない。（訳注）

53　* が付かないものは文読と白読の違いがない方言か、あっても該当する語では違いがない例である。（訳注）

156 | 第4章　音節と音節構造

表4-T12　普通話と方言における鼻音韻尾

	三	森	心	山	身	新	桑	生	星
普通話	[san]	[sən]	[ɕin]	[ʂan]	[ʂən]	[ɕin]	[sɑŋ]	[ʂəŋ]	[ɕiŋ]
太原	[sæ̃]	[səŋ]	[ɕiŋ]	[sæ̃]	[səŋ]	[ɕiŋ]	[sʊ̃]	[səŋ]	[ɕiŋ]
成都	[san]	[sən]	[ɕin]	[san]	[sən]	[ɕin]	[saŋ]	[sən]	[ɕin]
揚州	[sæ̃]	[sən]	[ɕin]	[sæ̃]	[sən]	[ɕin]	[saŋ]	[sən]	[ɕin]
蘇州	[sᴇ]	[sən]	[sin]	[sᴇ]	[sən]	[sin]	[sɒn]	*[sən]	[sin]
長沙	[san]	[sən]	[ɕin]	[san]	[sən]	[ɕin]	[san]	[sən]	[ɕin]
南昌	[san]	[sɛn]	[ɕin]	[san]	[sən]	[ɕin]	[sɔn]	*[sɛn]	*[ɕin]
福州	[saŋ]	[seiŋ]	[siŋ]	[saŋ]	[siŋ]	[siŋ]	[souŋ]	*[seiŋ]	[siŋ]
アモイ	*[sam]	[sim]	[sim]	*[san]	*[sin]	[sin]	*[sɔŋ]	*[sɪŋ]	*[sɪŋ]
梅県	[sam]	[sɛm]	[sim]	[san]	[sən]	[sin]	[sɔŋ]	*[sɛn]	[sɛn]
広州	[ʃam]	[ʃɐm]	[ʃɐm]	[ʃan]	[ʃɐn]	[ʃɐn]	[ʃɔŋ]	*[ʃɐŋ]	*[ʃɪŋ]

　上に示すとおり、中国語諸方言においてアモイ方言、梅県方言および広州方言だけに [-m] がある。この3つの方言では左側の3列の字「三、森、心」が [-m] の韻尾を持つのに対して、そのほかの方言ではこれらの字が中間の3列の字「山、身、新」と同じ韻尾になっている。さらにこれらの方言では「心」と「新」は発音全体が同じであるのに対して、アモイ方言、梅県方言、広州方言では「心」は [-m] で終わる一方、「新」は [-n] で終わる。方言の多くには普通話と同様に2つの鼻音韻尾があるが、1つしかない方言もある。例えば長沙方言には [-n] しかなく、福州方言には [-ŋ] しかない。そのほか、太原方言、揚州方言のように韻母の一部に母音の鼻音化が生ずる方言もあれば、蘇州方言のように鼻音韻尾が脱落して単韻母となる方言もある。変化のしかたはさまざまで複雑である。

4.4.3　中国語普通話における声母と韻母の組み合わせ

　中国語音節構造の体系性は声母と韻母の組み合わせにも表れる。普通話にはゼロ声母を含めて22の声母、△38▽の韻母がある。四声を考慮に入れなければ、構成できる音節は△800余り▽に上るのに対して、実際に構成できる音節は410にすぎない。このことから、中国語の声母と韻母の組み合わせは自由ではなく、そこに一定の制限があることは明らかである。

4.4 中国語普通話の音節構造 | 157

　中国語の声母と韻母の組み合わせは、声母の調音位置と韻母が属する四呼の種類によって制限を受ける。この2つの要因によって組み合わせの可否が一律に決まる。表4-3に中国語における声母と韻母の組み合わせを示す。

表 4-3　中国語における声母と韻母の組み合わせ

四呼 声母	開口	斉歯	合口	撮口
b, p, m [p, pʰ, m]	+	+	(u)	
f [f]	+		(u)	
d, t [t, tʰ]	+	+	+	
n, l [n, l]	+	+	+	+
z, c, s [ts, tsʰ, s]	+		+	
zh, ch, sh, r [tʂ, tʂʰ, ʂ, r]	+		+	
j, q, x [tɕ, tɕʰ, ɕ]		+		+
g, k, h [k, kʰ, x]	+		+	
Ø	+	+	+	+

　この表の中で、空欄は組み合わせることができないこと、+は組み合わせることができること、(u) は当該の声母が合口呼に属する単韻母 [u] とのみ組み合わせられること、Ø はゼロ声母を意味する。例えば [p] は [u] のみと組み合わせられ、[pu]（bù）「布」となるが、[puo]、[pua]、[pun] と読む字は存在しないために、こうした音節は形成されないとされる。[54] なお、上の表4-3は普通

54　実際の発音からすれば、普通話の bo は [po] ではなく、buo [puo] である。そのため、ここで言う「こうした音節は形成されない」とは、ピンイン表記上は形成されないことを指す（原注）。
　この原注の趣旨は、普通話には [puo] の発音も、それに相当する字「波」もあることから、音声の観点からは [p]（b）と [uo]（uo）の組み合わせは存在すると言えるが、ピンイン表記における b と、u 以外の合口呼の韻母（ここでは uo）を組み合わせることはできない

158 | 第 4 章　音節と音節構造

話の声母と韻母の組み合わせの概要であって、個々の声母と韻母の具体的な組み合わせの可否を示すものではない。例えば [ər] は開口呼韻母ではあるが、r 化韻としてでなければ[55]、いずれの声母とも組み合わせることができない。[ɿ] と [ʅ] も開口呼韻母でありながら、調音位置を同じくする破擦音または摩擦音声母としか組み合わせることができない。また、歯茎音の [t]、[tʰ]、[n]、[l] は開口呼韻母と組み合わせることができるとはいえ、実際には韻母 [ən] と組み合わせることができるのはそのうちの [t] と [n] のみであり、「扽」[tən]、「嫩」[nən] が成り立つのに対して、[tʰən]、[lən] は成り立たない。同様に、この 4 つの声母は斉歯呼韻母と組み合わせることができるものの、実際には韻母 [ia] と組み合わせることができるのは [l] だけであり、「俩」[lia] のみが成立する。このような個別の声母と韻母の組み合わせの様態はさらに詳しい表でなければ示すことができない。

　声母から見れば、普通話の四呼のいずれとも組み合わせることができるのは [n]、[l] もしくはゼロ声母に限られる。一方、開口呼韻母は普通話において最も多くの声母と組み合わせることができる。すなわち 3 つの歯茎硬口蓋音声母を除くすべての声母と組み合わせることができる。しかも開口呼に属する韻母はそもそも多いため、普通話では開口呼韻母の出現頻度がそのほかの韻母をかなり上回り、韻母の出現回数全体のほぼ半分を占める。逆に撮口呼に属する韻母はそもそも少なく、5 つしかないだけでなく、6 つの声母としか組み合わせられないために出現頻度が最も低く、韻母の出現回数全体の 5% を占めるにとどまる。[56]

　方言に目を向けるならば、方言ごとに声母と韻母の目録が変わるのと同時にその組み合わせも変わる。両唇音声母を単韻母 [u] だけでなく、ほかの合

　ということである。ピンイン表記で「波」は b + uo ではなく、b + o なので、b に、この開口呼の韻母 o を組み合わせることはできるが、ピンイン表記上の b に u 以外の合口呼の韻母である uo を組み合わせることはできない。(訳注)

55　r 化韻としては声母と組み合わせることができる。(訳注)

56　普通話には韻母を含まない音節は存在しないため、四声との組み合わせの可能性と同音異義語の多寡を無視すれば、開口呼韻母の出現頻度が高いということはすなわち、開口呼韻母を含む音節の出現頻度が高いということになる。逆に撮口呼韻母の出現頻度が低いということは、撮口呼韻母を含む音節の出現頻度が低いということになる。(訳注)

口呼韻母と組み合わせることができる方言もある。例えば福州方言の「杯」[puei]、広州方言の「般」[pun] などである。また声母 [f] を斉歯呼韻母 [i] と組み合わせることができる方言もある。例えば蘇州方言の「飞」[fi] であり、西安や洛陽では一部の伝統的な発音において普通話の [fei] を [fi] と発音する。このような組み合わせは普通話では許容されない。

普通話の [ts]、[tsʰ]、[s] は開口呼、合口呼韻母としか組み合わせられないが、方言によって [tɕ]、[tɕʰ]、[ɕ] が分裂し、その一部が [ts]、[tsʰ]、[s] に統合した結果、これらの方言においては [ts]、[tsʰ]、[s] が斉歯呼、撮口呼韻母と組み合わせられるようになっている。次の表 4-T13 に示す字は普通話では発音が同じであるが、これらの方言では右側の字は [tɕ]、[tɕʰ]、[ɕ] と発音されるのに対して、左側の字は [ts]、[tsʰ]、[s] と発音される。

表 4-T13　普通話の [tɕ]、[tɕʰ]、[ɕ] の方言における区別

[tɕ]	积 ＝ 基	精 ＝ 经	聚 ＝ 巨	绝 ＝ 决
[tɕʰ]	七 ＝ 期	千 ＝ 铅	趣 ＝ 去	全 ＝ 权
[ɕ]	西 ＝ 希	小 ＝ 晓	须 ＝ 虚	迅 ＝ 训

伝統的に、この表 4-T13 に示す左側の斉歯呼、撮口呼韻母と組み合わされる [ts]、[tsʰ]、[s] を尖音といい、それと対立を成す右側の斉歯呼、撮口呼韻母と組み合わされる [tɕ]、[tɕʰ]、[ɕ] を団音という。普通話ではこれらの対を成す字の発音が同じであることから、尖音と団音の違いがないといわれる。[57] 普通話をはじめとするほとんどの北方方言に尖音と団音の違いがないのに対して、中国全体の 5 分の 1 ほどの地域ではそれらは対立を成している。ただし、その一部では尖音と団音の違いが失われつつある。また、河北南部、山東東部、河南や陝西のところどころに [58] 尖音と団音の違いが残っているが、その使い分けや発音は異なっている。具体的には、石家庄、鄭

57　表 4-3 に示されているように、普通話の音声体系には [ts]、[tsʰ]、[s] と [tɕ]、[tɕʰ]、[ɕ] があるが、前者が開口呼、合口呼としか組み合わせられないのに対して、後者は斉歯呼、撮口呼としか組み合わせられない。すなわち、両者が相補分布を成しているために [tsi]（尖音）－ [tɕi]（団音）や、[tsy]（尖音）－ [tɕy]（団音）のような対立が成り立たない。よって普通話には尖音と団音の違いがないといわれる。（訳注）

58　これらの地域は中国の北方地域に属する。（訳注）

160 | 第4章 音節と音節構造

州、宝鶏[59] などでは尖音は歯茎音として発音され、団音は歯茎硬口蓋音として発音される。それに対して、山東東部に位置する煙台では、尖音は歯茎硬口蓋音 [tɕ]、[tɕʰ]、[ɕ] として発音される一方、団音は硬口蓋音 [c]、[cʰ]、[ç] として発音される。またエツ方言や、ビン方言、ハッカ方言では [tɕ]、[tɕʰ]、[ɕ] を声母とする音節は存在せず、尖音は [ts]、[tsʰ]、[s] として発音される一方、団音は [k]、[kʰ]、[x] と発音される。

練習

1. 北京、蘇州、アモイ、広州の4つの方言で次の8つの漢字を発音しなさい（この4方言における第1声の発音はほぼ同じである）。

	北京	蘇州	アモイ	広州
车	[tsʰɤ]	[tsʰo]	[tsʰia]	[tʃɛ]
书	[ʂu]	[sɿ]	[su]	[ʃu]
杯	[pei]	[pᴇ]	[pue]	[pui]
刀	[tɑu]	[tæ]	[to]	[tou]
欢	[xuan]	[huø]	[huan]	[fun]
心	[ɕin]	[sin]	[sim]	[ʃɐm]
凤	[fəŋ]	[foŋ]	[hɔŋ]	[fʊŋ]
忠	[tʂuŋ]	[tsoŋ]	[tiɔŋ]	[tʃʊŋ]

2. 次の英語の語を音節に分けなさい。分けたあと、音節の型（例えば phonetics △[fə + ne + tiks]▽ なら △CV+CV+CVCC▽）を示しなさい。最後にこれらの語の発音を練習しなさい。

English [iŋgliʃ]（英語） using △[juːziŋ]▽（使う）

number [nʌmbə]（数） simplest [simpləst]（単純な）

transcription [trænskripʃən]（書き換え） chrysanthemum [krisænθəməm]（菊）

ice cream [ais kriːm]（アイスクリーム） I scream △[ai skriːm]▽（私が叫ぶ）

3. 次の対を成す語は開連接が異なる。これらの語の音節を分ける際の音声的手がかりを説明しなさい。

59　この3つの都市はそれぞれ河北省、河南省、陝西省に位置する。（訳注）

西医――希		初五――楚		提要――跳	
剧院――倦		海岸――海燕		淡年――大年	
翻译――发腻		大盐――袋盐			

4. 中国語ピンイン方案で普通話のすべての韻母を表記したとき、実際の音声と不一致が生じる韻母にはどのようなものがあるかを示し、なぜ不一致が生じるかを説明しなさい。

5. 普通話と 10 の方言における鼻音韻尾を比較した表 4-T12 を基に、普通話の [an–ɑŋ]、[ən–əŋ]、[in–iŋ] がそれぞれの方言でどのように分裂あるいは融合するかを述べなさい。

6. 国際音声字母を用いて、次の音節の普通話における発音を表記しなさい。表記したあと、それらを基に、普通話の声母 b [p]、p [pʰ]、m [m]、f [f]、d [t]、t [tʰ]、n [n]、l [l] に韻母 o [o]、uo [uo]、e [ɤ] を組み合わせられるか否かを、表 4-3 の形式の表を作成して示しなさい。

得	破	多	乐	佛
妥	特	博	挪	末
洛	泼	拖	磨	罗

| 163

第5章

声調

5.1 声調の性質

5.1.1 声調言語と無声調言語

　音声には母音と子音のような時間軸に沿って並ぶ分節的要素以外に、高さ、大きさ、長さなどの要素も含まれる。そうでなければ音声言語にはならない。音声学で高さ、大きさ、長さという超分節的要素を研究するのは、これらが言語に欠かせない特徴であるからだけでなく、しばしば分節的要素と同様に意味を区別できるからでもある。一部の言語では音節の中で高さが果たす機能が母音や子音と同じくらい重要であることもある。中国語はまさにこのような言語の1つである。中国語普通話の ma は子音と母音によって構成される CV 型の音節であるが、その高さを無視するなら、この音声が何を意味するかは不明である。つまり、高さが与えられて初めてその意味が定まるのである。mā は「妈」、má は「麻」、mǎ は「马」、mà は「骂」のように、与えられる高さの様式が異なればその意味も変わる。このような、音節の意味の区別に関与する高さの様式が声調である。

　声調があるかどうかで世界の言語を大きく声調言語と無声調言語の2種類に分けることができる。無声調言語といっても音節に高低や、上昇、下降などの高さの変化がないわけではない。ただ、これらの高さの変化はイントネーションのために用いられるのであって、語の意味を区別するものではない。例えば英語の book [buk] の発音では高さが次第に低くなることもあれば次第に高くなることもある。低くなるのは陳述イントネーションであり、高くなるのは疑問イントネーションである。しかし高さがいかに変化しても、book が表す「本」という言語的な意味は変わらない。それに対して中

164 | 第5章 声調

国語の「书」[ʂu] は、高さが高くなれば「熟」となり、低くなれば「树」と
なって、語の意味が根本的に変わってしまう。

　声調言語は世界に多く見られる。シナ・チベット語族の顕著な特徴の1
つとして声調の存在がある。オーストロアジア語族に属するベトナム語や
オーストロネシア語族に属するフィリピン・タガログ語はいずれも声調言語
である。またアフリカ中部や南部に分布する△数百種▽の言語を包括するバ
ントゥー語群でも、スワヒリ語以外のすべてが声調を有する。アメリカ先住
民諸語はアメリカ大陸の各地に居住する先住民が話す言語の総称であり、そ
の大部分は声調言語である。オーストラリアやニューギニアに分布する言語
にも声調言語がある。一方、インド・ヨーロッパ語族の言語はほとんどが無
声調言語であるが、これに属するスウェーデン語やノルウェー語、セルビア
語など、音節間の高さの変化で意味が区別される、やや種類の異なる声調言
語もある。[1] このように声調言語は世界各地に見られる。

　声調言語には2種類がある。1つは高低型または平板型と呼ばれ、もう1
つは旋律型または起伏型と呼ばれる。

　高低型の声調言語は音の高さのみによって声調が区別される。アフリカ
やアメリカ大陸に分布する声調言語のほとんどが高低型に属する。そのう
ち、声調の種類が最も少ない言語では、高―低という2つのレベルのみが
存在する。例えばバントゥー語群に属するコンゴ語の [lakalo] という語は、
3音節とも低であれば「ヤシの実」を意味するが、後ろの2音節が高であれ
ば「魔よけ」の意味となる。また高―中―低という3つのレベルを区別す
る言語もある。例えばナイジェリア西部に分布するヨルバ語の [owa] という
文では、2つの音節が高―高であれば「彼が来る」、高―中であれば「彼が
見る」、高―低であれば「彼がいる」というように、それぞれ意味が異なる。
最も多い場合、高さが4つから5つのレベルに分かれる言語もある。例え
ば、メキシコの先住民の言語の1つであるマザテック語は声調が4つのレ

1　スウェーデン語など、ヨーロッパの一部の言語や東アジアの日本語などは声調言語では
　なく、ピッチ・アクセント言語（pitch-accent language）と呼ばれることもある。Clark &
　Yallop（2000）*An Introduction to Phonetics and Phonology*. 北京：外语教学与研究出版社,
　347–348 を参照。（原注）

ベルに分かれ、[ʃka] は高であれば「ズボン」、半低であれば「大型水生獣」、低であれば「木の葉」を意味する。そのほかに半高という声調もあり、例えば [ntʃa] が半高で発音されれば「かゆ」を意味する。

旋律型の声調言語では、音の高さはもちろん、音が上がる、下がるなどの変化によっても声調が区別される。旋律型の声調は平坦に伸びる場合も高であることも低であることもあり、時間とともに上昇したり下降したりもする。さらに屈曲したり波型になったりすることもある。これを描き出せば音楽のメロディーにも似て、その響きに強い旋律性が感じられる。シナ・チベット語族に属する言語の多くは旋律型の声調言語であり、そのうちの北京方言には 4 つの声調がある。中には上昇するものもあれば下降するものもある。高いものもあれば低いものもある。平らなものもあれば曲がるものもある。その結果、北京方言全体に強い旋律性が感じられ、音楽性に富んだ言葉に聞こえる。

声調は語の意味を区別する機能を持つほか、言語によっては文法機能を持つ場合もある。例えばナイジェリア南部に分布するエド語（ビニ語とも呼ばれる）では、[ima] が低―低であれば「私が示す」、高―低であれば「私が今、示している」、低―高であれば「私が示した」のように、2 音節間の高さの変化のしかたで動詞の時制が区別される。また古代中国語では声調が変わると同時に品詞も変わるという現象が普遍的に見られる。例えば、「衣」yī、「王」wáng、「雨」yǔ が名詞であるのに対して、第 4 声で発音されれば動詞となる。現代中国語においてもいまだにこの現象が見られ、北京方言の「墙上钉（dìng）着钉（dīng）子」、「背（bèi）上背（bēi）着个包袱」では声調によって名詞か動詞かが区別される。チベット語ラサ方言の [ŋɛ] は上昇調であれば「寝る」、高平調であれば「寝かせる」となり、異なる声調によって動詞の機能が切り替わる。ただし現代中国語やチベット語にこの現象が体系的に現れるわけではない。

5.1.2 調値と調類

声調の高さは主に基本周波数によって決まる。声調の最も低い点から最も高い点までの帯域を声調の調域という。その幅はふつう 1 オクターブ程度

である。調域の高さと幅は人によって異なり、男性ではおおむね100 〜 200 Hz、女性ではおおむね150 〜 300 Hzである。ただし、同じ人でも発話時の感情やイントネーションによって調域の高さと幅はある程度変化する。

　声調の基本周波数の変化を記録するというのは、一定の言語環境における1人の発話者による絶対的な周波数値を記録することであるが、それによって声調の本質を説明することはできない。声調を記述するための最も能率的な方法は5段表調法である。5段表調法とは、図5-1に示すように調域を5段階に分け、それに合わせて声調を表す方法である。まず縦に線を引き、これを4等分することで5つの点を得る。5つの点には下から順に数字の1、2、3、4、5を充て、それによって低、半低、中、半高、高という5段階の高さを表す。5つの数字が表す高さと、各数字の間の高さの違いはすべて相対的なものであり、音楽の数字譜が表す1（ド）、2（レ）、3（ミ）、4（ファ）、5（ソ）とは異なる。この5つの段階に合わせて、縦線の左側から縦線に向かって声の高さの時間的推移に沿った線を引くことで声調を表すことができる。声調における声の高さの推移を数字で表したものがいわゆる調値である。図5-1に示すのは北京方言の四声の調値である。調値は5段表調法における声調の形を模した記号でも、また調値を表す数字でも表すことができ、北京方言のmāは[˥]または[55]で、máは[˧˥]または[35]で、mǎは[˨˩˦]または[214]で、màは[˥˩]または[51]で表される。声調の記号は[ma˥˩]のように音節の次に示し、数字は[ma[51]]のように右上に書く。

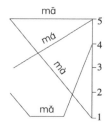

図5-1　5段表調法による北京方言の四声の形

　前述のように、5段表調法によって記述される調値は相対的なものである。したがって絶対的な基本周波数の値や、音域の高さや幅がどのように変

わっても、5段表調法の図に収めることができる。これは人間が声調を知覚するときの感覚に合うものでもある。少し訓練すれば誰でも耳で聞いて調値の高さやその変化を表記することができるため、5段表調法は調値を記述するのに最もよく利用される方法となっている。

　調値を基に描かれる線の形はさまざまであり、平らなものもあれば、上がるものや下がるもの、下がってから上がるもの、上がってから下がるもの、さらに、上がってから下がり、再び上がるものや、下がってから上がり、再び下がるものなど、変化に富んでいる。また、それぞれの高さもさまざまである。しかし個々の言語における声調の種類はかなり限られている。これまで知られている声調言語では、平らな声調、すなわち平調は多くても5種類である。このことからも、調値を5段階に分けることは、言語を記述するための必要を満たしていると言える。中国語方言で最も多くの平調を有するのは広州方言であると考えられており、合計3つの平調がある。例として「分」[fen⁵⁵]、「训」[fen³³]、「份」[fen²²] を挙げることができる。そのほか、「坟」[fen²¹] という発音も聞いた印象は低平調に似る。5つの平調がすべてそろう言語は比較的珍しく、アフリカやアメリカ大陸に分布する高低型の声調言語の中にいくつか存在する。中国では貴州東部台江県施洞口ミャオ語と、錦屏・剣河両県の間に分布する高壩トン語に5つの平調がある。例えば高壩トン語では [ta⁵⁵]（真ん中）、[ta⁴⁴]（過ぎる）、[ta³³]（山林）、[ta²²]（かける）、[ta¹¹]（つかむ）が区別される。しかし高低型の声調言語とは異なり、施洞口ミャオ語には平調のほかに2つの上昇調と1つの下降調、高壩トン語には3つの上昇調と1つの下降調がある。

　5段表調法では高さが異なる上昇調や下降調を理論的には△数十種類▽まで表すことができる。しかし、実際に1つの言語または方言に現れる上昇調と下降調はそれぞれ2種類を超えないのがふつうである。[ta⁴⁵]（魚）、[ta²⁴]（釘）、[ta¹³]（雄の）のように、高壩トン語には3種類の上昇調があるが、それは比較的まれな例である。それに対して2種類の上昇調または下降調を持つ中国語方言はかなり多く、上昇調の例として広州方言の「苦」[fu³⁵]、「妇」[fu¹³]、下降調の例として蘇州方言の「暑」[sʮ⁵²]、「树」[sʮ³¹] を挙げることができる。また1つの言語または方言が、上がってから下がる昇降調、

168 | 第 5 章　声調

または下がってから上がる降昇調を 2 種類有することもまれである。例えば浙江温州方言の「搭」[ta³²³]、「达」[ta²¹²] のように高さの異なる降昇調がある方言は珍しい。また最も複雑な形として、調値の曲線が昇降昇または降昇降のように 2 度反転する声調もありうるが、実例はほとんどなく、したがって 2 種類の昇降昇または降昇降を有する言語があるとは考えにくい。

　調値の変化はしばしば韻母の音色にも影響を与える。北京方言の複韻母 iou、uei が [55] と [35] で発音される場合、それぞれの韻腹の [o] と [e] が短くなる。[2] これは明らかに調値による影響を受けた結果である。また福州方言では韻母が降昇調、昇降調、または上昇調で発音される場合、単韻母が複韻母となり、複韻母は舌の位置が低くなる。これは福州方言の 1 つの大きな特徴でもある。[3] 例えば「衣、姨、以」[4] はいずれも [i] と発音されるが、

2　[55] と [35] で発音される場合に iou [iou]、uei [uei] の [o] と [e] が短くなるという、[214]、[51] での発音に見られない現象には 2 つの原因が考えられる。1 つは、[55] と [35] で発音される場合に喉頭全体がやや上昇し、それに伴って舌の位置が高まり、半高の [o] と [e] がその前後の [u] と [i] に近づくことである。もう 1 つは、[55]、[35] では後半がいずれも [5] で、調値が最大であるため、韻尾の u と i が弱化せずに発音されることである。その結果、韻腹の o と e が相対的に短く聞こえる。それに対して、[214] ではそもそも [1] が長く、[51] では前半に最大の調値 [5] があるため、介音と韻腹が弱化せず、本来の長さが保たれると考えられる。（訳注）

3　福州方言には 7 つの声調がある（表 5-1 参照）。それらは陰平、陽平、上声、陰去 / 降昇、陽去 / 昇降、陰入 / 昇、陽入である。単韻母はそのうちの高調、すなわち陰平、陽平、上声、陽入と組み合わせられるのに対して、複韻母はそのうちの低調、すなわち陰去 / 降昇、陽去 / 昇降、陰入 / 昇と組み合わせられる。これら 7 つの声調の調値に関して諸説があり、主に次の表に示す 3 つの意見に分かれる。

	陰平	陽平	上声	陰去 / 降昇	陽去 / 昇降	陰入 / 昇	陽入
陈泽平（1998）『福州方言研究』	55	53	33	213	242	24	5
袁家骅ほか（1960）『汉语方言概要』	44	52	31	213	242	23	4
福建省汉语方言概况编写组（1960）『福建省汉语方言概况』	44	53	31	213	242	23	5

（陈泽平 1998: 16 から引用。訳者による改変あり。）

　なお、表 5-2 やそのあとの記述によれば、本書はおそらく袁家骅ほか（1960）の調値を参照しているが、ほかの意見にも配慮し、今後、提示する福州方言の例の声調には調値ではなく、調類の名称を用いた訳注を付ける。（訳注）

4　「衣、姨、以」はそれぞれ陰平、陽平、上声である（陈泽平 1998: 39）。（訳注）

「意」は降昇調の [213] であり、「异」は昇降調の [242] であるため、ともに [ei] と発音される。また「登、等」[5] はいずれも [teiŋ] と発音されるが、「凳」は降昇調であり、「邓」は昇降調であるため、ともに [taiŋ] と発音される。また「勿」[6] は [uʔ] と発音されるのに対して、「屋」は上昇調の [23] であるため、[ouʔ] と発音される。

1 つの言語に現れる調値を分類したものを調類という。調類を分けるには、言語調査によって同じ調値を持つと見なされるものを 1 つにまとめるのが最も簡単な方法と考えられるが、実際に言語調査から得られた調値はしばしば多様で複雑である。その場合、当該の調値が現れる条件や音環境を総合的に考えなければならない。そうしなければ言語の実態を反映する調類に到達できない。例えば、北京方言の「马、好、写」などは単独で発音する場合、いずれも [214] であるが、後続する音節によって [21] となったり（例えば「马车、好人、写字」）、[35] となったりする（例えば「马脚、好酒、写稿」）。調値だけを見て同じ調類かどうかを判断するならば、この北京方言の [214]、[21]、[35] は 3 つの調類に分けられることになる。そればかりか、「马、好、写」の [35] という調値は「麻、豪、鞋」の [35] と同じ調類ということになる。これは明らかに北京方言本来の調類体系を乱し、調類に分ける意義さえ失わせるものである。

シナ・チベット語族に属する言語のほとんどは豊かな声調を有する。これは旋律型声調を備えた言語の中の代表的な語族である。ただし、その中にはチベット語安多方言やチアン語マワ方言[7]、チベットのローバ語[8] など、まれに声調がない言語や方言も含まれる。ただし、これらの言語や方言でも多くの音節に声調に似た慣習的な高さがある。なお、シナ・チベット語族で声調

---

5 「登、等」はそれぞれ陰平、上声である（陈泽平 1998: 47）。（訳注）

6 「勿」は陽入である（陈泽平 1998: 57）。（訳注）

7 チアン語マワ方言（中国語表記は「羌语麻窝方言、麻窝羌语」）はチアン語（第 3 章の注 6 を参照）の北部方言を代表する方言である。詳しくは刘光坤（1998）を参照。（訳注）

8 チベットのローバ語（中国語表記は「西藏珞巴语」）とは中国のチベット自治区南東部の洛渝地区に暮らすローバ族が話す言語である。ローバ（[ɬopɑ]）という名称はチベット語で南方の人という意味で、洛渝地区に散在する 20 数部族の通称である。ローバ語はシナ・チベット語族チベット・ビルマ語派に属する（欧阳觉亚 1979；龚锐・晋美 2004）。（訳注）

170 | 第5章 声調

を有する言語にはふつう4〜8の調類があるが、最も少ない場合の調類は2つで、例えば雲南プミ語[9]の箐花方言には [55] と [13] という2つの調類しかない。一方、これまで知られている限り、調類が最も多いのは貴州榕江県車江トン語であり、これには合わせて15もの調類がある。

5.2　中国語の声調

5.2.1　平上去入と陰陽

　紀元5世紀の南北朝時代[10]に瀋約[11]らは中国語に声調があることに早くも気づいていた。当時、声調は「平、上、去、入」の4つに分けられ、それが中国語声調の考え方の基礎となって綿々と引き継がれてきた。現代中国語諸方言は調類に大きな差があるが、いずれも古代中国語の声調体系に端を発し、これが転化したものである。諸方言における調類の相互関係の検討にも、過去から現在までの調類の変遷の考察にも、調類の呼称として今なお「平、上、去、入」が使われている。

　中国語の調類の変遷は声母の清濁と深く関係している。伝統的な音韻論では声母を4種類に分ける。気息を伴わない無声音の声母を「全清」、気息を伴う無声音の声母を「次清」、有声破裂音、有声摩擦音、有声破擦音の声母を「全濁」、鼻音、側面音、接近音の声母を「次濁」と呼ぶ。無声音の声母で始まる調類は「陰調」、有声音の声母で始まる調類は「陽調」という。「平、上、去、入」の4つの調類と「陰、陽」の2つの調類を掛け合わせて8つとし、それぞれを「陰平、陽平、陰上、陽上、陰去、陽去、陰入、陽入」とする。伝統的に漢字の外周に半円を付けてこの8つの調類を表す。平声なら左下、上声なら左上、去声なら右上、入声なら右下に付ける。陰調は半円のみだが、陽調では半円の下にさらに短い横線を引く。例え

9　プミ語（中国語表記は「普米语」）とは中国の雲南省に暮らす少数民族の1つであるプミ族（中国語表記は「普米族」）が話す言語である。南部方言と北部方言に分かれ、方言間の意思疎通は難しいとされる。南部方言はさらに箐花・魯甸・新営盤の3つに分かれ、北部方言はさらに拖七・桃巴・左所・三岩龍の4つに分かれる（黄成龙 2013）。

10　中国史における南北朝時代は、北魏が華北を統一した439年から隋が中国を再び統一した589年までの、中国の南北に王朝が並立していた時期を指す。（訳注）

11　北の斉朝の廷臣、441–513。（訳注）

ば「ᴄ东」、「ᴄ同」、「ᶜ董」、「ᶜ动」、「冻ᴄ」、「洞ᴄ」、「督ᴄ」、「独ᴄ」のように
である。現代中国語諸方言における調類はいずれもこの 8 つの調類が発展、
変化したもので、この 8 つの調類を基にすべての調類の分裂と融合を考察
し、命名することができる。

　古代中国語の全濁声母は、現代中国語の多くの方言ではすでに全清あるい
は次清の声母となっているが、呉方言と湘方言には全濁声母が残されている
ことから、両方言では声母の清濁と調類の関係をより明確に観察できる。以
下に、呉方言に属する蘇州方言の平声と去声がそれぞれ陰陽という 2 つの
調類に分かれる例を示す。

　　　陰平 [44]　　　例：诗 [sʅ]、飞 [fi]、侵 [tsʰin]、标 [piæ]

　　　陽平 [24]　　　例：时 [zʅ]、肥 [vi]、琴 [dʑin]、苗 [miæ]

　　　陰去 [412]　　例：试 [sʅ]、辈 [pᴇ]、栋 [toŋ]、替 [tʰi]

　　　陽去 [31]　　　例：示 [zʅ]、倍 [bᴇ]、动 [doŋ]、例 [li]

　蘇州方言では陰平 [44] と陽平 [24] とは調類が異なるだけでなく、声母の
清濁も異なっている。陰平は声母がすべて全清または次清である一方、陽平
は声母がすべて全濁または次濁である。陰去 [412] と陽去 [31] もこれと同様
に、陰去は声母がすべて全清または次清であるのに対して、陽去は声母がす
べて全濁または次濁である。

　全濁声母が無声化した多くの中国語方言の中には、従来の陽調類が陰調類
に融合する方言もあれば、独立した調類を維持する方言もある。しかし、独
立した調類を維持している方言でも、その調類には有声音の声母だけではな
く、無声音の声母も含まれるようになっている。ただしその無声音の声母
は、ほとんどが全濁声母が無声化したものである。また、全濁声母が無声化
したあとの陰陽調類における融合と分裂の状況は方言によって大きく異な
る。現在の北京方言を例にとると、平声は依然として陰平と陽平に分かれ
る。陽平で発音される字には、「明、泥、来、人」などの次濁声母の字以外
に「皮、台、极、浊、形」のように多くの無声音の声母も含まれている。そ
れらの字はほとんどがかつて全濁声母として発音された字である。それに対
して上声と去声は陰調と陽調に分かれない。それは本来の陽上と陽去がすべ

172 | 第5章　声調

て去声に融合しているからである。[12] 前述の蘇州方言ではそれぞれ陰去と陽去で発音される「试」と「示」、「辈」と「倍」、「栋」と「动」は、北京方言では同じ発音になる。残りの入声は北京方言では消失し、「压、择、笔、目」のように、陰入と陽入の2種類はそれぞれ陰平、陽平、上声、去声に融合している。

　ミャオ・ヤオ語族の声調の変化過程は中国語に似ている。古代ミャオ語の声調も、大きく平、上、去、入の4種類に分かれ、さらに声母の清濁によって陰平、陽平、陰上、陽上、陰去、陽去、陰入、陽入の8種に分かれる。現代のミャオ語にはこの8つの調類をそのまま継承している方言も少なくないが、一部の方言では融合が起こり、最も少ない場合、3つの調類にまで融合が進んでいる。その一方で、調類が分裂する方言もあり、最も多い場合、11の調類を有するに至っている。このように現代のミャオ語における諸方言の調類はその数にばらつきがあるが、各調類間の対応関係は整然としている。この点でも現代の中国語とよく似ている。

5.2.2　中国語普通話の四声

　中国語普通話の声調は北京方言の調類と調値を基に、4類に分けることができる。次に例を示す。

陰平	˥	[55]	例：衣、都、锅、先、窗
陽平	˧˥	[35]	例：疑、独、国、贤、床
上声	˨˩˦	[214]	例：椅、赌、果、显、闯
去声	˥˩	[51]	例：义、杜、过、现、创

　ここで述べる「調値」が扱うのは1音節、すなわち単独の音節に限った高さの変化である。ほかの音節と連ねて発音する場合に起こるさまざまな高さの変化については第6章で述べる。陰平の特徴は調値が高いことであり、[55] のほかに [54] または [44] のいずれで発音してもよい。陽平の特徴は上がることであり、[35] のほかに [24] または [25] のいずれで発音してもよい。上声の特徴は低いことであり、[214] のほかに [213] または [212]、さらに

12　後出の表 5-1 を参照。（訳注）

[21] で発音してもよい。去声の特徴は下がることであり、[51] のほかに [41] で発音してもよい。

　普通話には合計約 410 種の音節があるが、そのすべてに四声がそろってそれぞれに意味のある字が充てられるわけではない。実際には四声がそろってそのいずれにも意味のある字が充てられる音節は 160 余りにすぎない。残りの音節のうち、3 つの調類に意味のある字が充てられるのは 130 余りである。例えば ku [kʰu]（「枯、○[13]、苦、庫」）は陽平で発音することは可能だが、それに相当する意味のある字はない。また tou [tʰou]（「偸、头、○、透」）は上声で発音することは可能だが、それに相当する意味のある字はない。3 つの調類に意味のある字が充てられる音節をすべて見てみると、陽平を欠くものが最も多い。2 つの調類に意味のある字が充てられるのは 70 ほどである。例えば shuo [ʂuo]（「说、○、○、硕」）では陽平と上声に充てられる意味のある字はなく、min [min]（「○、民、敏、○」）では陰平と去声に充てられる意味のある字はない。1 つの調類にのみ意味のある字が充てられるのは 40 ほどである。例えば hei [xei] は陰平のみ（「黑」）、neng [nəŋ] は陽平のみ（「能」）、gei [kei] は上声のみ（「给」）、te [tʰə] は去声のみ（「特」）に意味のある字が充てられる。その結果、普通話の音節の数は、書き言葉にのみ使われる音節（例えば、nún「麐」、ruán「堧」）と方言、地域の言葉などにのみ現れる音節（例えば、cèi「㾴」、kuǎng「夼」）を除けば、四声の違いを含め、合計 1250 程度である。

　方言に類比して、普通話の四声には次の特徴がある。

　（1）平声は陰平と陽平に分かれる。中国語の多くの方言はこの点で普通話に似る。これは声調の通時的変化によるものである。陰平声は古代の無声声母の平声から生じたものであり、そこには有声の声母は含まれないはずであるが、現代の普通話では「妈、猫、捏、妞、拉、捞、扔」のような次濁の声母の字も含まれる。ただし、それらの字の数は限られており、しかもそのほとんどが話し言葉で日常的に用いられる字であるため、言語音の変化における例外として扱ってよい。その一方で陽平声は古代の有声声母の平声から

13　○は該当する字がないことを表す。以下同様。（訳注）

174 | 第 5 章　声調

生じたものでありながら、現代の普通話ではそこに「答、得、急、足、菊、博、阁、洁、决、袂」のような無声声母の字も含まれる。ただし、それらの字は本来は無声声母の入声字で、入声が消失したことに伴って陽平に融合したものである。これは声母の清濁によって説明できることではない。

　(2) 全濁の上声が去声に融合している。これは北方方言に共通する性質といってよい。これらの方言では古代の陽上声が 2 つの種類に分かれた。すなわち、次濁声母と清声母の上声には変わりがなく、今も上声で発音されるのに対して、全濁声母の上声は上声を離れ、去声に融合して 1 つの調類にまとまった。去声は、その元となった陰去声と陽去声に全濁声母の上声が加わったために、普通話の四声の中で最も多くの字を有する声調となっている。それに対して上声は、全濁声母の上声が抜けた結果、これに属する字が最も少ない声調となっている。(なお、「上」は現在では shàng と発音するが、これも全濁声母が上声から去声に転じた発音である。調類の名称としての「上声」は所記と能記の対応を考え、去声に転ずる前の shǎng で発音すべきである。) 次にこれらの 3 調類に属していた字の例を挙げる。縦に並ぶ字はそれぞれ、普通話においてすでに同じ発音となっている。

全濁上声	抱	待	受	部	动	断
陰去声	报	戴	兽	布	冻	锻
陽去声	暴	代	售	步	洞	段

　これに対して、上の 3 調類を異なる発音として継承している方言には広州方言、紹興方言、温州方言などがある。例として広州方言の「抱」[pʰou¹³]、「报」[pou³³]、「暴」[pou²²] を挙げることができる。

　(3) 入声が消失し、陰平、陽平、上声、去声に融合している。ほとんどの北方方言に入声はなく、ほかの調類に融合している。中でも普通話における融合のしかたは比較的複雑である。「达、极、直、食、独、局、活、白」のような全濁の入声字は陽平声に、「木、莫、纳、虐、力、列、日、肉」のような次濁の入声字は去声に融合しているが、無声の声母 (清声母) の入声字は陰平、陽平、上声、去声のいずれにも融合しており、そこに明確な規則性はない。次に示す字はすべて本来無声の声母の入声字である。

陰平	八	吃	屋	缺	黑	屈	插	泼

陽平	答	級	竹	決	伯	福	国	革
上声	笔	法	北	渴	雪	属	谷	甲
去声	必	式	祝	不	色	迫	促	刻

　全体的に見れば、普通話では入声の去声への融合が最も多く、その数は、よく使われる入声字全体の半分以上を占める。ほかに3分の1は陽平声に融合しており、去声に融合したものと合わせると、よく使われる入声字全体の6分の5以上を占める。残るわずかな字が陰平または上声に融合し、そのうち上声に融合したものが最も少なく、よく使われる字に限れば20にも満たない。また東北方言でも入声が四声全般に融合しているが、上声に融合したものが普通話よりはるかに多く、上に挙げた、普通話において陰平、陽平または去声で発音される無声の声母の入声字の例では、後ろの4つの字が多くの東北方言において上声で発音される。

5.2.3　中国語方言の調類

　中国語では方言によって調類の融合と分裂の様相が大きく異なる。[14]　調類は最も少ない場合、わずか3つである。例えば河北灤県、山東煙台、寧夏銀川などの方言で単独の字を発音する場合、平声、上声、去声の3つの調類しかなく、江西井岡山方面の方言では、陰平、陽平、去声の3つの調類しかない。それに対して、これまで知られているうちで調類の最も多い方言は江蘇呉江の松陵方面の方言で、地元の古い発音では平、上、去、入という四声に声母の清濁が加わって8つが生じ、さらに陰調類は声母が有気音か否かによって全陰調と次陰調の2種類に分かれる。全陰調とは声母が無気音、次陰調とは声母が有気音であり、両者の調値は異なる。例えば平声であれば、それが陰平と陽平に分かれ、陰平がさらに「丁」[tin⁵⁵]、「厅」[tʰin³³]のように全陰平と次陰平の2種類に分かれる。これらを合わせると、この方言には全陰平、次陰平、陽平、全陰上、次陰上、陽上、全陰去、次陰去、陽去、全陰入、次陰入、陽入という12もの調類がある。現代の発音では次陰平が全陰平、次陰上が次陰去に融合して10の調類のみとなるが、依然と

14　後出の表 5-1 を参照。（訳注）

176 | 第5章　声調

して中国語方言の中で調類の最も多い方言であることに変わりはない。

　中国語諸方言の調類の分裂と融合の結果、総じて北方方言には調類が少なく、南方方言には調類が多いという傾向が生じている。北方方言では調類は多くて5つ、おおかたは4つである。湘方言、カン方言、ハッカ方言ではやや多く、5つから6つの調類を有することが多い。これに対して呉方言とビン方言にはふつう7つから8つの調類がある。エツ方言は調類が最も多く、ふつう8つから9つの調類があり、最も多い場合、前述のように10の調類があることもある。なお、方言によって調類の数は大きく異なるが、平、上、去、入の四声を基に、それらの分裂と融合の過程を明確に説明できることは前にも述べたとおりである。

(1) 平声

　ほとんどの中国語方言では平声が陰平と陽平の2種類に分かれる。しかし北方地域において、河北東部の灤県方面から西へ、張家口、内モンゴル自治区のフフホト、山西太原と平遥方面、甘粛天水と林洮方面、新疆ウイグル自治区の伊寧、焉耆に至る細長い地域に分布する方言では、単独で発音する場合、平声に陰陽の違いがなく、陰平と陽平の調値が同じになることが多い。つまりそれらの方言では「梯」と「題」、「方」と「房」、「天」と「田」を単独で発音する場合、発音は同じになる。そのほか、単独で発音する場合に陰平声と上声の調値が同じになる方言も一部にある。例えば山西五台方面、陝西米脂方面では「梯」と「体」、「方」と「紡」が同じ発音になる。また、単独で発音する場合に陽平声と上声の調値が同じになる方言も一部にある。例えば河北滄県方面、寧夏銀川方面では「題」と「体」、「房」と「紡」が同じ発音になる。

(2) 上声

　上声が陰上と陽上の2種類に分かれる中国語方言はそれほど多くない。その中で比較的重要なのは紹興方言、温州方言、潮州方言と広州方言であり、そのいずれも東南海岸近辺に分布している。ほかの大多数の方言には上声が1種類しかなく、これらの方言では多くの場合、全濁上声が去声に、次濁上声が清上声に融合している。また蘇州方言のように次濁上声までもが陽去声に融合している方言もある。中国語諸方言の中ではハッカ方言の上声の変化が最も複雑である。ハッカ方言に属する大部分の方言は上声が1種

類しかなく、全濁上声が去声に融合しているという点ではほかの中国語方言と同じであるが、ハッカ方言では古代において陰上声、陽上声で発音していた字の一部が陰平声で発音されるようになっている。なお、陽上声で発音していた字は陰上声で発音していた字より陰平声で発音されることが多く（例えば「美、冷、坐、动」など）、これがハッカ方言の1つの特徴となっている。なお、上声という調類が消失した方言も一部にある。例えば江西井岡山方面のハッカ方言には陰平、陽平、去声の3調類しかなく、古代において全濁上声で発音していた字は陰平で、ほかの上声で発音していた字は去声で発音するようになっている。また陝西北部の延長方言では上声で発音していたすべての字が去声に融合して同一の調類となり、単独の上声という調類は存在しない。

(3) 去声

　北方方言では一般に去声が1種類しかなく、陰去と陽去に分かれることはない。しかし山西南部の長治と臨汾方面では去声が陰陽の2種類に分かれる。これは北方方言において比較的まれな現象である。それに対して、南方方言の多くでは去声が陰去と陽去に分かれるが、ハッカ方言に限っては去声が陰陽に分かれないことが多い。ただし、広東恵州と福建長汀方面のハッカ方言はほかの南方方言に似て、去声が陰去と陽去の2種類に分かれる。なお、江西南部の石城方言もハッカ方言であるが、この方言では古代における陰去声が去声から分かれて上声と融合し、また広東北部の翁源方言では古代における陽去声が去声から分かれて上声と融合しているために、去声は1種類が残るのみとなっている。

(4) 入声

　現代の中国語で入声は大きく分けて2つの様態に変化している。1つは入声が完全に消失し、ほかの調類と融合した様態であり、これは主に北方方言地域に見られる。もう1つは入声が残っているが、さまざまな形を取るようになった様態である。南京方言のように入声調類が1つしか残っていない方言もあれば、蘇州方言のように陰入と陽入に分かれて2つの調類が残っている方言もある。さらに3種類から4種類が残っている方言もある。例えば、広州方言では陰入の調値が母音の音色の影響を受けて上陰入と下陰

178 | 第5章 声調

入の2種類に分かれるが、広西博白方言では陰入、陽入ともに2種類に分かれ、合わせて4種類の入声調類がある。入声調類の分裂と融合は特に複雑であるため、下に独立した1節、「5.2.4 入声について」を設けて詳しく述べることにする。

ここまで、中国語諸方言における調類の分裂と融合の全体的な傾向についてまとめてきた。表5-1に、例を挙げて現代中国語の代表的な方言における調類を示す。この表から、各方言における調類の分裂と融合は複雑ながら、そこに規則性もあることがわかる。この表では調類ごとに2つの例を挙げているが、記憶しやすいようにこの2つの字を組み合わせれば1つの語にもなるようにしてある。ただし、2つの字をつなげて1語にすると、方言によって声調の調値が変わることがあるので、2つの例字をつなげて読まないようにコンマで区切っている。また、本来の調類がほかの調類と融合している場合、融合先の調類の名称をかっこに入れて示している。[15]

この表5-1には合計16の方言の調類がまとめてある。しかし分裂と融合に関するさらなる詳細を示すことはできない。例えば南昌方言では古代の次濁の平声が陰去声で発音されることが示されているが、実際には全濁に含まれる有声摩擦音声母も陰去声で発音される。つまり「时、译」（有声摩擦音声母）と「麻、龙」（次濁の平声）は「霸、细」（陰去声）と同様に陰去声で発音される。また井岡山のハッカ方言では、古代の次濁入声の中に、表に示された去声ではなく、陰平で発音されるものがある。例えば「六」が去声で発音されるのに対して、「绿」は陰平で発音される。両者は同じ声調ではない。

5.2.4 入声について

中国語のほとんどの方言には入声の調類がある。入声がない方言は北方方言の地域に集中する。北方方言でも一部地域、例えば江淮や山西方面に分布する方言には入声が存在するが、北方方言の大部分の地域では入声がすでに消失している。入声がないことは北方方言とその他の中国語方言との音声面における最も顕著な違いといってよい。

---

15 福州方言を例にとれば、本来の全濁上声の欄にかっこ付きで「陽去」と書いてある。それは本来の全濁去声が陽去に融合していることを表す。（訳注）

5.2 中国語の声調

表 5-1　16の現代中国語方言の調類と中古中国語の声調との対応

声調	平/全清	平/次清	平/次濁	平/全濁	上/全清	上/次清	上/次濁	上/全濁	去/全清	去/次清	去/次濁	去/全濁	入/全清	入/次清	入/次濁	入/全濁	声調の数
例	东、方	天、春	明、年	文、劳	短、小	土、产	老、母	舅、父	报、到	快、去	卖、弄	自、治	八、百	切、确	日、历	学、习	
江蘇呉江	全陰平	次陰平	陽平	陽平	全陰上	次陰上	陽上	陽上	全陰去	次陰去	陽去	陽去	全陰入	全陰入	陽入	陽入	12
広西博白	陰平	陰平	陽平	陽平	陰上	陰上	陽上	陽上	陰去	陰去	陽去	陽去	上陰入／下陰入	上陰入／下陰入	上陽入／下陽入	上陽入／下陽入	10
広州	陰平	陰平	陽平	陽平	陰上	陰上	陽上	陽上	陰去	陰去	陽去	陽去	上陰入／下陰入	上陰入／下陰入	陽入	陽入	9
温州	陰平	陰平	陽平	陽平	陰上	陰上	陽上	(陽去)	陰去	陰去	陽去	陽去	陰入	陰入	陽入	陽入	8
蘇州	陰平	陰平	陽平	陽平	陰上	上声	上声	(陽去)	陰去	陰去	陽去	陽去	陰入	陰入	陽入	陽入	7
福州	陰平	陰平	陽平	陽平	上声	上声	上声	(陽去)	陰去	陰去	陽去	陽去	陰入	陰入	陽入	陽入	7
アモイ	陰平	陰平	陽平	陽平	上声	上声	上声	(陽去)	陰去	陰去	陽去	陽去	陰入	陰入	陽入	陽入	7
梅県	陰平	陰平	陽平	陽平	上声	上声	上声	(去声)	去声	去声	去声	去声	陰入	陰入	陽入	陽入	6
長沙	陰平	陰平	陽平	陽平	上声	上声	上声	(陽去)	陰去	陰去	陽去	陽去	入声	入声	入声	入声	6
南昌	陰平	(陰去)	陽平	陽平	上声	上声	(陽去)	(陽去)	陰去	陰去	陽去	陽去	陰入	陰入	陽入	陽入	6
揚州	陰平	陰平	陽平	陽平	上声	上声	上声	(去声)	去声	去声	去声	去声	入声	入声	入声	入声	5
太原	平声	平声	平声	平声	上声	上声	上声	(去声)	去声	去声	去声	去声	陰入	陰入	陽入	陽入	5
北京	陰平	陰平	陽平	陽平	上声	上声	上声	(去声)	去声	去声	去声	去声	(四声それぞれに融合している)	(去声)	(去声)	(陽平)	4
成都	陰平	陰平	陽平	陽平	上声	上声	上声	(去声)	去声	去声	去声	去声	(陽平)	(陽平)	(陽平)	(陽平)	4
銀川	平声	平声	平声	平声	上声	上声	上声	(去声)	去声	去声	去声	去声	(去声)	(去声)	(去声)	(去声)	3
井岡山	陰平	陰平	陽平	陽平	去声[1]	去声[1]	去声[1]	去声[1]	去声	去声	去声	去声	(去声)	(去声)	(去声)	(去声)	3

---

1 前述の「(2) 上声」では「なお、上声という調類が消失した方言も一部にある。例えば江西省井岡山方面のハッカ方言には陰平、陽平、去声の3調類しかなく、古代において全濁上声で発音していた字は陰平、ほかの上声で発音していた字は去声で発音するようになっている」と述べられており、また、全濁上声の一部が陰平と発音することはハッカ方言の特徴の1つとされる（黄雪貞 1988; 1989）ことから、ここで全濁上声に対応する声調を「去声」ではなく「陰平」に修正すべきであると思われる。（訳注）

180 | 第5章　声調

　方言は入声の継承のしかたにより大きく2種類に分かれる。第1の種類は入声字の音節が短く発音され、音節末に破裂音の韻尾を持つ方言である。この種の入声字の音節は促声調と呼ばれる。促声調以外のものは舒声調と呼ばれる。このような違いはほかの声調言語にも見られる。例えば車江トン語では15の調類のうち6つが促声調である。なお、中国語諸方言では促声調を一律に入声として扱う。促声調の韻尾として [-p]、[-t]、[-k] の3音がすべて現れる方言がある。広州方言の「答」[tap]、「八」[pat]、「百」[pak] をその例として挙げることができる。梅県方言とアモイ方言も同様である。潮州方言はやや異なり、3種類の破裂音韻尾があるが、それらは [-p]、[-t]、[-ʔ] である。海南文昌方言には「納」[nap]、「力」[lat]、「六」[lak]、「臘」[laʔ] のように、[-p]、[-t]、[-k] に [-ʔ] を加えて4種類となる、最多の破裂音韻尾がある。このような例は中国語方言の中でも比較的珍しい。また、南昌方言には [-t] と [-k] の2種類がある。そのほかの大部分の方言には1種類があるのみで、多くの場合、それは声門破裂音 [-ʔ] である。この声門破裂音を韻尾に持つ方言には蘇州方言、合肥方言、揚州方言などがある。なお、福州方言ではほとんどの話者が韻尾に [-ʔ] を用いるが、一部に [-ʔ] と [-k] の2種類を用いる話者もいる。ただし、そうした話者の [-k] は軽く発音されるため、「叶」[ieᵏ] のように [ᵏ] と表記してもよい。なお、数は限られるが、側面音が入声音節の末尾に現れる方言も一部にある。例として湖北通城の「八」[pal]、「力」[dʰil]、また安徽桐城の「目」[mɤɬ]、「历」[liɤɬ] を挙げることができる。

　入声の調値は、ほかの調類の調値と同じになる場合がある。例えば広州方言では陽入の調値は陽去と同じで、その違いは長さに現れる。短い調値は5段表調法では短い横線で表し、数字を1つだけ記す。広州方言の陽入は [˨2] で、陽去は [˨22] である。「热」[jit²] と「义」[ji²²] の違いは長さと破裂音韻尾の有無にある。つまり、このような調類の違いは長さと音節構造の違いによるもので、高さとは関係しない。それに対して、入声の調値がほかの調類の調値と異なる場合もある。例えば蘇州方言の陽入は短い [23] で、確かに陽平の調値 [24] と大きく異なることはないが、ほかの調類にはめったに見られない調値である。このような短く上がる、または下がる声調を5

段表調法では短い斜めの線で表し、数字で表す場合はそれに下線を引く。蘇州方言の陽入は [ʌ 23]、△陽平▽は [ʌ 24] である。また、「白」[bɒʔ ʌ] と「排」[bɒ ʌ] の違いは長さと破裂音韻尾の有無にあり、[23] と [24] の違いはこの 2 つの調類を分ける主たる手がかりではない。つまり入声があるこれらの方言においては、入声とその他の調類とで分類の基準そのものが一致しない。ほかの調類は主に調値の高さと動きによって分類されるのに対し、入声は主に調値の短さと破裂音韻尾を有することをその特徴とする。

　第 2 の種類の方言では、入声字の音節の末尾に破裂音の韻尾がなく、発音も短くない。調類として独立し、ほかの調類と融合しない。例えば長沙方言と温州方言にはともに入声調類があり、前者には調値が [24] の 1 つのみがあり、後者には陰入の [323] と陽入の [212] がある。いずれも発音は短くなく、ほかの調類との違いは単に調値が異なる点であり、長さや音節構造に明確な違いはない。

　入声が消失した方言も大きく 2 種類に分かれる。1 つは古代の入声全体が変化し、別の 1 つの調類に融合した方言である。例えば成都方言では古代の入声が現在はすべて陽平[16]に融合している。これは西南官話の 1 つの特徴でもある。また銀川方言では入声が去声に融合している。これも全体が別の 1 つの調類に融合した例である。もう 1 つは古代の入声がそれぞれ異なる調類に融合した方言である。例えば済南方言では古代の全濁入声が陽平に、次濁入声が去声に、清入声が陰平に融合し、蘭州方言では古代の全濁入声が陽平に、そのほかが去声に融合している。こうした分裂と融合の規則性は明確である。北京方言およびその他の北方方言では入声がそれぞれ陰平、陽平、上声、去声という 4 つの調類に融合し、そのうち全濁入声が陽平に、次濁入声が去声に融合しているが、清入声についてはその融合に明確な規則性はない。

　以上のことから、各方言における入声の分裂と融合のしかたは大きく異なることがわかる。この違いは入声の歴史的変化の異なる段階を反映するものである。古代の入声は発音が短く、[-p]、[-t]、[-k] という 3 つの破裂音韻尾

16　ただし、表 5-2 に示されるとおり、成都方言の陽平は普通話とは異なり、[35] ではなく、[31] である。（訳注）

182 | 第5章 声調

が付く。これらの韻尾は現在でも広州方言のような一部の南方方言に全面的に継承されている。表5-2にいくつかの方言における入声字の発音を示す。そこには入声の通時的な発展と変化のおおよその過程を観察することができる。

表5-2　中国語の方言における入声字の発音

古代の調類	陰入	陽入	陰入	陽入
例	八 [-t]	十 [-p]	百 [-k]	麦 [-k]
広州	pat^{33}	$\int ɐp^{2}$	pak^{33}	$mɐk^{2}$
南昌	pat^{5}	$sət^{21}$	pak^{5}	mak^{21}
福州	$pai?^{/k23}$	$sei?^{/k4}$	$pai?^{/k23}$	$mei?^{/k4}$
蘇州	$pɔʔ^{4}$	$zɤʔ^{23}$	$poʔ^{4}$	$mɒʔ^{23}$
温州	po^{323}	sei^{212}	pa^{323}	ma^{212}
長沙	pa^{24}	$sɿ^{24}$	$pɤ^{24}$	$mɤ^{24}$
成都	pa^{31}	$sɿ^{31}$	pe^{31}	me^{31}
北京	pa^{55}	$ʂɿ^{35}$	$pæi^{214}$	$mæi^{51}$

　この表に示すように、広州方言は古代入声の破裂音韻尾 [-p]、[-t]、[-k] をよく継承している。南昌方言では [-p] で終わる古代の入声が [-t] に融合しつつあるが（文読では [-k] も [-t] に融合する傾向が見られ、例えば「百」は文読で [pɛt]、「麦」は文読で [mɛt] と発音する）、[-t] と [-k] という2つの破裂音韻尾は依然として残る。福州方言では [-p] と [-t] がすでに消え、[-k] は [-ʔ] に変わる途中にあるため、2つの音が同時に存在する。[17] 蘇州方言は古代の [-p]、[-t]、[-k] がすべて [-ʔ] に変わっており、破裂音韻尾の変化の最終段階を表している。呉方言に属する、入声があるほかの方言もおおむねこのとおりである。これに対して温州方言と長沙方言は入声の変化のさらに次の段階を表している。すなわち、破裂音韻尾は消失したが、入声そのものは依然として独立した調類として存在し、それ自体の調値を保っている状態である。さらに成都方言と北京方言はすでに入声の変化の最終段階にあり、入声は完全に消失し、全体がほかの調類に融合している。すなわち、成都方言では陽平に、北京方言では四声の各声調に融合している。

17　表5-2の「pai?^/k23」のような表記はこのことを表している。（訳注）

5.3　声調の知覚と測定

5.3.1　声調の知覚

　声調の高さや動きは基本周波数によって決まる。しかし音節の基本周波数と声調を同じものとして扱ってはならない。それは第1に、基本周波数の細かな違いを我々が必ずしも聞き取れないからである。例えば、女性話者が発音する高く引きのばした音声が 240 Hz であっても 250 Hz であっても、普通話の母語話者はそれを陰平調と知覚する。第2に、声調は相対的な高さであり、絶対的な高さではないからである。例えば、男性話者が 150 Hz で、女性話者が 240 Hz で発音する高く引きのばした音声から普通話の母語話者が感じ取る特徴はどちらも高く平坦に続くということから、これらはいずれも陰平と知覚される。すなわち、声調の知覚において男性と女性の声の絶対的な高さの違いにとらわれることはない。それは人々が1つの声調を知覚する際に、いつもそれと同じ条件（発話者、その声調の音声環境など）で発音された声調と対照しながらその声調の高さを認識するからである。発話者ごとに発音の高さが変化する範囲は異なる。つまり、各個人にはそれぞれの声調の音域（調域）がある。発話者が異なる、ことにその性別や年齢が異なるならば、発声の絶対的な高さも大きく変わる。第3に、客観的に計測した基本周波数の値は主観的にとらえた高さと線形関係にはないからである。そのため、声調の研究で研究者たちはしばしば絶対的な高さの単位 Hz の代わりに相対的な高さの単位を用いる。これについては「5.3.2 声調の測定」で取り上げる。

　声調言語とはいっても、声調の数は母音や子音よりもはるかに少ない。中国語でも声調は、声母、韻母に比べてずっと数が限られている。一方、音節における声調への負荷は声母、韻母より重い。具体的には、普通話には 21 の子音声母があるにもかかわらず、声調は4つしかない。発話では声母がかわるがわる現れるので1つの声母の出現頻度はそれほど高くない。その結果、1つの声母を誤って発音しても大きく目立つことはない。それに対して1つの声調は単純平均で4音節に1度現れ、その出現頻度は非常に高い。1つの声調が正しく発音されなければそれはすぐ気づかれるため、声調は中国語の音節において最も敏感に知覚される要素といってよい。しかしその反

184 | 第5章　声調

面、声調の知覚は母音や子音の知覚よりも複雑である。[18]

　声調の調域は相対的なものである。発話者によって調域の周波数帯が変わるだけでなく、同じ発話者でも発話時の調域が広くなったり狭くなったり、高くなったり低くなったりもする。発話者にいつまでも同じ高さと同じ帯域で発話することを求めてもそれは無理である。さらに1つの調類の調値は一定の調域内でも常に安定しているわけではない。それにもかかわらず、我々は声調を知覚する際に高さや幅が異なる調域を統合して知覚できるだけでなく、多様な基本周波数の動きを、限られた数の調類に振り分けて知覚することもできる。例えば普通話のある音節の声調が [55] に近いがやや上昇していても、普通話の母語話者であればそれを陰平として知覚し、上昇の幅が十分に大きくならない限り、陽平として知覚することはない。

　この現象と関連するのは、仮に声調ごとに高さが変化しうる範囲があるとすれば、それに対応する知覚上の範疇境界があるかという問題である。実験の結果、普通話には陰平と陽平の間に範疇境界があることが指摘されている。すなわち、ピッチの上昇は一定の幅を超えて初めて陽平として知覚される。それに対してピッチの上昇幅がその臨界値に達しなければその声調は陰平調として知覚される。この臨界値こそ、陰平と陽平の範疇境界である。同じく普通話の陰平と去声の知覚も陰平と陽平の知覚に似ている。すなわちピッチの下降幅が小さければその声調は陰平として知覚されるのに対して、下降幅が臨界値を超えればその声調は去声として知覚される。ただし、すべての声調の知覚に範疇性が見られるわけではない。知覚実験の結果、一部の言語では種類が異なる平調の間に範疇境界が存在しないことも指摘されている。例えばタイ語や中国語のエツ方言（広州方言）では、異なる平調の間に知覚上の範疇境界が見られないことが示唆されている。[19]

18　「声調の知覚は母音や子音の知覚よりも複雑である」というより、言語の知覚研究の歴史から見れば、先に母音や子音という分節的要素の研究から始まり、そのあとで声調を含む超分節的要素に研究が進展したため、母音や子音より声調の知覚にまだ未知の部分が多く残されているというべきだろう。（訳注）

19　声調間に明確な範疇境界がない場合、異なる声調がいかに知覚されるかについてはまだ議論がなされているところだが、次の段落以下にいくつかの手がかりが紹介される。（訳注）

5.3 声調の知覚と測定 | 185

　声調の知覚は主に基本周波数の変化に基づくが、基本周波数が声調知覚における唯一の手がかりというわけではない。ささやき声は気流が狭められた声門を通過することによって作られる噪音である。その際に声帯は振動しないので基本周波数は存在しない。しかしささやき声の噪音を聞けば、そのささやき声で話された言葉の意味を理解することができる。それはささやき声に含まれる母音や子音だけでなく、声調も明確に聞き分けられるからである。さもなければささやき声で意思の疎通を図ること自体が不可能である。ささやき声で普通話の四声を単独で発音しても、その弁別正答率は 50 パーセントを超える。これらのことから、基本周波数以外にも声調の知覚を助ける情報が存在することがうかがえる。ささやき声で発音する際には声帯の末端に小さな透き間が開き、ほかの大部分は閉じている。すなわち声門の大半が閉じた状態にある（第 1 章、図 1-17 参照）。ささやき声による発話は声帯振動を伴わないが、高さを調節しようとするために声帯を張ったり緩めたりする筋肉の動きは残るため、このことがささやき声の噪音のスペクトルに影響を与え、結果的にそれが声調の弁別に寄与していると考えられる。[20]

　声調の高さの変化は長さや強さにも影響を与える。例えば普通話の 4 つの声調を単独で発音する場合、一般に去声が最も短く強いのに対して、上声が最も長くて弱い。陰平と陽平はその間にあるが、多くの場合、陽平が陰平よりやや長い。高さが明瞭に感じ取れるならばこれらは必須ではない余剰的な情報にすぎないが、高さが明瞭に感じ取れない場合、こうした情報が声調を知覚するための手がかりになる。

5.3.2　声調の測定

　伝統的な音声学では聴覚によって声調の調値を記述する。前述のような 5 段階に分ける表記法は声調の理論的な記述に十分である。しかし声調をさらに精密に観察し、分析しようとする場合、主観的な知覚の信頼性をより客観的な音響データによって裏付けることが求められる。つまり声調の音響測定

20　高さを調節するには声帯を張ったり緩めたりするだけでなく、喉頭全体を上げたり下げたりする動きもあるので、声門の大半が閉じた状態で喉頭を上げ下げすれば声門上腔の容積が変化し、それによって共鳴する周波数帯が変わり、スペクトルにも変化が生じる。（訳注）

186 | 第5章 声調

が必要となる。

　音声分析用ソフトウェアによって音声に含まれる基本周波数を抽出し、その結果からピッチ曲線を作成することができる。しかし注意すべきは、可視化されたピッチ曲線は伝統的な音声学における声調の理論的記述と完全に一致するわけではないということである。声調の始まりと終わりにはその声調の形にそぐわない短いピッチ変化が現れやすい。例えば高く平坦な声調であってもその始まりにわずかな上昇が現れたり、終わりに短い下降が現れたりする。これは声帯振動が始まる、または終わる際に、慣性などの要因によって生み出されるもので、声調の測定においてはこうした部分のピッチ情報を削除する必要がある。

　図5-2に男性話者が発音した普通話の4つの声調のピッチ曲線を示す。この図では、陰平のピッチ曲線は理論上想定される1本の水平の直線ではなく、ピッチ曲線の始めにやや上昇し、終わりに上昇してから下降する動きが現れる。また陽平のピッチ曲線も直ちに上昇するのではなく、やや下がったあとに上昇している。ピッチ曲線に現れるこれらの声調本来の形との不一致は声調の本質的な特徴ではないため、声調の測定において排除されるべきである。つまり陰平の高さを測定する場合は発音が安定した部分の基本周波数の平均値を取ればよい。それに対して陽平、上声、去声は上昇、下降のある声調であり、測定する場合は声調本来の形に合う部分の極限値（最低値、最高値、屈曲部の値）を測るべきである。連続発話では声調を測定することがさらに難しい。それは、連続発話において声調は常にその前の声調の終点の高さとその次の声調の始点の高さに影響を受けるからである。それに加えてイントネーションも声調にさまざまな影響を与える。その結果、1つの音節のピッチ曲線がその字本来の声調の形から大きくかけ離れることもある。この場合、特に測定する点を慎重に選ばなければならない。

5.3.3　基本周波数から5段表調法への変換

　音声分析用ソフトウェアによって測定された基本周波数の単位は通常ヘルツ（Hz）である。これは絶対的な高さの単位である。もちろん一部のソフトウェアでは相対的な高さの値も提供されており、そこで用いられる単位はセ

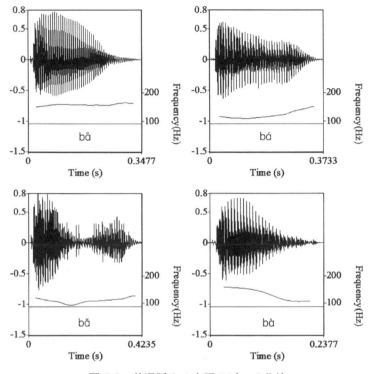

図 5-2　普通話の 4 声調のピッチ曲線

ミトーン（semitone）やメル（mel）である。前述のとおり、人が声調を知覚する際には、発話者による絶対的な高さの違いにとらわれることはない。このような主観的な知覚様式に基づいて作られた 5 段表調法は、実質的に標準化の処理を行ったものと言える。しかし多くのソフトウェアはいまだにこのような差異を直接排除することができないため、たとえ測定の際に相対的な高さの単位を選んだとしても、得られた結果を直ちに 5 段表調法に対応させることはできない。

　△高さの標準化処理には多くの方法があるが、ここでは 5 段表調法に適合させることができる 2 つの方法を紹介する。[21]

21　数式（1）は石峰（1990）「论五度值记调法」『语音学探微』北京：北京大学出版社、pp. 27–51 から引用する。数式（2）は中国科学院音響研究所の呂士楠氏の助言に基づく。（原注）

188 | 第 5 章　声調

$$T = 5 \times \frac{\lg\frac{f_0}{f_{min}}}{\lg\frac{f_{max}}{f_{min}}} \tag{1}$$

$$D = 1 + 4 \times \frac{\lg\frac{f_0}{f_{min}}}{\lg\frac{f_{max}}{f_{min}}} \tag{2}[22]$$

　上の数式 (1) と数式 (2) では f_0 が実際に測定された基本周波数の値で、f_{min} と f_{max} はそれぞれの発話者が発音したすべての声調の基本周波数の最低値と最高値である。数式 (1) を用いて計算すると、高さが最低値および最高値にある場合、T はそれぞれ 0 と 5 になる。T が 0 から 1 までを第 1 段と見なし、1 を超えて 2 までを第 2 段と見なす。ほかの段も同様に計算する。数式 (2) を用いて計算すると、高さが最低値および最高値にある場合、D はそれぞれ 1 と 5 になる。D が 1.5 未満であればすべて第 1 段と見なし、1.5 またはそれより大きく、かつ 2.5 未満であれば第 2 段と見なす。第 3 段と第 4 段も同様に判定し、D が 4.5 以上であれば第 5 段と見なす。数式 (1) と数式 (2) の主な違いは次の点である。数式 (1) は最低値を 0 に設定し、各段がいずれも T＝1 に相当する幅を持つのに対して、数式 (2) は最低値を 1 に設定し、第 1 段と第 5 段だけがほかより狭い D＝0.5 に相当する幅を持つが、そのほかの各段の幅は D＝1 に相当する。例えば、ある女性発話者が発音した方言の声調の最低値が 75 Hz で、最高値が 250 Hz である場合、この女性発話者が発音した 150 Hz の平調は T が 2.9、D が 3.3 となり、どちらも第 3 段と見なされるが、200 Hz の平調は T が 4.1 で第 5 段と見なされるのに対して、D は 4.3 で第 4 段と見なされることになる。

　ところで、声調やイントネーションの量的研究において、発話者の調域の違いによって生じるピッチの絶対的な差を取り除くために、統計学の z-score を用いることもある。この方法では、同一発話者によって発音された 1 組のデータにおける、ある特定のデータ x_i の、組の平均値 μ との差を、分布の標準偏差値 σ で割ってスコアを算出する：$z = (x_i - \mu)/\sigma$。つまり z は

22　帯分数ではないことを示すために原著の式 (1) と (2) に「×」を追加している。（訳注）

当該のデータの同一発話者における相対的な値である。[23] 声調やイントネーションの量的研究においてどの方法で高さの標準化処理を行うかは研究目的や研究対象によって選択することになる。▽

練習

1. 単母音 [a] を含む音節と [i] を含む音節により、次の声調の発音を練習しなさい。

　　　　[˥ 55] － [˦ 44] － [˧ 33] － [˨ 22] － [˩ 11]

　　　　[˥ 55] － [˥˩ 51] － [˥˧ 53] － [˧˥ 35] － [˥ 55]

　　　　[˧ 33] － [˧˥ 35] － [˥˧ 53] － [˧ 33]

　　　　[˩ 11] － [˩˥ 15] － [˩˧ 13] － [˥˩ 31] － [˩ 11]

　　　　[˧˥ 35] － [˨˦ 24] － [˩˧ 13] － [˩˥ 15]

　　　　[˥˧ 53] － [˥˨ 42] － [˥˩ 31] － [˥˩ 51]

　　　　[˨˩˦ 214] － [˧˩˧ 313] － [˦˨˦ 424] － [˥˧˥ 535]

　　　　[˩˧˩ 131] － [˨˦˨ 242] － [˧˥˧ 353] － [˨˦˨ 242]

　　練習では、国際音声字母の録音を聞きながら専門家に指導してもらうとよい。それができない場合は、普通話の [˥ 55]、[˧˥ 35]、[˨˩˦ 214]、[˥˩ 51] などの比較的習得しやすい音を先に練習し、それを基に、次第にほかの難度の高い音の練習に移るとよい。必ずしも上の順番どおりに練習しなければならないわけではない。

2. 次に示す 8 字は、北京、済南、太原、長沙、南昌の 5 つの方言において、声母と韻母の発音は同じであるが、調類ごとの調値が異なる。各方言の調値による発音を練習しなさい。

	北京	済南	太原	長沙	南昌
低 [ti]	[˥ 55]	[˨˩˧ 213]	[˩ 11]	[˧ 33]	[˥˨ 42]
私 [sɿ]	[˥ 55]	[˨˩˧ 213]	[˩ 11]	[˧ 33]	[˥˨ 42]
扶 [fu]	[˧˥ 35]	[˥˨ 42]	[˩ 11]	[˩˧ 13]	[˨˦ 24]
麻 [ma]	[˧˥ 35]	[˥˨ 42]	[˩ 11]	[˩˧ 13]	[˨˦ 24]

23　詳細は朱暁農（2010）『语音学』北京：商务印书馆、pp. 286–288 を参照。（原注）

古 [ku]　　　　　[˨˩˦ 214]　　[˥ 55]　　　[˥˧ 53]　　　[˦˩ 41]　　　[˨˩˧ 213]

李 [li]　　　　　[˨˩˦ 214]　　[˥ 55]　　　[˥˧ 53]　　　[˦˩ 41]　　　[˨˩˧ 213]

怕 [pʰa]　　　　[˥˩ 51]　　　[˨˩ 21]　　　[˩˥ 45]　　　[˥ 55]　　　[˩˥ 45]

寄 [tɕi]　　　　[˥˩ 51]　　　[˨˩ 21]　　　[˩˥ 45]　　　[˥ 55]　　　[˩˥ 45]

3. 普通話では入声は消失したが、普通話の声母、韻母、声調の組み合わせから、一部の音節は本来、入声に属していたことが推定できる。例えば鼻音韻尾の音節は本来、入声ではない。逆に次の４つは入声が変化したものと考えられる。（1）無気破裂音と破擦音が声母である音節が陽平調で発音される、（2）反り舌音の声母が韻母の uo [uo] と組み合わされる、（3）歯茎音の声母が韻母 e [ɤ] と組み合わされる、（4）「嗟、靴、瘸」以外で韻母が üe [yɛ] と発音される。これに基づき、次の 30 字のうち、本来、入声字であるものを選びなさい。

　　　　白　　　特　　　者　　　平　　　足　　　卓　　　国　　　多
　　　　略　　　若　　　靴　　　宅　　　及　　　排　　　说　　　测
　　　　条　　　缺　　　别　　　雪　　　竹　　　得　　　初　　　弱
　　　　凡　　　答　　　桔　　　月　　　婆　　　昨

4. ある発話者による普通話の四声の△基本周波数▽が次の値であったと仮定して、これらの調域を 5 段表調法に換算し、調値を示しなさい。

	陰平	陽平	上声	去声
基本周波数の値	310–305 Hz	230–310 Hz	210–160–250 Hz	320–150 Hz

第6章

音連続における音の変異

6.1 変異の性質

6.1.1 条件変異と自由変異

　言語によるコミュニケーションではふつう音が連続的に発せられる。個々の音は途切れることなくつながって1つの連続発話になる。連続発話では時間軸に沿って音が緊密に連なり、それらが相互に影響し合って調音位置や調音方法などがしばしば変化する。それによって音が著しく姿を変えることもある。このような音の変化は（音連続における音の）変異と呼ばれる。第4章ですでに述べたが、北京方言の韻母 ian の ɑ が [ɛ] と調音されるようになるのも、先行する i- と後続の -n の高い舌の位置の影響を受けて音の同化が起こるためである。このような同化も変異の1つの形である。

　音の変異は共時的なものであるが、言語の通時的な音変化を引き起こす原因にもなる。例として中国語における軟口蓋音の声母 [k]、[kʰ]、[x] と韻母との組み合わせ様式の変遷を挙げることができる。古代の中国語には撮口呼韻母がなく、軟口蓋音の声母 [k]、[kʰ]、[x] は斉歯呼韻母と組み合わされていた。現在の福建や広東方面の方言には依然としてこの組み合わせが残っている。例えばアモイ方言では「基」、「欺」、「希」がそれぞれ [ki]、[kʰi]、[hi] と発音され、広州方言では「骄」、「桥」、「晓」がそれぞれ [kiu]、[kʰiu]、[hiu] と発音される。それに対して中国語のほかの方言では現在、それらの字はほとんど歯茎硬口蓋音の声母 [tɕ]、[tɕʰ]、[ɕ] で発音される。これは、軟口蓋音の [k]、[kʰ]、[x] が後続の前母音 [i] に同化して調音位置が前に移動した結果と思われる。これは元を正せば数百年前に起こった共時的変異であるが、それが現在では古代の声母 [k]、[kʰ]、[x] が斉歯呼または撮口呼韻母に

192 | 第6章 音連続における音の変異

先行する場合に [tɕ]、[tɕʰ]、[ɕ] になるという通時的音変化を招いたわけである。

　こうした変異よりさらに多く見られる変異に、語の内部の形態素間に現れる内連音と呼ばれる現象がある。[1] 例えば北京方言の語気助詞「啊」[a] は、「你呀」のようにその前の音節が [i] で終われば「呀」[ia] になるのに対して、「看哪」のように前の音節が [n] で終われば「哪」[na] になる。また福州方言では、声母 [p]、[pʰ] は先行する音節が鼻音韻尾で終われば [m] になる。例として「棉袍」[mien pɔ → mien mɔ]、「产品」[saŋ pʰiŋ → saŋ miŋ] などがある。ほかに、英語で can not [kæn nɔt] という2音節が1音節の can't [kænt] になるのも変異の一種である。超分節的要素にも形態素間で変異が起こり、中でも連続変調[2] と呼ばれる現象が最も頻繁に現れる北京方言で、2つの上声が続くと先行する上声が陽平と同じ調値になるのがその典型例である。

　変異にはふつう強い規則性があるが、その規則はどの時代にも、どの言語にも同じように適用されるわけではない。すなわち、個々の言語または方言における変異の現れ方に違いが生じることがある。例えば韻母 iɑn を有する中国語の方言は多いが、必ずしもそのすべてが北京方言と同様に [iɛn] と発音されるわけではない。福州方言のように、[p]、[pʰ] が鼻音韻尾に後続すると [m] になる変異も中国語諸方言にそれほど多く見られるわけではない。つまり、普遍性のある規則も個々の言語または方言によって現れ方が変わることがある。これについては下で再び取り上げる。

　変異には大別して2種類がある。1つは、条件さえそろえば音変化が必ず起こる条件変異である。北京方言の上声連続における変調や「啊」の「呀」、「哪」への変化、また福州方言の [p]、[pʰ] の [m] への変化などは条件変異の例である。もう1つは、条件がそろっても音変化が必ずしも起こらない自由変異である。自由変異は、音変化の生じる条件がそろっているか否かによらず、話者の習慣のような非言語的要因などにより、必ずしも生じるわけではない変異である。[3] 下にも述べるが、北京方言の「啊」の変異には実際に

1　内連声ともいう。語と語の間に現れる連音、連声は外連音、外連声と呼ばれる。（訳注）

2　連続変調は形態素間に生じるが、内連音とは別の変異である。（訳注）

3　例えば日本語東京方言の「式」、「月」のように、無声子音に挟まれた最初の母音 /i/、/u/

は条件変異と自由変異の2種類がある。

　前段のとおり、条件変異は非言語的な要素に影響されず、発話の速度や口調に関係なく、条件さえそろえば音変化が起こる。それに対して自由変異はしばしば非言語的要因の影響を受け、発話が速いか遅いか、ぞんざいかていねいかなどによって、音が変化することもしないこともある。また、発話者の習慣も変異に影響を与え、同じ音変化が一部の話者にとっては自由変異であるのに対して、別の話者にとっては条件変異になることもある。このことはしばしば、発話者の年齢、性別、学歴、社会的地位などとも関係している。

　諸要素の中で自由変異に最も大きい影響を与えるのは発話速度である。言語にはそれぞれに特有の発話速度がある。英語は通常の発話速度が毎秒約5音節であるのに対して、中国語はやや遅めで、北京方言では毎秒約4音節である。すなわち、通常の北京方言の発話では各音節が平均250 ms程度である。しかし、発話速度を速めて毎秒5音節、あるいはそれを超える数の音節を発話すると、すなわち1音節が200 ms以下になると、「四个」[sɿ kə]が[sɿ ə]となり、「不知道」[pu tʂɿ tɑu]が[pu ɹ tɑu]となって、第2音節の声母が脱落することがある。これらはふつう現れない変異で、早口やぞんざいな発話にのみ現れる。

　北京方言の語気助詞「啊」は先行する音節の韻母や韻尾の影響を受け、さまざまな変異を起こす。その中には条件変異もあれば自由変異もある。この変異の詳細を次に示す。

先行する音節の韻母または韻尾	「啊」に起こる変異	例
[-a, -i, -y]	[a → ia]	他呀、你呀、去呀
[-n]	[a → na]	看哪
（以上は条件変異）		
[-o, -ɤ, -ɛ]	[a → ia]	说呀、喝呀、写呀（啊）
[-u]	[a → ua]	哭哇（啊）
[-ɿ]	[a → za]	字啊

は無声化するのがふつうだが、必須ではない。（訳注）

194 | 第6章　音連続における音の変異

| [-ɻ] | [a → ra] | 纸啊 |
| [-ŋ] | [a → ŋa] | 听啊 |

（以上は自由変異）

　自由変異の具体的な発現は発話速度や発話者の習慣によって変わる。中でも発話速度の影響が最も大きい。発話があまりにも速ければ、発話者の習慣のいかんにかかわらず、上の変異が必ずといっていいほど起こる。それに対して発話速度がふつうあるいは遅めであれば、発話者の習慣によって変異の様相も変わる。上の例でかっこ付きで示したのは交替可能な字である。すなわち自由変異の異なる発現のしかたを表している。

6.1.2　よく見られる変異の形式

　個々の言語または方言には特有の変異規則があり、音変化のしかたもさまざまで、変異を引き起こす原因も多様である。変異を引き起こす原因には比較的単純なものもある。例えば北京方言で「啊」が「哪」になるのは明らかに先行する音節の末尾にある [-n] の影響である。それに対して変異を引き起こす原因にはかなり複雑なものもある。例えば、北京方言で2つの上声が連続すると先行する上声が陽平と同じ調値になる変位の原因はいまだに十分に説明されていない。

　変異という現象の中で最もよく見られるのは同化である。異なる音が連続発話において互いに影響しあった結果[4]、発音が似通ったり、同じになったりする音変化を同化という。

　音節内の同化はふつう、各音における調音器官の構えが相互に及ぼす影響として現れる。例えば円唇母音に先行する子音は円唇化しやすい。北京方言では唇音以外の声母が合口呼または撮口呼の韻母に先行する場合、[-u]、[-y] の影響を受けて円唇化が起こる。例えば「都」[tu]、「国」[kuo]、「去」[tɕʰy] の声母は実際には [tʷ]、[kʷ]、[tɕʰʷ][5] のように発音される。また、英

4　2音が互いに影響しあった結果生じる同化を相互同化という。次の段落にもあるように、同化には一方の音が他方の音に影響を及ぼして生じるものもある。（訳注）

5　原著では円唇化を表す [ʷ] を音声字母の下に付ける形を取っているが、国際的、また日本の音声学界の習慣に従い、本書（日本語版）では右上に付ける形を取る。（訳注）

語の do [duː]（する）、cool [kuːl]（冷たい）、フランス語の du [dy]（…から）、cour [kuːr]（宮廷）なども初頭の子音が後続の円唇母音の影響を受け、[dʷ]、[kʷ] のように発音される。また中国語の軟口蓋子音 [k]、[kʰ]、[x] は、母音 ▵[-i]▿ または [-y] に先行する場合、その影響で調音位置が前にずれて硬口蓋音に近づくため、[-a] や [-u] などに先行する場合とは明らかに異なった発音になる。音節内で調音器官の構えが相互に影響を及ぼすこうした同化現象はよく見られるものであり、アモイ方言の「急」[kip] と「甲」[kap]、広州方言の「骄」[kiu] と「鸡」[kai]、英語の key [kiː]（カギ）と car [kɑː]（自動車）、フランス語の cuve [kyːv]（タンク）と cave [kaːv]（地下貯蔵庫）などにも [k] の調音位置の違いを明確に感じ取ることができる。

　音節間の同化は音節境界に現れることが多い。すなわち、先行する音節の末尾と後続の音節の初頭に同化現象が現れやすい。これらの位置には多くの場合、子音が現れるため、音節間の同化では子音の同化が最も頻繁に見られる。福州方言の声母 [t]、[tʰ]、[s] は、それに鼻音韻尾が先行すればいずれも鼻音に同化し、[n] となる。例として「皇帝」[xuɔŋ ta → xuɔŋ na]、「甜汤」[tieŋ tʰouŋ → tieŋ nouŋ]、「精神」[tsiŋ siŋ → tsiŋ niŋ] などがある。このように、先行する音が後続の音に影響を与える形の同化を順行同化と呼ぶ。順行同化の例として広州方言の「今日」の [kam jat → kəm mat] のような変化や、英語の cards [kɑːdz]（カード、複数形）、dogs [dɔgz]（犬、複数形）などで、先行する有声音の特徴が無声摩擦音 [s] に及んで有声の [z] が生ずることなどを挙げることができる。

　それに対して後続の音が先行する音に影響を与える同化を逆行同化と呼ぶ。前述の、音節内における子音の同化の例はすべて逆行同化である。音節間にも逆行同化が多く見られる。例えば「面包」[miɛn pɑu → miɛm pɑu]、「分配」[fən pʰei → fəm pʰei]、「门面」[mən miɛm → məm miɛm] のように、北京方言では韻尾 [-n] に後続する音節の声母が両唇音であれば、[-n] が逆行同化を受けて [-m] になる。逆行同化は多くの方言にも観察される。上記の「门面」を例に取れば、蘇州方言では [mən mɪ → məm mɪ]、広州方言では [mun min → mum min]、福州方言では [muɔŋ mieŋ → muom mieŋ] のように逆行同化が起こる。また、imburse（支払う）、immediate（即時の）、

196 | 第6章　音連続における音の変異

impossible（不可能な）のように、英語の接頭辞 im- が b、m、p で始まる語幹の前に限られるのは、接頭辞 in- が後続の唇音による逆行同化を受けた結果であると考えられる。inbeing（内在）、inmate（被収容者）、input（入力）のような例も存在するが、これらはいずれも in- に強勢が置かれており、接頭辞 in- とは性質が異なる。[6]

　音節間における母音の同化は子音より少なく、音節内における母音の同化に比べても少ない。それは、音節間では多くの場合、母音が子音によって隔てられ、直接隣接することが少ないからである。しかし同化が起こることもある。例えば、北京方言で「木樨」[mu ɕi] が「木须」[mu ɕy] と発音されるのは、[i] が先行する音節に含まれる [u] の影響を受けて円唇化するからであろう。それゆえに中華料理のメニューの「木樨肉」、「木樨汤」が「木须肉」、「木须汤」のように表記されるのである。[7] また、福州方言の「红蚣」（むかで）[øyŋ kuŋ → øyŋ ŋøyŋ] で「蚣」の本来の声母 [k] が [ŋ] になるのは先行する韻尾 [-ŋ] の影響を受けた結果であるが、韻母 [uŋ] が [øyŋ] になるのは先行する韻母 [øyŋ] の影響を受けた結果である。なお、上の2例はどちらも順行同化であるが、雲南貢山独龍語[8] の [tɯ mi]（火）、△[lɯ gɹɯ]▽（靴）などが一息に発音される場合に [ti mi]、△[lu gɹɯ]▽ となるのは、[ɯ] が後続の母音に同化されるからであり、これらは逆行同化の例である。

　一部の言語には、語の第1音節の母音や強勢が置かれる音節の母音によってその他の母音の発音が決まる現象がある。これも一種の母音同化であり、母音調和と呼ばれる。母音調和はアルタイ諸語の特徴である。ウイグル語の語幹における第1音節の母音が前母音であれば、後続する音節の母音も前母音になることが多い。例として [kelin]（息子の嫁）、[ødɛk]（鴨）などがある。それに対して第1音節の母音が後母音であれば、後続する母音も後母

6　inbeing などは英語の in と being などとの合成語であるのに対して、imburse などはラテン語における in-/im- を接頭辞とする派生語である。なお、imburse は現代語ではもはや使われない。（訳注）

7　「木樨肉」は卵と肉のいため物で、「木樨汤」は卵スープである。いためた卵やかき玉が金木犀の花の形に似ることからその名が付く。（訳注）

8　独龍語については第3章の注25を参考。（訳注）

音になることが多い。例として [buʁɑ]（鹿^{しか}）、[orug]（やせている）などがある。新疆ウイグル自治区のキルギス語では、語幹の第 1 音節の母音が [a] または [ə] であれば、後続する音節にはふつう [a] か [ə] しか現れない。例として [ʃamal]（風）、[adər]（丘陵）、[əsəq]（熱）、[məna]（これ）などがある。同様に、第 1 音節の母音が [e] または [i] であれば、後続する音節にはふつう [e] か [i] しか現れない。例として [ene]（母親）、[eki]（二）、[ini]（弟）、[itʃek]（腸）などがある。トルコ語では、名詞の複数形の付加成分が △[gül-ler] ▽（ばら、複数形）では [ler] であるのに対して、[at-lar]（馬、複数形）では [lar] である。[9] すなわち、語幹の母音が前母音か後母音かによって付加成分の母音も変わる。これも明らかに母音調和によるものである。

　音声の変異には異化という、同化とは逆の現象もある。連続発話で同じ音や類似する音が近隣にあると発音しにくいため、発音に違いを付けて同じ音や類似した音が続くことを避けようとする現象である。異化は同化ほど広く見られるわけではなく、時に通時的な音変化にかいま見ることができる。例えば、隋や唐の時代の中国語に韻尾 [-m] を持つ韻母があり、その中に数は限られるが「品、稟、凡、犯、范」のように唇音の声母と組み合わされるものがある。元の時代になると、[-m] という韻尾がなくなるわけではないが、上のような唇音を声母に持つ字の韻尾はもはや [-m] ではなく、[-n] に変化した。これは明らかに、音節初頭と末尾の調音にともに唇が使われることを避けるために生じた異化である。このような通時的な音変化の痕跡が現代では広州方言に残っている。広州方言では古代の中国語の韻尾 [-m] が比較的よく保持されながら、「品、稟」[pɐn]、「凡、犯、范」[fan] に限り、韻尾が [-n] に変化している。また、ラテン語 marmor（大理石）がフランス語に入ると、第 1 音節の m と同音の第 2 音節の m が異化によって b に転じて marbre となった。さらにその後、英語に入り、前後 2 つの r の間にも異化が起こった結果、marble が生じた。これも異化の典型例である。

　なお、異化はじかに隣接する音の間にはあまり生じない。これも異化と

9　音声学的に [ɪ] は前母音であり、またトルコ語の [a] は母音四角形上ではやや前寄りであるが、トルコ語では最後の母音が [a、ɯ、o、u] の場合に一様に複数語尾 -lar が用いられることから、音韻的にこれらの母音をまとめて後母音または太い母音と呼ぶ。（訳注）

198 | 第6章 音連続における音の変異

同化の異なる点である。雲南のプミ語箐花方言では、隣接する2音節がともに有気音で始まる場合、2音節目の有気音が異化により無気音になる現象が見られる。すなわち △[pʰzi]▽（酒）と △[tʰiɛ̃]▽（飲む）を続けて発音すると、△[pʰzi tiɛ̃]▽（酒を飲む）となり、2つの有気音で始まる音節が連続することはない。同様に、△[skʰyɛ]▽（心）と △[pʰzɤ̃]▽（白）を続けて発音すると、△[skʰyɛ pzɤ̃]▽（素直な）となる。隣接する音の間の異化として、モンゴル語の [ʃagnǎn]（奨励）のように、[ʃaŋ]（賞品）の軟口蓋鼻音 [-ŋ] が直後の歯茎鼻音 [n-] の影響を受け、異化によって [-g] に転ずる例があるが、こうした例は比較的少ない。

　同化と異化以外によく見られる変異には挿入、脱落、融合、置換がある。

　連続発話において、2つの音の間に本来ない音を加えることを挿入と呼ぶ。音が挿入される原因はさまざまである。その中の1つは音節境界をはっきりさせることである。例えば北京方言の「这儿、那儿、哪儿」を「这合儿、那合儿、哪合儿」のように発音する者がいる。すなわち「儿」[ər] の前に軟口蓋音 [x] を挿入することで、2つの音節の境界を明確にしている。また、発音の容易さのために音が挿入されることもある。英語の athlete [æθliːt]（運動選手）は [æθəliːt] と発音されることが多いが、それは [θ] と [l] の間に [ə] を挿入することで、子音の調音位置を瞬時に変える困難を避けようとするからである。さらに挿入には同化によって引き起こされるものもある。福州方言の「中央」[tyŋ yɔŋ] は [tyŋ ŋyɔŋ]、「旷野」[kʰuoŋ ia] は [kʰuoŋ ŋia] のように発音される。すなわち本来のゼロ声母に [ŋ-] が挿入されるのだが、これも明らかに先行する音節の韻尾 [-ŋ] による同化の結果である。[10]

　連続発話において、本来あるはずの音が発音されないことを脱落という。

10　「異なる音が連続発話において互いに影響しあった結果、発音が似通ったり、同じになったりする音変化を同化という」からすると、これは同化の結果ではない。[tyŋ ŋyɔŋ] については、初め、[tyŋ] と [yɔŋ] の境界が次第に薄れていき、[ŋ] が先行する [y] とも、後続の [y] とも緊密に結びつくようになり（つまり両音節的になり）、それが最終的には2つの自立した子音に分裂した結果、生じたと考えられる。[kʰuoŋ ŋia] も同様である。なお、日本語には天皇（てんおう→てんのう）、陰陽（おんよう→おんみょう）、仏意（ぶつい→ぶっち）のように、2つの漢字からなる語の最初の漢字が子音で終わり、次の漢字がア行・ヤ行・ワ行で始まる場合、その発音がナ行・マ行・タ行に転ずる現象があり、これは連声と呼ばれる。（訳注）

脱落は発話速度が速い場合によく見られる。上にも挙げたとおり、北京方言の「四个、五个」における「个」や「不知道」における「知」などでは、早口で話す場合、声母の [k] と [tʂ] が発音されないことがある。これは脱落の一種である。また英語を早口で発音すると、asked [ɑːskt]（尋ねる、過去形）の [k] が発音されず、[ɑːst] になったり、factory [fæktəri]（工場）の [ə] が発音されず、[fæktri] になったりするのも脱落の結果である。発話速度と直接関係しない脱落もある。例えば北京方言の「两个、三个」[11] では「个」の声母 [k] が脱落するだけでなく、それに後続する [ə] および先行する音節の鼻音韻尾までも脱落し、「两个」は [lia] と発音されて「俩」と表記され、「三个」は [sa] と発音されて「仨」と表記されることになる。このような発音は発話速度に関係なく固定されている。また、「石板」[zʊʔ pɛ] が [zʊ pɛ] に、「寂寞」[ziʔ moʔ] が [zi moʔ] になるように、蘇州方言の入声韻尾 [ʔ] が他の音節の前で消失するのも脱落の例である。さらに福州方言で「米缸」[mi kouŋ] が [mi ouŋ] に、「机器」[ki kʰɛi] が [ki ɛi] に、「词汇」[sy xuoi] が [sy uoi] になるように、先行する音節が母音で終わる開韻尾の場合に声母 [k]、[kʰ]、[x] が脱落してゼロ声母になるのも発話速度の影響を受けない脱落の例である。

　2つの音や2つの音節が連続発話において1つの音、1つの音節になることを融合と呼ぶ。北京方言において前響重母音 ɑi、ei、ɑo、ou が軽声音節で単母音 [ɛ]、[e]、[ɔ]、[o] として発音されるのも一種の融合である。例えば「明白」における「白」の韻母 ɑi は軽声で [ɛ] とも発音され、「木头」における「头」の韻母 ou は軽声で [o] とも発音される。2音節が融合して1音節になることは言語においてよく見られる現象であるが、ほとんどの場合、いくつかの日常的によく使う語に限られる。例えば北京方言の「不用」búyòng が融合して「甭」béng に、蘇州方言の「勿要」[fɤʔ iæ] が融合して「覅」[12] [fiæ] に、広州方言の「乜野」（何）[mat jɛ] が融合して [mɛː] になり、

11　「两个、三个」の発音は [liaŋ kə]、[san kə] である。（訳注）

12　原著ではこの字を「勿」をへん、「要」をつくりとして表記しているが、現在では「要」をへん、「勿」をつくりとするのが一般的であるため、本書（日本語版）では「覅」を用いることとする。（訳注）

200 ｜ 第6章　音連続における音の変異

英語の can not [kæn nɔt]（できない）が融合して can't [kænt] に、it is [it iz]（そ
れは…である）、it has [it hæz]（それは…を持っている）が融合して it's [its]
になるような事例である。また、中国語の方言には「儿」の音節が、先行す
る音節と融合して1音節になる現象が多く見られる。この融合によって形
成されたr化韻母には体系性がある。例として北京方言の「花儿」huār、「盘
儿」pánr を挙げることができる。これについては下の「6.3 中国語のr化」
で詳しく述べる。なお、融合と脱落は同じ現象の表と裏のように見える。例
えば、北京方言の韻母 [ou] は、軽く発音される場合に融合が起こり、[o] に
なるが、これは [u] が脱落したのに等しい。逆に、「两个」に脱落が起きて
「俩」になるのは、2音節が融合して1音節化したのに等しい。

　連続発話において2つの音の位置が入れ替わることがある。これを置換
と呼ぶ。北京に代々住んでいる人の中には、「言语」（話す）yányù を yuányi
と発音する者がある。これは [i] と [y] の置換である。[13] 四川省アバ黒水県
の麻窝郷に分布するチアン語では [thɑpkɑ]（料理長）が [thɑkpɑ] になること
がある。これは [p] と [k] の置換である。福州方言では「旁边」[pouŋ pieŋ]
が [puom mieŋ] になることがあるが、ここには「旁」の韻尾 [-ŋ] と「边」の
声母 [p-] が等しく [m] で発音されるようになる同化と、「旁」の韻母の [ou]
が [uo] になる置換が同時に生じている。英語の enmity [enmiti]（憎悪）が
[emniti] になるのは [m] と [n] の置換である。また、フランス語の luxe [lyks]
（ぜいたく）が [lysk] になるのは [k] と [s] の置換である。これらはていねい
さを欠いた発音であるとはいえ、言語音声に置換という現象が生じることの
証しであることに違いはない。

6.2　連続変調

6.2.1　連続変調の性質

　声調言語では、2つ以上の音節が連なる場合、音節に備わる調類の調値が
変わることがある。この現象が連続変調である。連続変調は声調の変異で
あり、隣接する音節間にのみ生じる。北京方言の上声調類は単独または休

13　国際音声字母で yányù は [ian y]、yuányi は [yan i] と表記される。（訳注）

止の前では [˩˦214] という調値を取るのに対して、他の音節に先行する場合、調値が [˨˩21] や [˩˧35] になる。これは連続変調の典型例である。[˩˦214] は北京方言の上声調類を分析、表記する場合の基本形式であり、本調、または単字調と呼ばれる。それに対して [˨˩21] と [˩˧35] は、上声音節を他の音節と結び付けて発話する場合に変化したあとの調値であり、変調と呼ばれる。5段表調法で調値を表す場合、本調と区別するために、[˨˩21] と [˩˧35] のような変調の調値は縦線の右側に書く。また本調と対比させる場合、[˨˩21] と [˩˧35] のように本調を先に、変調をその次に書く。本調と変調に重要度のの違いはなく、それらは単に異なる音環境に現れる異なる音声形式にすぎない。

　1つの調類には常に一定した本調の調値があるとともに、原則として一貫した連続変調の規則がある。逆に言えば、同じ本調に、相反する変調のしかたがあり、それぞれの変調のしかたに規則性があるとすれば、その調類は別個のものと見なされるべきである。この場合、本調ではなく、変調を根拠として調類を区分することになる。例えば浙江温嶺方言では、調値が等しく [˨˩31] である本調に、まったく異なる2種類の変調規則がある。1つは他の音節の前で基本的に変調しないという規則であり、もう1つはどの音節の前でも上昇調に変調するという規則である。基本的に変調せずに発音される字は、古代中国語、または現代中国語の他の方言において陽上声で発音される字に対応する。それに対して、変調して発音される字は、古代中国語、または現代中国語の他の方言において陽平声で発音される字に対応する。例えば「是」[z̩] と「胡」[ɦu] は本調が [˨˩31] で同じだが、「是非」、「胡須」のように陰平声が後続すると、「是」は変調しないのに対して「胡」は [˩˧35] に変調する。また「父」[vu] と「杨」[liã] は本調が [˨˩31] で同じだが、「父子」、「杨柳」のように陰上声が後続すると、「父」は変調しないのに対して、「杨」は [˨˩13] に変調する。すなわち、この調類に属する字が変調するかしないかには強い規則性が見られ、また、変調しない字と変調する字が他の方言における陽上と陽平という異なる調類で発音される字に対応することから、温嶺方言の [˨˩31] で発音される本調は、2つの異なる変調規則をよりどころに、陽上と陽平という2つの調類に区分されるべきである。

202 | 第6章　音連続における音の変異

　また、銀川方言は本調を基に区分すると平声 [˧˧33]、上声 [˥˧53]、去声 [˩˧13] という3つの調類しかないことになる。しかし上声が去声の前に現れる場合に2種類の全く異なる変調規則が作用する。すなわち、一方では変調せず、もう一方では変調して [˥˧35] になる。変調せずに発音される字は、古代中国語、または現代中国語の他の方言における陽平声の字に対応する。例えば「浅」と「前」、「紡」と「防」は銀川方言で単独に発音されるといずれも [˥˧53] であり、同音字である。しかし次に去声が現れる場合、「浅」と「紡」は [˥˧35] に変調するのに対して、「前」と「防」は変調せず、[˥˧53] で発音される。したがって「浅近」と「前進」、「紡織」と「防治」は同音ではなくなる。銀川方言の上声もこのような変調の違いを基に、厳密には上声と陽平の2種類に分けるべきところである。しかし、このような変調の違いが生じるのは去声が続く場合に限られ、去声以外の前でこれらの調類はすでに融合し、その違いが温嶺方言の例ほど明確ではなくなっているため、区別せずに1つの調類とされる。

　連続変調は時に語の意味または文法構造を区別する手段にもなる。例えば、河南獲嘉方言では上声の本調は [˥˧53] で、「雨水」、「虎口」はともに2つの上声が連続する語である。先行する音節のみが変調して [˧˩31 ˥˧53] で発音されるなら、「雨水」は降る雨の水、「虎口」は動物の虎の口を表すのに対して、2音節が同時に変調して [˧˩31 ˩˧13] で発音されると、「雨水」は24節気の1つである雨水の節、「虎口」は手のひらの親指と人差し指の間の部位を表すことになる。また浙江舟山群島の定海方言では、「平地」[biŋ˧ 22 di˩˧13] が変調しなければ、さら地にするという、述語に目的語を加えた構造であるのに対して、「地」が変調して [˧˦34] で発音されると、平坦な土地という、修飾語が被修飾語にかかる構造になる。同様に、「生蛋」は「蛋」[˩˧13] が変調しなければ鶏が卵を産むことを表すのに対して、変調して [˧˦34] になると生卵の意味になる。

　なお、一部の変調規則は個別の形態素に限って適用される。それには2種類がある。1つはその形態素自体に特殊な連続変調が生じる場合である。例えば北京方言の形態素「不」は本調が去声であるが、「不去」bú qù や「不対」bú duì のように去声が後続すると [˥˧35] に変調し、陽平と同じ調値

となる。もう 1 つは当該の形態素がほかの音節に影響を与え、特殊な連続変調を引き起こす場合である。例えば、山西長治方言における入声の調値は [˨154] であるが、語尾に「子」や「底」が来ると、その影響を受けて一部の字に変調が生じる。例えば「瞎子」、「热底」における「瞎」、「热」のように、古代中国語や現代中国語の他の方言に見られる陰入声字に対応する字は変調して [˦4] になる。これに対して「脖子」、「薄底」における「脖」、「薄」のように古代中国語や現代中国語の他の方言に見られる陽入声字に対応する字は変調しない。このように、長治方言では形態素「子」、「底」によって先行する入声が変調する字としない字に分かれるが、「子」、「底」以外の形態素が続く場合や異なる音環境ではこうした現象は見られない。

6.2.2　連続変調の分類

　連続変調は声調言語に非常に頻繁に見られる変異である。きわめて複雑な連続変調を起こす言語もあれば、それが比較的単純な言語もある。また明確な連続変調が存在しない言語もある。シナ・チベット語族は典型的な声調言語の集団であるが、各語派における変調のしかたは必ずしも同じであるわけではない。一般に、クラ・ダイ語派に比べてミャオ・ヤオ語派[14]のほうが連続変調が複雑である。また同種の言語に属する諸方言の間にも大きな違いが存在する。ミャオ語に関しては、貴州畢節県大南山ミャオ語にかなり複雑な変調規則が見られるのに対して、湖南花垣県腊乙坪ミャオ語には明確な連続変調が認められない。中国語諸方言では東南海岸方面に分布する呉方言とビン方言に複雑な連続変調があるのに対して、エツ方言とハッカ方言の連続変調は比較的単純で、明確な連続変調はないとする意見もある。[15] 北方方言のうち山西方面の方言における連続変調が最も複雑であるのに対して、北京方言は最も単純な部類に属すると言える。

　連続変調は 2 音節の間に起こるだけでなく、3 音節、4 音節、あるいはさ

14　中国国内ではシナ・チベット語族が上位範疇で、中国語派、ミャオ・ヤオ語派、クラ・ダイ語派、チベット・ビルマ語派がそれに属する下位範疇とされる。（訳注）

15　エツ方言を代表する広州方言の変調については黄大方（1989）を、ハッカ方言を代表する梅県方言の変調については黄雪貞（1992）を参照。（訳注）

204 | 第6章 音連続における音の変異

らに多くの音節の間にも起こる。しかしその多くは2音節の連続変調に基づくものである。2音節の変調は次に示す3種類に分かれる。(1) 前変型は、連続する2つの音節のうち、先行する音節が後続の音節の影響を受けて変調を起こす。例えば北京方言の「海島」、「想走」などのように、2つの上声音節が連なると、先行する音節「海」、「想」が変調して [˩35] になるが、後続の「島」、「走」は変調しない。福州方言では、陰平 [˦44] が上声の [˅31] に先行する場合、「工厂」[kuŋ ˦ ʒuɔŋ˅]、「思想」[sy ˦ luɔŋ˅] のように [˥ 52] に変調するが、後続の音節の上声は変調しない。(2) 後変型は、連続する2つの音節のうち、先行する音節が後続の音節に影響を与えて変調を引き起こす。例えば蘇州方言では「东风」[toŋ ˧ foŋ ˩]、「工人」[koŋ ˧ nin˩]、「空气」[kʰoŋ ˧ tɕʰi ˩] のように、先行する音節が陰平声であれば、後続の音節は一律に低降調で発音される。(3) 全変型は、前後2音節が同時に変化する変調である。これは、後変型の変調がある方言にはふつう前変型の変調もあるために生じる。例えば蘇州方言では先行する音節が陽去声 [˅31] であれば、後続の音節はたいてい高平調の [˦44] に変調する。それに伴って、先行する音節が低平調 [˨22] に変調する。例えば、「问题」は [˨ ˦] に、「雨伞」は [˨ ˥] になる。

　前にも述べたように、方言によっては種類の異なる変調によって語の意味または文法構造を区別することができる。河南獲嘉方言における「雨水」、「虎口」は、変調が前変型か全変型かによって意味が分かれることはすでに指摘した。山西平遙方言では2つの去声 [˩35] が連なり、それが述語に目的語を加えた構造であれば「敗興」(興をそぐ) [pæ˩ ɕiŋ˦] のように前変型で発音されるのに対して、並列構造または修飾語が被修飾語にかかる構造であれば「病痛」[pi˦ tʰuŋ˩]、「慢待」[maŋ˦ tæ˩] のように後変型で発音される。また2つの上声が連なり、それが述語に目的語を加えた構造であれば「打顶」(短い睡眠を取る) [ta˥ tiŋ˥] のように全変型で発音されるのに対して、並列構造または修飾語が被修飾語にかかる構造ならば「卯榫」[mɔ˩ suŋ˩]、「小米」[ɕiɔ˩ mi˩] のように変調は起こらない。

　3音節、4音節、あるいはさらに多くの音節における連続変調は2音節の場合よりもはるかに複雑である。またその多くは語の意味や文法構造とも関

連する。しかし大半はやはり2音節の変調規則を基にしている。ここでは3音節語を例に取る。浙江温嶺方言の3音節語では後ろの2音節がその2音節に固有の変調規則に従うために第1音節は変調しなくなる。例えば「东南」[tuŋ ˧ nɛ ˩˧] では2音節が同時に変調するが、「东南风」[tuŋ ˥ nɛ ˩˥ fuŋ ˧] では「南风」が2音節の変調規則に従って変調して「南」が降調から昇調になるのに対して、「东」は変調しない。またアモイ方言の3音節語では「好学生」[ho ˩˥ hɑk ˩˩ siŋ ˥]、「差不多」[tsʰa ˧ put ˥˥ to ˥] のように、先行する2音節がその2音節に固有の変調規則に基づいて変調するのに対して、第3音節は変調しない。アモイ方言の4音節、あるいはそれを超える多音節語でも最後の音節は変わらず、ほかのすべての音節が変調する。しかし多音節語が常にこの規則に従うわけではない。語の構成や文法構造に従って、語中にしばしば休止が置かれるからである。例えば「中华人民共和国」は「中华」、「人民」、「共和国」の3つに分かれて変調することが多い。すなわち、先行する6つの音節が同時に変調して最後の「国」のみ変調しないということではない。

　上記と異なり、多音節の変調が2音節の変調規則と無関係のこともある。北京方言では陽平声が2つの陰平声に囲まれると、たいてい [˥ 55] に変調する。すなわち陰平と同じ調値になる。例えば「科学家」、「工农兵」では中間の音節を [˥ 55] で発音することが許される。このような変調は2音節の変調規則とは無関係である。このような現象が引き起こされるのは、中間の音節に、先行する音節の末尾と後続の音節の初頭を結ぶ調形を充てるのが最も簡単だからであると考えられる。厳密には、このような音変化は連続変調ではなく、中間の音節が弱化したことによって生じたものである。[16] 蘇州方言では3音節が連続して発音される場合、2種類の発音がともに容認される。1つは先行する2音節の変調規則に従って変調が起こり、第3音節は一律に低降調で発音される。例えば「火车站」△[həʊ˩˩ tsʰo ˧ zɛ ˩˩]▽ では、「火车」にお

---

16 「科学家」、「工农兵」の中間音節である「学」、「农」が弱化したことで、その調値は知覚されにくくなるはずである。しかし、実際にはこれらの音節は前後の音節に挟まれており、その調値は先行する音節の末尾の調値 [5] と後続する音節の初頭の調値 [5] をつないだ [55] として知覚される。よって「科学家」、「工农兵」などの語の中間音節が陰平 [55] に聞こえるのであって、陽平 [35] が陰平 [55] に変調するのではない。（訳注）

206 ｜ 第6章　音連続における音の変異

ける陰平の「车」が上声に後続する場合の変調規則によって変調し、[ʮ 35]
で発音される。これに対して、もう1つは、中間音節の発音はその本来の
調類によって決まる。すなわち、「火车站」の「车」は変調せずに [˥ 44] で
発音される。この発音は2音節の変調規則とはまったく関係がない。

6.2.3　中国語普通話における連続変調

　普通話の連続変調は北京方言のそれと完全に一致し、その規則は非常に
単純である。厳密には条件変調、すなわち条件変異としての連続変調は1
種類に限られる。それはすでに述べた上声の変調である。普通話の上声
[˨˩˦214] は陰平、陽平または去声の前に現れる場合、[˨˩ 21] に変調し、別の上
声の前に現れる場合は [˧˥ 35] に変調する。次に示す語を比較されたい。

上声＋陰平	例：语音	好听	两张	买书
上声＋陽平	例：语言	好人	两条	买鞋
上声＋上声	例：语法	好笔	两碗	买米
上声＋去声	例：语义	好看	两块	买布

　縦に並ぶ語をそれぞれ比較すれば、上声に生じる2種類の変調の違いは
明らかである。2つの上声音節が連なる場合、先行する上声の調値は、ほか
の声調に先行する場合の調値と明らかに異なる。

　陰平、陽平、去声の前で [˨˩ 21] で発音される上声は、本来の調値 [˨˩˦214]
の前半分に等しく、半上声とも呼ばれる。半上声には上声の低調としての特
徴が残っており、本来の降昇調が低降調に変わっただけである。

　上声に上声が続く場合に [˧˥ 35] で発音される初めの上声は陽平と同じ調
値を持つことになる。つまり上の例において、「语法」の「语」は「鱼」と、
「好笔」の「好」は「毫」と同じになり、「两碗」は「凉碗」と、「买米」は
「埋米」と同じになる。ただし、強調したり、両者をあえて対比させる場合
は、変調後の上声 [˧˥ 35] がやや低くなって [˨˦ 24] と発音される。すなわ
ち、「两 [24] 碗」と「凉 [35] 碗」、「买 [24] 米」と「埋 [35] 米」のように、
両者の間にわずかながら違いが現れる。例えば次の文、「北京市只有白 [35]
塔寺、并没有百 [24] 塔寺」（北京市にあるのは白塔寺であって百塔寺などで
はない）を発音すると、陽平声の「白」を上声の「百」の変調と区別しよう

とする意図が働く。このような場合を除けば、通常は両者の調値はまったく同じである。

　普通話で「注意、現在、再見、放假」のように 2 つの去声が連続する場合、先行する去声が [꜔꜕ 53] に変調するように聞こえる。しかし実のところ、それは、普通話で 2 音節を続けて発音すると、先行する音節の調域がしばしば後続の音節より高く、狭くなるからである。これは声調のいずれの組み合わせにも起こりうる現象である。例えば 2 つの陰平声が連続する場合も、「今天、新书」のように先行する音節がやや高く聞こえる。この現象が普通話の去声連続で特に強く感じられるのは、去声の調値 [꜔꜖ 51] が最高値の 5 から最低値の 1 まで一気に下る、全調域に渡るものであり、調域がやや高く、狭い [꜔꜖ 51] の直後に調域がやや低く、広い [꜔꜖ 51] が続くからである。すなわち、前後の音節における調域の違いから、後続の [51] に対して、先行する [51] が [53] のように聞こえるのである。したがって普通話の去声には、陰平、陽平と同じく、本来の意味での連続変調は存在しない。

　また幾世代にもわたって北京に住み続ける生粋の北京っ子は、連続する 2 つの去声のうちの先行するほうを [꜕꜓ 35] で発音することもある。すなわち、先行する去声が陽平声と同じ調値になり、「現在」と「闲在」、「注意」と「竹意」が同じ発音になる。この現象は北京の中心部から周辺部にまで広く見られるが、その多くは教育の恩恵を十分に受けていない一部の住民のくだけた日常会話に現れる。それは北京方言内部に派生した言語形態であり、普通話ではない。

　普通話の 3 音節、4 音節、あるいはさらに多くの音節が続けて発音され、そこに上声が含まれる場合、ふつう 2 音節の上声の変調規則によって変調が起こる。次に示す 3 音節語の例を比較されたい。

普通话 [꜔꜕꜓꜖]	山海关 [꜒꜔꜒]
漂白粉 [꜔꜕꜓꜖]	原子能 [꜒꜔꜕]
选举权 [꜕꜕꜔꜓]	副厂长 [꜖꜔꜕]
感谢信 [꜔꜕꜖꜖]	电影院 [꜖꜔꜖]

左の 4 語は第 1 音節が上声であるのに対して、右の 4 語は第 2 音節が上声であるが、そのいずれも後続する音節の性質によって変調する。また、左

208 | 第6章　音連続における音の変異

の4語は第2音節が、右の4語は第3音節が上から陰平、陽平、上声、去声の順に並んでおり、先行する音節に異なる変調をもたらすことが見て取れる。一方、第3音節に位置する上声の「漂白粉」における「粉」や「副厂長」における「长」は、それに続く音節がないために変調していないこともわかる。

　上声が3音節続くと変調のしかたがやや複雑になるだけでなく、音環境や話者個人の習慣によって変化が生ずることもあるが、次に示す例のように、先行する2つの上声がともに変調し、[ˊ35] で発音されるのがふつうである。

　　　　　　展览馆 [ˊˊ ˊˊ ˇ]　　　　　买手表 [ˊˊ ˊˊ ˇ]

「展览馆」は「展览＋馆」の「2音節＋1音節」という語構成である。「买手表」は「买＋手表」の「1音節＋2音節」という語構成である。「买手表」と同様に、「好领导」、「你演讲」などの「1音節＋2音節」という語構成では、第1音節の上声を上記のように [ˊ35] とせず、半上声の [ˌ21] で発音してもよい。すなわち [ˌ ˊˊ ˇ] のように変調することがある。

　上声が4つ、あるいはさらに多く連続する場合、次に示す例のように、最後の1音節を除くすべての音節を [ˊ35] にするのが最も単純な変調のしかたである。

　　　　　　岂有此理 [ˊˊ ˊˊ ˊˊ ˇ]
　　　　　　领导很了解 [ˊˊ ˊˊ ˊˊ ˊˊ ˇ]
　　　　　　我买五把好雨伞 [ˊˊ ˊˊ ˊˊ ˊˊ ˊˊ ˇ]

　ただし、こうなるのは比較的まれである。連続する音声が長くなるにつれ、休止が挿入されたり、意味的フォーカスや文法構造、またイントネーションも多様になり、さまざまな要素が交ざり合う結果、変調はかなり複雑になる。例えば休止の前の上声は [ˌ 21] に変調してもよいが、変調せずにそのまま [ˇ214] で発音してもよい。また、強調したい音節は [ˌ 21] に変調してもよいが、変調せずに調域を広げてもよい。これらの変化は主に文法構造や意味との関係によって決まる。

　なお、普通話には特殊な変調規則を持つ2つの形態素がある。すなわち「不」と「一」である。

6.3 中国語のr化 | 209

「不」の本調は去声であり、もう1つの去声に先行する場合は陽平声に変調するが、その他の調類に先行する場合は変調せずに去声のまま発音される。次の例を比較されたい。

不干 bù gān 不净 bú jìng　　　不闻 bùwén 不问 búwèn

不管 bù guǎn 不顾 bú gù　　　不上 bú shàng 不下 bú xià

「一」は本調が陰平声であり、去声に先行する場合は陽平声に変調するが、その他の調類に先行する場合は去声に変調する。次の例を比較されたい。

一心 yì xīn 一意 yí yì　　　一模 yì mú 一样 yí yàng

一草 yì cǎo 一木 yí mù　　　一唱 yí chàng 一和 yí hè

すなわち「一」は、どの調類に先行する場合も変調する。ただし順番を表す場合や、2けたの数字で個数を表す場合、「一」は変調せずに陰平声のままで発音される。例えば「第一期、十一期」、「第一名、十一名」、「第一种、十一种」はそれぞれ陰平、陽平、上声に先行するが、「一」は変調せずに陰平のままで発音される。それに対して、去声に先行する場合は「第一 yí 次、五十一 yí 次」のように陽平声に変調することがある。しかし、それはあくまでも自由変異であり、発話者の習慣や発話時の状況による。

6.3　中国語のr化

6.3.1　中国語r化の特徴

　中国語の多くの方言にr化が存在する。ほとんどのr化は、語尾の「儿」がそれに先行する音節と融合することによって生じる特殊な音変化である。例えば北京方言の「花儿、歌儿、本儿」などは2文字で書くものの、実際には1音節として発音される。「儿」は先行する音節の韻母にそり舌の特徴を付与するだけで、それ自体に独立した発音はない。r化によって変化した韻母はr化韻と呼ばれる。

　語尾の「儿」によらないr化も少なからず存在する。例えば北京方言の「今儿（个）、昨儿（个）、前儿（个）、明儿（个）」における「儿」は本来「日」である。また「这儿、那儿、哪儿」における「儿」は本来「里」である。現在ではどちらも「儿」の字を用いて書くが、これらの「儿」は実際には意味素「日」、「里」の別形であり、語尾の「儿」とは異なる。また、北京方言で

210 | 第6章 音連続における音の変異

3音節が続けて発音され、中間の音節が何の意味であれ er で発音される場合、それが先行する音節と融合して r 化韻を形成することがある。発話速度が速ければ速いほどそうなる可能性が高い。例えば「普洱茶」が pǔrchá に、「哈尔滨」が Hārbīn、「连二灶」(2連のかまど) が liánrzào になるが、これらの語における r 化韻はいずれも「儿」によるものではない。

　音声分析の結果を見れば、r 化を引き起こすのが語尾の「儿」であろうと、「日、里、洱、尔、二」あるいは他の字であろうと大きな違いはない。また、語尾の「儿」によって引き起こされる r 化が圧倒的に多く、r 化の大半を占めるため、r 化を論ずる場合、語尾の「儿」をその典型として、それだけを取り上げることもある。

　北方方言の多くは北京方言に似ており、「儿」はそり舌の [ər] で発音され、そのほとんどが r 化を引き起こす。しかし、r 化の程度としかたがまったく同じであるわけではない。r 化した韻母にはふつう一定の融合が見られる。例えば北京方言の「汁儿」zhīr と「针儿」zhēnr はどちらも [tʂər] になる。すなわち韻母 ï と en が r 化すると同時に融合を起こした結果、[ər] に合一する。また「鸡儿」jīr と「今儿」jīnr はどちらも [teiər] になる。すなわち韻母 i と in が r 化すると同時に融合を起こした結果、[iər] に合一する。ただし、北京方言の大部分の韻母は r 化と同時に融合を起こすものの、違いは残され、融合によって違いが消失するのは一部にすぎない。それに対して韻母の大部分が r 化と同時に融合を起こし、しかも合一することによって違いが消失する方言もある。例えば重慶方言では、韻母 [au]、[ai]、[ən] などが r 化と同時に融合を起こし、すべて [ər] として発音されるようになる。「刀刀儿」(小さめのナイフ) における「刀儿」は [tər]、「盖盖儿」(小さめの蓋) における「盖儿」は [kər]、「书本儿」における「本儿」は [pər] になる。また、韻母 [ɑŋ] と [an] も r 化と同時に融合を起こし、いずれも [ar] になる。「网网儿」(小さめの網) における「网儿」も、「饭碗儿」における「碗儿」も [war] として発音される。これらの韻母は北京方言では r 化と同時に融合を起こすが、発音の違いは消失しない。重慶の西部に分布する栄昌方言はさらに変容が進み、r 化すると同時にすべての韻母が合一し、四呼の違いだけが残る。つまり韻頭がない開口呼は韻母が一律に [ɜr] になり、斉歯呼、合口呼、撮口

呼では韻頭を除いた韻母が一律に [ɚ] になるが、韻頭は残る。例えば、開口呼の「杯杯儿」[pei pɚ]、「缸缸儿」[kɑŋ kɚ]、「（小）刀刀儿」[tɑu tɚ]、「橘柑儿」[tɕy kɚ] に対して、斉歯呼の「电影儿」[tiɛn iɚ]、合口呼の「蛋黄儿」[tan xuɚ]、撮口呼の「金鱼儿」[tɕin yɚ] では第 2 音節の韻頭が残り、四呼の違いが残る。

　大部分の方言で r 化は韻母だけにそり舌の特徴を加えるが、そり舌の特徴が韻母以外に表れる方言もある。山東陽谷方言の古い発音では「兔儿」が [tʰlur]、「刀儿」が [tlɑor]、「座儿」が [tsluɤr]、「嗓儿」が [slɑr] と発音され、そり舌の動きが韻母より前に始まり、声母の直後に調音位置がやや後ろ寄りの震え音に近い [ɭ] が続き[17]、子音連結が生じる。r 化することにより斉歯呼と撮口呼の韻母はさらに 2 つの音節に分裂し、「碟」[tie]、「样」[iɑŋ]、「卷」[tɕyɑn] は「碟儿」[tiler]、「样儿」[ilar]、「卷儿」[tɕylɛr] になる。山西平定方言では「豆儿」[tɭ̩ʯ]、「牌儿」[pɭe]、「今儿」[tsɭʑ̩ŋ] のように、r 化韻の韻母自体はそり舌にならず、韻母の前にそり舌の側面音 [ɭ] が挿入される。山東金郷方言の古い発音では「刀儿」[trər]、「兜儿」[trour]、「边儿」[priɑ̃r] のように r 化が韻母の前にもそり舌の特徴を付与する。また、「子」[tsɿ]、「层」[tsʰə́]、「三」[sã] が r 化によって「子儿」[tʂɚr]、「层儿」[tʂʰɚr]、「三儿（あだ名）」[ʂãr] となるように、声母が歯茎音の [ts]、[tsʰ]、[s] であればそこにもそり舌の特徴が加わって [tʂ]、[tʂʰ]、[ʂ] となる。すなわち、r 化が音節全体に影響を与えるのである。

　「儿」がそり舌母音の [ɚ] で発音されない方言もある。それらの方言においても r 化は起こるが、そり舌として表れるのではない。洛陽方言の「儿、二、耳」などは [ɯ] で発音され、韻母の r 化も [ɯ] を韻尾にする形で表れる。また、30 余りの韻母が r 化することによって [əɯ]、[iɯ]、[uɯ]、[yɯ]、[ɯɑ]、[iɐɯ]、[uɐɯ]、[yɐɯ] という 8 つの r 化韻に集約される。例として「本儿」[pəɯ]、「味儿」[viɯ]、「虫儿」[tʂʰuɯ]、「曲儿」[tɕʰyɯ]、「（肉）末儿」[mɯɑ]、「（一）片儿」[pʰiɐɯ]、「花儿」[xuɐɯ]、「公（园儿）」[yɐɯ] を挙げることができる。

17　山東陽谷方言が属する北方方言・中原方言・魯西南方言の r 化については亓文婧（2022）を参照。（訳註）

212 | 第6章　音連続における音の変異

　呉方言に属する多くの方言では「儿」が鼻音の [ŋ] または [ŋ] で発音されるが、やはりr化が起こる。浙江義烏方言では「儿」が [ŋ] で発音され、r化によって [n] が先行する音節の韻尾になり、同時に先行する母音の長さも伸長する。例えば、「兔」[tʰu]、「花」[hua] はr化によって「兔儿」[tʰuːn]、「花儿」[huaːn] になる。先行する音節にもともと韻尾がある場合はそれが脱落する。例えばr化で「桶」[doŋ] は「（小水）桶儿」[doːn]、「狗」[kəw] は「（小）狗儿」[kəːn] になる。浙江平陽方言と温州方言では「儿」が [ŋ] と発音され、語尾に現れる場合、自立音節を成してもよく、r化してもよい。r化する場合は [ŋ] が先行する音節の韻尾になると同時に、先行する母音の長さが伸長する。例えば平陽方言では「刀儿」は △[tœŋ]▽ の2音節で発音してもよいし、r化して1音節の [tœːŋ] で発音してもよい。r化の例としてはほかに、「兔」[tʰy] が「兔儿」[tʰyːŋ] に、「盤」[bø] が「盤儿」[bøːŋ] に、「羊」[ie] が「（小）羊儿」[ieːŋ] になるなどがある。ただし、平陽方言の語尾「儿」は自立音節を成す場合、調値は [ʎ13] であるが、r化により先行する音節と融合して1音節になる場合、その声調は、声母が有声音であれば [ʎ13] で「盤儿」[bøːŋ ʎ] のようになるが、声母が無声音であれば [ʌ24] で「刀儿」[tœːŋ ʎ] のようになる。それに対して、温州方言ではr化韻の融合が非常に強く、[ŋ] に先行する母音は伸長しない。例えば「（笑）话儿」[ɦoŋ] はr化しても [ɦoːŋ] とはならず、[ɦoŋ] と発音される。なお、[ɦoŋ] が「红」と同音になることから、当地の人は「笑话儿」を「笑红」と書くことがある。

　r化韻は縮小形や愛称を表す手段の1つでもある。r化することにより、語はこぢんまりとした感じや、愛きょうがあるというニュアンス、あるいはまた軽視する意味合いを含むようになる。中国語の方言にはr化のほかにも縮小形や愛称を表す方法がある。例えば西南官話ではよく字を重ねることで縮小形や愛称を表す。その上さらにr化する場合もある。上に挙げた重慶方言と栄昌方言における例がそれである。一方、貴陽方言における「篮篮、盒盒、箱箱（引き出し）」のようにr化しない場合もある。これらの語は字を重ねるが、r化はしない。また、福州方言でも「瓶瓶、柜柜、罐罐、盒盒」のように、字を重ねることで縮小形や愛称を表すことが多い。それに対して、呉方言とエツ方言では調値の変化で縮小形や愛称を表す。例えば、「猪」

[tɕi ˦] は「(小) 猪」を表そうとすれば [tɕi ˩˥] で発音される。すなわち陰平の [44] が [324] になる。「樹」[zy ˩] は「(小) 樹」を表そうとすれば [zy ˩] と発音される。すなわち陰去の [24] が [11] になる。浙江温嶺方言では、平声が、縮小形や愛称を表すときに [˩ 15] で発音される。例えば「鶏」[tɕi ˦] が「(小) 鶏」を表すなら [tɕi ˩] で発音される。広州方言では「麻包」の「包」[pau ˥˧] の調値が [53] であるのに対して、「荷包」の「包」[pau ˥] を表そうとすれば調値は [55] に変わる。また「熱帯」の「帯」[tai ˧] は調値が [33] であるのに対して、「鞋帯」の「帯」[tai ˦] を表すには調値を [35] として小ささを表す。広東信宜方言では、縮小形や愛称における変調のしかたが広州方言よりもさらに厳格である。本来の調類が何であれ、縮小形や愛称を表すには一律に高昇調 [˩ 35] になると同時に調域も高くなる。「杯」[pui ˥] の本来の調値は [53] であるが、縮小形や愛称を表そうとすると [35] になると同時に調域もやや高くなる。「狗」[tɐu ˦] の本来の調値は [35] であるが、縮小形や愛称を表そうとすると [35] の調域がやや高くなり、混同は生じない。単母音の韻母であれば、母音の次に韻尾 [-n] も付けられる。「路」[lu ˦] は縮小形や愛称を表そうとすると [lun ˦] に、「魚」[ŋy ˩] は [ŋyn ˦] になるだけでなく、その [˩ 35] は調域が高められた高昇調である。広西容県方言における縮小形や愛称の変調は信宜方言に似ており、唯一、単母音韻母の次に韻尾の [-n] が付かない点が異なる。例えば「碗」[un ˦] は [un ˦] に、「魚」[ŋy ˩] は [ŋy ˦] になる。

6.3.2　中国語普通話の r 化韻

普通話では、それ自体に声調が付いた自立音節の韻母 [ər]（「儿、耳、二」など）を除き、すべての韻母が r 化されうる。r 化によるそり舌の作用は韻腹から始まり、韻尾まで続くが、韻頭は影響を受けない。「碴儿」chár [tʂʰar]、「兔儿」tùr [tʰur]、「(小) 刀儿」dāor [tɑur]、「(小) 狗儿」gǒur [kour] はいずれも韻母全体が r 化している。それに対して「鳥儿」niǎor [niɑur]、「花儿」huār [xuar]、「(配) 角儿」juér [tɕyɛr] の韻頭 [i]、[u]、[y] は r 化しない。

次の 3 点に示すように、一部の韻母は r 化に伴ってその構造が大きく変わ

214 ｜ 第 6 章　音連続における音の変異

る。

　（1）韻母 i [i]、ü [y] の r 化では、[ər] が加わり、[i] と [y] は韻腹から韻頭に変わる。例として「（小）鸡儿」jīr [tɕiər]、「（小）鱼儿」yúr [yər] を挙げることができる。韻母 ï [ɿ]、[ʅ] にも [ər] が加わるが、[ɿ]、[ʅ] が発音されなくなるため、r 化によって [ər] に変わると考えてもよい。例として「丝儿」sīr [sər]、「（树）枝儿」zhīr [tʂər] などがある。

　（2）[△]韻尾 -i [-i]、-n [-n][▽] は r 化する際に発音されなくなり、先行する韻腹のそり舌の音にいわば吸収される。例として「（小）孩儿」háir [xar]、「盘儿」pánr [pʰar]、「信儿」xinr [ɕiər]、「（合）群儿」qúnr [tɕʰyər] などがある。

　（3）[△]韻尾 -ng [-ŋ][▽] は r 化により先行する韻腹と融合してこれを鼻音化し、鼻音化した母音にそり舌の特徴が加わる。例として「缸儿」gāngr [kãr]、「（小）虫儿」chóngr [tʂʰũr]、「（花）瓶儿」píngr [pʰiə̃r]、「（小）熊儿」xióngr [ɕyũr] などがある。

　なお、r 化韻の音響的特徴は主に F₃ 周波数が大幅に下降して F₂ に近づく点にある。近づけば近づくほど、そり舌の色彩が濃くなる。普通話では r 化韻のそり舌は韻腹とほぼ同時に調音されるため、ふつう韻腹の始めからすでに F₃ が下降し始める傾向が見られ、時に数百ヘルツに及ぶ下降が見られることがある。

　普通話の r 化韻の規則は北京方言における r 化韻の規則と完全に一致する。表 6-1 に示すように、自立音節の韻母 [ər] を除く、37 の韻母が r 化によって 26 の r 化韻に集約される。

　前述のとおり、普通話の r 化韻の規則は北京方言のそれと完全に一致するが、実際に r 化できる語は北京方言に比べるとかなり少ない。表 6-1 に挙げた例には、普通話ではあまり使われない語もかなり含まれている。つまり表 6-1 は普通話にも当該の r 化韻が生じる可能性を示しているにすぎない。また、北京方言でもあまり耳にすることのない r 化韻も入っている。例えば [uər] が現れるのは「瓮儿」という 1 語に限られるというだけでなく、「瓮」自体、それほど頻繁に使われる語ではない。

6.3 中国語のr化 | 215

表6-1　北京方言のr化韻と本来の韻母との対応

r化韻	例	本来の韻母	r化韻	例	本来の韻母	r化韻	例	本来の韻母	r化韻	例	本来の韻母
[ər]	丝儿	ïr	[iər]	—		[uər]	—		[yər]	—	
	枝儿	ir		鸡儿	ir					鱼儿	ür
	碑儿	eir		—			柜儿	uir		—	
	根儿	enr		今儿	inr		棍儿	unr		裙儿	ünr
—						[ur]	屋儿	ur	—		
[ɤr]	歌儿	er		—		—			—		
			[iɛr]	街儿	ier	—			[yɛr]	月儿	üer
[or]	沫儿	or				[uor]	活儿	uor	—		
[ar]	把儿	ɑr	[iar]	芽儿	iar	[uar]	花儿	uar	[yar]	—	
	牌儿	air		—			拐儿	uair		—	
	盘儿	anr		尖儿	ianr		罐儿	uanr		院儿	üanr
[aur]	刀儿	aor	[iaur]	票儿	iaor	—			—		
[our]	钩儿	our	[iour]	球儿	iur	—			—		
[ãr]	缸儿	angr	[iãr]	亮儿	iangr	[uãr]	筐儿	uangr	—		
[ə̃r]	灯儿	engr	[iə̃r]	影儿	ingr	[uə̃r]	瓮儿	uengr	—		
						[ũr]	空儿	ongr	[yũr]	熊儿	iongr

　北京方言におけるr化韻はこの十数年間で大きく変化し、話者によってかなり大きな違いが見られるようになっている。例えば「板儿」bǎnr [pɐr] と「把儿」bǎr [par]、「(小) 罐儿」guànr [kuɐr] と「(小) 褂儿」guàr [kuar] に感じ取れるように、ɑr [ar] と区別して air、anr を [ɐr] で発音する者がいる。[18] また er [ɤr] を [ər] で発音し、er と ïr、eir、enr を区別しなくなった者もいる。例として「歌儿」gēr [kɤr] と「根儿」gēnr [kər] が同音になることを挙げることができる。また、ier [iɛr] と üer [yɛr] をそれぞれ [iər]、[yər] のように発音する者さえいる。その結果、「(树) 叶儿」yèr と「(脚) 印儿」yìnr が同じ [iər] で発音されるようになる。[19] また全体的に見ると、北京方言におけ

18　air の発音変化は「牌儿」páir [pʰɐr] と「耙儿」pár [pʰar] の違いから感じ取れる。(訳注)

19　つまり表6-1によれば、本来「(树) 叶儿」yèr は [iɛr] で発音され、「(脚) 印儿」yìnr [iər] と区別されるが、発音の変化によって区別されなくなるのである。(訳注)

216 | 第 6 章 音連続における音の変異

る r 化韻の発音では、高齢の話者が区別する傾向が強いのに対して、若い話者は融合させる傾向が強い。ただし、それらはあくまでも北京方言内における違いにすぎず、普通話の r 化韻の分化と融合には関係しない。

練習

1. 普通話の語気助詞「啊」の各種の変異を示し、それを引き起こす原因を説明しなさい。

2. 北京方言、蘇州方言、アモイ方言の語を、次に示すように発音しなさい。語における連続変調に注意すること。

北京方言

[xai ˩˧] 海   [ɕyan ˩˧] 选

     [xai ˨˩ tɕyn ˥] 海军   [ɕyan ˨˩ tɕʰy ˥] 选区

     [xai ˨˩ jiɑŋ ˧˥] 海洋   [ɕyan ˨˩ min ˧˥] 选民

     [xai ˨˦ ʂuei ˩˧] 海水   [ɕyan ˨˦ tɕy ˩˧] 选举

     [xai ˨˩ ʔan ˥˩] 海岸   [ɕyan ˨˩ pʰiɑu ˥˩] 选票

蘇州方言

[n̠in ˩˧] 人   [sɿ ˥˩] 水 [20]

     [koŋ ˩ n̠in ˨˦] 工人   [kʰɛ ˩ sɿ ˥˩] 开水

     [nø ˨˦ n̠in ˨˦] 男人   [ɦy ˨˦ sɿ ˨˦] 雨水

アモイ方言

[suã ˥] 山   [he ˥˩] 火

     [suã ˦˥ sai ˥] 山西   [he ˥˦ tsʰĩ ˥] 火星

     [suã ˦˥ sui ˥˩] 山水   [he ˥˦ lɔ ˧˥] 火炉

3. 福州方言は中国語諸方言の中でも変異のしかたが最も複雑な方言と言え

20　蘇州方言における「水」は陰上声である（「呉音小字典」https://wu-chinese.com/minidict/ 2023/04/06 accessed）。ただし、蘇州方言の陰上声の調値は張家茂 (1979) と叶祥苓 (1979) では 52 と記述されたが、その後、叶祥苓 (1984) によって 51 に修正されている。現在では多くの参考書等で蘇州方言の陰上声は 51 と記述されている。なお、叶祥苓 (1984) は、蘇州方言において単独に発音された字の調類は 7 つであるが、連続変調によって陽上去から陽去を分離することができることから、調類は陰平 [55]、陽平 [13]、陰上 [51]、陽上去 [31]、陰去 [513]、陽去 [313]、陰入 [5]、陽入 [3] の 8 つであると主張している。（訳注）

る。次の事例を基に、福州方言に含まれる変異の種類とそれを引き起こす原因について説明しなさい。

便利　[pieŋ˦ lei˨˩ → pieŋ˦ nei˨˩]

宗教　[tsuŋ˥ kau˨˩ → tsuŋ˩ ŋau˨˩]

記憶　[kei˨˩ ei˨˩ → ki˨˩ ei˨˩]

電影　[tieŋ˧˩ iŋ˥˩ → tieŋ˩ iŋ˥˩]

疑心　[ŋi˩ siŋ˥ → ŋi˥ liŋ˥]

瀑布　[puʔ˥ puɔ˨˩ → puʔ˥˩ βuɔ˥˩]

4. 国際音声字母を用いて次の普通話の語の発音を表記し、そこに含まれる変異について説明しなさい。

　　火车　　　　　　电视　　　　　　理想　　　　　浅薄

　　很了解　　　　　新闻系　　　　　保险单

　　一不做，二不休

5. 国際音声字母を用いて次に示す r 化した北京方言の発音を表記し、その中で同音語になるものを示しなさい。

　　珠儿　　　汁儿　　　印儿　　　鱼儿　　　牌儿

　　针儿　　　盘儿　　　叶儿　　　缸儿　　　头儿

第7章

韻律

　中国語の「韻律」は本来、詩における韻脚や平仄の規則のことだが、音声学ではこれを借用し、音声における強勢、リズムおよびイントネーションを指す用語として用いる。本章ではその概要を述べる。

7.1　△語強勢と文強勢▽

　連続音声における個々の音節の強さは等しくはない。比較的強く聞こえる音節があり、それは強勢が掛かる強勢音節である。それに対して比較的軽く聞こえる音節もあり、それは強勢が掛からない軽音音節である。国際音声字母では、当該の音節の前に ['] を入れることで、強勢が掛かることを表す。

　強勢の違いは語レベルにも句レベルにも表れる。まず、語レベルでは、多音節語の強勢の位置はふつう決まっている。例えば英語の phonetics △[fəˈnetiks]▽（音声学）では必ず第2音節の △net▽ に強勢が掛かる。また、北京方言の「明・白」[1] míng・bɑi では「白」が必ず軽く発音される。それはいわば社会に共通する発音習慣であり、そのように発音しなければ不自然に聞こえ、標準的な発音ではなくなる。また、軽く発音すべき音節がふつうの強さで発音されるとわかりにくくなるばかりか、誤解を招く恐れもある。語レベルにおけるこのような強勢と軽音は、語強勢、語軽音とも呼ばれる。

　次に、まとまった意味を成す句や文では強勢が特定の語を強調する働きを持つ。例えば「我对'他说了」では「他」（彼）が強調され、彼以外の人ではないことが表される。それに対して「我对他'说了」では「说了」（話してある）が強調され、隠していないことが表される。すなわち、この2つの文に

1　追って「7.1.2 中国語の軽音と軽声」でも述べられることだが、「・」は後ろの「白」が軽音であることを表す。（訳注）

220 | 第7章 韻律

は意味的な違いがある。このような句や文のレベルで強められる発音はしばしば口調の変化を伴い、前述の多音節語における強勢や軽音とは性質が大きく異なるため、文強勢またはプロミネンスと呼んで区別される。

7.1.1 語強勢

英語、フランス語、ロシア語などでは多音節語の中に明らかに強く発音される音節がある。このような言語を強勢アクセント言語という。強勢アクセント言語における語強勢は、固定強勢と自由強勢の2種類に分かれる。固定強勢を持つ言語では多音節語の中の常に同じ位置に強勢が掛かる。例えばフランス語の語強勢は常に語末音節に掛かる。トルコ語や中国国内のウイグル語、カザフ語、キルギス語などでも語強勢が常に語末音節に掛かる。これらはいずれもチュルク語族に属しており、固定強勢はチュルク語族に共通する特徴と言える。また、ポーランド語やアフリカのスワヒリ語では常に語末から数えて2番目の音節に強勢が掛かり、フィンランド語やチェコ語では語の最初の音節に強勢が掛かる。これらの言語における強勢はすべて固定強勢である。それに対して自由強勢を持つ言語では個々の語における強勢の位置は決まってはいるが、語によってその位置は異なる。英語やロシア語はその例である。英語の phonetics は第2音節、photograph △[ˈfoutəgræf]▽（写真）は第1音節、phonological △[founəˈlɑdʒikəl]▽（音韻論的）は第3音節に強勢が掛かる。またロシア語の правда [ˈpravdə]（真理）は第1音節、дорога △[dɐˈrogə]▽（道）は第2音節、демократ △[dʲɪmɐˈkrat]▽（民主派）は第3音節に強勢が掛かる。このように英語やロシア語では語強勢の位置は決まっているものの、その位置は語ごとに異なり、何番目の音節に強勢が掛かるかは不定である。ただし自由強勢を持つ言語とはいえ、強勢の位置にまったく規則性がないわけではなく、その位置は実際にはその言語の音韻体系の規則によって決まる。

強勢のレベルを区分する言語もある。例えば英語では語の音節数が多くなると、最も強く聞こえる第1強勢以外に、やや強く聞こえる第2強勢と呼ばれる強勢が現れることがある。第2強勢は当該の音節の前に [ˌ] を入れて表す。例えば sociolinguistics [ˌsousioulɪŋˈgwistiks]（社会言語学）、magnification

△[ˌmæɡnəfəˈkeiʃən]▽（拡大）のようになる。

　中国語は声調言語であり、多音節語に語強勢が存在するかについて、この分野で統一した見解は今のところ得られていない。軽音音節を含む語についてはそれ以外の音節に強勢が掛かることは明らかである。軽音音節を含まない語については2つの異なる強勢様式、すなわち左強勢式と右強勢式（右強勢式は等強勢式を含む）があるとする意見がある。「散布」（左強勢式）と「散歩」（右強勢式）、「技術」（左強勢式）と「计数」（右強勢式）などがその例である。これに対して、軽音を含まない語では左強勢式でも右強勢式でもかまわず、語強勢は自由で、語に定められた強勢様式がないとする意見もある。また、語が単独で現れる場合、軽音節を含まない多音節語では、ふつう語末音節に強勢が置かれるとする意見もある。しかしこれに異を唱える者は、語末音節が最も強く聞こえるのは強勢が置かれているからではなく、あとに休止が続くためにその音節が伸長しやすいからだと主張する。この主張からは、中国語の強勢は語レベルで形成されるのではなく、句や文のレベルにかかわる可能性が示唆される。意見はさまざまであるが、中国語普通話の多音節語に音節間で強さの違いがあるということは共通認識となっている。

　語強勢を担う音節は、高さ、長さ、強さ、音色に関して、語強勢を担わない音節とは明らかに異なる特徴を持つ。しかし、ここで言う「強く聞こえる」や「軽く聞こえる」などはあくまでも人間の知覚事象であり、この2つで表される事象を音響データに基づいて客観的にとらえようとすると、そう簡単ではない。そこで我々が探るべきことは、音声に係る4つの物理的特徴、すなわち音響的特徴のどれが人間の感じ取る音節の強勢と最も深く関係しているかである。

　さまざまな音声実験によって示されたのは、多くの強勢アクセント言語において、語強勢に係る主たる特徴は高さと長さだということである。例えば英語の語強勢に関する知覚研究からは、語強勢の知覚にとって強さは長さほど重要ではないことがまず示され、続いて高さが最も重要な特徴であることが示された。

　普通話における語強勢の有無についてさらなる理論上の議論が必要であるが、音声実験に基づく客観的な議論も同時に行われるべきである。現段階の

222 | 第7章　韻律

結果からすれば、多音節語が単独で現れる場合も、連続発話に現れる場合も、音節間に強弱の違いが存在する。しかし、近年の中国語の語強勢に関する知覚実験からは、普通話における強勢音節がほかの音節より長く、調域が広く、調形も完全に近いのに対して、強さはしばしば増大しても主たる役割を果たしていないことが示されている。

7.1.2　中国語の軽音と軽声

　軽音は強勢とは対照的な音声現象である。中国語の普通話の語強勢について研究者によって意見が分かれるのに対して、多音節語に見られる軽音の現象については広く共通認識が得られている。また、中国語諸方言においても語レベルの軽音が存在することから、軽音は比較的多くの注目を集めている。なお、軽音音節は一般にその前に「・」を入れて表すことをここに記しておく。

　軽音に関連するもう1つの概念は軽声である。声調の観点から言えば、軽声音節とは声調を持たない音節である。軽声音節は2種類に分かれる。1つはそもそも声調が付かない軽音音節である。例えば「桌・子」、「我・们」、「什・么」における「・子」、「・们」、「・么」は接尾辞であり、これらは現代中国語では本来声調が付かない軽音音節である。これらの音節ではいかなる音声環境においても字本来の声調を復元することができない。もう1つは、本来声調のある音節が語中に入り、語強勢の様式の制約を受けた結果、軽音音節になったものである。声調の観点からすれば、これらの軽音音節も本来の声調が失われているため、軽声音節として認められる。例えば「想・想」は動詞「想」を重ねることによって形成された語であり、2つの形態素のいずれも上声音節であるが、この語の強勢様式は重軽式であるため、2つ目の「想」は話し言葉において本来の声調を失い、軽声音節になる。

　ところで、上記の2種類の軽声音節は異なる連続変調を生み出す。例えば北京方言における「椅子」と「想想」に用いられる「椅」、「子」、「想」を単独の字として見た場合、その声調はいずれも上声であり、語としての「椅・子」と「想・想」の語強勢はどちらも重軽式である。つまりどちらも上声である第1音節に強勢が付く。しかし「椅・子」と「想・想」にお

ける第2音節の実際の調値は異なる。接尾辞「・子」は意味を持つ形態素「子」とは発音が異なり、上声ではなく声調が付かない軽音音節である。上声の変調規則によれば、上声の「椅」は非上声音節に先行する場合、半上声の [21] で発音される。それに対して、「想・想」における後続の「想」は重軽式の語強勢によって軽音音節になってはいるものの、本来は上声音節であることに変わりはない。そのため、先行する「想」は上声連続の変調規則のとおり、調値が [35] になる。[2]

　普通話では、軽音音節と通常の音節との間に高さ、長さ、強さ、音色の違いが見られる。図7-1に軽音を含む普通話の4語の波形とピッチ曲線を示す。軽音は音の強弱に関わる音声現象であるが、高さに特徴が現れる。この図に示すように、軽音音節の高さはそれに先行する軽音でない音節の高さによって決められる。先行する音節が上声でなければ軽音のピッチ曲線は下降する。ただし、下降の開始点に違いが見られる。先行する音節が上声であれば軽音のピッチ曲線が平坦になるか、やや上昇する。陰平、陽平、上声、去声に後続するときの軽音の高さを5段表調法で表記すると、それぞれ [41]、[52]、[33]/[34]、[21] となる。ただし、軽音音節は通常の音節より短く、高さの変化が知覚されにくいことが多いため、上の4つの声調に後続するときの軽音の高さを [2]、[3]、[4]、[1] と表記することもできる。

　高さ以外に、長さと音色にも通常の音節と異なる特徴が見られる。長さに

2　軽音と軽声は混乱を招きやすい用語である。事実、中国国内でも本書初版の著者の1人である林燾氏がこの2つの用語を区別することに異を唱えている（林燾1962）。同氏は軽音を構造軽音と音調軽音に分け、構造軽音は語構成や意味構造に影響を受けていかに強調されても字本来の声調が復元できない軽音であるのに対して、音調軽音は強勢と対立する概念で、強調されると字本来の声調が復元できる軽音であると述べている。この考えを受け継ごうとしながら、軽声という用語が広く使用されている状況を顧慮してか、本書では構造軽音も音調軽音も声調の視点から見た軽声の下位分類として扱い、軽音を強勢と対立する概念としつつ、声調の視点からはそれは軽声でもあるという記述のしかたをしている。

　しかし、実際には中国国内では現在、軽声が構造軽音を指し、軽音が音調軽音を指すという使い分けが主流となっており、声調の視点で問題をとらえるか否かにかかわらず、上声は、そもそも声調のない「軽声」が後続する場合、上声連続の変調規則には従わないのに対して、元は上声であったが声調を失った「軽音」が後続する場合は上声連続の変調規則に従うというように使い分けられている（朱宏一2009）。あえて言うなら、軽声は陰平・陽平・上声・去声のいずれとも異なり、軽く発音される「第5の声調」であるのに対して、軽音は同じく軽く発音されるが、その声調は四声のいずれかである。（訳注）

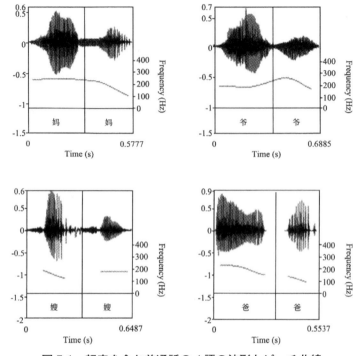

図 7-1　軽音を含む普通話の 4 語の波形とピッチ曲線

関しては、軽音音節は通常の音節に比べて持続時間が短い。また、振幅も小さい。[3]

　長さが短くなることにより、軽音音節はその音色に変化を起こす。最も頻繁に起こる変化を次に示す。

　（1）中位母音、低位母音[4]が中母音に近づき、前響重母音は単母音になる傾向が見られる。これには次のような例がある。

3　ここで注意すべきは、それぞれの母音と子音にはそれぞれ異なる固有の強さと長さがあるということである。したがって音色が同じ音節についてのみ、持続時間と振幅を比較する価値がある。（原注）

4　中位母音、低位母音については第 9 章「9.1 中国語普通話の韻母の精密表記」を参照。（訳注）

7.1　語強勢と文強勢 | 225

头・发 [fa → fə]　　　　棉・花 [xua → xuə]

打・扮 [pan → pən]　　　大・方 [fɑŋ → fəŋ]

回・来 [lai → lɛ]　　　　妹・妹 [mei → mɛ]

眉・毛 [mɑu → mɔ]　　　石・头 [tou → to]

哥・哥 [kɤ → kə]　　　　认・得 [tɤ → tə]

　（2）高母音の単韻母[△]/i/、/u/、/y/[▽]が摩擦音、有気破擦音に後続する位置で軽く発音される場合は無声化し、声帯振動を伴わない母音になる。これには次のような例がある。

心・思 [sɿ → s̥ɿ̥]　　　　本・事 [ʂʅ → ʂ̥ʅ̥]

东・西 [ɕi → ɕi̥]　　　　豆・腐 [fu → fu̥]

出・去 [tɕʰy → tɕʰy̥]

　これらの軽音音節における母音の発音では、舌の位置と唇の形に係る特徴のみが部分的に残され、さらに唇の形に係る特徴が失われることもある。これは韻母の脱落にも通じる。⁵ 例えば北京方言における「去」[tɕʰy] は軽音でなければ声母 [tɕʰ] は韻母が円唇母音であることに影響を受けて唇音化するが、「出・去」における「去」では後続の円唇の韻母が脱落すると逆行同化の作用がかなり小さくなることから、声母が唇音化しなくなることもある。また、「心・思」[ɕins] と英語の since [sins]（…以来）の語末子音、「豆・腐」[touf] と英語の doff [dɔf]（脱ぐ）の語末子音をそれぞれ比較して、これらの間に明確な違いがないことも、軽音で声母が韻母から受ける作用が減少することを示している。

　（3）無気無声破裂音の声母と無気無声破擦音の声母は有声化しやすい。これには次のような例がある。

好・吧 [pa → ba]　　　　他・的 [ta → də]

两・个 [kə → gə]　　　　看・见 [tɕiɛn → dʑiɛn]

说・着 [tʂə → dʐə]　　　日・子 [tsɿ → dzɿ]

　以上のような韻母と声母に起こる変化は比較的自由で、話者や音環境によって表れ方が異なる。ぞんざいな発音ではこれらの変化が表れやすい。ま

5　ただし、唇音でない声母が後続の円唇母音からの逆行同化を受け、声母に唇音化の特徴が残ることがある。（原注）

た典型的な北京方言では変化が起こる傾向が強く、変化する範囲も広い。例えば「桌・子、盘・子、胖・子、柿・子」などの語末の「・子」も [tsə] と発音され、中位高の母音になる。これは典型的な北京方言の特徴の1つである。

普通話では軽音が語の意味や文法成分と深く関係している。文法成分として軽音で発音されるべきものを次に示す。

(1) 語気助詞「吧、吗、呢、啊」など。例：走・吧、去・吗、写・呢、说・啊

(2) 接尾辞「们、子、头、么」など。例：我・们、桌・子、木・头、这・么

(3) 助詞「的、地、得」と「了、着、过」。例：我・的书、认真・地写、走・得快、吃・了、唱・着、说・过

(4) 名詞＋方位詞における方位詞「上、里」。例：桌・上、书・上、屋・里、心・里

(5) 単音節動詞の反復における第2音節。例：说・说、看・看、想・想、谈・谈

(6) 述補構造における方向補語。例：出・去、拿・来、走・出・去、站・起・来

これらの文法成分を軽音で発音する規則は強い拘束力を持つが、少数の例外もある。例えば接尾辞「头」は「砖头、窝头」において、方位詞「上、里」は「楼上、城里」において、軽音では発音されない。

また次に示すように、普通話では一部の2音節語の第2音節が軽音で発音される。

衣・服	队・伍	事・情	刺・猬	指・甲	（名詞）
告・诉	喜・欢	知・会	照・应	明・白	（動詞）
聪・明	热・闹	舒・服	麻・烦	漂・亮	（形容詞）

これらの2音節語はいずれも習慣として第2音節が軽音で発音されるもので、そこに何らかの規則があるか否かについてはわかっていない。北京方言では第2音節が軽音で発音される2音節語が多く、例えば「太阳」、「参谋」、「喷嚏」、「目的」、「刺激」などがある。ただし、これらの語の第2音節は普通話では必ずしも軽音で発音されない。

中国語諸方言においても軽音は広く見られるが、方言によってその分布と数に大きな差がある。そのうち、成都、昆明などの西南方言では軽音が普通話よりもはるかに少なく、語気助詞、接尾辞、助詞などは一切、軽音として発音されない。さらに広州方言では軽音がほとんど現れない。なお、軽音とr化韻が頻繁に現れるのは北京方言の音声における大きな特徴であり、この特徴は普通話にもある程度見られるが、北京方言ほど顕著ではない。

7.2 文強勢

文の中でとりわけ明瞭に聞こえるのは文強勢が掛かる語である。強勢が掛からない語や、弱く発音される語では、その語に含まれる強勢も目立たなくなることが多い。それに対して文強勢を担う語ではその語本来の強勢がさらに際立つようになる。なお、文強勢の研究の中で最も関心を集めているのは、文強勢にはたして語強勢に類似する規則があるかという問題である。

7.2.1 文強勢の分類と分布

まず次の 2 文を比較願いたい。太字は強勢が掛かる音節である。

（1a）　今天**星期一**。（きょうは月曜です。）

（1b）　**今天**星期一。（きょうが月曜です。）

ふつう陳述文「今天星期一」は 1 つの事実を述べており、文強勢は文末の語「星期一」に掛かる。そこに仮に「昨天是星期一」を主張する者がいたとして、その陳述を否定するために上の文を言うとすれば、文強勢は文頭の語「今天」に掛かるようになる。つまり文脈によって文強勢の位置は変わる。

文強勢の位置は文が置かれた文脈の影響を受けるため、文強勢はその観点から分類するのが一般的である。ここでは 2 種類の基本的な文強勢について述べる。すなわち通常強勢と対比強勢である。通常強勢は具体的な文脈条件がない、あるいは話者の強調したい範囲が文全体に及ぶ場合に現れる強勢である。（1a）に示した強勢は、話者が「今天是星期一」という事実を述べる場合に現れる通常強勢である。それに対して（1b）に示した強勢は「昨天是星期一」との対比によって現れる対比強勢である。ふつう対比強勢は通常強勢に比べて一段と際立って聞こえる。

228 | 第7章　韻律

　通常強勢の位置は文法構造と深く関わる。次に示す例のように、ふつう、主述構造における述語、動目構造における目的語、偏正構造[6]における修飾成分、そして動補構造における補助成分に強勢が掛かる。

　　　(2)　　車**来**了。（主述構造における述語）

　　　(3)　　来**车**了。（動目構造における目的語[7]）

　　　(4)　　来了一辆**大**车。（偏正構造における形容詞の修飾成分）

　　　(5)　　车来得**很晚**。（動補構造における補助成分）

　それに対して次に示す会話の例のように、対比強勢の位置は完全に発話上の必要性によって決まり、とりわけ強調したい部分（文法論ではフォーカスという）に強勢が掛かる。

　　　(6)　　**哪**天是星期天?

　　　　　　昨天是星期天。

　　　(7)　　昨天星期**几**?

　　　　　　昨天星期**天**。

　　　(8)　　昨天**是**星期天吗?

　　　　　　昨天**是**星期天!

　なお複合語の場合、とりわけ強調されるのはふつう、その語の中で意味負荷が最も重い形態素である。例えば(6)と(7)では最も強調されるべき音節はそれぞれ「哪、昨」と「几、天」である。

　さらに次に示す例のように、対比強勢の置かれる位置によって文の意味が

6　偏正構造とは修飾成分に被修飾成分が続く構造であり、日本語における連体修飾関係に似ている（平山邦彦 2018）。（訳注）

7　主述構造の「车来了」と動目構造の「来车了」はどちらもバスや車が来ているという意味である。日本語の感覚では「车来了」と「来车了」における「车」は語順を問わず、どちらも主語であるととらえられる。しかし、中国語は文法機能によって語に形態変化が生じることがなく、日本語のように文法機能を表す格助詞もない SVO（主語→述語 / 動詞→目的語）型の孤立語である。そのため、語が担う文法機能は語の文中における位置によって決まる。簡単に言えば、ふつう動詞に先行する名詞は主語、動詞に後続する名詞は目的語になる。「车来了」と「来车了」も同様に、前者が主述構造で、後者は倒置された主述構造ではなく、動目構造である。ただし「来车了」における「车」は「施事宾语」（動作主目的語）と呼ばれ（平山邦彦 2018）、「车来了」は話し手と聞き手の両方が知っているか待っている特定のバスや車が来ているということを表すのに対して、「来车了」は不特定のバスや車が来ているということを表す。（訳注）

7.2 文強勢 | 229

大きく変化する。

    （9a）   这个道理孩子们**都**懂了。

    （9b）   这个道理**孩子们**都懂了。

  （9a）は強勢が「都」に掛かり、「孩子们」全員に当てはまることを表す。（9b）は強勢が「孩子们」に掛かり、このことは子どもでさえわかるのだから、大人ならもちろんわかるという意味になる。

  通常強勢と対比強勢の位置が重なることもある。例えば「今天是星期天」の最後の「天」に強勢が掛かる場合、それは対比強勢でありながら通常強勢でもある。それは、「星期天」という語全体に強勢が掛かるならば、最大の強勢はおのずと「天」に置かれるためである。[8]

7.2.2　文強勢の音声的特徴

  語強勢に似て、文強勢の実現にはさまざまな超分節的要素が関与する。その中で最も重要なのは高さと長さであると思われる。図 7-2 に例文（1a）と（1b）の波形とピッチ曲線を示す。（1a）のピッチ曲線は起伏が少なく、基本的に安定しているのに対して、（1b）では強勢音節「今」のピッチが最も高く、その直後の「天」のピッチは大幅に下がる。この図からは、文強勢が掛かる音節がほかの音節より明らかに長くなるわけではないこともわかる。例えば（1b）における「今」はほかの音節より長いわけではない。しかし高さについてはその違いが目立つ。[9]

  それに対して、上声音節が文末以外の位置に現れて強勢を担う場合、その低いピッチポイントがさらに下がるだけでなく、それに先行する上声以外の音節の高いピッチポイントも同時に上がる。また上声音節が文末で強勢を担

8　「今天是星期天」の強勢は通常強勢の場合、主述構造の述語である「星期天」に置かれ、さらにこの複合語の中で最も意味負荷の重い形態素である「天」が特に強調される。「星期天」はまた「天」によって他の曜日と区別されるため、対比強勢をする場合も「天」が同様に強調される形態素となる。（訳注）

9　他方、（1a）の強勢音節「一」は高さを保ったまま、長さも他の音節より明らかに長い。つまり文強勢の実現には高さと長さの変化が重要であるが、必ずしも両者が同時に表れるのではない。（訳注）

230 | 第7章 韻律

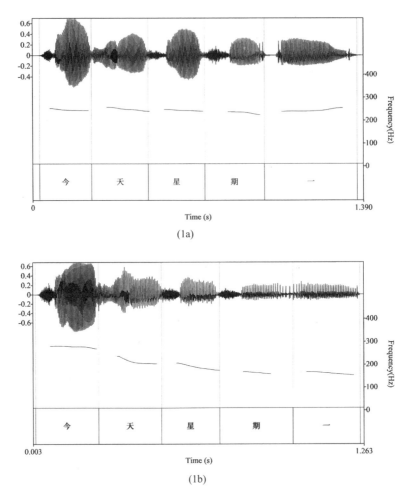

△図7-2 異なる位置に現れる文強勢((1a)では文末、(1b)では文頭)▽

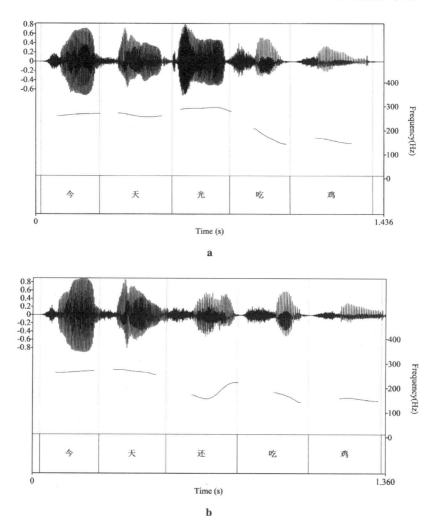

図 7-3 異なる 4 つの声調が文末以外の位置で文強勢を担う場合の波形とピッチ曲線（各文の第 3 音節が a 陰平、b 陽平、c 上声、d 去声で、強勢を担う）

う場合は、その末尾が必ず上がり、しかもその幅がかなり大きい。図 7-3 に a「今天光吃鸡」、b「今天还吃鸡」、c「今天总吃鸡」、d「今天不吃鸡」のスペクトログラムとピッチ曲線を示す。

（図 7-3、前ページから続く）

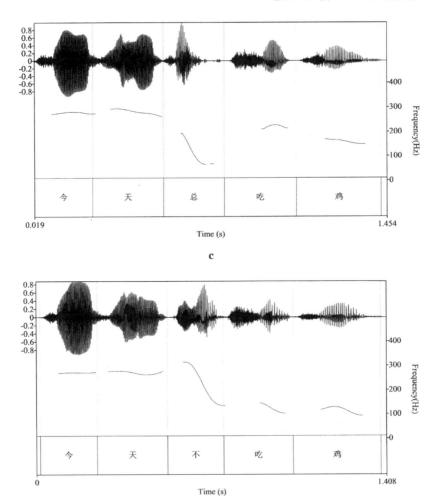

7.3 リズム

　自然発話でも、演劇などにおける発話でも、音声に彩りを添えようとすると、強さや速さに変化を付けることになる。その結果、音声にリズムが

生じる。音韻論のうち、リズムを専門的に扱う分野を韻律音韻論（metrical phonology）という。この分野ではリズムを韻律単位と呼ぶが、本章では単にリズムという。

リズムの単位は大きいものもあれば小さいものもある。言語が異なればリズム単位の分け方も異なる。ここでは中国語に適用できる2つの単位、フットと停延について説明する。

7.3.1　フット

フットは本来、詩における基本的なリズム単位であり、一般に2音節から成り、その一方が強く聞こえる。このようなリズムのレベルにおける強さは文強勢ほど明確ではないが、感じ取ることはできる。詩だけでなく、自然発話によるコミュニケーションにおいても音節の強さの交替が現れる。したがってフットは自然発話における基本的なリズム単位でもあると言える。次に示す英語の童謡にはリズムのレベルにおける4つの強勢が含まれている。

（10a）ʹThis is the ʹhouse that ʹJack ʹbuilt.

リズムのレベルにおける強勢が出現するたびに、1つのフットが形成される。(10a)には次に示す4つのフットが含まれる（「|」でフットの境界を表す）。

（10b）This is the | house that | Jack | built.

フットと呼ばれるリズム単位は中国語にも存在する。あることわざの文法構造を次に示す。

（11a）人［无［远虑］］，必［有［近忧］］

ただし、このことわざのリズムは次のとおりである。

（11b）人无 | 远虑，必有 | 近忧[10]

次に、ある文の朗読リズムを示す。

（12）我住 | 长江头，君住 | 长江尾。日日 | 思君 | 不见君，共饮 | 长江水。

［（宋）李之儀『卜算子・我住长江头』］

上記2例からわかるように、中国語のリズムは文法構造に対応しないことが多い。つまり、中国語のリズム単位は文法に左右されることの少ない独立

10　句読点を挟む2音節を1フットに入れることはないため、ふつう句読点の箇所には「|」を入れない。（訳注）

234 | 第7章　韻律

した配置規則を有する。上記2例のリズムは主に2音節を単位として構成されている。発話速度を緩めたり、朗読の口調でこれらの文を発話するなら、リズム単位の終わりにある音節をある程度伸ばすこともできる。こうしたリズム単位が中国語のフットである。中国語のフットは純粋に音声レベルの単位であり、必ずしも語レベルまたは文法レベルの単位と一致しない。現代中国語普通話におけるフットは2音節から成るものが最も多いが、文末には3音節から成る超重フットも現れる。逆に1音節や4音節から成るフットは比較的少ない。英語のフットと異なり、中国語のフットはふつう強さの交替としてではなく、リズム上の疎密として現れる。すなわち1フットの内部にふつう休止はなく、先行音節の伸長もないのに対して、フットの末尾の音節は伸長することがあり、またそのあとに休止が置かれることもある。[11]

　しかしフットにおける音節の配置は文法構造にまったく制約されないわけではない。例えば2音節語であれば各音節が異なるフットに配置されることはない。また次に示す例のように、前後の音節と組み合わせて1フットとすることができない単音節語があれば、ふつうその音節を伸ばして1つの独立したフットとする。

　　(13)　心 | 也许 | 很小 | 很小,
　　　　　世界 |（却）很大 | 很大。

［舒婷『童话诗人』］

　この例では「心」に後続する2音節語が自然に1フットを形成するため、「心」の次に休止を入れるか、それ自体を伸ばすことで1フットとする。それに対して「却」は、先行する2音節語が自然に1フットを形成し、後続の「很」と「大」も緊密な文法関係により1フットとして組み合わせられる結果、取り残される。[12] さらに「却」は韻律上軽く発音される語であるために、単独では1フットにならない。よって「却」は「很大」の前の付属

11　伸長する音節や休止が後続する音節はリズム上の疎になるのに対して、通常の長さを維持する音節はリズム上の密になる。（訳注）

12　文法構造とリズム配置との関係について、王洪军（2008）『汉语的非线性音系学』（增订版）第11章「普通话的韵律层级及其与语法语义语用的关联」と、初敏、王韫佳、包明真（2004）「普通话节律组织中的局部句法约束和长度约束」『语言学论丛』第30巻、北京：商务印书馆を参照。（原注）

成分として、すなわち1フットの付属成分として配置される。[13]

7.3.2　停延

前節では休止と音節の伸長に言及した。連続発話において休止前の音節の長さには比較的大きな自由度があり、伸長することが多い。ところが、伸長すると休止があると知覚されることがある。停延とはこのような音声現象を指す。ただし、自然発話において位置を問わず、どこでも自由に停延が生じるわけではない。前述のように、フットの内部に休止が置かれることはないので、停延も生じない。さらに、次に示す例のように、実際にはフットの終わりに必ずしも停延が生じるわけでもない。

　（14）　一件漂亮衣服

この句は3フットから成るが、その中に休止を挿入しようとするならば、（発話中の思考による休止を除き）「一件」の次には挿入できるが、「漂亮」の次には挿入できない。

しかし、ふつう自然発話における停延の生起はかなり自由であり、あってもよいし、なくてもよい停延が多い。ただし、文法的なまとまりや韻律の境界における停延の生起には優先度の違いがある。次に例を示す。

　（15）　这几天心里颇不宁静。

[朱自清『荷塘月色』]

この文に停延が生じるとすれば、まず文頭の「这几天」の次に生じる。さらに、発話速度が非常に遅く、2つ目の停延が生じるとすれば、「心里」（「心里颇不宁静」は主述構造である）の次がその位置である。

7.3.3　韻律構造と文法構造

前述のように、句や文のレベルにおける韻律単位は文法単位に対応しないことが多い。これは韻律に比較的独立した構造規則があるからだと考えられる。韻律構造は2つの点で文法構造に対応しない。1点目は韻律境界が文法

13　このような付属成分は「韻律外成分」（中国語表記は「韵律外成分」）と呼ばれる。詳細は王洪军（2002）「普通话节律边界与节律模式、语法、语用的关联」『语言学论丛』第26巻、北京：商務印書館を参照。（原注）

236 | 第 7 章　韻律

境界と必ずしも一致しないということ、2 点目は韻律の階層は文構造の階層
ほど多くないということである。その例を次に示す。

（16）　吃碗面去。

（16）の文法境界とフットの境界をそれぞれ（16a）と（16b）に示す。

　　　（16a）吃 / / 碗 / / / 面 / 去。（「/」は文法境界を表し、「/」の数で、文構
　　　　　　造において構成素が分岐する階層を示す。「/」の数が少ないほ
　　　　　　ど、分岐する階層が高い）

　　　（16b）吃碗 | 面去。

ここで明らかになるのは、第 1 フットの「吃」と「碗」の間にも、第 2
フットの「面」と「去」の間にも、直接的な文法関係が存在しないというこ
とである。

　フットと同様に停延の生起も、文法境界があるか否かやその強さによって
決まるわけではない。次に例を示す。

　　　（17）这时候最热闹的 ‖，要数树上的蝉声 ‖ 与水里的蛙声。（「‖」は停延
　　　　　　の境界を表す。）　　　　　　　　　　　　　　　　［朱自清『荷塘月色』］

　上の文で最も長い停延はたしかに文法境界と一致しており、文の主語と
述語の間に生じる。しかし仮に述語の中にも停延が生じるとすれば、それ
は「要 ‖ 数树上的蝉声与水里的蛙声」のように助動詞「要」とその目的語の
間ではなく、「树上的蝉声 ‖ 与水里的蛙声」のように、動目構造よりも文法
境界の弱い連合構造の間に生じる。さらに仮に「要数树上的蝉声」の中にも
停延が生じるとすれば、最も強い文法境界である「要」の次ではなく、直接
的な文法関係の存在しない「要」と「数」をまとめた「要数」の次であり、
「要数 ‖ 树上的蝉声」のようになる。

　以下に韻律構造と文構造における高さの違いについて述べる。韻律構造と
文構造にはそれぞれ異なる階層性がある。文構造における階層の高さは必ず
しも韻律に反映されない。すなわち、必ずしも文構造における高い階層の境
界に低い階層の境界よりも長い停延が生じるのではない。次に例を示す。

　　　（18）这是一件纯手工制作的绣着缠枝莲的淡灰蓝色的立领对襟长袄。

　　　この文の文構造は次のとおりである。

　　　（18a）这 / 是 // 一件 /// 纯手工制作的 //// 绣着缠枝莲的 ///// 淡灰蓝色

的 ////// 立領対襟 /////// 长袄。

　それに対して韻律構造は次のようになる（停延境界のみを示す）。

　　（18b）这是一件 ‖ 纯手工制作的 ‖ 绣着缠枝莲的 ‖ 淡灰蓝色的 ‖ 立领对襟
　　　　长袄。

　ここからわかるように、韻律における停延境界が文法境界と重なることは
ある。しかし文構造における階層の違いがそのまま停延境界に表れるのでは
ない。すなわち、必ずしも文構造における高い階層の境界に低い階層の境界
より長い停延が生じるわけではない。例えば「淡灰蓝色的」の後ろの文法境
界は「一件」の後ろの文法境界より何層も低いにもかかわらず、その停延
は必ずしも「一件」の停延より短いわけではない。さらに「这」のあとや
「是」のあとのように、文構造の比較的高い階層にある文法境界に、かえっ
て韻律上の停延が生じないということもある。

　韻律と文構造の階層の高さにおける不一致は重文にも現れる。次に例を示す。

　　（19）　我爱热闹，也爱冷静；爱群居，也爱独处。［朱自清『荷塘月色』］

　この重文には 4 つの単文が含まれるが、文法と意味の面で 4 つの単文は
同じ階層で並列しているわけではない。つまりこの重文はまず、最も高い
第 1 層において「我爱热闹，也爱冷静」と「爱群居，也爱独处」に分かれ、
次にコンマで隔てられたそれぞれ 2 つの単文がその下の第 2 層で分かれる。
しかしこの文の発話では、セミコロンの位置に現れる休止はコンマの位置に
現れる休止より必ずしも長くない。つまり文構造におけるこのような高さの
異なる並列関係は必ずしも停延に反映されない。

7.4　イントネーション

　イントネーションは文レベルの韻律特徴であり、広義のイントネーション
には高さ、リズム、長さ、強さなどの特徴が含まれる。これに対して狭義の
イントネーションには高さの特徴のみが含まれる。本節では狭義のイント
ネーションについて述べる。

7.4.1　字の声調とイントネーション

　無声調言語では文レベルの高さの変化をイントネーションと見なすことが

できる。図7-4に英語の陳述文のイントネーションを示す。しかし声調言語、とりわけ中国語のように曲線声調を持つ声調言語では文全体の高さの変化に音節ごとの声調情報が含まれるだけでなく、文全体のイントネーション情報も同時に存在する。図7-5に2つの中国語の陳述文のピッチ曲線を示す。上の文はすべて陰平音節から成るのに対して、下の文はすべて陽平音節から成る。同じ陳述文でありながら2つの文におけるピッチ曲線は大きく異なる。したがって、中国語のイントネーションを分析するには、適当な方法で文のピッチ曲線を声調情報とイントネーション情報とに分離する必要が生じる。

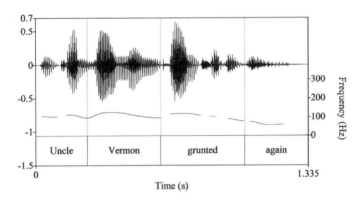

図7-4　英語における陳述文のイントネーション
（男性話者、上段は波形、その下がピッチ曲線である）

　中国語の音節は弱化しない限り、たとえイントネーション情報が伴うとしても、その音節本来の声調の核心的な特徴は変わらない。つまり高調であるはずの音節は（同じ条件下の他の声調との対比において）そのピッチの目指す目標地点が高調であることに変わりはない。また上昇調にもかなりの幅でピッチが上昇する特徴が現れる。ただし、当然ながら声調は前後の音節の影響を受け、ピッチ曲線の形が一定の範囲内で変化する。例えばピッチ曲線の始点は先行する音節のピッチ曲線の終点に影響される。図7-5で「修」、「回」、「団」のピッチ曲線は、いずれもその始点が先行する音節の終点寄り

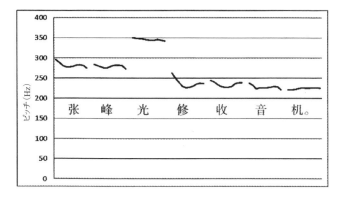

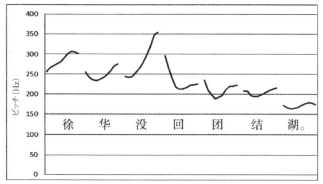

**図 7-5　普通話における陳述文のピッチ曲線
（女性話者、本図および以下の図ではすべての
音節に持続時間の標準化処理を行っている）**

の位置から始まり、それぞれの声調本来の始点の位置にいったん戻ってから声調の目指す目標地点に進むのである。したがって、これらの音節における声調の核心的な特徴は依然として観察される。図7-5で最も注意すべきは、文中のすべての音節が同じ声調である場合でも、各音節のピッチの値が必ずしも同じではない点である。わずかな違いしかないこともあれば、互いに大きくかけ離れることもある。例えばすべて陰平声の「张峰光修收音机」では、「张」と「峰」という2つの音節のピッチは近いのに対して、「光」でピッチが急に上がり、その後また急に下がっている。我々の知覚するとこ

240 | 第7章 韻律

ろでは、この文の音節の声調はピッチが高いにせよ低いにせよ陰平に聞こえる。ただしこの文には1つ、特に際立つ強勢があり、それが「光」に掛かっている。陰平音節に現れるこのような相対的な高さの違いはイントネーションの作用によると思われる。

同じく図 7-5 を基にイントネーションによって生じた陽平の変化を見てみると、陽平は曲線声調であるだけに、その変化も陰平より複雑である。各音節のピッチの最低値（[35] における [3] に相当する箇所）と最高値（[5] に相当する箇所）が異なるだけでなく、最低値と最高値の間隔も異なる。例えば「没」（文強勢が掛かる音節）におけるピッチの最低値は先行する「华」の最低値よりやや高い程度なのに対して、最高値は「华」よりも大幅に高くなっている。その結果、「没」のピッチの上昇幅はほかのどの音節よりも大きい。また「没」に後続する「回」ではピッチがまず下がってから上がるだけでなく、上昇幅も明らかに小さくなっている。

以上の分析から、イントネーションは声調のピッチの値に変化をもたらすということがひとまずわかる。すなわち、イントネーションは声調の調域を実質的に変える。調域上限（例えば陰平の平均値、陽平の最高値）、調域下限（例えば陽平の最低値）および調域の幅（例えば陽平の上昇幅）のいずれもイントネーションによって変化する。つまり声調に含まれる調域の変化こそが中国語イントネーションの具体的な表れである。以下、陳述イントネーションと疑問イントネーションの具体的な分析においてこのことを再び取り上げ、もう一歩踏み込んだ議論をする。なお、調域とは同一条件における声調のピッチの変化範囲であり[14]、陰平、陽平、去声の最高値は調域上限とともに変化する。そのうち、陰平と去声の最高値を調域上限と見なすことができる。[15] それに対して陽平、上声、去声の最低値は調域下限とともに変化する。そのうち、上声と去声の最低値を調域下限と見なすことができる。

14　調域は発話ごとに変化する可能性があるため、その上限や下限をここに述べられている方法で把握するとよい。（訳注）

15　調域の上限を陽平の最高値ではなく、陰平と去声の最高値によって推定するのは、陽平 [35] における [5] がピッチ上昇の目標地点であり、実際の発話では [5] に届かないことが多いからである（石峰・王萍 2006a; 2006b）。（訳注）

7.4.2 イントネーション構造

　自然言語では文の長さはいろいろである。話し言葉では文が比較的長くなると休止が現れる。休止のたびに文のピッチ曲線がリセットされる。このようなリセットは新しい文の始まりにやや似ている。したがって文のイントネーションを分析する際に、文全体のイントネーションをいくつかのイントネーション群[16] に分割する必要がある。△(1 文削除)▽　ただし、イントネーション研究の分野では、イントネーション群にトーンユニット（tone unit）、トーングループ（tone group）、イントネーション句（intonational phrase）など、さまざまな名称が与えられているだけでなく、イントネーション群の分割のしかたについても意見が統一されていない。

　音節構造に一定の規則性があるのと同様に、イントネーション群の構造にも一定の規則性がある。イントネーション群の構造について、理論が異なれば分析方法も異なる。ここではイントネーション核を中心とする分析方法について概説する。この方法ではイントネーション群ごとに 1 つ、最も際立つ強勢音節があると仮定する。この音節がイントネーション核の位置である。イントネーション核に先行する、すべての通常の強勢が置かれる音節はイントネーション頭部であり、それに対してイントネーション核に後続する部分はイントネーション尾部である。図 7-6 に下の文例 (20) ～ (22) のイントネーション構造を示す。(20) ～ (22) の各文を構成する音節の声調は同一で、それぞれ陰平、陽平、去声である。太字で文強勢が掛かる位置を示す。図に描かれた四角形の上の辺と下の辺が各音節の調域の上限と下限である。

　　(20)　　张峰光修收音机。

　　(21)　　徐华没回团结湖。

　　(22)　　赵庆要去售票处。

　普通話のイントネーションでは、イントネーション核に相当する陰平、陽平、去声の音節の調域上限が明らかに引き上げられる。すなわちこれらのピッチの最高値が引き上げられる。それに対してイントネーション核に後続する音節の調域上限は大幅に引き下げられる。イントネーション核は、「7.2

16　イントネーション群、イントネーション核、イントネーション頭部、イントネーション尾部などを音調群、音調核、音調の頭部、音調の尾部ということがある。（訳注）

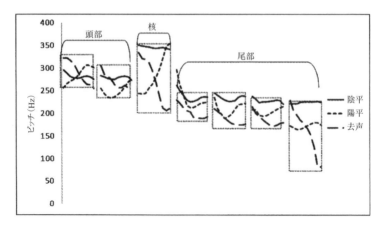

図 7-6　イントネーション頭部、核、尾部

文強勢」に述べた文強勢が掛かる位置にある。一方、イントネーション核に相当する音節が上声音節である場合、それに後続する音節の調域上限が引き上げられる（△図 7-3 の c を参照▽）。また、イントネーション核に後続する音節の調域上限が大幅に引き下げられる場合、陽平と△去声▽のピッチ曲線は圧縮されて比較的平坦になる。音節がさらに非常に軽く発音された場合、陽平は本来の上昇する調形を失うこともある。

　ただし、イントネーション核が文末にある場合、調域上限の明確な引き上げはふつう見られない。また、文全体に及ぶ調域上限の引き下げも見られないか、わずかな引き下げしか見られない。図 7-7 に 2 つの発話のピッチ曲線を示す。この 2 つの発話では各音節の声調が一様であるのに対して、イントネーション核の位置が異なり、実線のほうは文頭に、破線のほうは文末にイントネーション核がある。この図が示すとおり、イントネーション核が文頭（「赵庆」）にある場合、後続の音節の調域が大きく引き下げられるのに対して、イントネーション核が文末（「售票处」）にある場合、文全体の調域がわずかに引き下げられるだけである。

7.4.3　普通話の陳述イントネーションと疑問イントネーション

　文に含まれる疑問の気持ちは疑問語気助詞や疑問の文法構造で表すことが

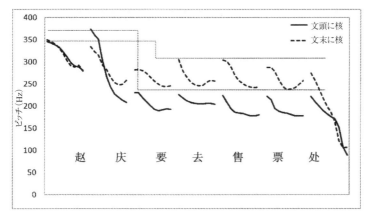

図 7-7　イントネーション核の位置による文全体の調域上限の推移

できるが、イントネーションでも表すことができる。疑問語気助詞または疑問の文法構造を用いる疑問文のイントネーションは陳述文と同じでもかまわないが、それらを用いない無標の疑問文はイントネーションで疑問の気持ちを表さなければならない。

　図 7-8 に、イントネーション核が文頭にある陳述文の発話と無標の疑問文の発話のピッチ曲線を示す。この疑問文は疑問語気助詞または疑問の文法構造を用いていないため、イントネーションでしか疑問の気持ちを表すことができない。図中の実線と破線の直線により、2つの発話における調域の上限と下限の推移を示す。「赵庆」がいずれの文においても意味的なフォーカスであるが、最も強い強勢は後ろの「庆」に掛かる。その結果、「庆」の調域上限は「赵」からやや引き上げられ、下限が引き下げられる（この引き下げは強勢に後続するわずかな休止にも関連している[17]）。2つの発話ともイントネーション核の次に調域上限の明らかな引き下げが見られるが、陳述文の引き下げ幅は無標の疑問文を大きく上回るだけでなく、その調域上限がさらに下がっていく傾向も見られる。それに対して無標の疑問文の調域上限には上

17　休止があるために調域下限の引き下げ幅がさらに大きくなっていることを述べているものと思われる。（訳注）

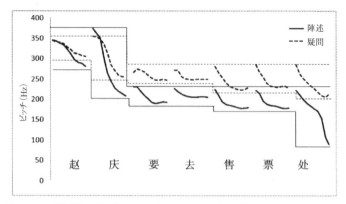

図 7-8　普通話の陳述イントネーションと疑問イントネーション

がっていく傾向が見られる。[18] 無標の疑問文のイントネーション尾部における調域上限は全体的に陳述文のそれに相当する部分を上回る。

　またイントネーション尾部では全体的に陳述文の調域下限が疑問文のそれを下回る。中でも最大の違いは、陳述文では文末音節の調域下限に明らかな引き下げが見られるのに対して、無標の疑問文にも引き下げは見られるものの、その幅がきわめて限定的であるという点である。すなわち、イントネーション尾部における陳述文と無標の疑問文の最大の違いは文末音節における調域下限の引き下げ幅にある。この違いは当然ながら文末音節におけるピッチ曲線の傾斜に差を生み、陳述文の文末音節のピッチ曲線により大きい傾斜をもたらす。

　図 7-9 に無標の疑問文、疑問語気助詞「吗」と「吧」を用いた疑問文、そして陳述文のイントネーションを示す。この図については次の点に注意願いたい。第 1 に、3 つの疑問文はイントネーション核に続く調域上限の引き下げ幅が陳述文と異なる。第 2 に、イントネーション尾部において疑問語気助詞を用いた 2 つの疑問文の調域上限が、これを用いない無標の疑問文よりやや低い。第 3 に、3 つの疑問文における最後の非軽音音節の調域下限は引き下げられているものの、そのいずれも引き下げ幅が限られている。第 4 に、「吧」を用いた疑問文はイントネーション尾部における調域の上限と下

18　個々のピッチ曲線を見比べるとこれらの傾向をつかむことができる。(訳注)

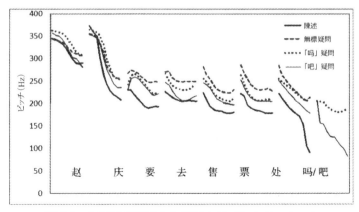

図 7-9　3 種類の疑問文と陳述文のイントネーション

限ともに、無標の疑問文と「吗」を含む疑問文を下回る。そこで最も重要なのは、疑問語気助詞「吧」の調域下限が陳述文の文末にある非軽音音節の表れ方に類似していることである。つまり両者ともに大幅な引き下げが見られる。それに対して疑問語気助詞「吗」の調域は狭く、調域下限が「吧」よりかなり高い。以上の特徴から、疑問語気助詞を用いた疑問文でもイントネーションという韻律特徴で疑問の気持ちを表すことができ、また異なる疑問語気助詞には異なるイントネーションパターンがあることがわかる。具体的に言えば、「吧」が表す疑問の気持ちは「吗」より強いため、イントネーションにおける疑問文的特徴は「吗」より弱い。その結果、語末の疑問語気助詞「吧」の調域特徴が陳述文の文末の非軽音音節の調域特徴により似通ったものになるのである。

　以上の普通話におけるイントネーションの概説からわかるように、文を構成する音節は異なるレベルの高さ情報を同時に担っている。まず、非軽声音節であれば、どの音節にもその字本来の声調がある。そして文強勢が字の声調に作用し、強勢が掛かる音節は調域が広がり、中でも調域上限に明らかな引き上げが見られる[19]と同時に、強勢に続く音節は弱まり、調域が圧縮され、しかも大幅な引き下げが見られる。最後にイントネーションは、文にお

19　ただし、「7.2.2 文強勢の音声的特徴」に述べたとおり、上声について「調域上限に明らかな引き上げが見られる」のは文末に限られる。（訳注）

246 | 第7章 韻律

ける各音節、特にイントネーション核に続く音節の調域に影響を与える。なお、これらの異なるレベルに属する韻律要素の共同作用のほかに、文中の隣接する音節間で高さの同化も起こり、音節内におけるピッチ曲線にかなり複雑な変化をもたらす。その結果、時には、単独で現れる場合の字本来の調形と大きくかけ離れることさえある。また、弱く発音される音節のピッチは、その前後にある音節の声調の単なる橋渡しになることもある。韻律要素や声調間の同化現象などが自然言語における声調の変化規則をとらえにくくしているが、声調に含まれるこれらの複雑な変化が音響的特徴となって現れるからこそ、強さ、リズム、イントネーションなどの韻律情報を知覚し、感じ取ることができるようになる。高さのほかに音節の長さや休止の長さも文レベルの韻律特徴として音響を特徴づける要因であるが、本書の紙幅に鑑み、ここでの専門的な記述は控えることとする。

練習

1. 次に示す普通話の 2 音節語を発音して録音し、各音節の持続時間と基本周波数を音声分析ソフトウェアで測定しなさい。[20]

　　　　　東西——东・西　　　　　　　　　　　常常——尝・尝
　　　　　老子（中国古代の哲学者）——老・子　　利器——力・气

2. 読者自身の母語における語強勢の様式を分析して記述しなさい。

3. 「7.2.1 文強勢の分類と分布」の例文（6）、（7）、（8）を朗読して録音しなさい。そして答えの文の音節ごとの持続時間と基本周波数を測定し、その結果を基に文強勢の音響的特徴を分析して記述しなさい。

4. 次の文における上声音節の変調様式を分析し、変調と韻律、また文法との関係を説明しなさい。

　　　　　我很想买把好纸雨伞。

5. 次の文を指定された強勢（太字部分）で朗読して録音しなさい。そして音節ごとに基本周波数を測定し、その結果を基に異なる文強勢におけるイントネーションの特徴を分析して記述しなさい。

20　音声分析ソフトウェアの使用方法と分析方法については孔江平（2015）「第9章韵律与情感」『实验语音学基础教程』北京：北京大学出版社を参照。（訳注）

今天不是星期四。

今天**不**是星期四。

今天不是星期四。

今天不是星期四？

今天不是星期四吗？

今天不是星期四吧。

249

第8章

音声学と音韻論

8.1　音素と音素帰納 [1]

　音声を研究するためには、まず音声の生理的特徴と物理的特徴を理解する必要がある。さもなければ音声がいかに形成され、伝達され、そして知覚されるかを知ることはできない。しかし言語の社会的機能から見れば、音声と音声以外の音との本質的な違いは、音声が人の考えを表し、相互のコミュニケーションや理解を可能にする意思疎通の道具である点にある。つまり音声は意味と結び付いている。音声の意味を表す機能を無視し、生理と物理の観点から見ているだけでは、多くの音声現象を正しく解釈することができない。例えば、中国語話者は無気音 [t] と有気音 [tʰ] の違いにきわめて敏感で、この2音の弁別能力が高いのに対して、日本語話者はその弁別能力が低い、またはその違いを感じ取れないことさえあるのはなぜか。また、英語話者は無声音 [t] と有声音 [d] を聞くとその違いがすぐわかるのに対して、英語を勉強したことがない中国語普通話話者にとってこの2音の弁別が難しく、弁別できるようになるために学習や訓練が必要になるのはなぜか。さらに、鼻音 [n] と 側面音 [l] は2つの異なる子音として北京方言などでは必ず区別されるのに対して、南京方言などでは区別する必要がないのはなぜか。これらのことは音声自体の特徴からは説明できない。しかし音声の意味を表す機能からは容易に解釈することができる。つまり中国語話者が有気と無気の違いを弁別できるのは、中国語ではその違いによって意味が区別されるからである。言い換えれば、その違いを弁別しなければ、意思疎通やコミュニケー

1　音素帰納とは、後述の「自然言語の無限に近い単音（分節音）を限られた数の音の種類に分ける、すなわち意味を区別する単位である音素に」まとめる過程を指す。（訳注）

250 | 第8章　音声学と音韻論

ションを図ろうとしても誤解が生じ、混乱が起きる。例えば「兎子跑了」と「肚子飽了」は、音声に注目すれば同種の子音が気息を伴うか否かという違いにしか見えないが、実際にはその違いによって文の意味がまったく変わる。また英語話者にとって有声と無声の違いが重要なのは、それが英語では語の意味を区別する1つのきわめて重要な手段だからである。例えば、tank（タンク）－dank（湿っぽい）、fat（太った）－vat（大おけ）、safe（安全な）－save（節約する）、park（公園）－bark（ほえる）のような対を成す語は、音声だけを見ればいずれも有声か無声かという点に違いがあるだけだが、意味はまったく異なる。総じて、生理的、物理的に同じ音が異なる言語において必ずしも同じ機能を担うわけではない。特定の言語における音と意味の関係は、当該の言語を使用する社会集団の歴史的発展の過程で自然に成立するものである。つまり音声言語には生理的、物理的特徴以外に社会的特徴が含まれる。言語のコミュニケーション機能から見れば、これこそが音声にとって最も重要かつ本質的な特徴である。すなわち音声が意味の表出にかかわることで初めてコミュニケーションの道具として機能するようになる。したがって音声の生理的、物理的研究も、音声の意味にかかわる機能と関連づけて初めて意義があり、価値があると言える。

　言語のコミュニケーション機能に着目する音声学者たちは、音声言語におけるさまざまな生理的、物理的特徴の中で最も重要かつ本質的なものは意味の表出と直接に関連する音声成分であると主張する。このような音声成分は意味を区別する機能を果たすため、それらの違いが微小であっても混同されてはならない。さもなければ表されるべき意味が誤解され、混乱を引き起こす。それに対して、意味と直接関連しない音声成分は、言語の意味を表す機能やコミュニケーション機能に直接かかわらない。こうした基本的な考えを基に、19世紀後半、音声学から次第に音素論という学問分野が生じていった。

　音素論が生まれると、音声学という呼称は狭義と広義の2つの意味で用いられるようになった。狭義の音声学は音声の生理的特徴、物理的特徴を研究対象とし、音声の意味を区別する機能やその体系を研究する音素論とは区別される。それに対して広義の音声学は、音声を研究対象とするすべての分

野を包括し、そこには音素論（後に音韻論と呼ばれるようになる）[2]、調音音声学、音響音声学、知覚音声学などが含まれる。

音素論が新しい学問として生まれると、伝統的音声学において分節音の最小単位を指す術語である単音にも狭義と広義の違いが生まれた。狭義の単音は生理的または物理的な観点から切り分けられた音単位を指し、それは大きく母音と子音の2種類に分かれる。これに対比されるのが意味を区別する機能に基づいて切り分けられた音単位であり、この音単位を別の術語、音素（phoneme）で表す。ただし、この2つの術語を区別せずに、広義の単音に両者を兼ねさせることもある。

音素論は19世紀後半に生まれ、数十年にわたる発展を経て、音素帰納に特化した作業原則を構築し[3]、後に言語学の構成部門である統語論や語彙論にも大きな影響を与えた。1950年代に音素理論は音響音声学と調音音声学からの刺激を受けて新たな発展段階に入り、音素の弁別的素性理論を構築した。この理論は2進法に対応する2項分析法によって音声を分析し、コンピューターによる自然言語処理にも道を開いた。1960年代中ごろになると、弁別的素性を音声の最小単位と見なし、これを基に音声の生成過程および発音規則を説明しようとする生成音韻論が生まれた。その後、音韻論は、音声を時間軸に沿って線形に変化する連続体とする観点を一変させ、非線形音韻論が創成された。このことによって、従来の単一線形に基づく自律音素論と生成音韻論はまったく新しい、多重的な非線形音韻論に発展し、音声における韻律特徴、例えば高さと声調、強勢とイントネーション、さらに音声の同化や結合などの領域に多くの研究成果をもたらした。

1980年代以降、音韻理論の発展に伴い、音素論という呼称も次第に音韻論（音素体系学[4]）に変化した。ただし音素論と音韻論という2つの用語の内

---

2 ベルティル・マルンベリ（1970）によれば、音韻論は1920年代にプラハ学派と呼ばれる言語学者集団によって創始され、同時期に米国でも類似の進展があったが、同国では「音韻論（phonology）」がすでに別の意味で用いられていたため「音素論（phonemics）」という名称が普及したという。（訳注）

3 詳細は次節「8.2 音素帰納の作業原則」を参照。（訳注）

4 「音素体系学」は原著の中国語表記「音位系統学」に充てた訳語であり、日本の音声学に適用できる用語ではない。（訳注）

252 | 第8章 音声学と音韻論

実は必ずしも同じではない。音素理論が創成されてまもないころの音素論（phonemics）の研究対象は特定言語の音体系の共時的な機能分析に限られていたのに対し、後に現れた音韻論（phonology）の研究対象には通時的な音変化の分析も含まれる。つまり研究対象の点からすれば、音素論は音韻論に含まれる。しかし、言語学の分野ですでに国際的に通用する呼称である音韻論には、音声の機能体系を研究する早期の構造主義に基づく音素論だけでなく、その後の生成音韻論、さらに現在の非線形音韻論までのすべてを含むのがふつうである。

　早期の構造主義に基づく音素論から現在の非線形音韻論へと発展する過程で音韻理論の研究の奥行きは深まった。その進展は非常に速く、そこにはさらに根本的かつ質的な変化も起きている。しかし構造主義に基づく音素論における「音意結合」[5] という中心的な考え方や、「音声を文字に変える技術」に喩えられる音素帰納の作業原則などは、現在の音声研究と、それに関連する学問領域にも継承されている。それは、特に人文学の分野であまり研究がなされていない言語を対象としてその音体系の解明や文字体系の構築のために行われるフィールド言語学ではいまだに有効な考え方であり、手段である。なぜなら、音素論が生まれる前からすでに人間は表音文字を作り出し、限られた数の字母によって数え切れないほどの音の違いを書き表すことができた、すなわち人の言語が誕生してまもないころからすでに音素というものに対する直感的な観念が存在しており、それが人の言語の根源的なとらえ方の1つであるからである。したがって音素はすべての音声研究のすべての分野に共通する基本概念として用いられ、音声研究、音声分析の出発点でもあり、また終着点でもあるのである。

8.2　音素帰納の作業原則

　自然発話に現れる音声は形が多様で変化に富んでいる。純粋に生理的、物理的な観点から見れば、その数は無限と言っても過言ではない。言語のフィールドリサーチにおいて精密に表記された音声は全体として非常に細か

5　音声と意味が結び付いていることをいう。（訳注）

く複雑なものにならざるをえない上に、その量も膨大である。その音声を、意味を区別する機能の観点から分析し、整理し、統合することで、数え切れないほどの音声から意味を区別する機能を有する音単位、すなわち音素を抽出することができる。それにより言語の音体系や構造を簡潔に示し、音声の基本的機構を浮き彫りにすることができる。また、言語に対して音素帰納を行わなければ、音声だけでなく、語彙や文法の成り立ちもすべて明確に把握することはできない。要するに、音声を表記することは音素帰納の基礎ではあるが、音素帰納を行って初めて言語の音体系を解明できることになるのである。

音素論の歴史をさかのぼると、直感的な音素観から音素論という科学的な研究手法を備えた1つの学問へと発展するまでに50年余りの年月がかかった。幾何学における点や線のように、基本概念はかえって定義しにくいものであるが、音素という概念にも当初は誰もが納得できる科学的で正確な定義はなかった。音素論の発展に伴い、異なる学派が心理的、物理的、機能的、また音素の抽象的な特徴など、さまざまな側面から音素に異なる定義を与えた。その結果、音素帰納を行う際の作業原則も多様になった。ただし、いずれの作業原則でも、自然言語の無限に近い単音（分節音）を限られた数の音、すなわち意味を区別する単位である音素にまとめようとする点は共通している。そのために、音素帰納の作業原則と、帰納の結果として得られる音素目録には相違点より共通点が多い。以下では、広く支持され、普遍性を持つに至った音素帰納の作業原則について述べる。

1つの言語や方言の音体系を調査する場合、ふつうまず国際音声字母を用いて音声の実態を精密に記述する。そこでは調音位置、調音方法、さらには唇の丸めの程度など、すべての細目の違いや音変化の兆候、痕跡まで記述する必要がある。このように細かく厳密に記述された音声表記は精密表記と呼ばれる。精密表記は特に、文字がなく、人文学の分野でもあまり研究されていない言語の音素帰納を行うための大前提である。理論的に、音韻の分析は必ず精密表記から始まるといってよい。

精密表記によって記述される単音はばく大な数にならざるをえない。それは、自然発話の音声が緊密につながり、調音動作が連続的に起こることで、

254 | 第8章　音声学と音韻論

同化を含むさまざまな音変化が生じるからである。例えば北京方言における2つの字、「滇」と「端」では[6]、「滇」の声母が後続の介音 [i] の影響により、硬口蓋化して [tʲ] になると同時に、韻腹は舌の位置が最も高い介音 [i] と韻尾の前鼻音 [n][7] の間にあるために舌の位置がやや高まり、[ɛ] となる。それに対して「端」は声母と韻腹の置かれる音環境が「滇」とは異なっており、声母は円唇化して [tʷ] になり、韻腹の舌の位置は低く、[a] となる。また、同化による音変化は時に非常に大きくなる。例えば英語の seven（七）では、テンポの速い発話において末尾の2つの子音が同化によってしばしば [sevn] から [sebm] に変化する。ほかに、声調の違いもしばしば単音に変化をもたらす。例えば「雷」と「累」の韻腹を精密表記すると、前者は [e]、後者は [ɛ] である。[8]

　それでは音素帰納はいかにして上述のような千差万別の単音から、意味を区別する機能を持つ音単位を抽出し、それぞれを異なる音素として認定するのだろうか。また、いかにして意味の区別にあずからない音単位を1つにまとめ、同じ音素に統合するのだろうか。

　以下に音素帰納に関して広く支持されている3つの作業原則を述べる。

（1）対立

　分節的か超分節的かを問わず、2つの音声成分が同じ音環境に現れ、さらにその違いによって意味が区別される場合、この2つの音声成分は互いに対立するという。音素帰納では対立する2つの音をそれぞれ独立の単位、すなわち音素と見なし、それらを区別するために異なる記号（音声符号または字母）を与える。ある音声成分に意味を区別する機能があるか否かは、ただ1つの音声成分の違いだけで意味が異なる最小対（minimal pair）によって

6　「滇」と「端」のピンイン表記はそれぞれ diān と duān である。一見すれば介音の違いしかないが、実際には本文に述べられるような音声的な違いがある。（訳注）

7　中国語では歯茎鼻音 [n] は前鼻音、軟口蓋鼻音 [ŋ] は後鼻音と呼ばれる。歯茎鼻音 [n] の調音では、上の歯茎との間に閉鎖を形成するために舌先が上昇する。（訳注）

8　「雷」と「累」のピンイン表記はそれぞれ léi と lèi である。一見すれば声調の違いしかないが、実際には本文に述べられるような母音の違いが生じる。ただし、その違いを明確に感じ取れないことも多い。声調が声母または韻母に与える影響については李如龙（1990）を参照。（訳注）

検証する。例えば [san⁵⁵]「三」と [ʂan⁵⁵]「山」、[xɤ³⁵ nan³⁵]「河南」と [xɤ³⁵ lan³⁵]「荷兰」の違いから、[s] と [ʂ]、[n] と [l] は中国語普通話において意味を区別する機能がある音素であることが確認できる。また [ʂan⁵⁵ ɕi⁵⁵]「山西」と [ʂan²¹⁴ ɕi⁵⁵]「陕西」の違いから、声調も中国語において、意味を区別する音素と同様の機能を持つ音声単位（調素）であることが確認できる。それに対して [sɿ⁵⁵]「丝」と [ʂuaŋ⁵⁵]「霜」、[ɕin⁵⁵ niɛn³⁵]「新年」と [ɕin⁵⁵ laŋ³⁵]「新郎」では [s] と [ʂ]、[n] と [l] が異なる音素であるかどうかを確認することはできない。それは、これらの音連鎖に 1 箇所以上の違いがあって最小対を成さないために、意味の違いがどこに由来するか判断できないからである。同様に、厳密には [su⁵⁵]「书」と [ʂu⁵¹]「树」も最小対ではないため、これらの声調や声母が音素として機能するか否かを判断することはできない。

　最小対によって当該言語の音素が抽出できるだけでなく、音素の弁別機能の大きさや強さを測ることもできる。次に示すように、英語では [f] と [v] の違いによる最小対が多数あり、それによって意味が区別される。

　　　　　ferry [feri]（渡し船）— very [veri]（非常に）

　　　　　fine [fain]（すばらしい）— vine [vain]（ぶどうの木）

　　△fast [fæst]（高速の）— vast [væst]（広大な）▽

　　　　　fat [fæt]（太った）— vat [væt]（大おけ）

　　　　　leaf [liːf]（葉）— leave [liːv]（去る）

　　　　　safe [seif]（安全な）— save [seiv]（節約する）

　　　　　rifle [raifl]（ライフル銃）— rival [raivl]（競争相手）

　このように英語では [f] と [v] の違いによって最小対が成り立ち、多くの語の意味が区別されることから、この 2 音の音素的負荷は重いと言える。それに対して同じ摩擦音でありながら、無声歯音 [θ] と有声歯音 [ð] の違いによって成り立つ最小対は 1～2 対に限られるだけでなく[9]、それらの語自体の使用頻度も低い。よってこの 2 音の音素的負荷は軽いと言える。このわずかな最小対が存在しなければ、この 2 音が互いに独立した音素として成立する可能性は当然ながら低くなる。

9　無声歯音 [θ] と有声歯音 [ð] の違いによって成り立つ最小対は実際にはそれ以上ある。具体的な例は Karakaş & Sönmez（2011）を参照。（訳注）

256 | 第8章 音声学と音韻論

　つまり、ある言語においてある音素がほとんど音素的負荷を担わず、周辺的と称される、出現頻度の低いものであるなら、それを独立の音素として認めるべきか否かが問題になる。そこでは当該言語の音体系の全般的な分析と考察が必要になる。英語における [θ] と [ð] の違いは確かにごく少数の語の意味を区別するにすぎないが、この対立は英語の子音体系に普遍的に見られる有声—無声の対立に合致しているため、これらの音をほかの有声—無声で対立する摩擦音（例えば [f]—[v]、[s]—[z]、[ʃ]—[ʒ]）と同列に扱い、2つの独立した音素と見なすほうがよい。それに対してこのような周辺的な音素がごく少数の語にしか現れず、しかも当該言語の音体系にも合致しないのであれば、独立した音素と認めるのは適切ではない。

　上述の音素的負荷という概念には実用的な一面がある。この概念は性質の異なる対立を別個にとらえるべきことを示している。すなわち、普遍的、体系的対立と偶然的、孤立的対立を同列に扱うべきではない。この考え方に立脚するならば、表音字母体系を構築しようとする場合に、音素的負荷の重い音素とは異なり、弁別機能はあってもごく少数の語にしか現れない音素を取り出して、それだけのために1つの字母を使う必要はないであろう。普通話の [ɹ] と [ə] は、1字であればそれぞれの現れる音環境が異なるため、最小対を成すことはない。しかし自立音節の [ər]「儿」と r 化語の [ɚr]「蛾儿」が対立するように、ごく少数の語による最小対が存在する。ところが、中国語ピンイン方案における表記体系の構築にあっては両者を区別せず、等しく er で表記することとなった。これは音素論における周辺的な音素の処理原則に沿うものである。英語の音素帰納においても [θ] と [ð] を2つの独立した音素として認める一方、つづりの上では両者は等しく th で表記される。このように処理できるのも、周辺的な音素がごく少数の語にしか現れず、音素的負荷がゼロに近いために同じ字母で表記しても意味の混同を招く可能性がほとんどないからである。

(2) 相補分布

　上述のように、対立を成すか否かによって音に意味を区別する機能があるか、独立の音素と認めるべきかが判断される。それに対して2つの音に意味を区別する機能がない場合、この2音を1つの単位、すなわち1つの音

素に帰属させられるか否かは、相補分布によって確かめることになる。相補分布とは、2つの音声成分がそれぞれ異なる音環境に現れ、その出現の条件が互いに補完し合うことを指す。相補分布を成す2つの音声成分は同じ音環境に現れることはないため、当然ながら最小対にはなりえない。したがってそれらには音素として意味を区別する機能はないため、1つの音素にまとめることができる。例えば普通話の母音 [a]、[ɑ]、[ɒ]、[ɛ]、[æ] などはそれぞれ異なる音環境に現れ、互いに補完し合っている。このことから音素帰納ではこれらの母音を1つの音素にまとめ、その中から [a] を選んでこの音素を代表する記号にする。音素を表す字母は一般に / / でくくり、この音素に帰属する音と区別する。1つの音素にまとめられる音は異音と呼ばれ、[ ] でくくって表す。つまり /a/ ≠ [a] で、前者は音の1つの類であり、音素を表す記号である。それに対して後者は特定の音色を持つ異音を表す記号である。音素を表す記号は具体的な音とまったく関係のない任意の記号でもよいが、読みやすさを考慮し、該当する音素にまとめられる異音の中から出現頻度の高い音を1つ選び、その記号によってすべての異音を代表させるのがふつうである。

　言語体系における音素と異音の関係について理解を深めるには、次の点に注意する必要がある。第1に、1つの言語における2つの音素はふつう対立を成すが、1つの音素にまとめられる異音は決して対立しない。つまり、場合によっては対立せずに相補分布を成す音を独立の音素として立てることも可能であるが（第9章「9.5.1 中国語普通話の子音音素」における歯茎硬口蓋音 [tɕ]、[tɕʰ]、[ɕ] に関する音素帰納の記述を参照）、1つの音素にまとめられる複数の異音に相補分布は容認されても、対立は決して容認されない。これが音素帰納において犯してはならない基本原則の1つである。さもなければ音素と意味の区別の関係に混乱が生じる。第2に、1つの言語の音素にはそれぞれの異音が帰属するが、異なる音素に同じ異音が現われることもある。この現象は音素の部分的重複である。ただし、この異なる音素に属する同じ異音は、それが現れる音環境も異なる。例えば普通話の音素 /a/ に異音 [ɛ] があるのに並行して、音素 /e/ にも異音 [ɛ] がある。しかし両者の現れる音環境が異なるため、これらは異なる音素の異音として認識される。第3

に、母音と子音から成る分節的要素だけでなく、高さ、強さ、長さなどの超分節的要素も意味を区別する音声成分になりうる。対立と相補分布の原則によってこれらの超分節的要素についても音素帰納を行うことができ、その結果として得られるいくつかの音素的単位、すなわち調素、時素、量素[10]などは一律に超分節的音素と呼ばれる。このことからわかるように、音素とは必ずしも個々に調音される単音を指すのではなく、声調のようにいくつかの単音にまたがる超分節的要素を指すこともある。また、逆に1つの単音より小さい単位を指すこともある（後述の「8.5 音素帰納の多様性」の (4) における過剰分析法に関する記述を参照）。第4に、音素は相補分布を成す複数の異音の集合であり[11]、それは抽象された仮想の概念にすぎない。それに対して、音素に含まれる異音は自然言語に実在する音声である。すなわち音素は、連続音声中では音環境によってその発音が変化した異音として現れる。別の言い方をすれば、異音は音素の「実現」である。したがって、音素帰納を行う場合、音素がどのような音環境に現れる場合にどの異音として発音されるかという、音素の発音規則を定める必要がある。さもなければ、言葉を学ぶ者が音環境に適した正確な発音をしようとしても参考にできる発音規則がないだけでなく、言語実態に基づいて音素帰納の合理性や科学性を検証することにも差し支えが生じる。

　ところで近年、音声学と音韻論の発展に伴い、一部の用語の訳語とその使い方が変わりつつある。例えば伝統的な音声学で古くから使われてきた単音（phone）の代わりに音子[12]（phone）や分節音（segment）が使われることがある。また、音子は音素の物理的な実現を指すが、1つの音素に属する異音（△allophone▽）を音子と呼ぶこともある。ほかに分節的要素や超分節的要素の代わりに使う用語も多くあるが、単音、異音、分節的要素、超分節的要素

10　「調素」、「時素」、「量素」は原著の中国語表記「调位」「时位」、「量位」に充てた訳語であり、日本の音声学に適用できる用語ではない。それぞれ、意味を区別する機能を持つ高さ、長さ、強さを指す。（訳注）

11　音素には、音環境とは無関係に、個人の癖や偶然によって生じる異音も含まれる。後出の「8.3 音素と異音」の「(2) 自由異音」を参照。（訳注）

12　「音子」は原著の中国語表記「音子」に充てた訳語であり、日本の音声学に適用できる用語ではない。（訳注）

などの用語は音声学において長く使われてきただけでなく、現在も多くの音声学の書籍や教科書に使われているため、本書でもこれらの伝統的な用語を用いることとする。

（3）音声的類似

　ここまで、音素帰納では対立する音を異なる音素に分け、相補分布を成す音を1つの音素にまとめることについて述べてきたが、実際には言語体系の中で対立する音の数は限られており、多くの音は比較的複雑な相補分布を成している。例えば普通話の無声歯茎硬口蓋摩擦音 [ɕ] は [h]、[s]、[ʂ]、[ʐ]、[g]、[ŋ] のいずれとも相補分布を成すが、その中のどれと統合して1つの音素にまとめ、その音素の異音と見なすべきだろうか。また、軟口蓋鼻音 [ŋ] は [n] を除くすべての子音と相補分布を成すが、それをどの音素とまとめるべきだろうか。これらのことから、相補分布の原則だけで音素の分離、統合を決めることはできないことがわかる。そこで相補分布に音声的類似という原則が付け加えられるようになった。すなわち1つの音素にまとめられる異音は相補分布を成すと同時に、音声的に類似していなければならない。例えば英語の子音音素 /t/ は異なる音環境によってその発音が変わり、stone（石）では気息を伴わない [t]、table（卓）では気息を伴う [tʰ]、train（列車）では反り舌の [ʈ]、twice（2回）では円唇化した [tʷ]、eight（八）では歯裏音の [t̪]、apartment（アパート）では内破音の [t]¹³、little（小さい）では側面開放の [tˡ]、certain（特定の）では鼻腔開放の [tⁿ] として実現される。音声学の立場からすればこれらは8つの異なる音であるが、英語話者にとってはこれらの音は非常に似ており、中には気息を伴わない [t] と気息を伴う [tʰ] を区別できず、同一の音と知覚する者もいる。¹⁴ それに対して [b] と [p] を区別するのは容易である。このことは直感的な音素観を如実に表している。そのために、音素とは実質的に、相補分布と音声的類似によってまとめられた複数の音の集合であるという主張もある。

13　apartment における1つ目の t を指す。（訳注）

14　第3章で述べたとおり、中国語では気息を伴うか否かは子音を区別する1つの大きな特徴であるために、中国語母語話者にとっては [t] と [tʰ] が区別されないことが不思議に思えるのである。（訳注）

260 | 第8章 音声学と音韻論

　以上をまとめると、1つの音素に統合される複数の異音は必ず相補分布と音声的類似という2つの条件を同時に満たす必要がある。前者は必要条件で、後者は十分条件である。[15] すなわち相補分布を成すとはいえ、音声的な違いがあまりにも大きいなら、それらを異音として1つの音素にまとめることはできない。例えば英語の声門摩擦音 [h] と軟口蓋鼻音 [ŋ] は同じ音環境に現れることはなく、相補分布を成すが、音声的な違いがあまりにも大きく、英語話者もこれらは別個の音で、音声的にまったく似ていないと感じるため、音素帰納ではこの2つを1つの音素にまとめることはできない。同様に、普通話の母音 [ɤ] は [ɑ] や [æ] と相補分布を成すが、音声的類似という条件を満たさないため、1つの音素に統合することはできない。

8.3　音素と異音

　1つの音素に統合され、音声的に類似しつつも違いのある異音は、どれも実際の言語音声に現れる音である。異音は多様であるが、音素論では通常、異音を条件異音と自由異音の2種類に分け、それに従ってさらに細かく分類する。

（1）条件異音

　条件異音とは音環境に制約される異音である。すなわち一定の音声的条件の下に現れる異音である。これに属する異音は、しばしばそれが置かれた音

15　Aが成立しなければ絶対にBは成立せず、Aが成立しても必ずしもBが成立しない場合、AはBの必要条件であるという。相補分布を成すこと（A）が複数の異音が1つの音素に統合されること（B）の必要条件だとすれば、相補分布を成さない複数の異音は絶対に1つの音素に統合されず、相補分布を成す複数の音が必ずしも1つの音素に統合されないことになる。後者は本文の説明のとおりで問題はないが、前者に問題がある。例えば、ドイツ語の音素 /r/ は舌尖音の [r] と口蓋垂音の [ʀ] のどちらで発音してもよく、この2音は自由異音であって相補分布を成さないが、音素 /r/ に統合されるというような例を反例として挙げることができる。また、Cが成立すれば必ずDが成立する場合、CはDの十分条件であるという。音声的に類似すること（C）が複数の異音が1つの音素に統合されること（D）の十分条件だとすれば、音声的に類似さえすれば必ず1つの音素に統合されることになる。しかし「8.5 音素帰納における多様性」の「（3）音声的類似の判断に客観的基準はあるか、相補分布とどのように調和するか」に述べられるとおり、普通話の [m] と [ŋ] は対立せずに相補分布を成しており、音声的にも類似していながらも、1つの音素に統合されずに互いに独立した音素とされる。よって、この箇所の必要条件、十分条件の記述は適切ではないと思われる。（訳注）

環境と関連があることから、環境異音とも呼ばれる。条件異音が生じる原因を理解することは、この種の異音の識別や音素帰納、通時的な音変化の理解、また音声教育のために、さらには音声合成のためにも有益である。以下に条件異音が生じる原因について述べる。

① 同化

隣接する前後の音声の影響を受けて音が同化することによって生じる異音が、同化による条件異音である。そのうち逆行同化を受けて生じる異音が、逆行同化による条件異音である。次に例を示す。

蘇州方言　　　　△金　/tɕin/ —— 金榜　[tɕim paŋ]

金箍　[tɕiŋ ku]

金鸡　[tɕiɲ tɕi]▽

蘇州方言の「金」は単独で発音される場合は韻尾が歯茎鼻音の [n] であるのに対して、2音節語になると後続音の調音動作の影響を受けて /n/ に変化が生じ、両唇鼻音 [m]、軟口蓋鼻音 [ŋ]、硬口蓋鼻音 [ɲ] に転じる。そのいずれも音素 /n/ の条件異音である。

それに対して順行同化を受けて生じる異音が、順行同化による条件異音である。次に例を示す。

福州方言　　単独での発音　　帝　/ta/ —— 皇帝　[xuɔŋ na]

汤　/tʰouŋ/ —— 甜汤　[tʰeŋ nouŋ]

神　/siŋ/ —— 精神　[tsiŋ niŋ]

福州方言では「帝」、「汤」、「神」の声母 [t]、[tʰ]、[s] は先行する軟口蓋鼻音 [ŋ] の影響を受け、いずれも同じ条件異音、すなわち歯茎鼻音 [n] に転じる。

② 位置

音素の現れる位置が異なることで生じる異音が、位置による条件異音である。例えば table [tʰeibl]（卓）、star [sta:]（星）、mat [mætʰ]（敷物）のように、英語の無声破裂音 /p/、/t/、/k/ は語頭では一般に気息を伴うのに対して、摩擦音 /s/ に後続する位置では気息を伴わず、語末では気息を伴うことも伴わないこともある。また、エツ方言で韻尾として音節末尾に現れる /p/、/t/、/k/ は、阻害段階はあっても開放段階がない内破音である。これらの異音の

262 | 第8章　音声学と音韻論

音声的特徴は隣接する音声とは関係なく、同化によって引き起こされるものではない。

③ 韻律

韻律成分の影響を受けて生じる異音が、韻律による条件異音である。「雷」[lei³⁵] と「累」[lɛi⁵¹]、「而」[ər³⁵] と「二」[ɐr⁵¹] は、普通話の声調によって生じる条件異音である。また「芝麻」[tʂʅ³⁵ mə]、「哥哥」[kɤ⁵⁵ kə]、「热闹」[ʐʅ⁵¹ nɔ]¹⁶ のように、軽声によって生じる条件異音もある。英語にも 'object △['ɔbdʒɪkt]▽（目的）− ob'ject [əb'dʒɛkt]（反対する）のように、強勢によって生じる条件異音がある。¹⁷

(2) 自由異音

自由異音とは、同一の音環境において条件を問わず自由に入れ替わり、かつ意味に影響を与えない異音である。例えば、次に示すタイ語シーサンパンナ方言では、[x] と [kʰ]、[j] と [z] は同じ語の中で自由に入れ替えることができる。

	[x] ↔ [kʰ]			[j] ↔ [z]	
杀	[xa¹³]	[kʰa¹³]	住	[ju³⁵]	[zu³⁵]
桥	[xo⁵⁵]	[kʰo⁵⁵]	药	[ja⁵⁵]	[za⁵⁵]

自由異音のうち、その出現が音環境と一切かかわらないものは全面的自由異音と呼ばれ、音環境に一定の制約を受けるものは部分的自由異音と呼ばれる。蘭州方言をはじめとする一部の中国語方言では [n] と [l] が何の制約もなく任意に入れ替わる。これらは全面的自由異音である。それに対して、湖北孝感方言では [n] と [l] が「脑」、「老」¹⁸ のような開口呼、合口呼に先行

16　本書の第1章から第7章までは普通話の声母 r を反り舌接近音で表記していたが、第8章から第10章では中国国内の『現代中国語』に関連する多くの教科書の表記を考慮し、声母 r を有声摩擦音で表記する。（原注）
　　つまり、「热闹」[ʐʅ⁵¹ nɔ] における「热」の声母 r を [r]（本来は [ɻ] であるが）の代わりに [ʐ] で表記する。（訳注）

17　これを強勢によって生じる条件異音と見なすことについては異論もある。例えば、ピーター・ローチ（1996）は次のように述べている。「こうした考え方はいくつかの点でとても魅力的ではあるが、かなり複雑で抽象的な音素分析に通じるため本書では採用しない。」（p. 119）（訳注）

18　「脑」nǎo、「老」lǎo は開口呼である。合口呼の例として「挪」nuó、「锣」luó がある。

する場合は自由に入れ替わるのに対して、斉歯呼、撮口呼では [n] で発音され、[l] では発音されない。したがって「泥」、「黎」[19] は普通話で同じく [n]、[l] で対立する語だが、孝感方言では [n] を用いて [ni] としか発音されない。よって、孝感方言における [n] と [l] は部分的自由異音である。また普通話で円唇母音 [u] がゼロ声母音節の韻頭に現れる場合、唇歯接近音 [ʋ] で発音してもよく、それは話者に委ねられている。すなわち「外文」は [uai uən] と [ʋai ʋən] のどちらで発音してもよい。「新聞」、「文化」、「娃娃」なども同様である。それに対して「豆腐」[tou fʋ] のように唇歯音声母 [f] に後続する場合は必ず [ʋ] で発音しなければならないが、「窩棚」[uo pʰən] のように円唇母音に先行する場合は必ず [u] で発音しなければならない。そのため、普通話の [u] と [ʋ] も厳密には部分的自由異音である。

　自由異音はふつう同一の位置に自由に出現し、意味にまったく影響しない。例えば、自然発話における英語の語末の /t/ には、気息を伴う [tʰ]、伴わない [t]、さらに、声門化される [ʔt] や内破音の [t] などの自由異音がある。英語でこれらの異音はそもそも意味を区別しない非音素的な音声成分である。それに対して、本来意味を区別する機能を持つ音素に相当する音声成分が、ごく限られた一部の語の特定の位置に自由異音として現れることがある。例えば英語の economics（経済学）と evolution（進化）の語頭の e は [iː] と [e] のどちらで発音してもよく、それは意味に影響しない。普通話にも似たような例がある。例えば気息を伴うか否かは本来、普通話において意味を区別する機能を持つが、一部の語では自由に入れ替わる。例えば、「波浪」、「波及」、「波折」における「波」の声母 [p] はしばしば有気の [pʰ] で発音される。「耳朵」も [er tuo] の代わりに [er tʰuo] と発音されることがある。さらに、以前は「咖啡」を [tɕʰia fei] と発音する者も少なくなかった。「恩賜」における「賜」にも [tsʰ] と [sɿ] の 2 種類の発音がある。[20] これらの語に現れ

（訳注）

19　「泥」ní、「黎」lí は斉歯呼である。撮口呼の例として「女」nǚ、「呂」lǚ がある。（訳注）

20　「咖啡」の「咖」における自由異音については有気音と無気音の入れ替えではない。「咖啡」の「咖」は現在 [kʰa] と発音され、[tɕʰia] とは声母の調音位置、調音方法、韻頭の

264 | 第8章 音声学と音韻論

る自由異音は普通話の音体系において当然ながら意味を区別する音素に相当する成分であるが、これらの例に限って自由異音として現れる。なお、特定の言語の標準発音を定めるには、このような自由異音に対する規範を作らなければならない。普通話の正音委員会はこうした点も考えに入れ、一定の基準に基づいてこれらの異音のうち1つを正音として定め、その他の異音を誤りとして扱う。

　条件異音も自由異音も音声学の立場からの異音の分類にすぎず、実際の言語使用に現れる音声はそれよりずっとダイナミックで変化に富んでいる。そのうちの一部の異音の出現と使用には、地域、職業、教育程度、性別などの非言語的要素も関与している。その中で多く観察されるのは次のような異音である。(1) 地域異音　例えば普通話の音素 /u/ には、ゼロ声母音節の韻頭に現れる場合、発音の異なる複数の自由異音がある。北京市から遠く離れた地方では両唇軟口蓋接近音 [w] で発音する者が多いのに対して、市内や市の近郊では唇歯接近音 [ʋ] で発音する者が多い。さらにごく限られてはいるが、有声唇歯摩擦音 [v] で発音する者もいる。このような自由異音は地域によって決まる。(2) 職業異音　このような異音はしばしば特定の職業に従事する者によって特定の目的のために用いられる。例として、フランス語の子音音素である口蓋垂震え音 [ʀ] がある。この発音は日常生活によく見られるのに対して、舞台ではしばしば歯茎震え音 [r] として発音される。それは歯茎震え音のほうが可聴度が高く、遠くまで響き渡り、聞き取りやすいからである。この異音は明らかに職業上の要請に基づいて意識的に選ばれたものである。普通話には使用頻度の高い数量詞「二」がある。本来は er で発音されるが、現在はその開口度が大きくなり、聴覚印象は [ar] に近づきつつある。この発音は特にアナウンサーに多く見られるため、職業によって意識的に選ばれた職業異音の1つと認められる。(3) 性別異音　最も典型的な例と

有無に違いがある。また「恩賜」の「賜」の発音 [tsʰ] は声母の調音方法および気息の有無の点で [sʅ] と異なる。これらを整合させると、有気性や声母の種類、韻頭の有無は本来、中国語において意味を区別する機能を持つ音声成分であるが、これらの語のように自由異音として入れ替わることがまれにあるということである。(訳注)

して、国語運動[21]の中で北京付近に生じた「女国音」がある。それは歯茎硬口蓋音 [tɕ]、[tɕʰ]、[ɕ] の調音位置を前に寄せて歯茎音の [ts]、[tsʰ]、[s] に近づけた発音である。このような発音の使用は当時の 16、7 歳の女学生に限られていたが、現在も完全には消えていない。こうした発音は発音の規範から見れば当然ながら正音ではない。

　なお、社会的特性が音声にいかに影響するかは社会言語学の研究課題になるが、そうした変化について研究することは、コンピューターによる自然言語処理の研究開発や民族間の共通語である普通話の標準発音の策定を行う上で重要な意義を持つ。さらに異音は共時的事象とはいえ、そこには音声の通時的変化の芽も潜んでいるため、歴史言語学や方言学においても異音の問題は取り扱われる。

8.4　音素の集合と配列

　言語の音体系とは、ふつうその言語の音素体系のことであり、それは次の 4 項目を含む。

- （1）当該言語の意味を区別するすべての音素（分節的要素と超分節的要素を含む）
- （2）音素の主たる異音とその発音規則
- （3）音素の集合関係
- （4）音素の配列関係

　言語にはそれぞれ固有の音声的特徴があるが、音素帰納により、各言語について上記の 4 項目を明らかにすることができる。母音音素と子音音素を合わせた数がわずか 10 ほどの言語もあれば、100 余りの言語もある。また複雑な声調体系を持つ言語もあれば、長短によって意味が区別される言語もある。インド・ヨーロッパ語族は強勢によって意味が区別される一方、中国語は軽声にすることで意味が変わることがある。これらは上記の（1）と（2）にかかわるのに対して、音素の体系的な相互関係と組み合わせの規則は、

21　国語運動とは、1900 年代から中華人民共和国成立（1949 年）までの、官話を基にした中国語の標準語を普及させる運動を指す。そのきっかけは 1902 年に呉汝綸が日本を訪問し、日本の東京方言を普及させた成果に刺激を受けたことといわれている。（訳注）

266 | 第 8 章　音声学と音韻論

(3) 音素の集合関係と (4) 音素の配列関係の研究対象である。

　連続発話における数え切れないほど多くの音を音素に統合したあとに、その音声的特徴の異同によって音素をさらに整理し、分類する必要がある。音素の集合関係には言語の音体系の特徴が表れる。それを明らかにすることは、当該言語を学ぶ者にとっても有益である。例えば、普通話の子音音素体系において /p/ と /pʰ/、/t/ と /tʰ/、/k/ と /kʰ/、/tɕ/ と /tɕʰ/、/tʂ/ と /tʂʰ/、/ts/ と /tsʰ/ の 6 対は、気息の有無という単一の要因によって対立を成し、相互に平行関係にある。このように単一の要因によって平行性を持つ音素の対立は言語の音素体系の特徴と内部関係を特に明確に示しやすい。それは音声の違いと意味の違いがその単一の要因によってじかに結び付けられているからである。このような対立が複数例に観察されるのであれば、それはその要因の弁別機能が当該言語において普遍性を持ち、孤立的なものではないことを示している。例えば中国語、英語、韓国語を比較すれば、中国語の子音音素体系には有気―無気という単一の要因を軸とする一連の平行性を持つ対立があるが、英語にはそのような対立はない。それに対して英語には有声―無声という単一の要因を軸とする一連の平行性を持つ対立があるが、中国語にはそのような対立はない。さらに韓国語には緊張性[22] という単一の要因を軸とする一連の平行性を持つ対立があるが、英語や中国語にはそのような対立はない。このように、特に音素の集合関係を見ることによって言語の音体系に内在する特徴が浮き彫りになる。

　言語の音体系に含まれるすべての音素は相互に対立し、交じり合うことはないが、相互に関連して 1 つの体系を構成する。また、音体系はそれを使用する話者の集団に支配され、常に対称性を保ち、整然と進化する傾向が見られる。そのため、音素はしばしば個別的にではなく、集団的に変異する。したがって、音素の集合関係を研究することは、音声の通時的な変化と音体系の形成との関係を理解するためにも有益である。例えば中古中国語[23] の一

22　韓国語の子音には平音、濃音、激音の違いがある。その中で平音は喉頭での緊張を伴わない無気音、濃音は喉頭での緊張を伴う無気音、激音は喉頭での緊張を伴わない有気音である。（訳注）

23　中国語の音韻史では、周代から漢代（おおよそ紀元前 11 世紀～紀元後 3 世紀）までを

時期ではあるが、その音体系に /p、t、k/—/b、d、g/ のように無声子音に整然と対立する有声子音の音素が存在していた。その後、言語の歴史的変化に伴い、声調が平調であるか否かによって有声子音の音素が分裂した。例えば平声における声母 b が音素 /pʰ/ に統合したのに対して、これ以外の声母 b は音素 /p/ に統合するという変化が起こった。このような分裂と統合は孤立的なものではなく、有声子音全体にわたる変化であった。それによって現代中国語における多くの方言の音体系から有声子音が一様に消え、有声と無声の対立が消失したのである。一方、呉方言のように、中古中国語の有声子音体系を継承する方言もごく一部にはある。

　音素集合の体系性に関して、音体系に空所があるとそれを補おうとして、新しい音素が生じることがある。例えば古代の英語の子音には単一の要因による、平行性を持つ対立として次の 3 対があった。/p/—/b/、/t/—/d/、/k/—/g/である。初めの 2 対にそれぞれ調音位置が同じ鼻音音素 /m/ と /n/ が対応するのに対して、残り 1 対の無声—有声軟口蓋音にはそれに対応する鼻音が欠けていた。つまり音素の集合に明らかな非対称性が生じていた。その非対称性の解消のため、後に音素 /n/ から軟口蓋音の前に異音 [ŋ] が生まれ、言語使用の変化に伴って最終的に独立した音素 /ŋ/ を成すに至ったのである。[24] この音素 /ŋ/ は結果的に /k/—/g/ と連合し、音素集合における空所を補った。また英語における無声後部歯茎摩擦音 /ʃ/ に対応する有声摩擦音 /ʒ/ も同様の理由で生まれた。つまり英語の摩擦音体系では /f/—/v/、/θ/—/ð/、/s/—/z/ のようにいずれも有声と無声が対立しているのに対して、/ʃ/ に対立する有声音だけが欠けていた。その空所を補おうとして、すなわち音素の集合の平行性、対称性を求めて、英語が古代から現代へ変化する過程で、フランス語に由来する借用語から有声摩擦音 [ʒ] を取り入れ、結果的にこれを /ʃ/ に対立する音素と成し、それによってより整然とした音体系が形成されることになった。

　上古音（Old Chinese）、六朝後期から唐末五代（おおよそ 4 世紀〜 12 世紀）までを中古音（Middle Chinese）、元代から清代（おおよそ 13 世紀〜 19 世紀）までを近世音（Early Mandarin）と区分している。（訳注）

24　独立した音素 /ŋ/ を成すに至った詳細な過程について Well (1982) の 3.1.2 NG Coalescence（pp. 188–189）を参照。（訳注）

268 | 第 8 章　音声学と音韻論

　音体系には集合に関する記述のほかに、配列に関する記述も必要である。具体的に言えば、集合に関する研究は音声的特徴によって音素を分類し、それらをより大きな範疇にまとめる。そうすることで言語の意味の区別に関与する音声的特徴を瞭然と示そうとする。それに対して配列に関する研究は、音素の組み合わせ関係を研究対象とする。例えば、2つの音素が組み合わせられるか、個々の音素について音素の組み合わせ方に違いがあるか、どのような音声的条件を満たす必要があるかなどがその課題である。音素の配列上の特徴はしばしば音節構造に現れるため、音素の配列規則は一般に音節の中で研究される。もちろん、それぞれの言語の特徴に合わせて、音節の代わりにほかの言語単位を用いて音素の配列関係を研究することもある。

　本書の第4章においてすでに、調音器官の筋肉が緊張し、弛緩するたびに1つの音節が形成されるという主張を紹介した。[25] 調音音声学では筋肉の最大の緊張を伴って調音する音を主音 [26] と呼ぶ。主音の前後にある音は音節の起伏の始まりと終わりにあるため、オンセットとコーダと呼ばれる。母音が主音になることが最も多い。Vで母音（vowel）を、Cで子音（consonant）を表し、音素体系の構造面における最も基本的な単位である音節の中の音素の配列様式を示せば次の4種類となる。

　　　　　(1) V 　　　(2) CV 　　　(3) VC 　　　(4) CVC

すなわち (1) 主音、(2) オンセット＋主音、(3) 主音＋コーダ、(4) オンセット＋主音＋コーダである。2～3の音声成分によって構成される母音連結（重母音）、子音連結（子音結合）もそれぞれ主音とオンセットまたはコーダになりうる。つまり上記の4種類の基本構造におけるVやCは拡張できる。例えば英語の strange [streindʒ] は CVC を拡張した CCCVVCC である。

　音節を単位として音素の配列関係を研究するには、音節構造に関して次の基本的問題に答えなければならない。

25　しかし第4章のとおり、この主張はまだ確かな証拠が得られていないため、このあとの記述はあくまでもこの主張が正論であると仮定したうえでの話になる。この主張の正否に関係なく、類似した内容が「4.2.1 音節構造の分類と同化」にも述べられているため、中国語の音節構造に関しては同所を参照されたい。（訳注）

26　主音はふつう母音や音節核になれる有声音である。後者のうち、多くは楽音成分が優位を占める鼻音である。（原注）

8.4 音素の集合と配列 | 269

（1）音節構造の各位置に出現しうる音素と出現しえない音素はそれぞれ何か

　例えば、普通話の各種音節に主音として現れるのはふつう母音だけだが、一部の方言では単独の子音も主音として現れる。例えば上海方言の「鱼」[ŋ]、蘇州方言の「亩」[m̩]、アモイ方言の「煤」[hm̩]、「饭」[pŋ̩] などの音節からわかるように、これらの方言における鼻音は声母ではない。これらは声化韻として声母表に登録される。また一部の言語では母音しかコーダになりえず、すなわち開音節のみが許されるのに対して[27]、別の言語では子音もコーダになりうるため、閉音節も容認される。普通話には開音節もあれば閉音節も容認されるが、音節末尾に現れる子音が厳しく制限されるのに対して、ウイグル語では音節末尾に現れる子音の自由度が相当に大きい。

（2）音節における音素の配列はどのように制限されるか

　英語も中国語も母音と母音を直接組み合わせることができるが、英語で容認されるのは二重母音までであるのに対して、中国語は三重母音も容認される。それに対してフランス語ではそのような音素の配列様式は容認されない。また、中国語や日本語では音節内の子音連続が容認されないのに対して、ロシア語や英語では3〜4個もの子音を直接組み合わせることが容認される。例として英語の glimpse △[glimps]▽（一見）、△к встрече [kˈfstrʲeteɪ]▽（会合へ）などがある。

（3）音素配列の順序に規則はあるか

　英語では音節初頭に3つの子音が連続して現れる場合、最初の音素は必ず /s/ であり、2番目の音素は必ず /p/、/t/、/k/ のいずれかであり、3番目の音素は必ず △/l/、/r/、/w/、/j/▽ のいずれかである。[28] また普通話では、3つの母音が連続して現れる場合、最初は必ず /i/、/u/、/y/ のいずれかであり、2番目は必ず /a/、/o/、/e/ のいずれかであり、3番目は必ず /i/ または /u/ である。また、韻頭に /i/ または /u/ があれば、韻尾に再び同じ音素が現れることはな

27　「母音しかコーダになりえず」では CVV のような音節構造が想定されている。CV における V は主音であり、コーダではない点に注意のこと。（訳注）

28　とはいうものの、最初の音素が /s/、2番目の音素が /p/、/t/、/k/、3番目の音素が /l/、/r/、/w/、/j/ ならどの組み合わせでも実在する語があるわけではない。次の普通話に関する記述も同様である。（訳注）

270 | 第 8 章　音声学と音韻論

い。それに対して韻頭に /y/ があれば、韻尾にはどの母音も現れない。これ
らはすべて音素配列の順序に関する規則である。

　音素体系の全体像の記述に音素間の集合関係と配列関係を含めることは必
須である。そうしないと当該言語の音声的特徴と音素との間の構造的な関係
を適切に示すことができない。普通話は音節構造が単純であり、表 8-1 に示
す声母と韻母（以下、「声・韻」という）の配列表だけですべての音素とその
配列関係および配列規則を示すことができる。この表の左端には縦に声母が
示され、その右に、それぞれの声母と韻母の可能な組み合わせが示されてい
る。声母はおおむね調音位置によって大きくまとめてあるのに対して[29]、声・
韻の組み合わせは「開口、斉歯、合口、撮口」という四呼、すなわち韻頭ご
とにまとめてある。普通話の声・韻の配列規則はこの声母の調音位置による
分類と韻母の四呼に従う。つまり声母の調音位置による分類ごとに韻母の四
呼との配列関係が決まる。[30] 逆に韻母が帰属する四呼さえ同じであれば、声母
との配列関係も必ず同じになる。この表により、個々の声・韻ごとの配列関
係が示され、存在しない組み合わせは空白で表される。この表にさらに韻母
の 4 つの調素の情報も付け加えるとすれば、声・韻の組み合わせにどの声調
を充てることができるかできないかを示すことができるだろう。そうすれば、
この声・韻の配列表は声（母）・韻（母）・調（素）の配列表となり、普通話の
音素と、その集合関係と配列関係を完全に示すことができるようになる。そ
れは言語習得にとって、また自然言語のデジタル処理にとっても有益であろ
う。しかし、表 8-1 は調素の情報までは含まない中国語音節の声・韻の配列
表である。それを基に、ここでは普通話の声母と韻母の集合関係と配列関係、
普通話における母音音素と子音音素の分布、音節構造の規則が読み取れれば
よい。音声の観点から見れば、普通話の千言万句も実際にはこうした 400 ほ
どの基本音節と 4 つの声調の組み合わせによって形成されるのである。

29　すなわち大きく (1) 両唇の b、p、m、(2) 唇歯の f、(3) 歯茎の d、t、n、l、(4) 軟口蓋の
　　g、k、h ([x])、(5) 歯茎硬口蓋の j ([tɕ])、q ([tɕʰ])、x ([ɕ])、(6) 反り舌の zh ([tʂ])、ch ([tʂʰ])、
　　sh ([ʂ])、r ([r]) と歯茎の z ([ts])、c ([tsʰ])、s の 6 種類にまとめてあるが、最後の (6) には反り
　　舌音と歯茎音が含まれているので完全に調音位置によるまとめというわけではない。（訳注）

30　例えば b、p、m は 1 つのまとまりを成す。b は開口呼、斉歯呼とは組み合わせること
　　ができるのに対して u を除く合口呼、撮口呼とは組み合わせることができない。（訳注）

8.4 音素の集合と配列 | 271

表 8-1　普通話の音節における声母と韻母の配列[31]

	開口呼														齊歯呼								
	-i	a	o	e	ê	ai	ei	ao	ou	an	en	ang	eng	er	i	ia	ie	iao	iu	ian	in	iang	ing
b		ba	bo			bai	bei	bao		ban	ben	bang	beng		bi		bie	biao		bian	bin		bing
		巴	玻			白	杯	包		般	奔	帮	崩		逼		别	标		边	滨		冰
p		pa	po			pai	pei	pao	pou	pan	pen	pang	peng		pi		pie	piao		pian	pin		ping
		趴	坡			拍	胚	抛	剖	潘	喷	旁	烹		批		撇	飘		篇	拼		乒
m		ma	mo	me		mai	mei	mao	mou	man	men	mang	meng		mi		mie	miao	miu	mian	min		ming
		妈	摸	么		埋	眉	猫	谋	蛮	闷	忙	盟		迷		灭	苗	谬	棉	民		明
f		fa	fo				fei		fou	fan	fen	fang	feng										
		发	佛				飞		否	翻	分	方	风										
d		da		de		dai	dei	dao	dou	dan	den	dang	deng		di		die	diao	diu	dian			ding
		搭		得		呆	得	刀	兜	单	扽	当	登		低		爹	雕	丢	颠			丁
t		ta		te		tai	tei	tao	tou	tan		tang	teng		ti		tie	tiao		tian			ting
		他		特		胎	忒	滔	偷	摊		汤	疼		梯		贴	挑		天			听
n		na		ne		nai	nei	nao	nou	nan	nen	nang	neng		ni		nie	niao	niu	nian	nin	niang	ning
		拿		讷		奶	内	恼	耨	南	嫩	囊	能		泥		捏	鸟	妞	年	您	娘	宁
l		la		le		lai	lei	lao	lou	lan		lang	leng		li	lia	lie	liao	liu	lian	lin	liang	ling
		拉		勒		来	雷	劳	楼	兰		郎	冷		利	俩	列	了	流	连	林	凉	零
g		ga		ge		gai	gei	gao	gou	gan	gen	gang	geng										
		嘎		哥		该	给	高	沟	干	根	刚	更										
k		ka		ke		kai	kei	kao	kou	kan	ken	kang	keng										
		咖		科		开	剋	考	口	看	肯	康	坑										
h		ha		he		hai	hei	hao	hou	han	hen	hang	heng										
		哈		喝		海	黑	好	猴	寒	痕	杭	哼										
j															ji	jia	jie	jiao	jiu	jian	jin	jiang	jing
															基	家	街	交	究	坚	今	江	京
q															qi	qia	qie	qiao	qiu	qian	qin	qiang	qing
															欺	恰	切	敲	秋	千	亲	腔	清
x															xi	xia	xie	xiao	xiu	xian	xin	xiang	xing
															希	瞎	些	消	休	先	新	香	兴
zh	zhi	zha		zhe		zhai	zhei	zhao	zhou	zhan	zhen	zhang	zheng										
	知	渣		遮		窄	这[32]	招	周	毡	真	张	争										
ch	chi	cha		che		chai		chao	chou	chan	chen	chang	cheng										
	吃	插		车		拆		超	抽	搀	陈	昌	称										
sh	shi	sha		she		shai	shei	shao	shou	shan	shen	shang	sheng										
	诗	沙		奢		筛	谁	烧	收	山	伸	伤	生										
r	ri			re				rao	rou	ran	ren	rang	reng										
	日			热				绕	柔	然	人	让	扔										
z	zi	za		ze		zai	zei	zao	zou	zan	zen	zang	zeng										
	资	杂		则		灾	贼	遭	邹	咱	怎	脏	增										
c	ci	ca		ce		cai		cao	cou	can	cen	cang	ceng										
	雌	擦		策		猜		曹	凑	参	岑	仓	层										
s	si	sa		se		sai		sao	sou	san	sen	sang	seng										
	私	撒		色		腮		搔	搜	三	森	桑	僧										
Ø		a	o	e	ê	ai	ei	ao	ou	an	en	ang	eng	er	yi	ya	ye	yao	you	yan	yin	yang	ying
		阿	喔	鹅	欸	哀	欸	熬	欧	安	恩	昂	鞥	儿	衣	呀	耶	腰	优	烟	因	央	英

31　表 8-1 には例として主に陰平の字を挙げているが、陰平の字がない場合は陰平以外の声調の字を挙げる。（原注）

32　「这」は話し言葉では zhèi とも発音されるが、zhè のほうがより一般的である。（訳注）

272 | 第8章 音声学と音韻論

（表 8-1、前ページから続く）

		合口呼									撮口呼				
	u	ua	uo	uai	ui	uan	un	uang	ueng	ong	ü	üe	üan	ün	iong[33]
b	bu 不														
p	pu 铺														
m	mu 木														
f	fu 夫														
d	du 都		duo 多		dui 堆	duan 端	dun 蹲			dong 东					
t	tu 秃		tuo 脱		tui 推	tuan 团	tun 吞			tong 通					
n	nu 奴		nuo 挪			nuan 暖				nong 农	nü 女	nüe 虐			
l	lu 炉		luo 锣			luan 滦	lun 轮			long 龙	lü 驴	lüe 略			
g	gu 姑	gua 瓜	guo 锅	guai 拐	gui 规	guan 关	gun 滚	guang 光		gong 工					
k	ku 枯	kua 夸	kuo 阔	kuai 快	kui 亏	kuan 宽	kun 昆	kuang 筐		kong 空					
h	hu 呼	hua 花	huo 火	huai 怀	hui 灰	huan 欢	hun 婚	huang 荒		hong 轰					
j											ju 居	jue 决	juan 捐	jun 军	jiong 窘
q											qu 区	que 缺	quan 圈	qun 群	qiong 穷
x											xu 虚	xue 靴	xuan 轩	xun 勋	xiong 兄
zh	zhu 诛	zhua 抓	zhuo 桌	zhuai 拽	zhui 追	zhuan 专	zhun 准	zhuang 庄		zhong 中					
ch	chu 初	chua 欻	chuo 戳	chuai 揣	chui 吹	chuan 川	chun 春	chuang 窗		chong 充					
sh	shu 书	shua 刷	shuo 说	shuai 衰	shui 水	shuan 栓	shun 顺	shuang 双							
r	ru 如	rua 挼	ruo 若		rui 瑞	ruan 软	run 润			rong 荣					
z	zu 租		zuo 昨		zui 最	zuan 钻	zun 尊			zong 宗					
c	cu 粗		cuo 错		cui 催	cuan 蹿	cun 村			cong △聪▽					
s	su 苏		suo 索		sui 虽	suan 酸	sun 孙			song 松					
Ø	wu 乌	wa 蛙	wo 窝	wai 歪	wei 威	wan 弯	wen 温	wang 汪	weng 翁		yu 迂	yue 约	yuan 冤	yun 晕	yong 用

33　iong の綴り方について第 10 章を参照。（訳注）

8.5 音素帰納の多様性

　かつて言語学者の間に思想革命を引き起こしたといわれる音素論[34]は、半世紀に及ぶ発展と広がりによっていくつかの学派に分かれた。さまざまな学派がさまざまな見地に立脚して音素という概念を論じており、そこでは音素帰納の作業原則もすべて同じというわけではない。そのため、措定された音素にも必然的に違いが生じる。このことをよく理解しておく必要がある。さもないと、一見大きく異なる音素帰納の結果に対処できないことになる。

　音素帰納の多様性は音素帰納に係る多様な選択の違いによって生じる。以下に、言語の音素帰納に異なる結果をもたらすいくつかの要因について述べる。

(1) 音素の対立に関する分析はどの言語単位から始めるか

　音素帰納は、対立の原則によって2つの音が相互に独立の音素として認められるか否かを検証する一方、相補分布によって2つの音が異音として1つの音素に統合できるか否かを検証する。対立も相補分布も一定の音連鎖において検証され、その音連鎖は常に一定の意味を持つ単位である。さもなければ2つの音が意味を区別できるか否かを検証できない。言語において意味を担う最小単位は形態素であり、それより大きいものには語、句、文などがある。これら4つの言語単位はいずれもミニマルペア（最小対）として検証に用いることができる。例えば形態素である「巩」と「恐」、語である「主力」と「阻力」、句である「大棒子」と「大胖子」、文である「大家都饱了」と「大家都跑了」を対照してみると、そのいずれにも対立が成立しており、それにより子音音素が確認される。では音素対立の分析はどの言語単位から始めるべきであろうか。残念ながら音素の定義と音素帰納の作業原則自体はこの疑問に対する明確な解答を与えていない。

　対立あるいは相補分布を調べる音連鎖の単位が異なれば、当然ながら音素帰納の結果に影響が及ぶ。例えば、スマトラ島北部に分布する Toba-Batak 語には2つの母音 [o] と [ɔ] がある。この母音だけで区別される語から成るミニマルペア [jolo]（先方）と △[jɔlɔ]▽（敬意を表す助動詞）が存在すること

34　プラハ学派によって始められた音韻論を指す。（原注）

274 | 第8章 音声学と音韻論

から、これらの母音は異なる音素のように見える。[35] しかし文を単位にすると [o] と [ɔ] だけで対立するミニマルペアはない。つまり文を単位として個々の音から音素を帰納するならば、この2つの母音は互いに独立した音素にはならないのである。普通話にはこれと逆の例がある。文を単位とする精密表記では、音連続における音の変異によって、形態素を単位とした場合にはない、前母音 [a] と中母音 [ʌ] や、中位高母音 [ə] と非円唇・後・半高母音 [ɤ] によって区別される語の対が生じる△1文削除▽。このように、何を単位として対立と相補分布を検証するかについて音素帰納の作業原則に明確な規定がないために意見が分かれ、異なる音素帰納の結果が生じるのである。

　記述言語学の立場からは、言語分析は談話を基に、音声分析が文法記述に先立って行われるべきであるといわれている。文は文法分析やその解析を行うための最も基本的な言語資料であるから、理論的には音素帰納は言語コミュニケーションにおけるこの最も自然な単位で行われるべきだとも考えられる。しかし実際には、文法分析を行わずに音素帰納を行えば、文に対していきなり精密表記を行うことになり、表記された音声も必然的にきわめて細かく複雑なものになる。それは文における音声が各種の要因により、無限と言えるほど多くの変容を遂げているからであり、それを基に個々の音から帰納した音素は必然的に種類が多く、複雑になりすぎる。それによって、分析対象とする言語の本来の音体系とその特徴を見失う恐れが生じる。

　かつてフランスの機能主義言語学者マルティネは、音素帰納を行うための最適な言語単位は語幹のみからなる単音節語であると主張した。そのような語は音声構成が比較的単純で、その内部の結合も緊密である。例えば音素帰納に影響を与える休止などが含まれることはない。マルティネの意見は傾聴

35　この例は Walter Keith Percival 著、金有景訳、（1964）「不同的音位归纳法的取舍问题」『语言学资料』1964 年第 1 巻、『中国语文』編集部，25. から引用する。（原注）

　　原論文は W. K. Percival（1960）A Problem in Competing Phonemic Solutions. *Language* 36 (3), pp. 383–386 である。原論文にはミニマルペア [jolo]（先方）と [jɔlɔ]（敬意を表す助動詞）が挙げられているが、金有景訳（1964）では [jɔlɔ] が誤って [jolo] と記載されていたことに注意されたい。Percival（1981）はさらに [jolo]（先方）に含まれる [o] を音素 /o/ で表記するのに対して、[jɔlɔ]（敬意を表す助動詞）に含まれる [ɔ] を音素 /O/ で表記し、発音が近いこの2つの音素が /gogO/ のように1つの形態素に現れることはないと述べている（p. 13）。（訳注）

8.5 音素帰納の多様性 | 275

に値するが、そのような単音節語は欧州の多くの言語では数が限られるため、欧州の言語学者による音素帰納は相変わらず多音節語を単位に行われることが多い。それに対して中国語は単音節言語で音節構造が比較的単純であるだけでなく、ふつう個々の音節が意味を持つ形態素に相当するため、それが音素帰納に最適な言語単位ということになる。

(2) 相補分布はどの言語単位で検証するか

　音素帰納は相補分布によって複数の異音を1つの音素にまとめ、1つの共通の記号で表す。1つの音素にまとめられた個々の異音の実際の発音は音環境によって決まる。対立と同様に、相補分布にもどの言語単位で検証すべきかという問題がある。形態素を単位にすれば音環境が制限されすぎるが、文を単位にすれば音環境が逆に大きすぎるように思われる。ところが、音環境の大きさをどの程度に設定するかによって音素に含まれる異音の種類や数が変わるだけではない。その設定は音連続における音の変異を異音として認めるかという問題にも直接かかわっている。これらはさらに音素体系の全体像に影響を与える。例えば、普通話の軟口蓋鼻音音素 /ŋ/ には2つの異音があるという主張がある。1つは「当」[taŋ]、「江」[tɕiaŋ] などに含まれる韻尾 [ŋ] である。この異音には接近段階と阻害段階はあるが、開放段階が欠けている。もう1つは声母としての [ŋ] である。この異音は子音（ここでは軟口蓋鼻音）形成の3段階を備え、語気助詞「啊」の前にだけ現れ、先行する音節の末尾音の影響を受けて後続の音節「啊」の声母となったものである。例として「唱啊」[tʂʰaŋ ŋa] などがある。この異音は明らかに音連続における音の変異の一種、挿入である。このような音連続における音の変異の例としてほかにも「嫦娥」[tʂʰaŋ ŋɤ]、「名額」[miŋ ŋɤ]、「平安」[pʰiŋ ŋan] などがある。[36] ところが音素論には相補分布を検証する音環境の範囲についての明確な規定がないため、音素 /ŋ/ に、音節の初頭に現れて声母として機能する異音があるという主張についてその正否を判断することができない。それに

36　これらの例から、声母としての [ŋ] が語気助詞「啊」にしか現れないという記述は適切ではなく、ゼロ声母の位置に現れるというべきであろう。なお、ここに挙げた [ŋ] は本文にも述べられているように、挿入によって生じた音であり、本来の声母ではない。第6章「6.1.2 よく見られる変異の形式」、特に注10を参照。（訳注）

276 | 第8章 音声学と音韻論

伴って、音連続における音の変異すべてをこのように異音として認めるべき
かという問題が生じる。例えば、精密表記では「芝麻」は [tʂɿ̀ mə]、「妈妈」
は △[mʌ mə]▽ である。また「难免」、「关门」、「面包」、「店铺」の最初の字
の韻尾 [-n] も、連続発話における実際の発音は [-m] である。音連続におけ
る音の変異を異音と認めると、音素 /a/ に異音 [ə] を、音素 /n/ に異音 [m] を
加えることになるが、実際にそうすべきであると主張する者はほとんどいな
い。音素 /ŋ/ の異音としての声母 [ŋ] を認める一方で、同じく音節間の音変
化によって生じた [ə]、[m] をそれぞれ /a/、/n/ の異音として認めないとする
ならば、それは理にかなわない。[37] こうしたことから、相補分布を検証する
音環境の大きさを明確に規定せず、任意とするならば、必然的に音素帰納に
混乱を招き、論理上の矛盾をもたらし、ひいては音素帰納の結果にまで影響
を及ぼすことは明らかである。

　言語にはそれぞれ異なる特徴がある。中国語について言えば、その最大の
特徴の1つは「形態素―音節―文字」の一致である。したがって少なくと
も中国語については前述のとおり、音声と意味の最小の組み合わせである形
態素が、対立を検証するための最適の単位であると同時に、相補分布を検証
するのにも適していることは間違いない。

　具体的に言えば、第1に、こうすることで、1つの音素にまとめる異音が
過度に複雑になってその実体があいまいになるのを避けることができる。異
音のほとんどは音連続における音の変異によって生まれるが、音節内の変異
と音節境界をまたぐ変異とでは性質が異なる。音節が言語の自然な発音単位
であり、その発音は筋肉の1度の緊張と弛緩によって行われるため、音節
に含まれる音はおのずと互いに緊密に結び付き、その間に起こる同化は調音
の生理機構の制約を受ける。したがって音節内の変異は規則的な音変化であ
り、それは音素の必然的異音と呼ばれる。それに対して隣接する2つの音
節の間に起こる変異は自由度が高く、音節間の休止の有無のほか、発話の速
さ、状態、個人の習慣にも影響され、変異が生じる条件がそろっても必ず起
こるものではなく、その出現は不特定の条件に左右される。また、音節境

37　このことは前出の「8.3 音素と異音」の (1) における「「芝麻」[tʂɿ³⁵ mə]、[…] のよう
　に、軽声によって生じる条件異音もある」という記述と整合しない。(訳注)

界をまたぐ変異はしばしば非常に多様で、そのすべてを相補分布によって1つの音素にまとめれば、音素に含まれる異音とそれに関する記述が煩雑になることは避けられず、時にはその扱いに窮する状況に陥る恐れさえある。例えば、語気助詞「啊」の前に挿入される [ŋ] を音素 /ŋ/ に組み入れ、/ŋ/ に帰属する、声母になりうる異音と見なすならば、「(写)字啊」[tsɿ za]、「(快)吃啊」[tʂʰɿ za]、「(快)去啊」[tɕʰy ia] の音連続における音変異として形成される [z]、[ʐ]、[i] も、それぞれいずれかの音素に組み入れるべきではないかという疑問が生じる。また、「热闹」[ʐɤ nɔ]、「明白」[miŋ pɛ] のような軽声を含む語における [ɔ] と [ɛ] もそれぞれいずれかの音素の異音として扱うべきではないかという疑問も生じる。[38]

　第2に、普通話において、比較的小さい単位である単音節だけを対象として相補分布を検証すれば、音素帰納における異音の重複率を大幅に下げることができる。例えば語を相補分布の検証のための単位とした場合、「芝麻」[tʂɿ mə]、△「妈妈」[mʌ mə]▽ に現れる中位高の母音 [ə] は音素 /a/ の異音であるから、[ə] は低母音 /a/ と半高母音 /e/ という2つの音素に重複して現れる異音ということになる。[39] また「木樨肉」(字ごとの発音は [mu ɕi ʐou]) は続けて発音すると [mu ɕy ʐou] となるため、[y] を音素 /i/ の異音とし、「白石桥」(字ごとの発音は [pai ʂɿ tɕʰiau]) は続けて発音すると [pai ʐɿ tɕʰiau] となるため、[ʐ] を音素 /ʂ/ の異音とするならば、普通話の音素体系に △/y/ と /ʐ/▽ がありながら、その異音 [y]、[ʐ] が音素 /i/、/ʂ/ の異音としても存在するという状況が生じる。同様に、「难免」[nam mian]、「面包」△[miam pau]▽ のような音連続における音の変異において出現する韻尾 [m] を音素 /n/ に組み入れれば、やはり異音の重複が生じる。このように、音素体系の中で異音と音素の間に大量の重複ないし交差が生じるとすれば、音素帰納が求める簡潔性や経済性、さらには体系の整然性に反することになり、結果としてその音素帰納自体に何らかの問題が生じると考えられる。

---

38 「8.3 音素と異音」の「(1) 条件異音」の「③ 韻律」ではこれらが軽声によって生じる条件異音として扱われている。(訳注)

39 半高母音 /e/ が異音 [ə] と発音される例として「跟」[kən]、「盆儿」[pʰər] などがある。(訳注)

278 | 第8章　音声学と音韻論

　まとめるならば、音素に含まれる異音の種類と数だけでなく、音素体系自体の簡潔性、経済性も、相補分布の検証に用いる単位の大きさと直接かかわっている。単位が大きくなるにつれ、個々の音素に含まれる異音が増え、音素と異音の発音規則も複雑になる。逆に単位が小さくなるにつれ、個々の音素に含まれる異音は少なくなり、音素と異音の発音規則も単純になる。この点さえ確認すれば、中国語の普通話に対して行う音素帰納は、音節という1形態素に限定して行うのが望ましいということは自明である。音節間に生じるさまざまな変化は、音連続における音の変異という別の項目で記述すればよい。

(3) 音声的類似の判断に客観的基準はあるか、相補分布とどのように調和するか

　前述のとおり、相補分布は異音を1つの音素にまとめる必要条件であるが、十分条件ではない。[40] 1つの音素にまとめることができるか否かは相補分布と音声的類似という2つの条件を同時に満たさなければならない。しかしよく考えれば、この2つの条件は同質のものではない。前者は音声の分布に関する条件で、後者は音の種類に関する条件である。加えて、前者は音環境という客観的事実に依拠するのに対して、後者は個人の主観的な判断に委ねられる。後者に関しては、誰もが母語で養ってきた直感的な音素観を基準に、聞こえた音が類似のものであるか否かを判断できることは確かだが、それは大いに母語によっている。例えば、英語話者であれば cool △[kʰuːl]▽（涼しい）と school [skuːl]（学校）における有気音 [kʰ] と無気音 [k] が音声的に類似すると見なすのに対して、中国語話者であれば「苦」[kʰu] と「鼓」[ku] が有気か無気かで区別されるため、この2音に大きな違いがあると感じるだろう。逆に、英語話者が seal [siːl]（印鑑）と zeal [ziːl]（熱意）における [s] と [z] に大きな違いを感じるのに対して、英語を知らない中国人は両者の違いを明確には説明できないだろう。こうしたことから、音が類似するか否かの判断は母語話者の直感的な音素観によると主張する者もいる。しかし母語話者の直感的な音素観も常に一致するわけではない。例え

40　本章の注15を参照。（訳注）

ば、普通話で相補分布を成す舌面母音 [i] と 2 つの舌先母音 [ɿ]、[ʅ] を 1 つの音素に統合することについて議論すれば、2 人の生粋の北京語話者の意見が正反対になることがある。1 人は、この 3 音は知覚上、釣り合いがとれており、音声的に類似しているので 1 つの音素に統合すべきだと主張するのに対して、もう 1 人は、「鶏」[tɕi]、「滋」[tsɿ]、「枝」[tʂʅ] で相互に韻を踏むことに強い違和感を覚え、「何人たりとそのようなことは認められない」と言い張り、この 3 音の音声的な類似を認めず、1 つの音素に統合される異音とすることは認められないと言う。

　このように、相補分布が成り立つか否かは客観的な音環境によって判断できるため、見解の相違が生じることはあまりないのに対して、音声的類似については客観的基準が欠けており、個人の主観的な判断をよりどころとするため、意見の食い違いや論争が生じるだけでなく、その解決も難しい。単純に音声学の立場から見れば、1 つの音素に統合される異音には、実際に音声的な違いが小さいものもあれば、異なる音素と認めても不思議ではないほど違いが大きいものもある。違いの大きさがどの程度なら音声的に類似しないと考えるかについて、音素帰納の作業原則には何の規定もない。したがって音声学者も「我々も音声的類似に関する的確な規定を提供できないため、この原則をいかに適用すべきかは明確ではない」[41] と認めざるを得ない。

　音声的類似の原則を音素帰納に適用する際に生じるもう 1 つの問題は、相補分布の原則といかに調和させるかということである。この 2 つの原則は、その依拠する基準も、それぞれの特質もまったく異なるばかりでなく、実際の音素帰納にはどちらも独立して適用できる。中には音声的類似の原則を非常に重視し、これを音素帰納の主要な原則と見なす学者たちもいる。彼らは「まず直感的な音素観によって音素を定めるべきであり［…］母語話者が複数の音声を自然に 1 つの単位（すなわち音素）にまとめるなら、それは音素の感覚的側面を表している」と言う。それに対して、別の学者たちは、音素帰納は音声的に類似するか否か、あるいは音声的相違の程度によってはなされえず、音の分布や意味を区別する機能の有無の観点から、相補分布を

41　チャールズ・ホケット著、索振羽、叶蜚声訳（2002）『現代语言学教程』（A Course in Modern Linguistics）北京：北京大学出版社、124.（原注）

成す音声をできるだけ１つの音素に統合すべきだと主張する。つまり、音素の数は少ないほうがよく、音素帰納の簡潔性や経済性のためにはそれが求められるとするのである。しかしこの見方に対して、直感的な音素観によって音素を定めることを主張する者が異を唱える。すなわち、音素体系が簡潔性や経済性を求めているのは確かであり、その立場からは音素の数は少ないほうがよいように見える。しかし、実は音素体系の簡潔性と経済性は音素と異音の数の釣り合いともかかわる。音素の数と異音の数は常に反比例する関係にある。つまり音素の数が少なくなれば、個々の音素に統合される異音が多くなり、音素と異音の関係を表す発音規則も複雑になる。逆に音素の数が多くなれば、個々の音素に含まれる異音が少なくなり、発音規則も簡潔になる。つまり異音が増えて発音規則が複雑になることを無視し、単に音素の数の少なさを求めることは音素体系の簡潔性や経済性を誤解していることになる。もちろんこの主張も正論であろう。

　まとめるならば、音素帰納において音声的類似と相補分布の一方だけに頼れば音素帰納に異なる結果を招く。音声的類似の原則を無視し、相補分布の観点だけで個々の音から音素を帰納すれば、１つの音素に統合される複数の異音の間の内在的なつながりが失われることになり、そうした音素帰納は理論上も実用上も通用しなくなる。それに対して、音声的類似の原則に過度に頼り、音素と異音との間に「異音を見ればその音素がわかり、音素を見ればその異音がわかる」という関係ばかりを追求することも音素帰納に負の影響を与える。音声的類似と相補分布という２つの原則をいかに調和させるかという問題については、音体系にかかわるその他の要素を含めて考えなければならない。複数の異音がこの２つの条件を同時に満たしていたとしても、それらを必ず１つの音素に統合しなければならないわけではない。例えば普通話の [m] と [ŋ] は、前者が音節初頭に、後者が音節末尾にしか現れないことから相補分布を成すだけでなく、音声的にも同じ鼻音であるという点で共通する音声的特徴を持っている。しかしながら音素帰納ではこの２音を１つの音素に統合することなく、２つの独立した音素として認める。それは、普通話の音節構造や音声の通時的な変化などの要因を総合し、[m] と [ŋ] を１つの音素に統合することが不適切であると判断されるからである（第９章

8.5 音素帰納の多様性 ｜ 281

「9.5.3 子音音素の主たる異音」の (3) を参照)。この例から、音素帰納には、対立、相補分布、音声的類似という基本原則のほかにも考慮されなければならない要素が存在することがわかる。当然、これらの要素も音素帰納の結果にさらなる差異をもたらす。

(4) 音素という単位の大きさをどのように設定すればよいか

　すでに述べたとおり、音素と単音は 2 つの異なる概念である。音声学では音声連続から切り出した最小の分節成分を単音といい、単音は母音と子音に分かれる。また単音産出のための調音やその音声が安定的に維持されるか否かによって単一の音と複合の音に分かれる。後者は動的で、複数の母音を組み合わせた重母音や、複数の子音を組み合わせた子音結合である。ところが、音素帰納によって切り出される音素の単位は音声学における最小の分節単位と必ずしも一致せず、[t] や [s] が [ts] と対立を成す場合のように、静的音素と動的音素が対立を成すこともある。音声学の立場からすれば、[ts] は破裂音と摩擦音という 2 つの成分を組み合わせた音で一種の子音結合であるから[42]、この音は 2 つの字母の組み合わせによって表記される。[p] と [pʰ][43] のように無気と有気の対立も静的音素と動的音素による対立である。つまり、有気音に含まれる気息成分は破裂音が開放段階に入った瞬間に現れる呼気の音であり、本来の [p] とは異なる音であるため、音声学では [pʰ] を動的子音として扱う。スペクトログラムからも有気音が破裂音と気息成分の組み合わせであることが示される。

　音素帰納では同じ動的音声に異なる扱いをすることがある。例えば英語の無声破擦音 [tʃ] と有声破擦音 [dʒ] について、それらを音素体系における 2 つの独立した音素 /tʃ/、/dʒ/ として扱い、/t/、/d/、/ʃ/、/ʒ/ と並列させる言語学者がいる。それに対して、それらを /t/ と /ʃ/、/d/ と /ʒ/ から成る音素の連続として扱い、/tʃ/、/dʒ/ を単一の音素だけから成る子音音素表から外す学

42　第 4 章「4.2.3 音節における子音連結——子音結合」では「破擦音も破裂音と摩擦音が組み合わされた子音結合であると思われがちだが、実際には破擦音は 1 つの調音動作によって作られる、つまり破裂音から摩擦音への移行には接近—阻害—開放という過程が 1 回のみ現れるために子音結合ではない」と述べており、ここの記述とは一致しない。（訳注）

43　[pʼ] とも表記される。（原注）

282 | 第8章　音声学と音韻論

者もいる。この2つの異なる音素帰納は、前者が音素の単位を大きく設定するのに対して、後者はそれを小さく設定する。音素帰納では複数の音声成分を組み合わせた動的音声（例えば破擦音）を1つの音素の単位と見なす分析を過少分析（under-analysis）と呼ぶのに対して、動的音声をさらに小さい音素単位に分ける分析を過剰分析（over-analysis）と呼ぶ。過剰分析はさらに、本来1つにまとめて初めて発音できる動的音声を2つの音素に分析することもある。例えばアメリカ英語における反り舌母音 [ɚ]、[ɑ˞][44] などは調音過程に反り舌の動作を重ねることによって形成される動的母音であるが、過剰分析はそれを2つの音素、つまり /ə/ と /r/、/ɑ/ と /r/ を組み合わせた音素の複合と見なし、/ər/、/ɑr/ と表記する。同様に長母音 [iː] も過剰分析では /i/ と /j/ という2つの音素に分けることができる。

　音素論では連続音声から切り出される分節成分の大きさについてだけでなく、切り出される分節成分に対してどのような場合に過少分析法を適用するか、どのような場合に過剰分析法を適用するかについても明確な規定はない。したがって、異なる音素観に基づいて異なる分析法が適用され、同一の言語について異なる音素帰納の結果が生じても何ら不思議ではない。例えばアメリカの言語学者の中には英語の母音音素を分析した結果、△6つの母音音素を得る者（ブロック、トレーガー 2012[45]）もいれば、14の母音音素を得る者（ホケット 1986[46]）もいる。前者では6つの母音音素がいずれも単母音であるのに対して、後者では14の母音音素に単母音もあれば重母音もある▽。この2種類の分析結果はそれぞれの想定する音素体系にとって適格なものであり、異なる分析の目的を満たしている。

　普通話の音素帰納においても分析方法の違いと音素を切り分ける単位の大きさの違いによって異なる結果が得られる。例えば、かつての国語注音符号における8つの基本韻母である 万（ɑi）、乁（ei）、ㄠ（ɑo）、ㄡ（ou）、ㄢ（ɑn）、

44　反り舌の [a] である。（原注）

45　バーナード・ブロック、ジョージ・トレーガー著、趙世开訳（2012）『语言分析纲要』（Outline of Linguistic Analysis）北京：商务印书馆.（訳注）

46　チャールズ・ホケット著、索振羽、叶蜚声訳（1986）『现代语言学教程・上』北京：北京大学出版社.（訳注）

ㄣ（en）、ㄤ（ɑng）、ㄥ（eng）はまさに過少分析法によって切り出される音韻論上の単位[47]である。これらの基本韻母は過剰分析法に従えば[48]、それぞれを二分することができる。しかし、国語注音符号は古代中国語の単体字[49]を用いて音声を表記するため、これらの韻母をいずれも1つの音韻論上の単位とし、それぞれに注音符号としての単体字を当てることになる。また、単韻母のㄧ（i）、ㄨ（u）、ㄩ（ü）と組み合わせることにより、ㄧㄠ（iɑo）、ㄧㄢ（iɑn）のような複合的な韻母が表記される。このようにして四呼に応じた音体系が形成される。それに対してアルファベットを用いるピンイン方案では、この8つの韻母を過剰分析法[50]を用いてより小さい音素単位に分割することになる。そうでなければ単音に基づく表音体系を構築するという目的を果たすことができないからである。

　以上のように、音素帰納によって得られる音素体系の最小単位は必ずしも音声学における母音や子音ではない。もちろん多くの場合、抽出された音素は音声の最小分節と一致するが、音素体系の最小単位は音声の最小分節より大きくなっても小さくなってもよい。どのような場合に2つまたはそれを上回る分節成分を1つの音素にまとめるべきか、またどのような場合に1つの分節成分を2つまたはそれを上回る音素に切り分けるかは、音素帰納の目的、音声的特徴、および音素体系の全体像によって決まる。例えば音素体系の全体的な簡潔性を求めるなら、英語の歯茎破擦音 [tʃ] と [dʒ] をそれぞれ /t/ と /ʃ/、/d/ と /ʒ/ という2つの音素に分割して処理しても何ら問題ない。しかし、スペイン語の [tʃ] はそのように処理する意味がない。スペイン語において [ʃ] は単独では現れないからである。つまり異なる言語にはそれぞれ固有の音声的特徴と音体系がある。言語においてどちらも最小の分節単位でありながら、母音と子音とではそれぞれに対する処理のしかたは同じで

47　韻素とも呼ばれる。（原注）

48　過剰分析をするまでもなく、通常の分節を行えば韻腹と韻尾に分けられる。（訳注）

49　単体字とは、意味を成す2つの漢字に分けられない漢字である。例えば「古」は「十」と「口」という2つの意味を成す漢字に分割できるために単体字ではないが、「口」は2つの意味を成す漢字に分割できないために単体字である。（訳注）

50　過剰分析をするまでもなく、通常の分節を行えば韻腹と韻尾に分けられる。（訳注）

284 | 第 8 章　音声学と音韻論

はない。世の東西を問わずその名が広く知られる中国の言語学者、趙元任氏
は、音素帰納ではふつう動的子音をまとめて処理するのがよいのに対して、
動的母音は分割したほうがよいと述べている。破擦音や有気音のような動的
子音はまとめて 1 つの音素として処理するほうが実用性が高いのに対して、
二重母音や三重母音のような動的母音はまとめて 1 つの音素にし、1 つの
記号で表すとよけいな手間がかかる可能性が高いからである。[51] いずれにせ
よ、音素帰納は異なる言語に対して、また同一の言語における母音と子音に
対して、過少分析法と過剰分析法のどちらを適用すべきかについて一律な規
定を設けておらず、音素を切り分ける単位についても明確に規定していない
のである。

　ほかにも音素帰納を左右するさまざまな要因がある。そのため、音素帰納
に統一した結果を求めることは無理であり、求めても唯一かつ正確な結論は
得られない。それに対して、異なる結果が異なる目的を果たすことができる
なら、それを普遍的な基準によって評定する必要はない。この点について、
趙元任氏が 1930 年代に発表した音素論に関する著名な論文に次のような記
述がある。

　　　どの音を 1 つの音素に統合すべきかという課題には多くの要因がかか
　　わっている。例えば (a) 異音の音声的相違の最小化への志向[52]、(b) 音素
　　体系全体の簡潔性あるいは対称性への志向、(c) 音素数の低減への志向、
　　(d) 音声の分類に関する母語話者の見解、(e) 語源への配慮、(f) 異なる
　　音素間における部分的重複の抑制への志向、(g) 音声から音素、音素か
　　ら音声への相互推測可能性への志向などがある。これらの要因はしばし
　　ば矛盾しており、優先する要因が異なれば、得られる結果も異なる。

51　Chao, Yuen-Ren (1934) The non-uniqueness of phonemic solutions of phonetic systems.
　　Bulletin of the Institute of History and Philosophy, Academia Sinica. Vol. IV, Part 4, pp. 363–
　　398. 中国語版は呉宗済、趙新那編 (2002)『趙元任语言论文集』北京：商务印书馆、pp.
　　750–795.（訳注）

52　すなわち 1 つの音素に統合される異音には高い音声的類似性が求められる。（訳注）

異なる結果が得られてもそれは正否の問題ではなく、目的を果たしているか否かが問題である。

（「音位标音法的多能性」より）[53]

この早期における音素論に関する貴重な論述は、音素帰納の多様性が、音素帰納の原則自体における不確実性と多様性、そして音素帰納の異なる目標と志向に由来することを示唆し、今日でも音素理論とその分析法を考える上で大いに参考になる。

8.6 音韻論と弁別的素性理論
8.6.1 音素から弁別的素性へ

1930 年代、音素理論が着々と発展していた時期に、すでに音素が言語の意味を区別しうる最小の構成単位ではないことに気づいた言語学者がいた。音素をさらに分析すれば、意味を区別する機能を担うのはさらに小さい単位、すなわち音声的特徴であることが示唆されたのである。例えば [pɑu²¹⁴]（「飽」）と [pʰɑu²¹⁴]（「跑」）は [p] と [pʰ] の対立によって成り立つ /p/ と /pʰ/ という 2 つの音素によって弁別される。しかし実質的に [p] と [pʰ] の違いは無気—有気という音声的特徴だけで、両唇、破裂、無声など、その他の特徴はすべて同一である。もちろん /p/ と /z/、/i/ と /o/ のように音素間の違いが複数の音声的特徴として現れることもあるが、各言語の音素をさらに少数の音声的特徴に分解することができ、その結果、音素の対立を音声的特徴の対立としてとらえ直すことができるのは間違いない。

言語はそれぞれ異なる音素体系を有するが、音素を弁別する音声的特徴の数は限られている。例えば、世界の言語の多くは無声と有声、破裂と摩擦の違いによって音素の対立を形成する。中にはほとんどの言語に共通する対立もある。例えば鼻音と口腔の破裂音、唇音と歯音、高母音と低母音などである。この事実を手がかりとして、弁別的素性理論の発案者であるヤーコブソン（R. Jakobson）、ファント（G. Fant）、ハレ（M. Halle）は 100 以上の言語

53　上記の注 51 に同じ。（訳注）

286 ｜ 第 8 章　音声学と音韻論

を対象に考察を行い、その音声的特徴に基づき、世界の言語の音素を分析す
るために用いられる 12 の弁別的素性を提案した。それらは (1) 母音性―非
母音性 (vocalic vs. non-vocalic)、(2) 子音性―非子音性 (consonantal vs. non-
consonantal)、(3) 中断性―連続性 (interrupted vs. continuant)、(4) 抑止性―非
抑止性 (checked vs. unchecked)、(5) 粗擦性―円熟性 (strident vs. mellow)、
(6) 有声―無声 (voiced vs. unvoiced/voiceless[54])、(7) 集約性―拡散性 (compact
vs. diffuse)[55]、(8) 低音調性―高音調性 (grave vs. acute)、(9) 変音調性―常音
調性 (flat vs. plain)、(10) 嬰音調性―常音調性 (sharp vs. plain)[56]、(11) 緊張
性―弛緩性 (tense vs. lax)、(12) 鼻音性―口音性 (nasal vs. oral) である。こ
れら 12 の弁別的素性は 3 つにまとめることができ、(1) と (2) は基本的な
音源の特徴 (fundamental source features)、(3) から (6) は副次的な子音音源
の特徴 (secondary consonantal source features)、(7) から (12) は共鳴の特徴
(resonance features) である。[57]

　これら 12 の弁別的素性は世界の言語から抽出したもので、弁別的素性理
論によると、これらによってあらゆる言語に現れるすべての音素対立を解析
することができる。ただし、音素体系に 12 の弁別的素性すべてを包括する
言語はない。また、具体的にどの音声的特徴が意味を区別する弁別的素性に

54　Jacobson, Fant & Halle (1961) に 2 種類の術語が使われているため、ここではあわせて
　　提示する。(訳注)

55　Jacobson, Fant & Halle (1961) の 2.412 Production では「集約性―拡散性」における違
　　いについて「The essential articulatory difference between the compact and diffuse phonemes
　　lies in the relation between the volume of the resonating cavities in front of the narrowest
　　stricture and those behind this stricture. The ratio of the former to the latter is higher for the
　　compact than for the corresponding diffuse phonemes.」(p. 24)（集約性音素と拡散性音素と
　　の間の本質的な調音上の相違は、最も狭いせばめの前にある共鳴腔の容積と、このせばめ
　　の後の共鳴腔の容積との間の関係にある。前者〔せばめの前の容積〕の後者〔後の容積〕に
　　対する比率は、集約性音素における方がそれに対応する拡散性音素におけるよりも大であ
　　る）と説明されている (Jacobson、Fant、Halle 著、竹林滋、藤村靖訳 (1965) p. 46)。後述
　　の「8.6.2 弁別的素性理論の根本――二項対立」では「集約性―拡散性」に関する例が述
　　べられているためにここでその違いを説明しておく。(訳注)

56　弁別的素性の訳語は Jacobson、Fant、Halle 著、竹林滋、藤村靖訳 (1965) を参照して
　　いる。(訳注)

57　弁別的素性およびその分類の英語表記は、Jacobson, Fant & Halle (1961) を参照してい
　　る。(訳注)

なるかは言語によって異なる。例えば英語の子音体系において有声—無声が
1つの弁別的素性であるのに対して、有気—無気（緊張性—弛緩性に属する）
は弁別的素性ではない。それと対照的なのは中国語普通話である。なお、意
味を区別しない音声的特徴は非弁別的素性または余剰的素性という。ただし
余剰的素性といいながら、それはあってもなくてもよいというわけではな
く、言語に必要ではあるが、それによって意味は区別されないということで
ある。

　特定の言語において弁別機能を担う素性はいったいどれか、さらに音素が
いくつの弁別素性によって構成されるかなどは、音素の総括的な分析によっ
て明らかになる。例えば普通話の /p/ は、まず両唇という素性[58]によって唇
歯音、歯茎音、歯茎硬口蓋音などの子音と区別される。次に両唇音の類別で
さらに無気（弛緩性）と口腔閉鎖（口音性）という2つの素性によって有気の
/pʰ/ および鼻音の /m/ と区別される。まとめると、/p/ では両唇、口腔閉鎖、
無気という3つの素性が弁別的である。これらの素性によって /p/ は普通話
の子音音素体系におけるほかの子音音素と区別される。個々の音素の弁別的
素性はこのような複数の音素との総括的な対比と分析によって決定される。
個別の音素の弁別的素性が確定すれば、その結果から当該言語の音素体系に
含まれる弁別的素性の全容が明らかになる。弁別的素性の帰納によって音素
対立が弁別的素性の対立として表されるようになり、音素体系は弁別的素性
の体系に還元される。その結果、言語を構成する音素全体が大幅に簡素化さ
れる。△一文削除▽

8.6.2　弁別的素性理論の根本——二項対立

　音声学における音声的特徴とは異なり、弁別的素性は音素の全面的な分析
によって決定される音韻論的特徴である。つまり、弁別的素性は個々の音声
に含まれる音声的特徴の詳細を解明するためではなく、言語における音素対
立を解析するために用いられる。伝統的音声学では個々の音声の特徴を記述
してそれらを区別する。母音は舌の位置の前後（前舌・中舌・後舌）、高低

58　/p/ に含まれる両唇という素性は (8) 低音調性—高音調性（grave vs. acute）に属する（呉
　宗済 1980）。（訳注）

288 | 第8章 音声学と音韻論

（高・半高・半低・低）、そして円唇・非円唇によって記述され、子音の記述はより複雑で、その区別には20〜30種類もの音声的特徴がかかわる。しかし音素対立全般を眺めても、1言語を構成する音素対立に含まれる音声的特徴の数は限られている。さらに音響学の立場から見ても、調音の生理学の立場から見ても、母音と子音に含まれるこれらの音声的特徴には共通項が存在する。したがって、音素を記述するための何十種類もの音声的特徴はさらに高いレベルの基準によって、より少ない数の音韻論的特徴に統合できる。この音韻論的特徴が弁別的素性である。弁別的素性は母音と子音を分けることなく、すべての音素の分析と記述に適用できる。例えば伝統的音声学の立場から見れば、摩擦音 [x、ʃ、f、s] と母音 [a、ə、e、i、o、u] は関係の薄い2種類の音声であるが、弁別的素性の立場から見れば、[x、ʃ、a、e、o] を集約性という共通の素性によってまとめることができ、[f、s、i、ə、u] を拡散性[59] という共通の素性によってまとめることができる。つまり集約性—拡散性[60] という1つの弁別的素性でこれらの音の音素対立を解釈できる。このように、弁別的素性は伝統的音声学における音声的特徴とは異なる音韻論的特徴である。

　弁別的素性理論における根本的な理念は、音声が二分法によって組み立てられる情報体系であるということである。音素対立は弁別的素性によって解析されると、常にその弁別的素性に関する二項対立として表される。例えば「母音性—非母音性」、「子音性—非子音性」、「有声性—無声性（清音性とも称される）」、「鼻音性—非鼻音性（前述の口音性）」、「連続性—非連続性（前述の中断性）」、「粗擦性—非粗擦性（前述の円熟性）」などである。これらの弁別的素性はすべて二項対立に基づく体系を構成している。素性ごとに「正（あり）」と「負（無し）」の2つの値しかなく、前者は「＋」で、後者は「−」で表記される。こうすることですべての音声的な違いが二項対立によって表記され、一連の二項的な判断によって音が同定され、1つの音が

59　Jacobson, Fant & Halle（1961）の 2.414 Occurrence によると /ə/ の集約性—拡散性は比較する対象によって変わる。/ə/ は /i/ との比較において集約性の特徴を持つのに対して、/a/ との比較において拡散性の特徴を持つ（pp. 28–29）。（訳注）

60　本章の注55を参照。（訳注）

8.6 音韻論と弁別的素性理論 | 289

どの弁別的素性によって組み立てられるかも明確になる。表 8-2 に [i、a、l、m、p、b、s、z] を例として、これらの音を最初の行に、上記の 6 つの弁別的素性を左端に縦に示す。ここで音を弁別的素性によって分析し、正を表す「＋」と負を表す「－」で当該の素性の値を表せば、弁別的素性の値のマトリックスが得られる。

表 8-2　いくつかの母音と子音の弁別的素性の値のマトリックス

	i	a	l	m	p	b	s	z
母音性―非母音性	＋	＋	＋	－	－	－	－	－
子音性―非子音性	－	－	＋	＋	＋	＋	＋	＋
△有声性―無声性	＋	＋	＋	＋	－	＋	－	＋▽
鼻音性―非鼻音性	－	－	－	＋	－	－	－	－
連続性―非連続性	＋	＋	＋	－	－	－	＋	＋
粗擦性―非粗擦性	－	－	－	－	－	－	＋	＋

　この表から、弁別的素性による二項分析とは、層ごとに行われる消去法であることがわかる。つまり正負が 1 度判断されると、可能性が 1 つ消去される。層ごとの正負によって二項的な判断が下され、分析する範囲が次第に縮小し、最後に当該言語におけるすべての対立を成す音に固有の弁別的素性の組み立てが明らかになり、互いが区別されるようになる。

　弁別的素性の値のマトリックスによる言語の音素体系の記述が必要かつ十分であるか否かは、そのマトリックスにおける縦方向の列同士と横方向の行同士の比較によって確かめることができる。列を比較し、「＋」と「－」の値が完全に一致する 2 列があれば、その 2 列に示された音素は区別されていないことになる。すなわち縦に並ぶ弁別的素性が当該言語の音素を区別するには不十分であり、あってしかるべき弁別的素性が欠けていることになる。この考えを基に表 8-2 を検証すると、[i] と [a] の値が完全に一致し、区別されていないことがわかる。すなわちこの表の縦軸に並ぶ弁別的素性だけでは不十分であり、[i] と [a] を区別するには、[i] と [a] の間に少なくとも 1 箇所の違いが生じるように弁別的素性を追加しなければならない。そうする

290 | 第8章 音声学と音韻論

ことによって、この表における個々の音素の間に初めて最低限の対立が確保
され、それらが漏れなく区別されるようになる。[61]

　それに対して、マトリックスに掲げる弁別的素性が多すぎるのも好ましく
ない。これについてはマトリックスを行ごとに比較し、全音素について値が
完全に一致する2行があれば、当該の弁別的素性のどちらかが機能してい
ないことになる。

　弁別的素性理論はすべての音の違いが二項対立に基づいて構築されてお
り、一連の二項的な判断によって音が識別されると主張する。そのような
二項的判断の特徴は、ちょうどコンピューターの二進法、すなわち層ごと
に消去法が適用されて選択範囲が縮小し、最終的に唯一の解に到達するこ
とに通じている。△例えば表8-2に示す弁別的素性の値のマトリックスに基づ
き、「＋」を1、「－」を0とすれば、/p/ のコードは010000であり、/b/ は
011000であり、両者の違いは3番目の数値にある。(1文削除)▽このようにマト
リックスに含まれるすべての音声を弁別的素性の正負に基づいて二進法に
よってコード化することができ、それを基に音声のパターン認識を含む情報
処理を行うことができる。

　したがって弁別的素性理論は音声研究を現代科学技術に結びつけ、音声研
究に新たな方法と領域を開いたと言える。

8.6.3　弁別的素性と今日の音素論

　初期の弁別的素性理論は音素対立の考え方から生まれた。当時は音響分析
を中心とする音響音声学の知見を取り入れ、世界の言語に存在するすべての
音素対立を解析する12の弁別的素性を定めた。このことによって音素帰納
は、伝統的音声学において長らく最小単位と考えられていた母音と子音の内
部にまで踏み込むことに成功した。素性のレベルではさらに正負という二項
だけで音体系に含まれるすべての音素対立を解釈し、母音も子音も、それら
に共通する性質、すなわち共通する素性から成り立つことを示した。弁別的
素性の誕生は来るべき生成音韻論に道を開いた。

61　この表に「集約性―拡散性」を追加すれば /i/ と /a/ は区別される。(訳注)

8.6 音韻論と弁別的素性理論 | 291

　1960 年代、記述言語学に代わって生成言語学派が注目される中で生成音韻論が提唱された。生成言語学は言語を構成するすべての要素、すなわち文法、意味、音声などを 1 つの規則体系に統合しようとした。生成文法の一部として、生成音韻論は発音規則の策定を研究内容としている。発音規則に基づいて音素の列[62]から文の実際の発音が推論（生成）できるようにし、その規則には個々の音素の発音だけでなく、語強勢、さらには文全体のイントネーションも含むようにすることを目指していた。この目標を実現するために、アメリカの言語学者、チョムスキーは新しい弁別的素性の体系を提案した。その違いは (1) ヤーコブソンらによって提案された弁別的素性は主に音響学の観点から定義されていたのに対して、チョムスキーは基本的に調音生理学の観点から定義したこと、(2) チョムスキーは弁別的素性の数を 20 に増やし、その具体的な適用にも修正を加えたこと、(3) ＋／－音節性、＋／－子音性、＋／－高段性、＋／－舌頂性、＋／－後舌性、＋／－継続性、＋／－粗擦性などのように、すべての素性がその存在の有無によって対立していることである。[63] また初期の弁別的素性は単に音素対立を記述しようとしたのに対して、生成音韻論の弁別的素性はそれにとどまらず、音素に帰属する異音、すなわち音素の実現、つまり音素の実際の発音まで記述することを目指している。

　生成音韻論がいかにして音素の音声的特徴を記述するかについて、次の表8-3 に普通話の音体系に含まれる音素の一部を例として示す。

　この表 8-3 の最初の行には普通話のすべての母音音素と一部の子音音素を示し、左端には縦に、普通話の音素層（すなわち生成音韻論における深層）に含まれるすべての分節的音素を記述するのに必要な弁別的素性を示す。[64] こ

62　ここは初期の生成音韻論の考えについて述べている。Chomsky, N. & M. Halle（1968）*The Sound Pattern of English*. Cambridge, MA: M.I.T. Press（以下、SPE と呼ぶ）と一致しないところがあるので、SPE と比較しながら読むとよい。（訳注）

63　ヤーコブソンらの弁別的素性の一部が、「有声性―無声性」などのように、対になる概念で表されていたのに対して、チョムスキーらはそれをすべて、「有声性」の有無（＋／－）のように、ある素性があるかないかで表した点に違いがある。（訳注）

64　表 8-3 は陆极致（1987）から一部引用されたもので、そこでの母音音素に対する考えは陆极致（1985）に従っている。陆极致（1985）は生成音韻論の考えを基に、中国語の韻母

△ 表8-3　普通話音素の弁別的素性 ▽

	i	y	u	ɤ	ʌ	p	pʰ	m	f	t	l	k	x	ts	s	tʂ	ʂ	ʐ	tɕ	ɕ	n	ŋ
1. 音節性 (syllabic)	+	+	+	+	+	−	−	−	−	−	−	−	−	−	−	−	−	−	−	−	−	−
2. 子音性 (consonantal)	−	−	−	−	−	+	+	+	+	+	+	+	+	+	+	+	+	+	+	+	+	+
3. 高段性 (high)	+	+	+	−								+	+			+	+	+	+	+	−	+
4. 後舌性 (back)	−	−	+	+								+	+									+
5. 低段性 (low)	−	−	−	−	+																	
6. 円唇性 (round)	−	+	+	−																		
7. 舌頂性 (coronal)						−	−	−	−	+	+	−	−	+	+	+	+	+	+	+	+	
8. 広域性 (distributed)						+	+	+	−	−	−			+	+	−			+	+	−	
9. 継続性 (continuant)						−	−	−	+		+	−	+	−	+	−	+	+	−	+		
10. 鼻音性 (nasal)						−		+	−	−											+	+
11. 有声性 (voice)						−	−	+	−	−	+	−	−	−	−	−	−	+	−	−	+	+
12. 有気性 (spread glottis) [65]						−	+															

こに挙げた子音音素は例示である。すなわち /p/ と /pʰ/ のみを挙げて、それらが区別されることを示し、有気—無気によって対立するほかの音素は挙げていない。このマトリックスは音声における最小単位が弁別的素性であり、分節音が複数の弁別的素性によって組み立てられていることを示している。この表のとおり、普通話が用いるすべての分節的音素は 12 の弁別的素性から成り立つが、いずれかの素性が特定の音素の記述にかかわらない場合、該当する箇所は空白とされる。マトリックスにおける弁別的素性は忠実に二分法により、すべてが二項対立を守っている。また、マトリックスは全体として階層性のある体系となっている。例えば、まず [1. 音節性] と [2. 子音性] の 2 つの弁別的素性によって母音音素と子音音素が区別される。次に、[3. 高段性]、[4. 後舌性]、[5. 低段性]、[6. 円唇性] の 4 つの弁別的素性によって母音音素ごとの弁別的素性の構成と、相互の違いが明示される。同時に [3. 高段性]、[4. 後舌性] の 2 つの弁別的素性に [7. 舌頂性]、[8. 広域性]、[9.

の深層構造における母音音素を /i、u、y、ɤ、ʌ/ の 5 つにまとめている。その考えは必ずしも本書の母音音素帰納の結果や中国語ピンイン方案の構成と一致しない。（訳注）

65　拡張声門性とも称される。（訳注）

継続性] の 3 つの素性を加え、表に挙げていないものも含めて子音音素が、層ごとに分類される。最後に [10. 鼻音性] によって /m、n、ŋ/ がその他の子音と、[11. 有声性] によって /ʂ/ が /ʐ/ と、[12. 有気性] によって 6 対の有気―無気で対立する子音が区別される。このマトリックスにより、普通話に含まれるすべての分節的音素の対立関係と類縁性を示すことができる。

　生成音韻論は発音規則によって深層の音素から表層の異音への転換を実現させ、言語に実在する発音を表す。それは生成音韻論における弁別的素性が調音の生理学的特徴によって定義され、音声学上の根拠があるからこそできることである。例えば音素 /ɤ/ は唇音 /p、pʰ、m、f/ に後続する場合、円唇化した異音 [o] で発音されるが、これを導くには上記のマトリックスに示した /ɤ/ の弁別的素性に次の発音規則を当てはめればよい。

$$/ɤ/ \begin{bmatrix} + 音節性 \\ - 高段性 \\ - 低段性 \end{bmatrix} \rightarrow [+ 円唇性] [o] \Big/ p\ pʰ\ m\ f/^{66} \begin{bmatrix} + 子音性 \\ - 舌頂性 \\ - 高段性 \end{bmatrix} \underline{\quad\quad} {}^{\triangle(1字削除)\triangledown}$$

　この発音規則は音素 /ɤ/ が唇音に後続する場合、円唇の [o] として実現されることを表す。

　生成音韻論における発音規則のこのような記述様式はコンピューターによる情報処理の基本様式である入出力プログラミングと共通である。生成音韻論では発音規則の記述様式を便宜的に次のように定める。

$$A \rightarrow B/X \underline{\quad} Y$$

　A は変化する前の音声（入力）、B は変化した後の音声（出力）、符号「→」は「～に変わる」あるいは「～になる」ことを意味し、スラッシュ「/」の右側はその変化を引き起こす条件、すなわち音環境である。[67]「X ＿ Y」における下線「＿」は A が置かれる位置である。これらを合わせ、定式全体として「A が X ＿ Y という音環境に現れる場合、B に変わる」ことを意味

66　SPE では縦にならべて { } でくくっている。また音韻規則の中で / /、[ ] は使用していない。（訳注）

67　SPE では「/」を「in the context（次の環境で）」と、「→」を「is actualized as」と読む。（訳注）

する。例えば「/ʌ/ → [ε]/i __ n」は、音素 /ʌ/ が [i] と [n] の間に現れる場合は [ε] として発音されるという意味である。なお、「/i/ → [ɻ]/ts __ #」のように語境界は符号「#」で表す。また、X が空白であれば「/ʌ/ → [ɑ]/ __ ŋ」のように表記する。

　生成音韻論における発音規則は、初期の構造主義に基づく音韻論の発音規則とは根本から異なる。後者は個別の音素とそれに含まれる異音のために用意されるのに対して、前者は音体系全般から出発し、同種の音声的変化は1つの発音規則に統合される。したがって、音素が異なっても音声的変化が同種でさえあれば、それは単一の発音規則で表される。逆に1つの音素であっても種類が異なる音声的変化があれば、複数の発音規則が適用される。例えば普通話の基本韻母 /ei/ の r 化によって生じる発音は、次に示す2つの発音規則で表される。

　　　(1) 韻尾脱落の規則　　　　　　　　△/ei/ → [e]▽/V __ r
　　　(2) 母音が中位高に寄る規則　　　　△[e] → [ə]▽/V __ r

　(1) と (2) において V は母音、r は反り舌韻尾を表す。まず規則 (1) によって「味儿」/ueir/ が [uer] になる。次に規則 (2) によって [uer] が [uər] になる。このことは、生成音韻論における特定の発音規則には相応の適用順序が必要で、その順序が正しくなければ正確な発音が実現されないことを示している。

　生成音韻論はその初期の著作物において、音素を深層の音声単位、単音をその表層の音声単位としていた。しかし後に音素という伝統的な概念は生成音韻論にとっては無用となり、それに代わって弁別的素性を直接、音声記述の基本単位にすることが主張された。それは、伝統的な、音素を単位とする手法では、それを字母で記述することになり、字母そのものは音声的特徴を直ちに表すことができないばかりか、そこには発音規則に含まれる音声的変化と関係の薄い調音的特徴も含まれているからである。それに対して、字母の代わりに弁別的素性を用いれば、音声的変化と関連する素性のみを示すことができ、種類が同じ音声的変化を1つの発音規則に統合するのにも都合がよく、音声間に共通する変化も提示しやすくなり、音声の真の姿を記述するのにふさわしいといわれる。

8.6 音韻論と弁別的素性理論 | 295

　まとめるならば、発展を遂げた生成音韻論では言語におけるすべての音素とその異音が弁別的素性に分解され、弁別的素性によって直接表される。初期の構造主義に基づく音素論における音素は事実上消失している。もちろん、生成音韻論を標榜する研究者の中にも、音素という音韻論の中核的な概念を無くすことに異を唱える者もいる。それは、音連続における音の変異には単音の置換、融合と同化、挿入と脱落など、しばしば弁別的素性ではなく、音素全体とかかわるものが含まれるからである。このような変異の過程を記述するために弁別的素性をすべて列挙するのはわずらわしく、音素を単位にしたほうが明らかに簡潔、明快に記述できる。また、認知音韻論を始め、生成音韻論と非線形音韻論から発展してきた一連の新しい学説でも、音韻構造に係る3つの基本部分について、音素の層が音声の層と形態素の層を仲介する最も重要な層であると述べられている。また、音声学に関連する応用領域に目を向ければ、音素論の理論と方法は言語あるいは方言を対象とするフィールドリサーチや、言語の表音方法の策定、言語教育、そして現代のコンピューターによる自然言語解析など、いずれにおいてもいまだに欠くことのできない基本概念を提供し、音素帰納と言語調査の基本手段となっている。これらのことから、音素論の中核的な考えは言語の意味表出体系と密接にかかわるがゆえに存在価値を有しており、事実上すべての音声研究の出発点と帰結点であると言える。

　なお、生成音韻論が1970年代を中心にもたらした新たな貢献は主に、音素帰納の対象を超分節的要素に転換した点、また、研究方法と発音規則の記述様式を線形から非線形または多線形に転換した結果、さまざまな非線形音韻論を生み出した点にある。例えば、複数の層の配列によって声調および声調に関連する音声現象を研究することで生まれた自律分節音韻論（autosegmental phonology）、二分法に基づく樹形構造を記述様式として強勢や、詩の韻律特徴を研究する韻律音韻論（metrical phonology）、音節を基本単位として音韻や各種の音声的変化を研究する音節音韻論（syllable-based phonology）などのほか、生成音韻論の理論と方法を語彙論の研究に適用することによって生まれた語彙音韻論（lexical phonology）もある。このように現在の音韻論研究は主に超分節的要素に焦点を合わせ、声調、強勢、イント

296 | 第8章　音声学と音韻論

ネーション、リズムなどにおける音声的変化が分節的な変化とどのようにかかわり、調和しているかに関心を置くとともに、コンピューターによる自然言語処理の研究にもますますかかわりを深めている。

練習

1. 生理学、物理学の立場から抽出される音声の単位である単音と、意味の弁別機能を基に抽出される音声の単位である音素との違いを述べなさい。
2. どのようにして音素帰納によって言葉の意味を区別する音声と区別しない音声を見分けるかについて説明しなさい。
3. どのようにして条件異音と自由異音を見分けるかについて説明しなさい。
4. なぜ音素体系の全面的な記述に音素間の集合関係と配列関係を含める必要があるかについて説明しなさい。
5. 過剰分析法と過少分析法について例を挙げて説明しなさい。
6. 弁別的素性理論ではどのようにして音声を分析し、記述するかについて説明しなさい。

第9章

中国語普通話の音素帰納

9.1　中国語普通話の韻母の精密表記

　第8章に述べたとおり、国際音声字母で音声を表記するには性質の異なる2つの方法がある。1つは精密表記で、もう1つは簡略表記である。この2つの方法はそれぞれ異なる目的に対応し、異なる要求を満たす。ただし、言語分析の過程では、ふつうその初期段階で精密表記が行われ、簡略表記がそのあとに行われる。つまり精密表記が簡略表記の基になる。自然言語における音声は緊密につながり、同化などによって個々の音に変異が起こるため、音を最初は詳細に記述する必要があるからである。例えば「拿」の声母である歯茎鼻音[1] [n]は「你」の声母でもあるが、「你」では後続の母音[i]の影響を受けて硬口蓋化が起こり、歯茎硬口蓋鼻音[ɲ]になる。また、「站长」の「站」で[n]は韻尾として機能するが、「长」の声母[2]の調音位置に影響され、反り舌鼻音[ɳ]になる。また「烟」などの語における前母音[a]は高母音[i]と歯茎鼻音[n]の間に挟まれることで、舌の位置が比較的高い[ɛ]になるのに対して、「汪」では舌が後ろに寄るとともに円唇化して[ɒ]になる。このような音声的な違いは実際の発音に基づき、まず精密表記により、異なる記号または補助記号を用いて細かく表記されるべきである。

　精密表記にはできるだけ詳細に発音の実態を記述することが求められる。次に音素論、音韻論の立場に立ち、これらの大小さまざまな違いを持つ著しい数の音を、中国語普通話における意味の弁別機能と分布（すなわち対立か

1　第8章、注7に述べたように、中国語音声学では歯茎鼻音[n]は前鼻音、軟口蓋鼻音[ŋ]は後鼻音と呼ばれる。（訳注）

2　「长」の声母は反り舌音[tʂ]である。（訳注）

相補分布かなど）の観点から整理し、限られた数の音の範疇（音素）にまとめる。同じ音素に属する異音を同じ音素記号で表すことにより、普通話の音体系の構成や特徴が明確に示され、容易に応用できるようになる。こうした音素帰納の作業原則によって整理された音体系に基づく表記が簡略表記である。精密表記された音は角かっこ [　] でくくるのに対して、簡略表記された音は斜線 /　/ でくくる。ただし外国語の辞書における単語の発音表記などで両者の違いを特に示す必要がなければ、角かっこ [　] で表記してもよい。

　簡略表記は、意味を区別しない複数の異音を 1 つの記号でまとめて表す。つまり精密表記における千差万別の異音を限られた数の記号で表すことができる。そのため、言語音声の構造上の基本単位や音体系の特徴などを映し出すことができ、言語の実相を把握するのに適しており、また言語習得にも資するものである。とは言うものの、音声言語の実際の現れ方を忠実に反映し、発音を細かく記述する精密表記に意味がないわけではない。専門的に音声研究に従事する者（例えばコンピューターによる音声認識にかかわる者）や音声教育に携わる者にとっては特にそうである。簡略表記では微細な音声的な違いを示すことができない。そのような細かな音声的相違も、目標言語の精確な発音を習得させるための音声指導や、異なる言語における音声の違いの説明などにおいては欠かすことのできない事柄である。

　なお、普通話の韻母の精密表記は、北京方言内の発音の相違、発話者の発音習慣による個人差、記述者の音声知覚と記号選択に関する考え方の違いにより、音声学の文献において必ずしも一致しない。精密表記された普通話の韻母における母音の異音を調音するときに舌がとる生理的位置を図 9-1 に示す。この図の中の精密表記は、前章における普通話の韻母の発音に関する記述や、現在までの音声学関係の文献における表記を参考にしている。

　この図に示す母音は舌の高さによって次の 3 群に分けられる。

（1）高位母音群

　高位母音群には 7 つの母音が含まれる。それらは [ɿ]、[ʅ]、[i]、[ɪ]、[y]（[ʏ]）、[u]、[ʊ] であり、「高」と「低めの高」の母音である。そのうち舌尖母音の [ɿ] と [ʅ] の位置については、測定された F_1 と F_2（フォルマント周波数）の数値に基づく母音の F_1-F_2 図を参考にして描いたものであるが、実際

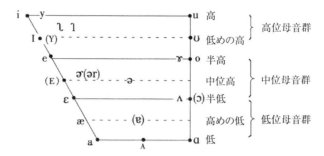

△図 9-1　普通話に現れる母音の舌の位置▽ 3

の、舌尖の盛り上がる位置に即して、舌尖前母音[4]の位置を舌尖後母音の前に修正すべきである。[5] なお、丸かっこでくくった [ʏ] は参考のために掲げた円唇・低めの高・前母音である。

(2) 中位母音群

中位母音群には 7 つの母音が含まれる。それらは [e]、[ɛ]（[ᴇ]）、[ə]、[o]、[ɤ]、[ʌ]、[ɚ]（[əɹ]）であり、「半高」、「中位高」、「半低」の母音である。そのうち [ᴇ] と [ɛ] を区別し、それぞれを「夜」と「燕」の韻腹の記述に用いることもあるが、文献によってはこれらをまとめて [ɛ] としており、実際にはこれらは同じ音である。

(3) 低位母音群

低位母音群には 7 つの母音が含まれる。それらは [a]、[ʌ]、[ɑ]、[ɛ][6]、[æ]、

3　[ɪ]、[ʏ]、[ʊ] が普通話に現れる位置は国際音声字母の示す位置（図 2-6 参照）とやや異なる点に注意されたい。（訳注）

4　[ɿ] が舌尖前母音であるのに対して、[ʅ] は舌尖後母音である。（訳注）

5　つまり図 9-1 では [ʅ]（舌尖後母音）が [ɿ]（舌尖前母音）よりも前に示されているが、それは母音の F_1-F_2 図によるもので、実際の舌尖の盛り上がる位置を基に、[ʅ]（舌尖後母音）は [ɿ]（舌尖前母音）よりも後ろに示されるべきである（第 2 章の図 2-7 および図 2-12 を参照）。（訳注）

6　中位母音群にも [ɛ]（[ᴇ]）が含まれているため、重複が起こっているように見えるが、「9.4 中国語普通話の低位母音音素」では、中位母音群に含まれる [ɛ] はやや高めであり、[ᴇ] に近いのに対して、低位母音群に含まれる [ɛ] はやや低めで [æ] に近いことに言及されている。中位母音群に含まれる [ɛ] を [ᴇ] で表記すれば、低位母音群の [ɛ] との重複を避け、区別することができる。（訳注）

300 ｜ 第9章　中国語普通話の音素帰納

[ɐ]、[ɔ] であり、△「半低」、▽「高めの低」、「低」の母音である。そのうち異音 [ɐ] と [ɔ] は「花儿」、「桃儿」、「热闹」などの r 化韻あるいは軽声音節にのみ現れる。つまりこの2つの異音は特殊な変異を起こした韻母だけに現れるもので、韻母本来の異音ではないため、ふつう音素の異音としては示さない。ここでも参考のために示すにすぎない。

　図 9-1 のように普通話の母音を高位母音群、中位母音群、低位母音群に分けるのは、音素と異音の関係および音素間の関連に基づいている。特別な場合を除き、音素帰納において異音が群の境界を越えたり複数の群に架かったりすることはない。

　以下では韻母の精密表記から普通話の母音音素を帰納する際に生じる主たる問題について検討したあと、普通話の子音音素の体系と声調の体系について簡潔に述べる。

9.2　中国語普通話の高位母音音素
9.2.1　[ɿ]、[ʅ]、[i] に関する音素の分割と統合について

　高位母音群に属する7つの母音のうち、「低めの高」である非円唇・前母音 [ɪ] と △円唇・後母音▽ [ʊ] はどちらも韻尾にしか現れない。音素帰納ではこの2つの母音をそれぞれ /i/ と /u/ に帰属させる。これは長く維持されてきた共通認識である。また、舌尖前母音 [ɿ] と舌尖後母音 [ʅ] を1つの音素にまとめることにも大きな異論はない。しかし [ɿ] と [ʅ] をさらに [i] とあわせて1つの音素に帰属させるか、それとも2つの音素に割り当てるかについては意見が分かれ、今も見解の統一は見られない。相補分布の作業原則からすればこの3つの母音を1つの音素に帰属させることができる一方、[ɿ] と [ʅ] を [i] から分離し、異なる音素とする考え方にも論理的整合性があり、広く支持されている。表 9-1 にこの2種類の音素帰納案を示す。

　普通話の音体系ではこれらの3つの母音は明らかに相補分布を成す。具体的に言えば、舌尖母音 [ɿ] は声母 [ts]、[tsʰ]、[s] の次にしか現れず、もう1つの舌尖母音 [ʅ] は声母 [tʂ]、[tʂʰ]、[ʂ]、[ʐ] の次にしか現れない。それに対して舌面母音 [i] はこれら2組の声母の次には決して現れない。音素帰納案 (1) は [i]、[ɿ]、[ʅ] という3つの異音を1つの音素にまとめる。それには以

9.2 中国語普通話の高位母音音素 | 301

△**表 9-1　単韻母 i に関する 2 種類の音素帰納案**▽

音素帰納案 (1)	ts、tsʰ、s	tʂ、tʂʰ、ʂ、ʐ	その他の声母	音素帰納案 (2)
/i/ 　[i]	−	−	+	[i] ＿＿ /i/
[ɿ]	+	−	−	[ɿ] ⎱
[ʅ]	−	+	−	[ʅ] ⎰ /ɿ/

下の 3 つの理由がある。

（1）これらの 3 母音は相補分布を成すだけでなく、音声的にも類似している。戯曲を作るための十三轍[7] もこれらの母音を一括して一七轍にまとめており、互いに韻を踏むと考えられる。このことから、これらの母音は北京方言話者の直感において、互いに調和しうる音と見なされる。したがってこれらの母音は、1 つの音素を形成するための音声的類似の作業原則を満たしていると言える。

（2）これらの 3 母音を 1 音素にまとめることは母音音素の数を減らし、音体系に簡潔性と経済性を求める作業原則に合致する。

（3）音声の歴史的変化の観点から言えば、舌尖母音 [ɿ]、[ʅ] は本来、声母の違いによって韻母 i から分化したものである。したがって、これらの母音を 1 音素にまとめれば、音体系が通時的な音変化をも反映したものになるという利点があり、詩の脚韻の説明や歴史的な音変化の規則の理解にも役立つ。

上の 3 つの理由は、これらの 3 母音を 1 音素にまとめる案に有力な支持を与えている。しかし次に述べるように、舌尖母音 [ɿ]、[ʅ] と舌面母音 [i] をそれぞれ /ɿ/ と /i/ という 2 つの音素に分割する案にも正当な根拠がある。

（1）舌尖母音 [ɿ]、[ʅ] と舌面母音 [i] は音声的に類似しない。確かに戯曲を作るための十三轍はこれらの 3 母音を一括して一七轍にまとめているが、それはこれらの母音を 1 音素にまとめる理由にはならない。韻母を分類して轍にまとめることと音素帰納とはまったく同じではない。例えば音素の観

7　十三轍は中国の北方戯曲の創作においてせりふの脚韻を踏むために参考にするものである。中東轍、江陽轍、灰堆轍、一七（衣七）轍、姑蘇轍、懷來轍、人辰轍、言前轍、搖條轍、梭波轍、叠雪（乜斜）轍、發花轍、由求轍から成り、同じ轍に属する字は韻を踏むと見なされる。中東轍、江陽轍などの代わりに中東韻、江陽韻などと呼ぶこともあるが、本書（日本語版）ではすべて轍と呼ぶことにする。（訳注）

点からすれば [i] に対立する単母音 [y] の韻母も一七轍に含まれている。すなわち [y] と [i] は戯曲に使われる韻轍では互いに韻を踏むと考えられている。しかし、音素帰納ではそれらを 1 音素にまとめることはできない。戯曲を作るために一般に利用される十三轍に示された韻脚は音素帰納の作業原則とは相いれない。

　（2）音素帰納は音体系の共時的分析であり、音変化の歴史にまで目を向けるべきではない。過去に起こった音の分裂や変化より、ここからどう進展していくかに注目すべきである。また、音体系に簡潔性や経済性を求める作業原則に関して、音素の数だけに注目するのではなく、音素と異音の関係も考慮すべきである。音素帰納によって結果的に音素と異音の関係があまりにも複雑になれば、それは必ずしも簡潔性や経済性の作業原則に合致するとは言えない。

　（3）舌尖母音 [ɿ]、[ʅ] と舌面母音 [i] は韻母の四呼体系における分類が異なる。[ɿ]、[ʅ] は開口呼に属するのに対して、[i] は斉歯呼に属する。また r 化における変化様式も異なり、「丝儿」[sɿ → sər] のように [ɿ] と [ʅ] が r 化韻母に変わると本来の韻母が脱落して [ər] になる。その場合も開口呼としての性質は変わらない。それに対して「（小）鸡儿」[tɕi → tɕiər] のように [i] が r 化韻母に変わると本来の斉歯呼の韻母は残り、それに [ər] が続く。したがって [ɿ]、[ʅ] と [i] を 1 音素にまとめると、r 化韻母への変化に 2 つの異なる規則が必要になるばかりか、音素と韻母の四呼との対応関係にも混乱を引き起こす。

　上の 3 つの理由は舌尖母音 [ɿ]、[ʅ] と舌面母音 [i] を 2 音素に分割する案に有力な支持を与えている。そのうち、理由（3）は音体系全体の中での原形音[8] と変形音の関係に着目したものであり、ひときわ鋭い、本質を見抜いた主張である。

　以上の 2 種類の考え方はそれぞれ論理的に一貫しており、音素帰納の作業原則にも即していることから甲乙つけがたい。第 8 章にも述べたとおり、このことは音素帰納自体における不確定性と多様性を反映している。したがって [ɿ]、[ʅ]、[i] に関する異なる音素帰納の案は、正否ではなく、それぞ

8　音素の原形音とは、/e/ における [e]、/o/ における [o] のことである。（訳注）

れが異なる目的と要求を満たしているか否かによって評価されるべきである。音体系全体から見れば、2音素に分割する案は韻母の四呼分類の体系に合うだけでなく、普通話の声母と韻母の組み合わせ規則や音体系の内部における r 化韻と非 r 化韻の対照関係を説明するのにも有利であるという理由で採用する価値は比較的高い。それに対して、アルファベットで普通話の発音を表し、表音字母の体系を構築する立場からすれば、舌尖母音と舌面母音を 1 音素にまとめる案は、限られた数のアルファベット字母の使用頻度を上げるだけでなく、[ɿ] と [ʅ] のために別の字母を当てたり補助記号を加えたり、さらには新しい字母を作るというような最もいとわしい対処法を避けることもでき、採用することに疑問を挟む余地はない。つまり音に字母を割り当てる際の経済原則にかんがみれば、[ɿ]、[ʅ]、[i] を 1 つの音素に帰属させる案のほうが明らかに勝る。

　なお、/i/ にはもう 1 つ別の異音がある。それはゼロ声母音節初頭に現れる硬口蓋接近音 [j] である。[9] この音は若干の摩擦成分を伴う [i] と考えてよい。[10] 言語によってはこの摩擦成分を伴う接近音 [j] は摩擦を伴わない純粋の

9　この音は半母音とも呼ばれる。（原注）

10　第 2 章の注 1 に述べたとおり、接近音は摩擦成分を伴わない。摩擦が聞こえるなら摩擦音である。ただし、続く本文に述べられる「中国語普通話のゼロ声母音節初頭の [i]、[u]、[y] はしばしばわずかな摩擦成分を伴うが、精密表記ではそれは接近音の字母で表記される」を読むと、おそらく摩擦成分の弱さ、母音性、国際音声字母のなじみの程度などを勘案した結果、ここではゼロ声母音節初頭に現れるわずかな摩擦成分を伴う [i] の異音を [j] で表記することにしたのであろう。しかし、それはあくまでも国際音声字母を個別の言語に適用する際の便宜上の措置であり、「摩擦成分を伴う接近音」という表現には問題があると思われる。

　また、「/i/ にはもう 1 つ別の異音がある。それはゼロ声母音節初頭に現れる硬口蓋接近音 [j] である。この音は若干の摩擦成分を伴う [i] と考えてよい。言語によってはこの摩擦成分を伴う接近音 [j] は摩擦を伴わない純粋の母音 [i] と音素的な対立を成し、意味を区別することもある」という記述からは、本書がこれらの音の本質を「摩擦成分を伴う母音」としてとらえているのか、それとも「摩擦成分を伴う接近音」としてとらえているのかがはっきりしない。

　つまり、ゼロ声母音節の初頭に現れる /i/、/u/、/y/ の異音は果たして摩擦成分を伴う母音 [ji]、[wu]、[ɥy] なのか、それとも接近音の字母 [j]、[w]、[ɥ] で表される摩擦成分自体なのかが不明である。この点に関して生じた記述上のあいまいさはさておき、本書（日本語版）は原著の記述のとおり、/i/、/u/、/y/ の異音を [j]、[w]、[ɥ] と表記するのに対して、「移」、「吴」、「鱼」など、/i/、/u/、/y/ が自立音節を成す場合は [ji]、[wu]、[ɥy] と表記す

304 | 第9章　中国語普通話の音素帰納

母音 [i] と音素的な対立を成し、意味を区別することもある。例として英語
の east [i:st]（東方）— yeast [ji:st]（酵母）などがある。同様にわずかな摩擦成
分を伴う両唇接近音 [w] も母音 [u] と音素的な対立を成すことがある。例と
して ooze [u:z]（にじみ出る）— woos [wu:z]（言い寄る；3 人称単数現在形）
などがある。[11] 中国語普通話のゼロ声母音節初頭の [i]、[u]、[y] はしばしば
わずかな摩擦成分を伴うが、精密表記ではそれは接近音の字母で表記され
る。例えば「移」、「吴」、「鱼」の精密表記はそれぞれ [ji]、[wu]、[ɥy] であ
る。[12] しかし中国語普通話および中国語諸方言において摩擦成分を伴う接近
音 [j]、[w]、[ɥ] は摩擦成分を伴わない高母音 [i]、[u]、[y] のいずれとも音
素的な対立を成さない。したがって音素帰納においてこれらの音はそれぞれ
に対応する母音音素の異音と見なしてよい。つまり、ゼロ声母音節の初頭に
現れる接近音 [j] を異音として /i/ に帰属させるのである。[13]

る（本章の注 12 を参照）。

　なお、「9.5.2 ゼロ声母の子音音素としての位置づけについて」における記述、「以上の
分析により、ゼロ声母音節初頭の韻母の始めに現れる付随的な音声成分は、やはりそれに
対応する母音音素に含めるのが適切である。例えば [j]（「移」[ji]）、[w]（「无」[wu]）、[ɥ]
（「鱼」[ɥy]）をそれぞれ /i/、/u/、/y/ に帰属させ、ゼロ声母音節に現れる母音音素の条件
異音とするのがよい」から、本書はこれらの成分自体を母音の異音として扱っていると思
われるが、それは音声学の一般的な考え方とは異なる。

　この扱い方の合理性に関連して、「9.5.2 ゼロ声母の子音音素としての位置づけについ
て」で「音素論が弁別的素性の段階に到達し、母音と子音の境界はすでに取り除かれてい
るため、[ˀa] や [˞ɚ] のような子音成分を伴う母音を異音として母音音素に統合しても音素
帰納の作業原則には違反しない」と説明しているが、それはあくまでも [ji]、[wu]、[ɥy]
のような摩擦成分を伴う母音を異音として母音音素 /i/、/u/、/y/ に統合することの合理性
であり、摩擦成分自体を母音音素の異音として扱うことの合理性ではない。この点は今
後、中国語音声学にさらなる検討が求められる課題である。（訳注）

11　east [i:st]（東方）— yeast [ji:st]（酵母）、ooze [u:z]（にじみ出る）— woos [wu:z]（言い寄
る；3 人称単数現在形）の例は、英語において [i:] に先行する [j] の有無、[u:] に先行する
[w] の有無によって対立が成立することを示すものであり、[i] と [j]、[u] と [w] の対立を
示すものではない。（訳注）

12　本書では字母 [ɥ] を用いて母音（第 2 章）と接近音（第 3 章）を表記しているが、それ
は字母自体の性質と関わっている（第 2 章の注 18 を参照）。本章では一貫して接近音を表
す。（訳注）

13　同じゼロ声母音節でも、「移」、「吴」、「鱼」における /i/、/u/、/y/ と、「盐」[jɛn] /ian/
（表 9-2）、「弯」[wan] /uan/（表 9-3）、「越狱」の「越」[ɥɛ] /ye/（表 9-4）における /i/、/u/、
/y/ とでは音声的な違いがある。「盐」、「弯」、「越」における /i/、/u/、/y/ は音節の一部、

9.2 中国語普通話の高位母音音素 | 305

　上の分析に基づき、表 9-2 に高位母音群における /i/ の異音とその現れる音環境を示す。なおこの表では、中国語ピンイン方案に使われる字母と音声の配列に合わせて [ɿ]、[ʅ]、[i] を 1 つの音素に統合する案を採用している。

表 9-2　/i/ の異音と音環境

音素帰納と異音	音環境	表記の例
/i/ { [ɿ]	歯茎子音の次	「思」[sɿ] /si/
[ʅ]	反り舌子音の次	「支」[tʂʅ] /tʂi/
[j]	斉歯呼のゼロ声母音節の初頭	「盐」[jɛn] /ian/
[ɪ]	韻尾	「代」[taɪ] /tai/
[i]	その他	「低」[ti] /ti/

9.2.2　高位母音群の音素帰納に関するその他の問題

（1）/u/ について

　/u/ の異音には韻尾に現れる低めの高母音 [ʊ] のほかに、もう 1 つよく用いられる唇歯接近音 [ʋ] がある。[ʋ] はふつう次の 2 つの音環境に現れる。1 つは「豆腐」[təu fʋ] のような唇歯音の声母 [f] の次の位置であり、もう 1 つは「慰劳」[ʋeɪ lau] のような合口呼のゼロ声母音節初頭の位置である。ただしこちらは発話者によって母音 [u] でも発音され、自由異音である。例えば「慰问」は [ʋeɪ ʋən] と [uei uən] のどちらで発音してもよい。

　なお、[ʋ] のほかに合口呼のゼロ声母音節の初頭に現れるもう 1 つの異音は、上でも言及した両唇接近音 [w] である。これは母音 [u] に対応するわずかな摩擦成分を伴う接近音であり、/i/ に対応する硬口蓋接近音 [j] と同じ性質のものである。また [w] に伴う摩擦成分は必須ではない。[w] も [ʋ] と同様に /u/ の自由異音である。

　表 9-3 に /u/ の異音とその現れる音環境を示す。

すなわち韻頭であるために [i]、[u]、[y] の明瞭度が低く、異音 [j]、[w]、[ɥ] として表記される。それに対して、「移」、「吴」、「鱼」における /i/、/u/、/y/ は自立音節を成し、ゼロ声母音節初頭の [j]、[w]、[ɥ] に続いて明瞭な [i]、[u]、[y] が聞こえ、[j]、[w]、[ɥ] だけでは不十分であるため、[ji]、[wu]、[ɥy] と表記されると思われる。（訳注）

306 | 第9章　中国語普通話の音素帰納

表 9-3　/u/ の異音と音環境

音素帰納と異音		音環境	表記の例
/u/	[ʊ]	韻尾	「高」[kɑʊ] /kau/
	[w]	合口呼のゼロ声母音節の初頭	「弯」[wan] /uan/
	[ʋ]	同上、また唇歯音の声母 [f] の次	「讣闻」[fʋ ʋən] /fu uen/
	[u]	その他	「古怪」△[ku kuaɪ] /ku kuai/▽

(2) /y/ について

　普通話の音体系を対象とする音素帰納において、中国国内で /y/ の有無に関する大きな論争が起きたことはない。それは中国語の音韻を分析するにあたり、韻母を開口、斉歯、合口、撮口の四呼に分けるという伝統を古くから継承してきたからである。しかしこの伝統を理解しない、あるいは考慮しない一部の国外の言語学者によって行われた音素帰納では、普通話の韻母 y に対して異なる扱いがなされている。例えば 1940 年代における音素論発展のさなかにアメリカの記述言語学者ハルトマン（1947）やホケット（1947）[14] によって発表された北京方言の音素帰納に関する論文には /y/ が含まれていない。彼らは /y/ を /i/ と /u/ の組み合わせによって形成された複合単位と見なし、音声の基本単位である単独の音素としての /y/ を設けなかった。

　国外の言語学者の学術的背景からすればこのような扱いは理解できる。具体的には、当時は音素論が脚光を浴びた時期であり、欧米の言語学者たちは豊富な言語資料を集め、△数百種▽にも上る言語の資料に対して統計的分析を行っていた。その結果、いずれの言語にも母音音素 /a/ が存在し、/a/ の出現頻度が最も高く、次に出現頻度が高いのは /i/ と /u/ であり、3 つの母音音素を有する言語では多くの場合、それが /i、u、a/ であり、4 つの母音音素を有する言語では多くの場合それが /i、u、a、o/ であることを突き止めた。

14　宋元嘉（1965）によると「ハルトマン（1947）」は L. M. Hartman (1944) The Segmental Phonemes of the Peiping Dialect. *Language*, 20 (1), pp. 28–42 であり、「ホケット（1947）」は C. F. Hockett (1947) Peiping Phonology. *Journal of the American Oriental Society*, 67 (4), pp. 253–267 である。（訳注）

また、大多数の言語において母音体系は三角形を成す5つの母音を有し、それらは /i、u/（一番高い層）、/e、o/（次に高い層）、/a/（一番低い層）であることも明らかにした。彼らはこれを世界の言語から得られた音体系の一般様式と考えていた。また△数百種▽もの言語において /y/ を有する言語は△わずか▽に限られていた。こうした背景から、彼らは北京方言の分節音に関する音素帰納において、/y/ を /i/ と /u/ の組み合わせによって形成された複合的な音素と見なし、彼らの言う言語の音体系の一般様式に合致させたのである。

このような分析に言語実態の面からも、音素帰納の理論の面からも論理的整合性があることは率直に認められる。

（1）北京方言の [y] は確かに平唇から円唇への短い移行過程を含む重母音である。中国語の発音に関する初期の研究にも [y] は非円唇から円唇に移行する重韻母であり、単韻母ではないという主張があった。さらにそれよりも古く、中国語の表音字母を作る動きが盛んになった時期には、アルファベットの字母を複合させた iu で母音 [y] を表そうとする案も多くあった。またスペクトログラムでフォルマントを観察しても、[i] から [y] へ速やかに変化する移行過程が現れる。

（2）音素帰納において過剰分析法により [y] を [i] と [u] という2つの単位に分ければ確かに別個に /y/ を設ける必要がなくなる。これは音体系に簡潔性と経済性を求め、音素の数が少ないことをよしとする作業原則に即している。

しかしながら /y/ を設けず、これを /i/ と /u/ を組み合わせた複合的な音素と見なすことに対する中国国内の言語学者の支持は皆無といっても過言ではない。それには主に以下の理由が考えられる。

（1）字の音節構造が複雑になる。例えば「捐」の音素表記が /tɕyan/ から /tɕiuan/ になるように、音節構造の体系の中に5つの音素から成る音節が多数存在することになる。つまり音素の数は減っても、音節構造の観点からは音素の組み合わせが複雑になるという弊害が生じる。

（2）韻母の四呼分類が継承されなくなる。本来であれば字の音節構造の中で声母に続く韻母には最多で韻頭、韻腹、韻尾の3部分が含まれ、韻母は初頭の成分によって開口、斉歯、合口、撮口の四呼に分かれる。[i] で始ま

308 | 第9章　中国語普通話の音素帰納

る韻母は斉歯呼韻母に分類される。しかし [y] を [i] と [u] を組み合わせた複合的な音素 /iu/ と見なすならば、「雪」/ɕiue/、「元」/iuan/ などの字の音節構造を分析して四呼への分類を行う際に混乱が生じる。[15]

　（3）音体系における声母と韻母の配列関係が乱れ、音韻の通時的変化と中国語諸方言との対応関係も不透明になる恐れがある。韻母の四呼は音の通時的遷移の中で生じた変化であり、同じ源から分化した中国語諸方言もそれぞれ四呼の対応関係を維持している。したがって北京方言の音体系全体、北京方言と歴史上の音韻体系との対応、さらにほかの方言との対応の観点から、高位母音群の音素帰納において /i/、/u/、/y/ の3音素はいずれも欠かすことはできない。

　ただし、次のような言語実態があることも確かである。まず、/y/ の音素的負荷は、同じく高位母音群に属する /i/、/u/ よりも軽い。このことは、四呼体系において撮口呼韻母が最も少なく、5つに限られることからも明らかである。次に、/y/ は韻尾にならない。よって、/y/ は /i/、/u/ よりも自立した音素としての性格が弱いとは言えるかもしれない。さらに、厳密には /y/ の異音として頻出する音は、[i] に精確に対応する円唇・前・高母音ではなく、韻尾に多く現れる [ɪ] に対応する円唇・前・低めの高母音 [ʏ] であり、その円唇の程度もそれほど強くない。しかしこれらの事情は上記の（1）から（3）の論拠を覆すほどのものではない。

　なお、字母のなじみやすさという点から、その性質について明確な説明がなされている場合は [y] で /y/ の異音 [ʏ] を表すのがふつうである。

　/y/ の異音で頻出するものとして、[y] のほかにもう1つ、円唇の硬口蓋接近音 [ɥ] がある。[j]、[w] と同様に、[ɥ] もゼロ声母音節の初頭だけに現れる。例えば「鱼」の精密表記は [ɥy] であるが、簡略表記であれば /y/ だけでよい。また、「语言」は [ɥy ˥jɛn] /y ian/、「遥远」は [jɑʊ ˥ɥan] /iau yan/、「冤枉」は [ɥan waŋ] /yan uaŋ/ のように表記される。表9-4 に /y/ の異音とその現れる音環境を示す。

15　つまり、本来 [y] で始まる撮口呼韻母に分類されるはずの字が、[i] で始まる斉歯呼韻母に分類されてしまうという問題が生じる。（訳注）

表 9-4　/y/ の異音と音環境

音素帰納と異音	音環境	表記の例
/y/ {[ɥ]	撮口呼のゼロ声母音節の初頭	「越獄」[ɥɛ ɕɥy] /ye ɕy/
[y] ([ʏ])	その他	「捐躯」[tɕyæn tɕʰy] /tɕyan tɕʰy/

9.3　中国語普通話の中位母音音素

　韻母を精密表記するならば、普通話の中位母音群には 7 つの母音が含まれる。それらは [e]、[ɛ] ([ɛ])、[ə]、[ʌ]、[ɤ]、[o]、[ɚ] ([ər]) である。以下では [e] から [o] までの 6 母音の音素帰納に関する問題についてまとめて述べる。そのあとで反り舌母音の音素帰納に関する問題について述べる。

9.3.1　[e]、[ɛ] ([ɛ])、[ə]、[ʌ]、[ɤ]、[o] に関する音素の分割と統合について

　上の 6 つの母音は母音四角形における「半高」から「半低」の範囲の中で高—中—低の位置関係にある。表 9-5 に示すとおり、この範囲にある母音はそれぞれ異なる音環境に現れて相補分布を成す。

表 9-5　普通話における中位母音の分布 [16]

異音 \ 分布 \ 音環境	声母の次 ゼロ韻尾の前		韻頭の次 ゼロ韻尾の前			韻尾の前				音環境の例
	唇音	非唇音	i-	u-	y-	-i	-u	-n	-ŋ	
e						+				ei/uei
ɛ (ɛ)			+		+					iɛ/yɛ
ə							+	+		əu/iəu/ən/uən
ʌ									+	ʌŋ/uʌŋ
ɤ		+								△Ø ɤ/ 非唇音 ɤ▽
o	+			+						△唇音 o/uo▽

　上の表は r 化韻母を除く基本韻母を基に、普通話の音体系における中位母音の異音の分布を示している。具体的には、母音 [e] は韻尾 [i] の前に、[ɛ] ([ɛ]) は韻頭 [i] または [y] の次とゼロ韻尾の前に、中位高の母音 [ə] は韻尾 [u] または [n] の前に、[ʌ] は軟口蓋鼻音韻尾の前に、非円唇の [ɤ] は唇音で

16　表中の「＋」の記号は当該の異音が当該の音環境に現れることを表す。(訳注)

310 │ 第9章　中国語普通話の音素帰納

ない声母の次と△ゼロ韻尾の前▽およびゼロ声母の音節に¹⁷、それに対して円唇の [o] は唇音声母の次と△ゼロ韻尾の前▽および韻頭 [u] の次に現れる。

　上記の 6 母音は相補分布を成し、対立を成す音連鎖が存在しないため、音素を帰納するにあたり、異なる立場から異なる提案がなされている。そのうちの主たるものは以下のとおりである。

　アメリカの記述言語学者、ハルトマンとホケットをはじめとする国外の研究者によって行われた研究の多くは、異なる音環境に現れる上記 6 つの中位母音を 1 つの音素にまとめ、これらを 1 つの音素に属する異音と見なす。「北」/pei/、「街」/tɕie/、「豆」/teu/、「国」/kue/、「风」/feŋ/、「博」/be/、「德」/te/ などのように、記号として同じ字母 /e/ を用い（/ə/ を用いることもある）、それが現れる音環境を示すことで異音を区別している。このことから、欧米の研究者は音素帰納にあたり、相補分布の作業原則および簡潔性と経済性の作業原則を重視する一方、音声的類似の作業原則を軽視、ないし無視しているといってよい。

　それに対して中国で行われた研究では上の 6 つの中位母音を 1 つにまとめることはまれである。その多くは、以下に述べるように分類の仕方が異なるものの、これらの中位母音を 2 つまたは 3 つの音素に分ける。

　(1) [e]、[ɛ]（[ɛ]）を 1 つの音素に、[ə]、[ɤ]、[ʌ] をもう 1 つの音素にまとめ、[o] を 1 つの独立した音素として設定する。過去数十年にわたって使われてきた国語注音符号はこのような解釈を採用し、これらの 3 音素をそれぞれ「ㄝ」、「ㄜ」、「ㄛ」という 3 つの字母で表した。このような解釈は相補分布の作業原則を尊重するだけでなく、異音をまとめるための音声的類似の作業原則も守っている。しかし 1 つの音素にまとめることもできる、相補分布を成す 6 つの母音を 3 つもの母音音素に分割することは、音素の数が少ないことをよしとする簡潔性と経済性の作業原則に照らして最適の解釈とは言えない。

　(2) [e]、[ɛ]（[ɛ]）、[ə]、[ɤ]、[ʌ] を 1 つの音素にまとめて字母 /e/ で表し、[o] を独立の音素として字母 /o/ で表す。中国語ピンイン方案は概略的には

17　表 9-5 で「ゼロ声母の音節」は音環境としては示されていないが、「音環境の例」の中の「Øɤ」がそれを示している。（訳注）

9.3 中国語普通話の中位母音音素 | 311

このようなまとめ方をしている。ただし、つづりを区別し、読むときにできるだけ混乱しないようにするために、いくつかの韻母の書き方に調整を加えている。例えば、読むときに en と混同しないように、「欧」[əu][18] のピンイン表記を eu ではなく、ou にする。ただし、こうしたことはあくまでもアルファベットのつづりに配慮した調整にすぎず、音素帰納とは関係がない。当然ながら、このまとめ方も相補分布の作業原則に反してはいない。この点については第 10 章で再度詳しく取り上げる。

　(3) [ə]、[e]、[ʌ] を 1 つの音素にまとめて /e/ で表し、[ɛ] ([ɛ])、[ɤ]、[o] をもう 1 つの音素にまとめて /o/ で表す。音素帰納の体系性の観点からすれば、この 2 音素に分割する案は、音体系内部の関係性に着目している点で重視されるべきである。具体的には、[ɛ] ([ɛ])、[ɤ]、[o] という 3 つの異音の音体系内の位置づけに関して、[ɤ] と [o] は開口呼韻母であり、前者が非唇音声母の次に現れるのに対して、後者は唇音声母の次に現れる。一方、[ɛ] ([ɛ]) は韻頭の [i]、[y] と組み合わされ、複韻母 [iɛ]、[yɛ] としてしか現れず、それぞれ斉歯呼韻母、撮口呼韻母を成す。それに [u] と [o] を組み合わせた合口呼の [uo] を加えれば、開口、斉歯、合口、撮口の四呼がそろい、基本韻母の内部における音体系の規則性が強まる。

　また、上のように [ə]、[e]、[ʌ] と [ɛ] ([ɛ])、[ɤ]、[o] をそれぞれ 2 つの異なる音素に帰属させることのもう 1 つの利点は、音素の原形音と変形音における内在的なつながりを示すことができることである。例えば、基本韻母に「儿」[ɚ] が続くことによって生み出される r 化韻母において [ə]、[e]、[ʌ] はいずれも 1 つの変化様式に従う。つまりこの 3 つの母音を韻腹とする韻母では、r 化によって韻尾が脱落し、反り舌成分 [-r] が加わることで本来の韻母が r 化韻母になる。例えば「门儿」[mən → mər]、「(小) 辈儿」[pei → pər]、「味儿」[uei → uər][19] などである。それに対して [ɛ] ([ɛ])、

18　精密表記にも、どこまで精密に表記するかという程度の違いがある。表 9-5 のように異音の違いを示す程度にとどまる精密表記であれば、「欧」は [əu] と表記すればよいのに対して、第 10 章、表 10-3 に示すように、さらに精密に表記すれば「欧」は [əʊ] と表記することになる。(訳注)

19　[ʌ] の例として「梗儿」[kʌŋ → kər] などがある。(訳注)

312 | 第9章　中国語普通話の音素帰納

[ɤ]、[o] は別の変化様式に従う。この3つの母音はr化すると、元の韻母の直後に反り舌成分が加わる。例として「(半) 截儿」[tɕiɛ → tɕiɛr]、「歌儿」[kɤ → kɤr]、「沫儿」[mo → mor]、「锅儿」[kuo → kuor] などがある。

　当然ながら、構造主義に基づく音素論における音素帰納の手順からすれば、音声的に非常によく似た [e] と [ɛ] ([ɛ]) を、また同様に [ə] と [ɤ] をそれぞれ2つの異なる音素の異音とすることは明らかに音声的類似の作業原則に反すると思われる。しかし弁別的素性が注目され、後に生成音韻論が創案されて以来、音素帰納の際に音体系内部の関係性も考慮されるようになっている。したがって現在の音韻論の立場から見れば、この提案 (3) は提案 (1) や提案 (2) より優れている。ただし、アルファベットを用いた中国語の表音字母の体系を構築するためであれば、提案 (2) を選ぶほうがよいことに疑問の余地はない。

9.3.2　反り舌母音 [ɚ] ([ər]) について

　普通話の基本韻母には独立の反り舌韻母 er が存在し、それは反り舌母音である。どの声母とも、どの母音とも組み合わされないため、er の音韻的な位置づけは特別である。つまり「婴儿」における「儿」[ər] は「(豆腐) 丝儿」[sər] における「儿」[ər] と同じく反り舌母音でありながら、性質が異なる。前者が基本韻母に属する反り舌韻母と呼ばれる反り舌母音であるのに対して、後者はr化という変異によって生じる反り舌母音で、r化韻またはr化韻母と呼ばれる。これから分析しようとするのは反り舌韻母としての反り舌母音である。ただし、反り舌韻母とr化韻の間には原形音と変形音の関係が存在するため、r化韻にも適宜言及する。

　反り舌韻母として機能する反り舌母音 [ɚ] は、簡単に言えば中位高の反り舌母音である。さらに厳密、精確に特徴を記述するならば、それは口をやや開いたあとにやや閉じる、舌面と舌先が同時に作用する短い移動を含む重母音であり、[ᵊɚ] と精密表記される。ただし、その移動距離は比較的短いために (上声と去声においては比較的顕著であるが)、音声表記の簡潔さを考慮してふつう [ɚ] または [ər] と表記し、音韻体系においても単母音、単韻母と見なす。

9.3 中国語普通話の中位母音音素 | 313

反り舌母音 [ɚ] (er) はほかの舌面母音と最小対を成す。例えば [ɚ]「二」—[ɤ]「饿」—[u]「雾」—[y]「遇」—[i]「亿」のようにである。このことから [ɚ] (er) は 1 つの独立した音素と認めうる資格を有していると言える。実際に過去に構築された中国語の表音字母体系においても [ɚ] (er) には特別の字母が当てられていた。しかし、この母音は音体系における音素的負荷がきわめて軽く、よく使われる字は「儿」、「而」、「耳」、「尔」、「饵」、「二」など、少数に限られる。その中で「儿」(er) は派生語の接尾辞としても現れ、すでに述べたとおり、その性質は他の字と異なり、音声上、ほかの基本韻母と結んでそれと融合し、一連の r 化韻を生み出す。例として「花儿」[xua + ər → xuar]、「锅儿」[kuo + ər → kuor]、「歌儿」[kɤ + ər → kɤr]、「字儿」[tsɿ + ər → tsər]、「珠儿」[tʂu + ər → tʂur] などがある。r 化によって意味が異なる場合があるので、音素帰納にあたって r 化韻は無視できないが、原形音である反り舌母音と、r 化によって生じる変形音である反り舌母音（例えば [ar]、[or]、[ər]、[ur] など）を同等に扱い、すべてを独立の音素として扱うとすれば、普通話の母音体系そのものが冗漫にならざるをえない。したがって r 化韻をもたらす反り舌母音 [ɚ] ([ər]) については、自立音節を成す基本韻母である反り舌母音 [ɚ] とは別に議論するのが適当である。

本論に戻るが、基本韻母としての反り舌母音 [ɚ] に過剰分析法を用い、[ɚ] → [ə] + [r] のように 2 つの音声成分に分解するもう 1 つの音素帰納の考え方がある。すなわち [ɚ] を中位高母音 [ə] とそれに続く反り舌成分 [r] の組み合わせと見なす。こうすればこの [ə] も中位母音群に属する /e/ の異音 [ə] と見なすことができる。つまり「恩」/en/、「而」/er/ のように、/e/ は歯茎鼻音韻尾 [-n] または反り舌韻尾 [-r] が後続する場合に異音 [ə] として現れることになる。他方、反り舌韻尾 [-r] は子音音素 /r/ に異音としてまとめればよい。すなわち子音音素 /r/ には 2 つの異音があり、1 つは「软」[ʐuan]（音素表記 /ruan/）のように音節初頭に現れて声母として働く有声反り舌摩擦音 [ʐ]（反り舌接近音 [ɻ] と記述してもよい）であり、もう 1 つは「二」[ər] (/er/) のように音節の末尾に現れて韻尾として働き、先行する母音と組み合わされる反り舌成分である。中国語ピンイン方案はこの方式を採用し、1 つの字母 r で声母の [ʐ] ([ɻ]) と反り舌韻尾の [-r] の両方を表すことにしている。

314 | 第9章　中国語普通話の音素帰納

　[ɚ] を母音 [ə] と反り舌成分 [-r] に分解するのに何ら問題はない。音素論の誕生直後から音素理論はすでに、音素帰納における最小単位が音声学における最小単位に完全には対応しないことを明言していた。音素とその異音は1つの単音より大きくても小さくてもかまわない。そればかりか、まったく音声の実在がない休止などを1つの音韻論的単位として設けることさえ許される。それは休止の有無や、休止の長さ、様式（例えば第4章「4.2 音節構造」で述べた「連接」）などが、表す意味を変えるからである。音韻論ではこのようにまったく音声的な実在がないにもかかわらず、音素として意味を区別する働きがあるものをゼロ音素（zero phoneme）と呼ぶ。さらにその後の弁別的素性理論では音素分析が音素のレベルから音素を構成する弁別的素性のレベルに移る。この流れの中で、反り舌成分 [-r] のような、単音 [ɚ] よりも小さい音声成分を1つの音素の一部と見なすことは十分ありうることである。

　[ɚ] を母音 [ə] と反り舌成分 [-r] に分解することは音声理論の観点からも妥当である。反り舌韻尾 [-r] には鼻音韻母における韻尾 [-n] と調音的に類似する性質が見られるからである。つまり [-n] が音節末で韻尾として機能する場合、それは接近段階と阻害段階から成り、開放段階を欠く内破の鼻音である。一方、[-r] は舌面母音 [ə] の調音に伴う、単に舌を反らせるだけの動きである。[20] したがって趙元任氏などもこの反り舌の成分を [-n] や [-ŋ] と同等と見なし、子音の韻尾として扱う。

　音素帰納において反り舌母音 [ɚ]（[ər]）を上のように扱うなら、中位母音群から音素を1つ減らすことができるだけでなく、基本韻母に「儿」が続くことによって生じるr化韻の反り舌母音にかかわる一連の音素帰納の問題も解決することができる。例えば「把儿」[(p)ar] を /a/ + /r/、「盆儿」[(pʰ)ər] を /e/ + /r/、「歌儿」[(k)ɤr] を /e/ + /r/、「沫儿」[(m)or] を /o/ + /r/ のように分析することができる。同時に、r化によって生じる鼻音化した反り舌母音も同じように扱うことができる。例えば「帮儿」[(p)ãr] における反り舌成分 [-r] を子音音素 /r/ に、鼻音化成分 [˜] を子音音素 /ŋ/ に、[ɑ] を低母音

20　いずれも独自の調音として完結していないという共通点があるという趣旨と思われる。（訳注）

音素 /a/ に帰属させることにより、これを /paŋr/ と表記することができるようになる。また「縫儿」も同様に /feŋr/ と表記できる。つまり r 化韻における すべての反り舌母音はこのように統一的に表記できる。実は中国語ピンイン方案もこのような表記法をとっている。例えば「然而」は ran'er、「(瓜) 瓢儿」は rangr、「(门) 縫儿」は fengr、「(小) 框儿」は kuangr、「(唱) 歌儿」は ger と表記される。

上記の分析に従い、表 9-6 に普通話中位母音群の音素 /e/、/o/ の異音とその出現する音環境を示す。[21]

表 9-6　/e/ と /o/ の異音と音環境

音素帰納と異音		音環境	音素表記の例
	[e]	韻尾 [i] の前	ei/uei
	[ɛ] ([ɐ])	韻頭 [i]、[y] の次	ie/ye
/e/	[ə]	[-n]、[-u]、[-r] の前	en/eu/er
	[ʌ]	韻尾 [ŋ] の前	eŋ/ieŋ
	[ɤ]	非唇音の声母の次	ke/e
/o/ ———	[o]	唇音の声母または韻頭 [u] の次	po/uo

前節「9.3.1 [e]、[ɛ] ([ɐ])、[ə]、[ʌ]、[ɤ]、[o] に関する音素の分割と統合について」の中位母音音素に関する分析においてすでに述べたとおり、普通話の「半高」から「半低」の範囲内にあるこれらの異音はそれぞれ異なる音環境に現れ、相補分布を成すが、音素帰納に異なる考え方がある。音体系における原形音と変形音の関係から、これらを [e、ə、ʌ] と [ɛ (ɐ)、ɤ、o] に分けて 2 つの音素を設定する考え方は比較的適切である。しかし、中国人が使い慣れた中国語ピンイン方案における字母と音素の対応関係はこの考え方とは異なる。上の表 9-6 は中国語ピンイン方案に従い、[o] を独立の音素として設定し、その他の母音を 1 つの音素に帰属させている。ほかにもいくつか説明しておかなければならない。第 1 に、中国語ピンイン方案では「欧」や「优」

21　この表は、続く本文で説明されるように、前節の中位母音群の音素帰納に関する提案 (2) に基づくものである。(訳注)

316 | 第9章　中国語普通話の音素帰納

を ou、you とつづるが、それは前述のとおり、あくまでもつづりの視認性に
配慮した結果である。つまりこれらの字を eu とつづると en と混同しやすい
ので、それを避けるために ou、you とつづるのである。[22] このことは音素帰
納とはまったく関係がない。第 2 に、[ɛ] に [ᴇ] を併記するのは、韻母の精密
表記においてさらに細かな表記を行う研究者がいるからである。こうした研
究者は「椰」や「約」などの韻腹を、舌の位置がやや低めの [ᴇ] で表記する。
しかしその発音は実質的には [ɛ] にきわめて近いため、上の表 9-6 では参考と
して [ɛ] に [ᴇ] を添える形にしている。最後に第 3 として、1 つの独立した音
素としての /o/ は、実際には舌の位置がやや低めの [ɔ] である。また、唇音の
声母の次に単韻母として機能する [o] の実際の発音は重母音の [uo] である。
ただし、ここに現れる [u] は声母の唇音と円唇母音 [o] の間の同化によって生
ずるものであり、自立した音としての存在が明確ではないため、中国語ピン
イン方案では音素表記の簡潔性の観点からこの [u] を省略する。[23]

9.4　中国語普通話の低位母音音素

　韻母を精密表記するならば、普通話の低位母音群には [a、ʌ、ɑ、ɛ、æ(、ɐ)]
の 6 つの母音がある。なお、[ɔ] も低位母音であるが、これは軽声音節にし
か現れないため、ここでは対象外にする。これらの母音のうち、非円唇・
前・半低母音 [ɛ] は叠雪轍[24] に属する 2 つの韻母 [iɛ]△「耶」▽と [yɛ]△「約」▽だ

22　これは、表 9-6 によれば [-u] の前では e でつづることになるが、ピンイン方案では
　「欧」を ou とつづることになっていることの説明である。「欧」における韻腹の実際の発
　音は [o] に比べて前寄りで、円唇の程度も弱い一方、en や eng における [ə] よりは後ろ寄
　りで高い。つまり、舌の前後と高低に関して、「欧」の韻腹は [o] と [ə] の中間にある。ま
　た、後続する円唇・高母音 [u] の影響で、非円唇・中位高の [ə] の調音は円唇・半高の [o]
　にかなり近づく。実際に中国語音声学の文献には「欧」の韻腹を [ə] ではなく [o] で表記
　するものもある。ただし、[ə] で表記するほうが多い。これには中国語音韻学的（後出の
　注 45 を参照）な理由もあるが（邓文靖 2009）、ここでその詳細を述べることは避ける。本
　書の著者、王理嘉氏は「欧」の韻腹を [ə] で表記することを推奨する研究者の一人であ
　り、ピンイン表記として「欧」を eu とつづるのが妥当と考えている。しかしながら eu は
　en と混同しやすいため、それを避けるために ou で表記することを説明したうえで、実際
　の発音は [ou] ではなく [əu] であると強調しているのである。（訳注）

23　省略しないほうがよいとする見解については陈宏（2008）を参照。（訳注）

24　本章の注 7 を参照。（訳注）

けでなく、言前轍に属する斉歯呼韻母 [iɛn]「烟」にも現れる。つまり [ɛ] は /e/ の異音であると同時に低母音 /a/ の異音でもあり、異なる音素における異音の重複に当たる。ただし△「耶」、「约」▽を [iɛ]、[yɛ] のように表記すれば、この重複を避けることができる。[25] また、かっこでくくった非円唇・高めの低母音 [ɐ] はr化韻の発音と中位母音群に属する /e/ を含むきわめて限られた字（実際には「二」という1字のみ）の発音にしか現れない。そのため、以下の、低位母音群に属する母音に関する音素帰納の考察において [ɐ] にこれ以上言及することはしない。

　[a、ʌ、ɑ、ɛ、æ] という5つの低母音のうち、[a、ʌ、ɑ] はそれぞれ異なる音環境に現れる。前母音 [a] は母音韻尾 [i] または鼻音韻尾 [n] の前に現れる。中母音 [ʌ] はゼロ韻尾の前に現れる。精密な記述が必要でなければ [a] と [ʌ] を区別せず、まとめて同じ字母で表記してよい。後母音 [ɑ] は韻尾 [u] または [ŋ] の前に現れる。後母音 [ɑ] と前母音 [a] は音声的にかなり異なり、区別しなければ発音の正確さが保たれないため、[a] や [ʌ] のように1つの字母で音声表記することはできず、区別しなければならない。

　上記の、相補分布を成す3つの低位母音に関する音素帰納について、中国国内の研究では意見の相違は少なく、1つの音素に統合することに広く同意が得られている。したがって低位母音群に属する [a、ʌ、ɑ] についてこれ以上述べる必要はない。それに対して [ɛ、æ] が現れる斉歯呼である「烟」韻と撮口呼である「冤」韻[26] の精密表記についてさらなる説明が必要である。この2韻における [ɛ、æ] は、/a/ に属する異音であるというだけでなく、中国諸民族の共通語である普通話の発音規範と標準発音を策定することにも深くかかわっている。その詳細を次に述べる。

　「烟」韻と「冤」韻は、十三轍のような伝統的な体系では言前轍にまとめられる。これらに「安」韻と「弯」韻が加わり、言前轍は四呼のそろった

25　第10章の表10-3における精密表記はこの表記法に従っている。（訳注）

26　本来、「烟」韻、「冤」韻は ian、üan を韻母とし、声調も同じ（陰平）すべての字を指すが（第10章の注17を参照）、第10章「10.4 韻母表における中母音字母の発音規則」を見ると、原著でこうした言い方をするときには声調の違いを考慮に入れていない可能性が高く、第10章の注17に述べられる「韻」ではなく「韻部」、つまり ian、üan を韻母とするすべての字の意味でこれを用いていると思われる。（訳注）

318 | 第9章 中国語普通話の音素帰納

韻類になる。しかし、この4韻母の韻腹の精密表記は文献によって異なる。これは北京方言内部における発音の違いを反映している。具体的には、「安」韻と「弯」韻の間に大きな違いは見られず、それらは [an]、[uan] と表記される。つまり両者の韻腹はどちらも非円唇・前・低母音 [a] である。それに対して、「烟」韻と「冤」韻の表記には一部に違いがある。これには主に以下に示す3通りの精密表記が提案されている。

	「烟」韻	「冤」韻
(1)	[iɛn]	[yɛn]
(2)	[iæn]	[yæn]
(3)	[iɛn]	[yæn]/[yan]

　簡略表記では [ɛ] と [æ] は1つの音素にまとめられ、/a/ または /ɑ/ で表されるために、発音上の違いが示されず、音声教育において誤解を招く恐れがある。上記の (1) と (2) の精密表記でもこの2つの韻の韻腹が同一視され、(1) ではいずれも [ɛ] で、(2) ではいずれも [æ] で表されるため、簡略表記と同様にその違いを示すことができない。それに対して (3) であればこの2韻の韻腹の違いが [ɛ] と [æ]（[a]）によって示される。この2韻の韻基（韻腹と韻尾）の発音が実際に異なるのかという疑問を抱く者もいるかもしれない。しかし、たとえこの2韻の違いが北京方言内部における違いであっても、普通話は「北京方言の音声を基準とする」ため、そのとおりに記述しなければならない。さもないと標準発音が不明確になり、教える側も学ぶ側も困惑することになる。

　これについて述べるにあたり、やはり言語実態から始めることとする。まず認めるべきことは、言前轍における斉歯呼の「烟」韻の韻腹は非円唇・前・半低母音 [ɛ] であり、これは同じ韻轍にまとめられるほかの3韻とは明らかに異なるという点である。[27] 1850年代に外国の研究者によって構築された中国語の表音字母体系では、そのいずれにおいても「烟」韻が ien でつづられたのに対して、ほかの3韻の韻腹は一様に a でつづられた。また実際の発音では、「烟」韻と「耶」韻の韻腹はほとんど変わらない。このことは、

───────────────
27　つまり開口呼の「安」韻 an、合口呼の「弯」韻 uan、撮口呼の「冤」韻 üan である。（訳注）

9.4 中国語普通話の低位母音音素 | 319

「耶」の調音に続けて n を調音すれば、上の歯茎に向かって舌先が持ち上がるだけで自然な「烟」が調音されることによって検証できる。しかし同じように「约」üe の調音に続けて n を調音しても、自然な「冤」の発音を得るのは難しい。[28] 欧米の研究者はこの言語実態を基に、「烟」韻と「耶」韻の韻腹を同じ字母 e で表記した。これは音声を基に字母を割り当てる原則にのっとっている。それに対して、中国国内の研究者によって構築された表音字母の体系では「烟」韻の韻腹を例外なく ɑ で表記し、ɑn、iɑn、uɑn、üɑn の四呼をそろえて 1 つの韻類に統合している。中国語の音体系は四呼のそろう体系であるから、同じ韻類に属する韻母であれば、韻腹を同じ字母で表すのが適切な処理の仕方であることは確かである。しかし、「烟」韻と「冤」韻の実際に異なる発音を精密表記でも示すことができないとすれば、やはり問題である。

　もう 1 つ重視すべき言語実態は、北京方言において「烟」韻の内部に変種が存在しないことである。すなわち「烟」韻内には 1 つの発音しか存在しない。その発音を [ɛ] で表記するか、[æ] で表記するかはそれほど重要ではない。なぜなら、実際に [ɛ] で表記する場合はしばしば字母に舌の位置がやや低めであることを表す補助記号を付け、[æ] で表記する場合はしばしば舌の位置がやや高めであることを表す補助記号を付けるからである。すなわち、表記としては [ɛ] と [æ] という 2 つの異なる字母が使われるものの、実際に表そうとする発音は大きく違うことはなく、それは単に表記する者の字母使用における習慣の違いにすぎない。このことを明確にした上で、肝心なのは「冤」韻の精密表記に「烟」韻と同じ字母 [ɛ] または [æ] を用いるのが妥当かという問題である。その答えは明らかに否である。繰り返しになるが、同じ字母を用いれば「烟」韻と「冤」韻の発音の違いが表されなくなる。結論として、「烟」韻と「冤」韻の精密表記として上記 (1)、(2) は用いないほうがよい。それに対して (3) は異なる字母を用いて北京方言におけ

---

28 「烟」ian [iɛn] と「耶」ie [iɛ] はそれぞれ言前轍と叠雪轍に属する斉歯呼韻母であるのに対して、「冤」üan [yᵘæn] と「约」üe [yɛ] は同じく言前轍と叠雪轍に属するが、こちらは撮口呼韻母である。「烟」と「冤」の韻腹が同じであれば、「耶」に続けて n を調音すると「烟」が調音されるのと同様に、「约」に続けて n を調音すると「冤」も調音されるはずだが、実際にそうはならない。（訳注）

320 | 第9章　中国語普通話の音素帰納

る「烟」韻と「冤」韻の韻腹の発音の違いを示すことができるため、本書も
それに従う。第4章「4.4.2 中国語普通話の韻母」においてそれぞれを [ɛ] と
[a]（[æ]）で表記し、両者を区別したのはそのためである。

　補足として、「冤」韻と「烟」韻の韻腹の音声的な違いは、中国語表音字
母体系構築の早期の資料において確認されているほか、その後の音声学の専
門書にも明示されていることを記しておきたい。例えば、李栄（1957）『汉
语方言调查手册』では言前轍に属する4つ韻母は [an、iɛn、uan、yæn] と表
記され、趙元任（1928/1956）『現代吴语的研究』および趙元任（1979）『汉
语口语语法』では [an、iɛn、uan、yan] と表記されている。「冤」韻の韻腹
を [æ] と [a] のどちらで表記するかは表記者の字母使用における習慣の違い
にすぎず、実際に音声的な違いがあるわけではない。重要なのは、これらの
言語学または方言学の文献においてもすでに、言前轍に含まれる斉歯呼の
「烟」韻と撮口呼の「冤」韻の韻腹を異なる字母で表記し、その違いが示さ
れていた点である。

　なお、言前轍の韻基は [an] であるが、「烟」韻の韻腹が介音[29] の前・高母
音 [i] と韻尾の歯茎鼻音 [n] に挟まれるために同化によって舌が上昇し、[ɛ]
になるのに対して、「冤」韻の韻腹も同様に前・高母音と歯茎鼻音韻尾に挟
まれているにもかかわらず、[ɛ] にならないのはなぜか。それは、「冤」韻
の韻腹に先行する [y] は「烟」韻の韻腹に先行する [i] と同じ前・高母音で
はあるが、2つの点で違いがあるからである。具体的にはまず、前述のとお
り、[y] の舌の位置は [i] より低く、実際には低めの高の前母音 [ʏ] である。
また、[y] は円唇母音である。これにより「冤」韻の調音過程は「烟」韻と
まったく同じではない。その過程は次のようにも記述される。介音 [y] の調
音に続いて舌はまず [u] へ後退してから速やかに韻腹へ移る。過渡的な音
[u] の影響によって韻腹の舌の高さの変化は「烟」韻と異なり、[a] から [ɛ]
ではなく、「高めの低」、しかも中寄りの前母音 [æ] になる。「冤」韻の調音
過程を精密表記すれば [yᵘæn] となる。[30] 音声実験によってもこのような記述

29　韻頭に同じ。韻基と介音については第4章を参照。（訳注）

30　王福堂（2007）「普通话语音标准中声韵音值的几个问题」『语言学论丛』35、北京：商
　　务印书馆.（原注）

9.5 中国語普通話の子音音素と調素 | 321

は実際の調音過程に合致していることが示される。つまり、スペクトログラ
ム上で舌の前後方向の位置に対応する第2フォルマントに、[y] から韻腹へ
移る途中で下降した後に再び上昇する動きが見られる。これは、後母音 [u]
に似た移行段階の母音が確かに存在することの証左である。[31] このように、
「冤」韻の韻腹の発音が「烟」韻のそれと異なることは、音声理論上でも、
実験の結果によっても検証されている。

　前に述べたように、普通話低位母音音素には [a、ʌ、ɑ、ɛ、æ、ɐ] という
異音がある。表 9-7 にこの音素の異音とその出現する音環境を示す。ここに
は、学習者の学びやすさを考慮し、r 化韻に見られる高めの低・中母音 [ɐ]
を含める。

表 9-7　/a/ の異音と音環境

音素帰納と異音		音環境	音素表記の例
/a/	[a]	韻尾 [i] および開口呼、合口呼の韻尾 [n] の前	ai/uai/an/uan
	[ʌ]	ゼロ韻尾の前	a/ia/ua
	[ɑ]	韻尾 [u] と韻尾 [ŋ] の前	au/aŋ/iaŋ
	[ɛ]	斉歯呼の韻尾 [n] の前	ian
	[æ]	撮口呼の韻尾 [n] の前	yan
	[ɐ]	r 化韻 [-r] の前	ar/iar/uar

9.5　中国語普通話の子音音素と調素

9.5.1　中国語普通話の子音音素

　音素対立は母音と子音の間に現れることもある。例えば「改」[kai] と
「敢」[kan] の対立は唯一 [i] と [n] による。しかし伝統的な音素論によれば、
母音と子音は性質が異なる音単位であるから、音素帰納においてはこれらの
音をそれぞれ異なる体系に帰属させるのがふつうである。こうした方策は母
音と子音それぞれの集合関係と配列関係を記述するのにも都合がよい。

　多くの場合、子音は母音と組み合わされて、音節という知覚上、最も自然
で最小の音構造を持つ単位を形成する。中国語普通話の子音はこの性格が顕

31　魏红华、王韫嘉（2006）「略论北京话韵母 üan 的音值」第七届中国语言学学术会议暨语
　　言学前沿问题国际论坛会议论文、北京.（原注）

322 │ 第9章　中国語普通話の音素帰納

著であり、自立音節を構成することができない。したがって普通話の子音音素を帰納するには、母音と組み合わせて意味を持つ音節を作る必要がある。例えば [pɑʊ²¹⁴]「保」のような意味を持つ音節を考える。その初頭の子音を別の子音と入れ替えると音の構成が変わり、それに伴って意味も変われば、これらの子音が意味を区別しうる音素であると見なされる。例として以下に [_ɑʊ²¹⁴] という音連鎖を基に、このような入れ替え作業を行うことによって得られる 17 の子音音素を示す。

/p/ 保	/pʰ/ 跑	/m/ 卯	
/t/ 島	/tʰ/ 討	/n/ 脳	/l/ 老
/k/ 稿	/kʰ/ 考	/x/ 好	
/tʂ/ 找	/tʂʰ/ 吵	/ʂ/ 少	/r/ 扰
/ts/ 早	/tsʰ/ 草	/s/ 扫	

　このように [_ɑʊ²¹⁴] という音連鎖を基に、初頭の子音を入れ替えることで、これらの 17 の子音はいずれも意味を区別しうる音単位、すなわちそれぞれ独立した音素であることが導き出せる。

　ただし、音連鎖を基にした入れ替え作業によって音素帰納を行うのであれば、十分な数の音連鎖を用意することに留意すべきである。つまり、単一の音連鎖に、音素になりうるすべての子音が現れることはほとんどありえず、さまざまな音を組み合わせた多くの音連鎖を用い、入れ替えの試みを重ねてこそ、対立と相補分布の状況を漏れなく解明することができる。また、普通話についてもう 1 つ注意すべきは、音連鎖における子音の位置である。音節の初頭と末尾という 2 つの位置に分け、それぞれ比較しながら入れ替え作業を行う必要がある。そうすることにより、韻尾にのみ現れる /ŋ/ が得られ、それが同じく韻尾に現れる [-n] と対立を成すことがわかる。「斌」と「兵」、「分」と「风」、「陈」と「程」、「音」と「英」などはいずれも韻尾が [ŋ] か [n] かによって意味が区別される字である。

　また、このような入れ替えと比較によって、普通話における△歯茎硬口蓋音▽[tɕ、tɕʰ、ɕ] が軟口蓋音 [k、kʰ、x]、歯茎音 [ts、tsʰ、s] および反り舌音 [tʂ、tʂʰ、ʂ、ʐ] と同じ音環境に現れないことがわかる。すなわち歯茎硬口蓋音 [tɕ、tɕʰ、ɕ] は上記の 3 組の子音と相補分布を成す。表 9-8 に、このよう

9.5 中国語普通話の子音音素と調素 | 323

な多重の相補分布と開口、斉歯、合口、撮口という韻母の四呼分類との組み合わせを示す。

表 9-8 普通話の子音における多重の相補分布

	開口	斉歯	合口	撮口
tɕ、tɕʰ、ɕ		+		+
k、kʰ、x	+		+	
ts、tsʰ、s	+		+	
tʂ、tʂʰ、ʂ、ʐ	+		+	

音素帰納の作業原則によって、[tɕ] をはじめとする歯茎硬口蓋音の組はほかの 3 組の子音と同じ音環境に現れず、対立関係が成立しないため、普通話の音体系においてこれらの歯茎硬口蓋音を独立の音素として立てる必要はなく、異音としてほかの 3 組の子音のいずれかに帰属させることができるように思える。例えば [tɕ、tɕʰ、ɕ] の 3 つの子音を、[k、kʰ、x] に対応する 3 つの子音音素 /k、kʰ、x/ に異音として帰属させることができよう。表 9-9 に [tɕ] を /k/ に帰属させた場合の [tɕ] と [k] の現れる音環境を示す。

表 9-9 [tɕ] を /k/ に帰属させた場合の [tɕ] と [k] の音環境

音素帰納と異音		音環境	表記の例
/k/	[tɕ]	斉歯呼、撮口呼韻母の前	「堅」[tɕiɛn] /kian/
	[k]	開口呼、合口呼韻母の前	「関」[kuan] /kuan/

つまり /k/ は斉歯呼、撮口呼韻母に先行する場合は異音 [tɕ] で発音されるのに対し、開口呼、合口呼韻母に先行する場合は異音 [k] で発音される。このように条件（発音規則）さえ明確にすれば、1 つの音素記号で異なる音声実態を映し出すことができる。

同様に、歯茎硬口蓋音 [tɕ、tɕʰ、ɕ] を歯茎音 [ts、tsʰ、s] または反り舌音 [tʂ、tʂʰ、ʂ] と合わせて 1 つの音素にまとめることもできる。表 9-10 に示すように [ɕ] と [s] を合わせて /s/ にまとめれば、/s/ が斉歯呼、撮口呼韻母に先行する場合は異音 [ɕ] で発音されるのに対して、開口呼、合口呼韻母に先行する場合は異音 [s] で発音されることになる。

324 | 第9章　中国語普通話の音素帰納

表 9-10　[ɕ] を /s/ に帰属させた場合の [ɕ] と [s] の音環境

音素帰納と異音		音環境	表記の例
/s/	[ɕ]	斉歯呼、撮口呼韻母の前	「宣」[ɕyæn] /syan/
	[s]	開口呼、合口呼韻母の前	「酸」[suan] /suan/

　音素帰納における対立と相補分布の作業原則と音素に簡潔性と経済性を求める作業原則からは、歯茎硬口蓋音 [tɕ、tɕʰ、ɕ] は普通話の子音体系の中で、軟口蓋音、歯茎音あるいは反り舌音のいずれかと合わせて1つの音素の組にまとめるべきである。このようにして構築された表音字母の体系は、歯茎硬口蓋音のためだけに3つの字母を使う必要がなく、その分、効率的である。したがって、国外の研究者によって構築された中国語の表音字母体系はいずれも歯茎硬口蓋音をほかの3組のいずれかに帰属させている。それに対して1958年に公布された中国語ピンイン方案は中国で数十年にわたって通用していた国語注音符号の伝統を受け継ぎ、[tɕ、tɕʰ、ɕ] を3つの独立した子音音素としている。ただし、それは音素帰納の作業原則に反しているわけではない。この方式によれば、前述の音素帰納によって得られた17の子音音素に、そこには含まれなかった /f/ と /ŋ/、そして当該の3つの歯茎硬口蓋音を加え、子音音素は合計22になる。そのうち /ŋ/ を除き /n/ を含む21が音節の初頭に現れて声母になるのに対して、/ŋ/ のみは声母になることなく音節の末尾にだけ現れ、韻尾になる。

9.5.2　ゼロ声母の子音音素としての位置づけについて

　中国語普通話の音節の音素構成は、ほとんどの場合、初頭音が子音である。すべての音節の中で「园艺」、「亿万」、「延安」、「恩爱」など、限られた一部の音節（400余りの基本音節のうち35）だけが初頭に子音を持たない。初頭に子音を持たない音節では、韻母の前の本来声母が現れる位置が空所となり、それが △[piɛn]「鞭」―[iɛn]「烟」▽、[kuan]「官」―[uan]「弯」のように無標の成分として子音声母と対立を成す。ところで、無標の成分と有標の成分が対立を成すことは言語によく見られる現象である。「無」には本来、一定の情報が含まれる。したがって言語学において「ゼロ」、「ゼロ形式」と

9.5 中国語普通話の子音音素と調素 | 325

いう概念が生まれ、文法学に「ゼロ形式」や「ゼロ型冠詞」が存在するのにも似て、音韻論にも「ゼロ音素」や「ゼロ連結」などの概念が用いられる。中国語の「ゼロ声母」の概念もこのようにして生まれ、高母音 [i]、[u]、[y] で始まる音節と、それ以外の [a]、[o]、[ə] で始まる音節をまとめてゼロ声母音節と呼ぶようになった。

すでに述べたとおり、純粋に音声学の立場から見れば、普通話ではたとえゼロ声母音節の字でも、実際の発音は必ずしも母音で始まるわけではない。その場合、高母音の前にはわずかな摩擦成分が現れる。このことは陽平の字に特に明確に感じられる。精密表記であれば、これらの摩擦成分は「移」[ji]、「魚」[ɥy] のように、後続の母音と同じ位置と唇の形で調音された接近音の字母で表記される。一方、高母音以外の母音で始まるゼロ声母音節では、母音が始まる前にわずかながら、より子音的な音声成分が現れる。例えば声門閉鎖音 [ʔ]（「癌」[ʔai]）、有声軟口蓋摩擦音 [ɣ]（「昂」[ɣɑŋ]）、軟口蓋鼻音 [ŋ]（「餓」[ŋɤ]）などである。高位母音群に関する音素帰納ではすでに [j]（硬口蓋接近音）、[w]（両唇接近音）、[ɥ]（円唇硬口蓋接近音）をそれぞれ対応する高位母音音素 /i/、/u/、/y/ に帰属させ、これらの音素の異音とすると述べた。[32] これに対して、ゼロ声母音節初頭の接近音の字母によって表記される摩擦成分とその他の子音成分を、ゼロ声母音素と呼ぶ1つの音素にまとめ、その異音と見なすのが適当であるという主張がある。この主張は普通話の子音音素の数や、ゼロ声母という概念のとらえ方にもかかわるため、さらに議論が必要である。

音素帰納の作業原則からすれば、ゼロ声母音節初頭の摩擦成分とその他の子音成分を上の主張のように解釈することもできる。まず音節構造に関して、これらの音はまさしく声母の現れるべき位置にある。また分布に関しては互いに相補分布を成している。さらに、音素は単音より大きくても小さくてもよい。これらのことから、高母音の前に現れる [j、w、ɥ] と開口呼や非高母音の前に現れるさまざまな子音成分 [ʔ、ɣ、ŋ] をゼロ声母音素と呼ぶ音

---

32 摩擦成分を伴う母音 [ji]、[wu]、[ɥy] ではなく、[j]、[w]、[ɥ] そのものを異音として母音音素にまとめてよいかについてさらなる議論が必要である。「9.2.1 [ɿ]、[ʅ]、[i] に関する音素の分割と統合について」ならびに同節、注10を参照。（訳注）

素 /Ø/ に統合するのは当然のことのように思える。しかし「ゼロ」や「ゼロ形式」がそもそも何を意味するかが重要である。「ゼロ」は数学から借用した概念である。言語学の各領域において、「ゼロ」という概念は形式が一切存在しないか、ある項が「空」(null) になっていることを指す。例えば「ゼロ形式」、「ゼロ形態素」、「ゼロ型冠詞」、「ゼロ型の隔語句反復」など、いずれの用語も体系上または構造上の均衡や対称性を維持するために設定された抽象的な単位にすぎず、そのいずれも音声のように特定の実在の形を持たない。音韻論における分析もゼロ形式の概念を用いないわけではない。例えば、音声成分がない連結を「連結音素」と見なしたり、韻律音韻論では、構造上の平行関係を維持するために単音節の語にゼロ音節と呼ばれる第2音節を設定したりもする。これにならって韻母の前の空所をゼロ声母とするならば、中国語の音節構造に統一された様式を定めることができる。つまり、中国語におけるすべての音節は声母と韻母という2つの部分から成り、先行する声母に韻母が接続することによって形成されると記述できる。よってゼロ声母音素という概念は音節構造に関する分析には有益である。しかし、この分析が成立する前提は、言語学における「ゼロ」あるいは「ゼロ形式」の概念に反しないことである。言語学における「ゼロ」とは、音声のように実在するものが一切なく、無標そのものであることである。それに照らせば、摩擦成分や接近音のような音声的な実在をゼロ声母音素の異音と見なすのは適切ではない。また、ゼロ声母を1つの音素として設定することも適切ではない。なぜなら、音素は本来、対立と相補分布の作業原則に基づいて切り出された、意味を区別する機能を持つ単位であるが、ゼロ声母音節の初頭に現れる音声成分は中国語において意味を区別する機能を持たないからである。そのために、名目だけのゼロ声母音素をその他の子音音素と同格に並べることは適切ではない。

　以上の分析により、ゼロ声母音節初頭の韻母の始めに現れる付随的な音声成分は、やはりそれに対応する母音音素に含めるのが適切である。例えば [j] (「移」[ji])、[w] (「无」[wu])、[ɥ] (「鱼」[ɥy]) をそれぞれ /i/、/u/、/y/ に

9.5　中国語普通話の子音音素と調素 | 327

帰属させ、ゼロ声母音節に現れる母音音素の条件異音[33] とするのがよい。ま
た、開口呼のゼロ声母音節に現れる声門閉鎖音 [ʔ]、有声摩擦音 [ɣ]、軟口蓋
鼻音 [ŋ] も異音としてそれぞれに対応する中位母音音素あるいは低位母音音
素に統合できる。例えばゼロ声母音節に現れる異音 [ʔa]（「阿姨」[ʔaji]）を /a/
に、異音 [ʔə]（「恩爱」[ʔən ʔaɪ] /en ai/）を /e/ に帰属させるのがよい。音素論
が弁別的素性の段階に到達し、母音と子音の境界はすでに取り除かれている
ため[34]、[ʔa] や [ˠɤ] のような子音成分を伴う母音を異音として母音音素に統合
しても音素帰納の作業原則には違反しない。むしろこのような子音成分は調
音的には本来、母音に伴うものであり、それは調音時の気流の滞留や、咽頭
後壁の筋肉の緊張、あるいは音声間の同化によって生じるものである。これ
に類似して、[j]、[w]、[ɥ] のような接近音も、それに対応する母音の舌の位
置が高いために声道が狭められた結果として生じたものである。したがって
これらの摩擦成分やその他の子音成分はそれに対応する母音に伴うものとし
て扱うべきであり、抽象化して無理にまとめて 1 つの独立した子音音素と
する必要はない。ただし、中国語普通話と方言を比較する場合などで声母
表、韻母表を対照的に示す場合は、ゼロ声母を一括して挙げるのが一般的で
ある。普通話の言語体系を論ずる中で声母と韻母の組み合わせ規則について
述べるとき、ゼロ声母は欠くことのできない概念である。このことはゼロ声
母が 1 つの子音音素であるか否かとは別の問題である。

9.5.3　子音音素の主たる異音

　子音音素には母音音素と同様にさまざまな異音が帰属している。しかし子
音は多くの場合、響きが比較的弱く、自立音節も成さず、その異音はしばし
ば聞き取りにくいため、意識して識別する必要がある。例えば「该」(gɑi)
と「乖」(guɑi) という 2 つの字を発音するとき、声母の唇の形は異なる。

33　本章の注 10 を参照。（訳注）

34　母音の声立てに声門閉鎖が付随する現象は中国語に限らず、ドイツ語にも見られる。
　また、フランス語では母音と鼻音が融合し、鼻母音が生じることや、日本語の撥音「ん」
　は [n] などの子音で発音されたり、さまざまな鼻母音で発音されたりする現象もあること
　から、音素論の発達段階を持ち出すまでもなく、母音と子音の境界はそもそもあいまいで
　ある。（訳注）

328 | 第9章　中国語普通話の音素帰納

「拿」(nɑ) と「撓」(nɑo) も、2字の声母の調音位置はやや異なる。これらの違いを無視すれば、例えば合成された音声の自然度が損なわれる。こうした細かい問題もあるが、子音音素の数は母音音素をはるかに上回るため、逐一述べると本書の紙幅を超えることになる。そこで以下では、異なる音素に帰属しながら共通する特徴を持つ異音と、特殊な異音についてのみ概略的に述べることにする。

　普通話では、音節初頭の子音の異音はほとんどがそれに続く母音の同化作用によって生じる。そのうち、比較的強い体系性を持ち、共通する特徴を付与される異音には2種類がある。

(1) 舌の位置の違いによって生じる異音

　最も顕著なのは硬口蓋化による異音である。以下に対の形で例を示す。

班 [pan] — 鞭 [pʲiɛn]　　　　単 [tan] — 滇 [tʲiɛn]

男 [nan] — 女 [nʲy]　　　　辣 [lʌ] — 緑 [lʲy][35]

子音 [p]、[t]、[n]、[l] は前高母音 [i] と [y] に先行すると、開口呼韻母に先行する場合とは異なり、逆行同化によって明らかに舌が硬口蓋前部に近づき、両者の接触面が広くなって硬口蓋化が起こる。このような硬口蓋化による異音は [i]、[y] に先行する子音に共通するものであり、音韻規則の定式では次のように表される。

[+ 子音] → [+ 硬口蓋化] / __[i, y]

　また、舌の前後方向の位置の違いによる異音もある。変化の程度は後続の母音によって異なる。以下に対の形で例を示す。声母の調音位置に着目されたい。

給 [kei] — 搞 [kɑʊ]　　　　班 [pan] — 帮 [pɑŋ][36]

辣 [lʌ] — 路 [lu]　　　　拿 [nʌ] — 奴 [ŋu]

後続する母音の影響を受けて生じる舌の位置の変化はそれほど明確でない

35　[nʲy]、[lʲy] のように円唇硬口蓋接近音 [ɥ] ではなく、ここでは [ʲ] を用いて硬口蓋化が表されている。(訳注)

36　両唇閉鎖音を後ろ寄りに調音するというのは考えにくい。これは調音位置の問題ではなく、次の母音が後舌母音であるためにその共鳴の特性が [p] の破裂の噪音にも表れるということであろう。(訳注)

こともある。その場合は補助記号を用いて表記すればよい。それに対して、上の例のうち、歯茎側面音 [l] は後・高母音 [u] が後続することにより、[ʂ] や [ɻ] と同じ調音位置の反り舌側面音 [ɭ] になり、[n] も同様の同化によって反り舌鼻音 [ɳ] になる。このように変化の程度の大きい異音の中には独自の字母で表記されるようになるものもある。

(2) 円唇化による異音

唇歯音 [f] を除き、普通話のすべての子音は、円唇母音が後続すると円唇化する。[37] 以下に対の形で例を示す。

丹 [tan] — 端 [tʷuan]　　　　该 [kai] — 乖 [kʷuai]

尖 [tɕiɛn] — 捐 [tɕʷyæn]　　沾 [tʂan] — 专 [tʂʷuan]

△(1句削除)▽子音に母音が結合して 1 つの音節を形成する場合、子音の舌の位置と唇の形は当然のことながら後続の母音の影響を受ける。上の例では、合口呼と撮口呼と組み合わされた声母の子音は逆行同化を受け、明らかに開放段階以前に円唇化により声道の形が変化している。この変化は必然的に音色を変え、その結果として異音が生じる。音声教育において、また音声合成においてもこのような音声の細部を見逃してはならない。

　ところで、前述のように、普通話の子音音素の異音の多くは後続する母音からの逆行同化によって生まれるが、その中で歯茎鼻音 [n] は開口、斉歯、合口、撮口という 4 種類の韻母のいずれとも組み合わせることができ、また唯一、声母として音節初頭に現れるとともに、韻尾として音節末尾にも現れる子音であるため、異音の数が最も多い。

　以下に /n/ の異音を示す。[38]

　　　[n]　　歯茎音。声母として現れる。例として「拿」[nʌ] /na/ などがある。

　　　[n˺]　　開放しない歯茎音（閉鎖のみの音）。韻尾として現れる。例

---

[37] 「乏」[fʌ] と「佛」[fo] における違いから、実際には唇歯音 [f] にも、後続する円唇母音の影響によって円唇化が起こることがわかる。ただし「福」においては /u/ が [ʋ] として実現されるためにその変異はやや観察されにくい。（訳注）

[38]　そのうち [n] は標準的な異音、[n˺] は韻尾に現れる異音で、残りは逆行同化による異音である。（訳注）

として「边」[pʲiɛn] /pian/ などがある。

[ɳ]　反り舌音。例として「闹」[ɳɑʊ] /nau/ などがある。

[ɲ]　歯茎硬口蓋音（または硬口蓋化された [nʲ]）。例として「泥」
　　　[ɲi] /ni/ などがある。

[nʷ]　円唇歯茎音。例として△「怒」[nʷu]³⁹ /nu/▽などがある。

△ (3) 特殊な異音▽

　r 化韻について述べた際に、子音音素に属する特殊な 2 つの異音⁴⁰ にも言及した。それらは r 化韻母から切り出された音声成分であり、それ自体は独立の音単位ではない。これら 2 つの異音はそれぞれ /r/ と /ŋ/ に属する。⁴¹

　まず /r/ の異音を示す。

[ʐ]　声母として音節初頭に現れる。例として「软」[ʐuan] /ruan/
　　　などがある。

[-r]　反り舌韻尾として音節の末尾に現れる。例として「班儿」
　　　[par] /par/ などがある。

　次に /ŋ/ の異音を示す。

[ŋ]　開放しない鼻音韻尾である。例として「筐」[kʷʰuaŋ] /kʰuaŋ/
　　　などがある。

[˜]　韻尾に先行する母音に現れる鼻音化成分である。例として
　　　「缸儿」[kãr] /kaŋr/ などがある。

　軟口蓋鼻音音素 /ŋ/ の 1 つの特質は、子音音素の中で唯一声母にならず、韻尾としてしか現れえないという点にある。対立と相補分布という音素帰納の作業原則からすれば、[ŋ] を位置による条件異音として、[n] を除くすべての子音音素に帰属させることができる。中でも /m/ に統合することは、相補分布の観点からも音声的類似の観点からも音素帰納の作業原則に適合している。仮に [m] と [ŋ] を 1 つの音素に統合するとして /m/ を音素記号とする

39　上記 (1) の「奴」[nu] は舌の位置に主眼を置いた表記である。舌の位置と唇の形の変異
　　をともに表そうとすれば [ɳʷu] となる。(訳注)

40　続く本文に述べられる [-r] と [˜] を指す。(訳注)

41　次に述べる 4 つの異音 [ʐ]、[-r]、[ŋ]、[˜] のうち、[ʐ] と [ŋ] はそれぞれ自立した音形
　　を持つ /r/ と /ŋ/ の異音である。(訳注)

9.5 中国語普通話の子音音素と調素 | 331

ならば、次のような発音規則を設ければよい。すなわち、/m/ は音節初頭に
現れる場合は両唇鼻音 [m] で、音節末尾に現れる場合は軟口蓋鼻音 [ŋ] で発
音されるという規則である。このような取り扱いは音素帰納と異音の記述
上、何ら問題はない。しかし、普通話の音素帰納においてこのような扱いが
なされることはない。それは言語の音体系にかかわるより深い要因によって
いる。具体的にはまず、音連続には複数の階層からなる構造性があり、音の
同化の様式はその構造上の階層によって異なる。音節を単位とする中国語の
音連続では、初頭音と末尾音は異なる構造上の階層に属する。[42] 次に、中国
語諸方言にはさまざまな同化の様式があるが、普通話に起こる同化は同じ階
層に起こる逆行同化が中心であるため、声母は後続する介音の同化作用を受
けることが多く、韻腹は後続する韻尾の同化作用を受けることが多い。第3
に音声の通時的な変化からもわかるように、異なる階層に属する音では変
化の様態が異なる。普通話では韻尾であった [m] と [n] に通時的な音変化に
よって音素の統合が起こった一方で、声母の位置ではこれらの音は依然とし
て2つの独立した音素として維持されてきた。それに対して [ŋ] は韻尾の位
置では常に独立の音素として保たれてきたが、声母の位置には現れなくなっ
た。すなわち声母の位置にある子音には、韻母の構造に含まれる子音韻尾と
異なる遷移と変化が起こったのであり、こうした違いは中国語諸方言に共通
する。このようにして韻尾 [ŋ] は声母 [m] と相補分布を成し、音声的にも類
似しているのだが、普通話と方言の対応関係と、位置によって通時的な音変
化のしかたが異なることを考慮すると[43]、この2音をやはり相互に独立した
音素とするほうがよい。すなわち [ŋ]、[m] に係る音素帰納の問題は、対立
と相補分布の作業原則だけに基づいて議論すれば現在の解決法は理解しにく
いが、音体系における内在的な関係に着目すれば、それが適切であることが
知れよう。

42　音節の初頭や末尾などは一般的には「位置」の違いである。しかし、中国語音声学で
　は伝統的に音節が最上位の単位で、その下に声母と韻母、韻母の下に韻頭・韻基、韻基の
　下に韻腹・韻尾があるという「階層」の考え方がある。そのため、ここでは「位置」では
　なく「階層」と述べている。（訳注）

43　つまり、声母の位置では [m]、[n]、[ŋ] が区別されていたこと、また方言によっては、
　[n]、[ŋ] のほかに韻尾の [m] が残っていることを考慮するということである。（訳注）

332 | 第9章 中国語普通話の音素帰納

　前述の逆行同化による異音は音節内部の音環境によって生じる条件異音であり、音連続において隣接する音の影響を受けて必然的に形成されるものでもある。つまり、一続きの神経指令と調音器官の筋肉の運動によって音節に含まれる複数の音素を調音するために同化が起こり、そこで引き起こされる音変化は強制的なものになる。△それに対して、別の種類の、非強制的な音変化の結果として生じる非義務的な条件異音がある。非義務的な条件異音は多くの場合、音節内部の音環境によるものではなく、字の連結部、音節の替わり目に見られる。また非義務的な条件異音は発話速度や発話者の話し方にも大きく影響されるもので、必然的な異音ではない。▽そのうち、よく見られる2種類の音変化について述べる。

　（1）無声子音の有声化

　第7章「7.1.2 中国語の軽音と軽声」ですでに声母の有声化の現象に言及した。実際にはこれらの軽声音節に起こる音変化には規則性があるだけでなく、一定の体系性も見られる。すなわち無気無声の破裂音と破擦音は、軽く発音される条件のもとでは次のような変化を起こす。

/p/ → [b]	哑・巴 [iʌ・bʌ]
/t/ → [d]	我・的 [uo・də]
/k/ → [g]	五・个 [u・gə]
/tɕ/ → [dʑ]	姐・姐 [tɕiɛ・dʑiɛ]
/tʂ/ → [dʐ]	站・着 [tʂan・dʐə]
/ts/ → [dz]	日・子 [ʐɿ・dz]

　それに対して有気音にはふつう有声化は起こらない。北京方言では有気音は硬音、無気音は軟音である。調音の際の気流の強さや筋肉の緊張の程度に関して軟音は有声音に似るが、声帯の振動を伴わない点で異なる。したがって国内外の音声学の専門家たちはいずれも、上の例の2音節目の声母本来の発音を精密表記で [b̥]、[d̥]、[g̊]、[d̥ʑ̊]、[d̥ʐ̊]、[d̥z̊] のように無声化した有声音で表記する。これらの音の持続時間は特に軽声音節では短く、音節初頭に位置するものの、前後に母音があるためにその同化の影響を受けて無声音から有声音に変わる。中国語子音音素の異音の中でもこのような変化はかなり特異なものである。

（2）音素の重複

子音体系において /n/ は唯一、声母にも韻尾にもなりうる音素である。緊密につながり、ほとんど休止がない音節連鎖において、先行する音節の末尾の /n/ は、後続の音節初頭音からの逆行同化を受け、調音位置に変化が起こり、以下のように歯茎鼻音 [n] から両唇鼻音 [m] と軟口蓋鼻音 [ŋ] に転じる。

/n/ → [m]	难免 [nam miɛn]
	关门 [kuam mən]
	电报 [tiɛm pɑʊ]
	分配 [fəm pʰeɪ]
/n/ → [ŋ]	辛苦 [ɕiəŋ kʰu]
	很好 △[xəŋ xɑʊ]▽
	赶快 [kaŋ kʰuaɪ]
	心肝 [ɕiəŋ kan]

[m] と [ŋ] のどちらも独立した音素であるため、上記の音節の連鎖によって生じる変化は音素間における異音の重複にもかかわる。ただし、文脈や音環境による制約があるため、重複があっても意味的な混乱を引き起こすことは特にない。このような異音は発話者の発話速度や個人的な発話習慣に影響を受けた非義務的な条件異音である。つまり、上の例における [m] と [ŋ] は /n/ の後方の音環境により、発話者に依存して現れる異音であり、/n/ に属するほかの条件異音と同じではない。

9.5.4　中国語普通話の声調体系

初期の音素論はインド・ヨーロッパ語を基に構築されて発展してきたため、欧米の言語学者は当初、音素という概念を母音と子音に限って使用していた。しかしその後、強さ、高さ、長さも言葉の意味を区別する機能を有することがわかり、音素という概念がこれらの韻律特徴にも用いられるようになった。ただし、母音と子音に比べ、強さ、高さ、長さの働きは副次的であり、音素的負荷も軽いために一律に副次的音素と呼ばれていた。しかし中国語のような声調言語ではこうした呼称は明らかに不適切である。中国語では声調の意味を区別する機能が母音、子音と同等であるばかりか、実際にはそ

334 | 第9章 中国語普通話の音素帰納

れ以上の音素的負荷を担っているからである。具体的には、普通話における母音と子音の音素は合わせて30ほどあるが、意味を区別する最小対を成す声調の調類はわずか4つである。さらに、中国語は単音節の形態素を基本単位とする言語であるにもかかわらず、単音節の種類はわずか400ほどである。限られた数の音節の種類で複雑な意味を表せるのは、異なる声調が付与されているからである。すなわち、声調がなければ字が成立しない。したがって、中国語における各声調の出現頻度やその音素的負荷は母音と子音の音素をはるかに上回る。つまり声調は音体系を構成する一部であるばかりか、少なくとも母音と子音の音素と同等の地位を占める重要な構成要素であると言える。1920年代初期に音素論では音素（phoneme）という用語に並び、調素（toneme[44]）という用語が生まれた。その後、声調の音声的特徴や構造的類型、音体系における機能を専門に研究する調素論（tonemics）、調韻論（tonology）も創始された。

　第5章においてすでに述べたとおり、紀元5世紀末に古代中国の言語学者は中国語に声調という音声的特徴があることに気づいていた。当時は字の音声に含まれる声調を分析して「平、上、去、入」の4つの調類に整理し、中国語声調の分類の基礎を構築した。それ以来、どの時代にも中国語音韻学[45]において声調は声母、韻母とは別の1つの独立した構成部分として扱われてきた。しかし現代の音韻論では、強勢や高さなどの超分節的要素を分節的要素に付加された音声的特徴ととらえる初期の見方を一変させ、音声をいくつかの異なる側面に属する特徴の組み合わせによって生まれた集合体ととらえ、母音と子音によって構成された線形の連続体はそのうちの1つの側面に属する特徴にすぎないと考えるようになった。母音と子音の側面のほかにも強勢の側面、声調の側面、イントネーションの側面がある。これらの側面

44　toneme を「声調素」や「音調素」と訳すこともある。中国語では意味を区別する高さを「声調」と呼ぶことから、中国語音声学に限れば「声調素」と訳してもよいが、日本語では意味を区別する高さを「アクセント」と呼ぶことから、日本語音声学に限れば「音調素」と訳すほうがよかろう。なお、本書は中日音声の対照研究を行う読者を念頭に、「調素」という訳語を選択する。（訳注）

45　中国語音韻学とは中国語と漢字の歴史的音韻変化を研究する学問分野であり、近代的な学問区分では歴史言語学の一部である。（訳注）

は互いに関連しながらも、それぞれの独立性を維持し、母音と子音に並ぶ対等の音単位と見なされる。詰まるところ、母音と子音は線形的な分節的要素であるのに対し、強勢、声調、イントネーションなどは非線形的な要素である。このような見識を基に非線形音韻論という新しい学問分野も誕生した。

　伝統的な音素論の立場では、古代中国で同定された4つの調類は4つの調素に相当する。現代中国語諸方言における調類も古代中国語の調類体系と直接的な関係にある。北京方言ももちろんである。ただし中国語声調の遷移と変化によって、北京方言の調類は陰平、陽平、上声、去声という4つになった。調類ごとにそれぞれ決まった調値があり、それを基に、「四声別意」といわれるように声調で意味が区別される。前述のとおり、普通話における陰平調の主たる特徴は高く平坦に続く点にあり、その調値は [55] である。陽平の主たる特徴は中位を起点に上昇する点にあり、その調値は [35] である。上声はわずかな屈曲を伴う降昇調で、調核は低く平坦であるため、陰平の高とは対照的に、その主たる特徴は低であるという点にあり、調値は [214] である。去声の主たる特徴は高位置から下降する点にあり、その調値は [51] である。なお、中国語音声学では普通話の四声の調形の特徴を表して「一平、二昇、三曲、四降」とも言う。

　普通話における4調素の基本的な調値はいずれも単音節（字）として発音する際の高さの変化によって定められている。すなわちそれは1字限りの字の声調、字の調値である。それに対して通常の発話では字が連なるために各音節の高さも当然、影響し合う。例えば陰平が2つ続けば、先行する陰平は後続の陰平よりやや低い平坦な [44] になる。陽平が2つ続けば、先行する陽平は後続の陽平より上昇の仕方がやや緩い [34] になる。去声が2つ続けば、先行する去声は後続の去声より下降の仕方がやや緩くなり、本来の最高点から最低点に下がる [51] ではなく、[53] になる。このように、字の連続により高さの変異が生じるのは確かだが、それを、母音や子音の音素に一定の音環境において必ず生じる条件異音と同一視することはできない。それは、5段表調法によって表記される高さはあくまでも相対的な高さにすぎ

336 | 第9章　中国語普通話の音素帰納

ず、また、声調の知覚と生成は範疇知覚[46]に基づいており、調形の核心部分が変異しないかぎり、こうした相対的な高さの変異はふつう感じ取りにくく、さらにそうした変異は特に発音規則を設けるほどのものではないからである。これに対して、2つの上声が続くときに起こる調値の変異は調形の核心部分に生じるとともに調素の重複を引き起こし[47]、強制的であり、発音規則を設ける必要が生じることから、調素の異音と見なすべきである。すなわち、2つの上声が続くときに起こる高さの変異は、ほかの3つの声調で同じ声調が続く場合に起こる高さの変異と異なり、音韻的に有意な変異である。中国語のほかの方言にも類似した変異が現れることによってもこの解釈は支持される。

　表9-11に普通話の調素体系、すなわち、音節レベルで意味を区別する機能を有する字の声調と、2字が連なる音連続における上声の異音を示す。調素の種類[48]は/ /で囲った数字で表す。

　上声に属する3つの異音のうち [35] は陽平の調値とまったく同じで、調素の重複が起こる。すなわち異なる調素が同じ異音として現れる。音素帰納について得られた知見によれば、異なる音素に属する異音の重複はできるだけ避けるべきであり、このことは調素にも当てはまる。この点で音声研究者の意見は一致している。そこで上声連続において先行する上声の調値を [35] ではなく [24] と表記し、直上と名付ける研究者がいる。こうした研究者は「挤死（了）」[24 + 214] と「急死（了）」[35 + 214] のように、上声連続にお

46　音声知覚における範疇知覚（categorical perception）とは、人が母語の音素や調素を知覚するとき、音響的に一定量で変化する一連の刺激について、異なる範疇（音素、調素など）に属する刺激を弁別できるのに対して、同一の範疇に属する刺激が弁別できないという知覚の様式である。なお、声調が実際に範疇知覚によって知覚されるかどうかについてはまだ検討の余地がある。（訳注）

47　前述のとおり、上声が2つ続くと、先行する上声が [214] から [35] に変化する。例えば、「买马」における「买」と「马」はともに本来上声であるが、先行する「买」が規則的に陽平の [35] となる。そのために「买马」は陽平に上声が後続する「埋马」と区別できない。このように、[214] から [35] への変化は、屈曲を喪失するという調形の本質的な変化であるとともに、陽平の調素との重複を起こすという点で他の3つの声調の変化とは性格がまったく異なる。（訳注）

48　/1/ から /4/ は陰平、陽平、上声、去声の別称、第1声、第2声、第3声、第4声に対応する数字である。音素表記においてもこの数字で調素を示す。（訳注）

表 9-11　普通話の調素と異音

調素	調素の異音		例	音素表記
陰平 /1/	高平調 [55]		书包	[ʂu⁵⁵ pɑʊ⁵⁵] /ʂu¹ pau¹/
陽平 /2/	中昇調 [35]		学习	[ɕyɛ³⁵ ɕi³⁵] /ɕye² ɕi²/
上声 /3/	[214]	休止の前	黄海	[xuɑŋ³⁵ xaɪ²¹⁴] /xuaŋ³ xai³/
	[35]	上声の前	海水	[xaɪ³⁵ ʂueɪ²¹⁴] /xai³ ʂuei³/
	[21]	上声以外の声調の前	海军	[xaɪ²¹ tɕyən⁵⁵] /xai³ tɕyən¹/
			海防	[xaɪ²¹ faŋ³⁵] /xai³ faŋ²/
			海燕	[xaɪ²¹ iɛn⁵¹] /xai³ ian⁴/
去声 /4/	高降調 [51]		电报	[tiɛn⁵¹ pɑʊ⁵¹] /tian⁴ pau⁴/

いて先行する上声の調値は陽平と異なると主張する。確かに自然発話にはこのような違いがあるかもしれないが、それはあくまでも上声本来の特徴が低調で、上声が連続することで起こる変調もその特徴を受け継ぐからであり、それによって先行する上声の高さが陽平本来の [35] より低くなるにすぎない。事実、そうした現象はあるが、普通話の調素体系に高さの違いによって弁別される低昇調と高昇調や低降調と高降調などは存在せず、「平」、「昇」、「曲」、「降」で四声を区別することに慣れた北京語話者にとって [24] と [35] を区別することは困難である。「毫米—好米」、「食管—使馆」、「鱼水—雨水」、「骑马—起码」、「粉厂—坟场」、「涂改—土改」、「油好—友好」、「油井—有井」[49] など、数十の資料語を用いた弁別テストでも大部分の被験者は知覚上、これらの語を区別できない、すなわち、上声連続によって生まれる上昇調と本来の陽平の違いが区別できないという結果が示されている。これらの対を成す資料語の知覚課題と、「机场」—「鸡场」[50] のような同音語から成る対の知覚課題では正答率にほとんど差がない。したがって、2字語における上声連続の発音規則を「上声＋上声→陽平＋上声」とする伝統的な音声学の記述は言語実態に合致すると言える。また、単発的な重複は音体系全体を揺るがすことはないため、どうしても避けなければならないものではない。

49　これらの対のいずれも「陽平＋上声—上声＋上声」の対立である。（訳注）

50　「机场」と「鸡场」はどちらも「陰平＋上声」の組み合わせである。（訳注）

338 | 第9章　中国語普通話の音素帰納

　上声連続によって起こる変調は当然、2音節に限らず、3音節から7、8音節にまでも及ぶ。例えば「（我）也想买五把好雨伞」の8音節はいずれも上声である。このような文における上声変調には、発話速度、休止、プロミネンス、意味関係、文法構造などの要素が入り混じって相互に複雑に関与しており、しかも一部の変調は自由異音で、不可測であるため、調素の側面だけから統一された変調規則をまとめることは困難である。[51]

　なお、軽声も普通話の調素体系に関係があると言える。軽声も「陰・陽・上・去」に並ぶ1つの独立した調類であり、第5の声調とも考えられるからである。この考えにしたがえば、普通話の調素体系に軽声を含めることになる。

　軽声は確かに普通話の音体系を構成する必須の要素である。軽声は意味や文法関係を区別する機能を有するだけではなく、一部の語の音構造に必ず現れる音声現象でもある。したがって音声教育、なかでも外国人学習者向けの音声教育では軽声を個別に取り上げ、軽声語とともに1つの独立した調類として学ばせることは実践上、理にかなっており、教育効果を上げることもできる。しかしながら理論上、軽声を四声と並ぶ第5の調類とすることは妥当ではない。まず、軽声に定められた調値はなく、その調値は先行する字の声調に左右される。軽声は持続時間が短く、強さが十分でないために高さの変化の幅が無きに等しいほど圧縮され、高さの特徴を感じ取ることが難しい。そのため一般に、軽声の調値は上声に続く位置では短く高く平坦で、上声以外の声調に続く位置では短い去声であると記述されるが、実際にはその始点の高さは先行する字の声調により、少しずつ異なっている。四声は軽声と異なり、調値の高さの様式が何に由来するかについて論証も推論もできない。語中の軽声の字にはその大多数に本来の声調がある。陰・陽・上・去のいずれの調類も軽声で発音されうる。すなわち軽声と四声との間には派生と根源の関係が存在するのである。それに対して普通話の四声における4つの調類の間には派生と根源の関係は存在せず、これらは互いに独立し、いず

51　上声が3音節以上連続する場合の変調について、確かに「調素の側面だけから統一された変調規則をまとめることは困難である」が、多くの場合は全体の構造によって2ないし3音節から成る語に分け、2音節、3音節の上声変調の規則を当てはめるため、調値は[214]から[21]か[35]（[24]）に変化する。[55]や[51]になることはない（李延平1998；刘松泉2010）。（訳注）

れも根源的なものである。したがって、軽声を、四声と同列に並ぶ独立した調類とすることの合理性は検証困難であり、論理的に認められない。もちろん接尾辞の「们」や助詞の「的、了」、語気助詞の「吗、呢」のように常に軽声で発音される字もわずかにあるが、それはあくまでも語彙・文法レベルに軽声が存在することを示すだけのことで、それによって軽声を四声に並列させうる独立した調類と位置付けることができるわけではない。

　第7章「7.1.1 語強勢」と「7.4 イントネーション」においてすでに述べたとおり、音連続における個々の音節は響きの強さが常に異なる。明瞭に聞こえるのは強勢が置かれる音節で、それほど明瞭に聞こえないのは弱強勢の音節である。初期の中国語音声学では普通話の軽声も一種の弱強勢と考えられ、軽音と呼ばれた。1つの字が語や文の中で軽く発音されると、字の発音を形成する各要素にも一定の変化が起こる。その中で最もわかりやすいのは、本来の調形が失われる変化である。そのため、当時はこの変化が唯一の変調現象と見なされ、それによって軽音という名称も軽声に変わった。ところがここ数十年、実験音声学の発展により、普通話における強勢に関する認識も深まった。まだすべての研究者の見解が統一されているわけではないが、少なくとも中国語のような声調を有する言語では、強勢が強さの程度によってではなく、高さや長さの変化によって実現されることに広く同意が得られている。普通話における強勢音節は一般に長さが伸び、調域も広がり、調形がほぼ完全に維持される。それに対して、軽声は長さが大きく縮まり、調域が大きく狭まり、本来の調形も失われる。その結果、ほとんど聞き取れないほどの不明瞭な高さの変化しか残らず、しかも高さは長さと正の相関にあり、高さが低いほど長さが短い。このことから、音素帰納においては軽声を1つの独立した調類として四声と同じ資格で調素体系に取り込まず、強勢と対置させるのが妥当であると言える。[52]

9.6　異なる体系による2つの音素帰納
　20世紀初めに音声学の考え方が国外から中国に伝わるのに伴って、発展

52　厳密には軽声全体を強勢に対置させるのは妥当ではなく、強勢と対置されるのは軽声のうちの軽音（音調軽音、第7章の注2を参照）である。（訳注）

340 | 第9章　中国語普通話の音素帰納

途上にあった音素論の研究も次第に中国に紹介されるようになった。その後、1930年代に中国の言語学者、趙元任氏は早くも音素理論の研究により、音声学という学問分野に国際的にもすぐれた貢献をもたらした。しかし音素理論をある程度、包括的、体系的に導入し、普通話の音素研究に応用するのは1950年代初頭からになる。その後、普通話の音素帰納に関して2つの案が提唱された。1つは母音と子音の体系を基に、個々の音から母音音素、子音音素そして調素（声調の音素）を帰納する案であり、もう1つは声母、韻母、声調の体系を基に、個々の音から声素（声母の音素）、韻素（韻母の音素）と調素を帰納する案である。[53] この2つの案における主な違いは韻母に現れる。母音・子音体系による案では一般に5〜6の母音音素が得られ、それに2つの子音音素 /n/ と /ŋ/ を合わせれば、普通話におけるすべての韻母を記述できるのに対して、声母・韻母・調素体系（以下、声・韻・調体系と略す）による案では普通話におけるすべての韻母を記述するのに以下に示す18もの韻素[54] が必要になる。

$$/a \quad o \quad ɤ \quad ɛ \quad ɿ(ʅ) \quad i \quad u \quad y/$$
$$/ai \quad ei \quad au \quad ɤu \quad ɚ/$$
$$/an \quad ən \quad aŋ \quad əŋ \quad uŋ/^{[55]}$$

　このように大きく異なる2つの音素帰納の結果は、実際には母音・子音体系を基にするか、声・韻・調体系を基にするかによる違いではなく、音体系の基本単位（音か韻素か）をどれほど小さく切り分けるかによる違いである。第8章「8.5 音素帰納の多様性」においてすでに述べたとおり、音素帰納に用いる単位は必ずしも音声分析に用いる単位と同じではない。音体系の基本単位を音声学における最小分節（すなわち、単音）より大きく設定し、音の組み合わせを1つの単位とすることもあるし、音声学における

53　ここでは音素帰納を拡大解釈して、韻素を帰納することにも用いる。（訳注）

54　韻素とは、韻母の大きさを持つ、意味を区別できる音単位であるが、本文で次に示されるように、韻素には韻腹と韻尾が含まれ、韻腹と韻尾を切り分けることはしない。（訳注）

55　原著では /aᵑ/ のように、韻尾を右上に付く小字で表しているが、本書（日本語版）では /aᵑ/ が /ŋ/ の影響を受けた母音 /a/ を表し、そこには本来の韻尾が含まれないと誤解されることのないように、字母の大きさを変えずに記している。（訳注）

最小分節より小さく設定し、それを 1 つの音体系の基本単位あるいは異音とすることもある。母音・子音体系によって得られる 5 〜 6 の母音音素と、声・韻・調体系によって得られる 18 の韻素における違いはまさにその結果である。例えば声・韻・調体系による音素帰納では、変化過程を含む二重母音 [ai]、[ei] や鼻音韻母 [an]、[ən] を 1 つの単位と見なすのに対して、母音・子音体系による音素帰納ではこれらをさらに小さい単位にまで分割する。

　音素帰納では、異なる方法によって大きさの異なる単位を設定することが容認されるだけでなく、2 つまたはそれ以上の音を含む音連鎖をどのような場合に 1 つの単位と見なすべきか、どのような場合にさらに分割して 2 つあるいはそれ以上の単位と見なすべきかについて明確に定められていない。その結果、韻素の帰納において普通話の複韻母や鼻音韻母を 1 つの単位と見なしても音素帰納の作業原則に反することはない。むしろその長所もある。確かに、一見したところ声・韻・調体系に基づく音素帰納による韻素の数は、母音・子音体系に基づく音素帰納による母音音素の数をはるかに上回る。しかし韻素を示せば、さまざまな異音の表れる音環境について説明する必要がなくなる。例えば高位母音群に属する舌面母音 [i] と舌尖母音 [ɿ]、[ʅ] の分割と統合や、中位母音群に属する [e]、[ɤ]、[ə] の分割と統合の問題、そして低位母音群に属する前母音 [a] と後母音 [ɑ] の違いなど、音素と異音の関係や異音の現れる音環境がすべて韻素の表記に含まれるため、逐一説明する必要がなくなる。つまり韻素の数が多くなる代わりに、音体系の説明が簡素化されるのである。

　音素帰納において音素の数と異音の数は常に負の相関を成している。音素の数が少なくなれば、個々の音素に統合される異音が多くなり、音素の発音規則（異音の現れる音環境に関する記述）も増える。逆に音素の数が多くなれば、個々の音素に統合される異音は少なくなり、音素の発音規則も単純化され、音体系も全体的に簡潔になる。同様に、声・韻・調体系による音素帰納の結果として複韻母と鼻音韻母を 1 つの単位と見なすことは簡潔性の面で優れており、実用的でもある。また音声の物理・心理実験の結果にもこれらの 2 つの単音が組み合わされた韻母が確かに 1 つのまとまった単位として認識され、知覚されることが示されている。したがってこうした単位の設定は音

342 | 第9章　中国語普通話の音素帰納

声教育にふさわしく、中国語の音声構造にもよく適合していると言える。

　声・韻・調体系に基づく音素帰納と母音・子音体系に基づく音素帰納との間に優劣はない。それぞれが異なる音素帰納の目的を満たしている。例えば、中国語のためにアルファベットによる表音字母体系を構築しようとするなら、普通話の音声について母音・子音体系に基づく音素帰納を行う必要がある。そうすれば少ない数の字母で音声体系に含まれる数十の韻母をつづることができる。それに対して声・韻・調体系に基づく音素帰納を行えば音声に字母を割り当てるのに困難が生じる。例えば、声・韻・調体系に基づく音素帰納では複韻母と鼻音韻母も1つの単位と見なされるが、26字のアルファベットには5つの母音字母しかなく、アルファベットでこれらの単位をつづることができなくなる。これらをさらに小さい単位、すなわち母音と子音に分割して音素を単位とするからこそ、それらに字母を割り当てることができるようになり、アルファベットを用いた中国語の表音字母体系が構築できるようになる。

　母音・子音体系に基づく音素帰納と声・韻・調体系に基づく音素帰納はそれぞれ異なる文化背景に由来する。国外の言語学者は自らの言語における表音文字の体系の影響を受け、音声研究における最小の音単位として音素を採用する。音声学から生まれ、発展してきた早期の音素論も、母音と子音を出発点として音素とその帰納について研究してきた。それに対して中国の伝統的な音韻学は欧米と異なり、古くから字の発音を出発点として音声を研究してきた。書記単位である漢字は音声上は1音節に等しく、同時に意味を表す最小単位、すなわち1形態素に相当する。つまり字は形、音、意味が組み合わされた、1つのまとまりとして現れる。そのために、中国語の音韻に関する研究も字の音声、すなわち音節から取りかかることになった。また、音節（字の発音）をいきなり母音と子音に分けるのではなく、まず声調を単位として、声母と韻母という2つの部分を分け、次に韻母を韻頭と韻基に、さらに韻基を韻腹と韻尾に分ける。中国語音韻学は当初より変わることなく、常に声・韻・調体系により、膨大な数の字を通じて、その発音を構成する個々の単位（声調、声母、韻頭、韻腹、韻尾）の変化や遷移、そしてそれぞれにおける内在的な関係と相互の影響を研究してきた。この手続きは一見

すると、19世紀後半から発展してきた音素論とはまったく関係がないように思えるが、実はそこには現代の音素帰納の作業原則が潜んでいる。音素は音声言語に含まれる個々の音から帰納された1つの音の範疇である。中国古来の音韻学は調類、声類、韻類の分類と変化を研究対象とし、それ自体は歴史音韻論に属するが、字の発音（音節）は音声言語とじかに結びついており、音連続に現れる各種の異音がそこに含まれている。例えば言前轍に属する「安、烟、弯、宛」などの字には /a/ の異音 [a、ε、æ] が含まれ、遥条轍に属する「熬、腰」と江陽轍に属する「昂、央、汪」などの字には、/a/ の異音 [ɑ] が含まれる。また、四呼の分類に基づいてまとめられた韻母表は、普通話の母音音素と各音素の異音が現れる音環境、そして音素間の配列関係を1つの表で示すことができる。つまり、伝統的な声・韻・調体系に基づく音素帰納によって得られた普通話の声素、韻素、調素は現代の音素帰納の作業原則に合致しているのである。なお、表9-12に示すとおり、前述の1980年代初期に提案された韻素体系[56]は、実際に中華民国[57]の初期に伝統的音韻学に基づいて構築された国語注音符号（中国史上初の、法律に定められた、中華民族特有の形式による表音字母の体系）に含まれている。

表9-12　韻素と国語注音符号における韻母表との対照

韻素分析から得られた18の韻素	注音符号による基本韻母
/a o ɤ ɛ ı(ʅ) i u y/	ㄚ ㄛ ㄜ ㄝ ㄓ ㄧ ㄨ ㄩ
/ai ei au ɤu əɹ/	ㄞ ㄟ ㄠ ㄡ ㄦ
/an ən aŋ əŋ uŋ/	ㄢ ㄣ ㄤ ㄥ（ㄨㄥ）

　中華民族の共通語である中国語のために構築された表音字母（後に国語注音符号と呼ばれるようになった）を普及させようとした時代は、ちょうど欧米から音声学が中国に伝わったばかりのころで、音素論もまだ広く知られてはいなかった。しかしながら、国語注音符号は現代の言語学者が音素論の立場でながめても極めて巧妙であると認められる。これは明らかに偶然による

56　18の韻素を指す。（訳注）

57　1912年から1949年までの中国政府を指す。（訳注）

344 | 第9章　中国語普通話の音素帰納

ものではない。

　こうしたことから、声・韻・調体系に基づく音素帰納と母音・子音体系に基づく音素帰納とは、異曲同工であることがわかる。この2つの音素帰納の結果を合わせたのが中国語ピンイン方案である。中国語ピンイン方案は母音・子音体系に基づく音素帰納における字母と音素とを対応させると同時に、韻母表は四呼に合わせた配列を採用している。さらに中国語ピンイン方案には字母（音素）と音声（異音）との関係も含まれている。このことについて、第10章では現代の音韻論における定式化した音素と異音の記述様式により、簡潔明瞭に述べることとする。

練習

1. 精密表記と簡略表記の違いとそれぞれの使い方について例を挙げて説明しなさい。
2. 普通話の3つの母音 [i]、[ɿ]、[ʅ] を2つの音素 /i/ と /ɨ/ に帰属させることが、表9-8に示す歯茎硬口蓋音 [tɕ]、[tɕʰ]、[ɕ] に関する多重の相補分布の音素帰納にどのような影響を与えるか、ほかにどのような音素帰納のしかたがあるか、述べなさい。
3. 普通話の中位母音群に関する音素帰納を例として、音素帰納になぜ異なる結果が生じるかを説明しなさい。
4. 母音・子音体系に基づく音素帰納と声・韻・調体系に基づく音素帰納とでは結果がどのように異なるか、それぞれにどのような長所があるかについて述べなさい。
5. 普通話を例に、音素帰納によって得られる単位が1つの分節音より大きくも小さくもなりうることを説明しなさい。

| 345

第 10 章

中国語ピンイン方案と中国語普通話音素の関係

10.1 字母と音

　中国語ピンイン方案は中国語普通話（北京方言）の音声を基に構築されており、漢字や普通話の音を表記するためだけでなく、中国語を用いた情報処理やコンピューターによる音声認識、言語心理学などの分野において、普通話の音声への知見を深め、研究を行うためにも、欠かすことのできない道具となっている。

　中国語ピンイン方案は国際的によく使用されるラテン字母（ローマ字）で普通話の発音を表記する。ピンイン字母によって普通話の音声を学習し、理解するためには次の 2 点を念頭に置く必要がある。第 1 に、中国語ピンイン方案における字母と音の対応は複雑である。字母は音を表す手段で音そのものではなく、両者は同じではない。字母と音が一対一に対応しないこともあり、中でも母音字母はしばしば 1 つの字母が複数の音に対応する。第 2 に、中国語の字（音節）のピンイン表記は言うまでもなく実際の音声に基づいて組み立てられたものであるが、ピンイン表記だけで普通話に含まれるすべての字を正確に発音することはできない。それは、視認性などを考慮して、ピンイン表記を実際の音声から意図的に変えていることがあるからである。こうした場合、無理にピンイン表記に従って発音しようとしても、自然発話に現れる実際の発音とは異なる可能性が高い。また、ピンイン表記はしばしばいくつかの音を表記せず、省略することがあるが、だからといって実際の発音にその音が存在しないと考えてはならない。

　字母と音、ピンイン表記と実際の発音はなぜこのような関係になるのだろうか。音素論の基礎を説いた先行 2 章の内容を踏まえれば容易に説明が

346 | 第10章　中国語ピンイン方案と中国語普通話音素の関係

つく。まず、表音字母は確かに語の発音を直接つづろうとするものであるが、書記体系を構成するこれらの字母は、実際には一般に音声学で言うところの分節音の観点で切り出された音単位、すなわち母音や子音を表すのではなく、音素論における、社会的な機能に基づいて切り出された、意味を区別する機能を持つ音単位、すなわち音素を表している。音環境が指定されないかぎり、1字母の表す音は1音素に含まれる1つの異音だけであり、音連続に現れるすべての異音を表すことはできない。中国語ピンイン方案の字母も同様である。また、ラテン字母の数は26に限られているため、音声学に専ら用いられる国際音声字母（200あまりの字母に加え、多くの補助記号のたぐいがある）のように1字母を特定の1つの音だけに対応させることをピンイン字母に求めるのには無理がある。実際にラテン字母を表音字母として採用する言語のいずれも1字母を複数の音に対応させ、つづりを変えることによって字母が異なる音を表せるようにしている。したがって中国語ピンイン方案を使う場合も、1字母が複数の音に対応する可能性があることに留意しなければならない。字母と音がかけ離れることになったもう1つの原因として、中国語ピンイン方案によって字のピンイン表記のしかたを定めた際に、書きやすさを重視して字母の数をできるだけ制限したこと、読みやすさを重視して極力混同を避けようとしたこと、また音節の初頭と末尾を明確にして誤解を招かないようにしたことなどがある。このように、中国語ピンイン方案は音素帰納の結果に反しないかぎり、字のピンイン表記（とりわけ韻母）に対して一定の調整を加えている。

　中国語ピンイン方案を使用する際は、上の2つの事情により字母が同じでも発音は必ずしも同じでないことに注意しなければならない。例えば bei「北」と gen「根」に含まれる e の発音は明らかに異なる。逆に、字母は異なるが、表す発音が近似することもある。例えば ou「欧」と en「恩」における o と e は実際にはやや異なるが、音声的に近い中母音の [ə] を表している。音声が類似するのに、韻母 ou を eu で表記しなかったのは、読み書きの際に en と混同することを避けたかったからである。[1] またピンイン表記で

1　eu と en の混同を避けるために、「欧」を eu ではなく ou で表記するとは言うものの、ion が声母に続けば iu となって in と混同する恐れが生じ、また固有名詞を含めれば「刘」

10.1 字母と音 | 347

は字母があるのに実際に音がないこともある。例えば wuyi「武艺」における w と y は音節の境目を示す機能を果たすだけである。それに対して、音があるのに字母で表さないこともある。例えば ying「影」において i と韻尾 ng の間には明らかに 1 つの弱化された韻腹としての母音が含まれているが、ピンイン表記ではその韻腹を字母で表すことなく、これを省略する。

　中国語ピンイン方案に含まれる声・韻・調体系は普通話の音素帰納の作業原則にかなっている。しかし、北方ラテン化字母を採用し、書記体系としての性格を持つ表音体系である中国語ピンイン方案は、音素帰納において考える必要のなかったさまざまな要素を考慮に入れている。例えば、音素に字母を割り当てるにはそのラテン字母本来の国際的な発音習慣（国際的によく使われる発音）に配慮しなければならない。韻母のピンイン表記の視認性にも注意しなければならない。連続する音節の表記方法も定める必要がある。それがなければ誤解を生む恐れがある。さらには伝統に根ざすつづりの習慣などにも配慮しなければならない。実はこうしたことは中国初のラテン字母による表音体系である国語ローマ字が構築された時点ですでに詳しく研究されていた。当時、中国の言語学の開拓者であり、その基礎を構築した趙元任氏は『国語ローマ字研究』の中で、ラテン字母による中国語表音体系構築のための 25 原則を掲げた。その多くの原則は、後に現れるいくつかのラテン字母による中国語表音体系構築に大きな影響を与え、その基本原則となっている。例として次を挙げることができる。

（1）字母の使い方は完全に欧米の言語習慣に従う必要はない。「中国人の外国語学習または外国人の中国語学習の利便性のみを考えることは適切ではなく、自らの言語に適合するか、自らにとって使いやすいかがより重要である。」

（2）使用上の利便性を求めるのに対して、理論上の体系性や学問的な正確さは二義的である。例えば、欧米の言語において有声音を表す字母 b、d、g を借用し、中国語の無気無声破裂音を表す。「このような変

---

liu と「林」lin を混同する恐れがあるが、これを避ける措置は取られていない。つまり混同が起こりやすい表記でもそれを避ける措置がとられていないものがある。「混同を避ける」という理由付けには疑問が残る。(訳注)

348 | 第10章　中国語ピンイン方案と中国語普通話音素の関係

更と借用によって無限大の利便性が生じる。」[2]

(3) 字母の選択は形を優先する。すなわち、ピンイン表記の視認性や混同の起こりにくさを第一に考える。使えるすべての字母を最大限に使って字のピンイン表記を豊かにするが、「混乱を招かない限り、形をできるだけ短くする」。[3]

　これらの原則は後の国語ローマ字（1928年）やラテン新文字（1931年）などの表音体系においても全面的に採用されたが、「千の体系の集合、歴史的な結晶」と呼ばれる中国語ピンイン方案（1958年）では特に重視されている。その中で最も重要なのは (3) の「字母の選択は形を優先する」という原則である。趙元任氏はここできわめて重要な言語心理的実態について述べている。それは「いかなる種類の文字を使っても、つづりなどの形を基に語を識別するのであり」、「欧米人も本を読み、語を識別するときに声は出さない。1つ1つの語にはそれぞれのつづり（形）がある。まずそのつづりを見れば即座に意味が浮かび、発音はその次である。このことは中国人が漢字を識別する場合も同様であり、先に発音してから意味を理解するのではない。」す

2　この言い方は大げさに感じられ、またラテン字母における本来の文字と音の対応関係を自由に変えてよいかのような横柄な意見と受け取られるかもしれない。しかしこの主張には時代背景的な理由がある。17世紀からの300年間のうちに、中国語のためにさまざまな表音体系が構築されたが、その中で外国人によって構築された表音体系はいずれもラテン字母の伝統的な使い方にこだわり、b、d、g、z などの、ふつう有声音を表す字母を中国語の表記に使うことは避けられていた。この長く続いた慣習を打ち破ったのは1908年に劉孟揚氏が発表した『中国音標字书』であった（王理嘉2005）。その後、中国人によって構築された表音体系の多くは b、d、g と p、t、k によって有声性ではなく有気性に関する子音対立を表したが、これに賛同できない者との対立は激しく、この表記法の優位性を強く主張するために、上の本文のような言い方になったと思われる。（訳注）

3　「形を優先する」（中国語表記は「文字尚形」）について趙元任（1922）は次の例を挙げて説明している。フランス語ができるイギリス人に Iou harre couaitte ouellecomme の意味を聞いてもわからないと答えるだろうが、フランス語の発音で読ませると、それは英語の You are quite welcome の発音に近いため、意味がわかる。つまり、ほぼ同じ発音になるのに、つづりが違うと理解できないことから、表音文字を用いる言語を母語とする者も語のつづり（形）で意味を理解することが証明され、つづり（形）の重要性が示された。

　　なお、ピンイン表記を定めるための指針である「形を優先する原則」とは、少ない字母（形）を用いて音環境によって異音を導く、つまり多くの発音規則を立てるのではなく、逆に発音規則は少なくして、最初から形を多く作っておくほうがよいということである。（訳注）

10.1 字母と音 | 349

なわち欧米人が彼らの表音文字を読む場合も、我々中国人が我々の漢字を読む場合も同様に「視覚的な読み方」を用いており、その言語心理的実態は同じである。いずれも「形で意味を理解する」。したがって「ローマ字の強みは表音上の正確さにあるわけではなく、限られた字母で多くのピンイン表記を作り上げることができ、異なる語を表記できるところにある」。[4]

このように中国語ピンイン方案では、字母と音の対応関係が普通話の音体系に反しないかぎり、表記の文字上の視認性を最も重視している。ピンイン方案が構築されたとき、「熬」韻の表記が au ではなく ao にされたり、「雍」韻の表記が üng や iung ではなく iong にされたことなどはすべてこの理由からであり、音素帰納の結果そのものとは関係しない。これらの韻母における字母 o は普通話の音体系における母音 [u] を表す。そもそも字母と音は同一物ではないので、音節のピンイン表記を定めるに当たり、良好な視認性を得るために、音声実態に反しないかぎり、字母の選択に一定の裁量を加えることに何ら問題はない。[5] このことは音素帰納とは無関係で、音素帰納における異音の相補分布や音声的類似の原則によって字母の選択を評価すべきではない。つまり我々が中国語ピンイン方案で普通話の音声を学ぶ場合、ピンインはあくまでも音声の書記形式の1つにすぎないことを認識すべきであり、表記される元の事象（音声）とそれを表記したもの（ピンイン表記）を混同してはならない。たしかにピンイン表記は音素帰納の作業原則に反してはならず、音声実態に背くこともできない。しかし、ピンイン表記の策定と音声実態に基づく音素帰納を単純に同一視することもできない。それはピンイン表記には形を優先する原則があるからである。すなわち中国語ピンイン方案

4　表音文字を用いる言語を母語とする欧米人の読字過程は表意文字を母語とする中国人の読字過程とまったく同じかについてさらなる実証的な研究が必要であるが、中国人に見られる空書行動から（佐々木・渡辺 1984）、少なくとも中国人が「形で字を識別する」ことは確かであろう。（訳注）

5　ここで言う「音声実態に反しない」とは、普通話では au /au/ と ao /ao/ が対立しないため、au [au] を ao と表記しても音体系における韻母の混同を招かないということである。なお、o を [u] で発音するための規則について、「10.4 韻母表における中母音字母の発音規則」の「(2) 字母 o の発音規則」では「④ 字母 o が韻尾 ng に先行する場合、[u] で発音する」と述べられているが、表 10-3 および本文のこの部分の記述から「④ 字母 o が韻尾 ng に先行する場合と韻腹 a に後続する場合、これを [u] と発音する」に修正すべきである。（訳注）

350 | 第10章 中国語ピンイン方案と中国語普通話音素の関係

（書記形式）は普通話の音声（音声実態）とは別のものであり、それぞれが性質を異にする音声の側面である。

　次節では字母と音の対応関係を基に、中国語ピンイン方案の字母表[6]、声母表、韻母表の概要を体系的に解説する。

10.2　中国語ピンイン字母と中国語普通話音素の対応

　中国語ピンイン方案は世界で最も広く使われる26のラテン字母を採用している。これらの字母が英語、ドイツ語、フランス語に用いられると、それぞれ英語字母、ドイツ語字母、フランス語字母と呼ばれるのと同様に、中国語ピンイン方案に用いられる場合は中国語ピンイン字母と称される。

　中国語ピンイン字母は、字母表に含まれる26の基本字母と6つの補足字母から成る。6つの補足字母には4つの字母結合 zh、ch、sh、ng と、2つの符号付きの字母 ê、ü がある。[7] 中国語ピンイン表記では、母音音素を表すために6つの字母が使われる。母音字母と母音音素の対応を次に示す。

$$a - /a/ \qquad o - /o/ \qquad e - /e/$$
$$i - /i/ \qquad u - /u/ \qquad ü - /y/$$

　国際音声字母もラテン字母を基に構築されているが、上のように、中国語ピンイン字母と母音音素の対応関係のうち、それと大きく異なるのは ü − /y/ だけである。

　中国語ピンイン字母では子音音素を表す字母が多く、22に及ぶ（字母結合は1つの書記単位として数える）。子音字母と子音音素の対応を次に示す。

$$b - /p/ \qquad p - /p^h/ \qquad m - /m/ \qquad f - /f/$$
$$d - /t/ \qquad t - /t^h/ \qquad n - /n/ \qquad l - /l/$$
$$g - /k/ \qquad k - /k^h/ \qquad ng - /ŋ/ \qquad h - /x/$$
$$j - /tɕ/ \qquad q - /tɕ^h/ \qquad x - /ɕ/$$
$$zh - /tʂ/ \qquad ch - /tʂ^h/ \qquad sh - /ʂ/ \qquad r - /r/$$
$$z - /ts/ \qquad c - /ts^h/ \qquad s - /s/$$

6　巻末の付録1中国語ピンイン方案の字母表を参照。（訳注）

7　続く本文に掲げてある字母以外に v、ê、w、y がある。（訳注）

10.2 中国語ピンイン字母と中国語普通話音素の対応 | 351

　子音音素における字母と音の対応について次の説明を加えなければならない。ラテン字母でも国際音声字母でも b、d、g が有声音を表すのに対して、中国語ピンイン方案ではこれらの字母は無気無声破裂音の [p]、[t]、[k] を表す。これはラテン字母の国際的な使用習慣や学問的見地から見れば適切ではない。それは、インド・ヨーロッパ語族に属する欧米の言語の多くで有声性によって音素が対立し、ラテン字母による書記体系においても子音字母の有声音と無声音が整然と対立していることに関連している。[8] この対立があるため、外国人によって構築された中国語の表音体系では、いずれも無気無声破裂音が b、d、g ではなく p、t、k によって表され、有気無声破裂音は p、t、k の右上に有気の補助記号を付けることによって表されている。しかし字母の造形としては、補助記号は脱落しやすく、全体としての美観も損なわれ、続け書きが難しいなど、その短所は明らかである。したがって半世紀に及ぶ中国語表音体系の構築過程を経て中国人自らの手で考案された表音文字では、いずれも中国語の特性に合わせ、b、d、g と p、t、k によって有声性ではなく有気性に関して子音が対立することが表されている。このような借用により、ラテン字母の使用に「無限大の利便性」が生じるだけでなく、中国語に固有の音声的特徴も表すことができるようになる。前章で述べた通り、中国語（北京方言）における有気無声破裂音はすべて硬音であるのに対して、無気無声破裂音はすべて軟音である。無気無声破裂音の発音は、声帯が振動しないことを除き、筋肉の緊張の程度や気流の強さなどの点で有声音に類似し、連続発話ではしばしば有声音に変異する。このことから、精密表記ではこの無気無声破裂音を、無声化した有声音の字母、つまり [b̥]、[d̥]、[g̊] で表記するほうが理にかなう。この点に関して、ラテン字母の伝統的な使用習慣に基づき、中国語ピンイン方案における字母と音声の対応を批判し、異論を唱えるインド・ヨーロッパ諸語を母語とする国外の学者もいるが、その意見は建設的とは言えない。もちろん今も欧米からの外国人留学生が初めて中国語を学ぶとき、母語に使われるラテン字母の影響によって beijing（北京）に含まれる字母 b を無声ではなく有声破裂音として発音することがあるが、それはピンインに

8　ただし、デンマーク語の語頭に位置する b、d、g が無声化することや、ドイツ語の語末に位置する b、d、g が [p、t、k] で発音されることが知られている。（訳注）

352 | 第 10 章　中国語ピンイン方案と中国語普通話音素の関係

おける b、d、g の使い方に中国語の特質に合わせた根本的な変更が加えられていることを理解していないからにすぎない。

　中国語ピンイン方案の字母表において字母 r は声母の接近音 [ɻ]（有声摩擦音 [ʐ] であるとの主張もある）だけでなく、反り舌韻母や r 化韻における反り舌成分 [-r] も表す。例えば ruan（软）、er（耳）、huar（花儿）である。この点もラテン字母の使用習慣に合致していないように思えるが、これらの音声に対する字母の割り当てには次の根拠がある。第 1 に、sh に並立する声母を字母 r で表すのは中国語表音体系の構築過程に現れた数多くの案や、後にアメリカで広く使われたイェール式の中国語表音体系においてもすでに見られたことである。第 2 に、声母 r、反り舌韻母、r 化韻のいずれにおいても、字母 r は舌尖が反り上がる調音特徴を示し、これらの音声は音韻論で言うところの相補分布の関係にある（声母 r は音節初頭に、反り舌韻母と r 化韻の反り舌成分は音節の末尾に現れる）。したがってこの 3 音を一括して字母 r で表すことは、字母と音の対応における経済原則に則していると言える。なお、音素表記として ʐ がまれにしか採用されないのは、国際音声字母の [ʐ] が、音節末尾に現れる母音の反り舌成分を表すのに不向きであるためである。r を用いればこうした問題は生じない。さらに両者を比べると、中国語の当該の音は実際に接近音 [ɻ] により近い。

　中国語ピンイン方案の字母と音の対応により、6 つの母音字母 a、o、e、i、u、ü と 22 の子音字母に間隔字母と間隔符号を加えることによって普通話を完全に表記することができる。ここで言う「完全に」とは、普通話に含まれる個々の字または音節の発音を表すことができ、さらに語で構成される文も表記できるという意味である。

　字母表の字母はラテン字母本来の順に並べられ、そこでは母音と子音が混在している。そうすることで読み上げの響きが整い、字母表の応用価値も高まる。つまり字母を国際的に通用する順に並べることは書名の索引作りやコード化などのために有効である。字母表に含まれる字母はそれぞれに名称がある。その名称は該当する字母が表す中国語の音を含む呼び名、名称音[9]

9　つまり中国語ピンインの字母表も「a、b、c、d、e、…、x、y、z」の順に並んでいるが、呼び方は英語式ではなく、中国語式（名称音）である。ただし後述の注 12 のとおり、実際

である（字母表では注音符号で表す）。国際的な習慣に従い、母音字母はそれが表す音本来の発音を名称音としているが、字母 i と e のように 1 字母が複数の音に対応する場合はその主要な発音を名称音として採用する。それに対して子音字母はそれが表す音に母音を付け、その組み合わせを名称音として採用する。その理由は、子音の多くが噪音で響きが弱いため、母音を付けて響きを強め、呼びやすく、読みやすくするためである。例えば、字母 b はクせ [pe]、字母 h はΓY [xa]、字母 j はㄐㄧせ [tɕiɛ] などのように呼ぶ。中国語ピンイン字母の名称音は中国語の音声とラテン字母の国際的な命名習慣を併せ持つ。そのほか、個々の字母の名称音は体系全体における識別性も考慮している。例えば字母 n を ên と呼ばないのは、中国語には n と l を区別しない方言が少なくないからであり、n を [ne] と、l を [el] と呼ぶことによって互いを明確に区別する。

　なお、国際的に通用しているラテン字母の順序を乱さないために、中国語ピンイン字母として追加された字母、すなわち字母結合の zh、ch、sh、ng と補助記号の付いた ê と ü は字母表に入っていない。△（1 文削除）▽

10.3　声母表における字母と音声の対応関係

　意味を弁別できる最小の分節（母音・子音）によって音声を分析する考え方は欧米の言語の表音体系に由来するが、伝統的な中国語音韻学は中国語文字の特徴に則して、古くから漢字の発音（音節）を単位に音声分析を行ってきた。声調の違いを除外すれば中国語には 400 余りの音節があるが、声調の違いを含めても、よく使われる音節は 1200 余りに限られている。普通話には無限と言えるほどの表現があるが、その音声的な構成単位と体系がすべてこれらの音節で賄われている。中国語の音節を構成する基本単位は声母と韻母であり、これらの数十種の基本単位[10]に四声を加えれば、普通話の音体系を全面的に把握し、漢字を読み書きすることができるようになることから、中国語のために構築される表音文字体系に、欧米の表音文字体系にない

　には中国国内でもこうした名称音はあまり普及しておらず、英語式に呼ぶのが一般的である。（訳注）

10　第 9 章「9.6 異なる体系による 2 つの音素帰納」に述べた声素と韻素を指す。（訳注）

354 | 第10章　中国語ピンイン方案と中国語普通話音素の関係

声母表と韻母表が備わることは有益である。

　中国語の音節は階層ごとに二分できる。第1階層では声母と韻母が分かれる。声母は子音から成るが、22の子音音素の中で軟口蓋鼻音 ng だけは音節初頭に現れない。すなわち後続の韻母と組み合わされることがなく、声母にならない。その結果、中国語ピンイン方案の声母表は次の表 10-1 に示すように、合わせて 21 の声母から成る。

表 10-1　中国語ピンイン方案の声母表

b	p	m	f		d	t	n	l
ㄅ玻	ㄆ坡	ㄇ摸	ㄈ佛		ㄉ得	ㄊ特	ㄋ讷	ㄌ勒
g	k	h			j	q	x	
ㄍ哥	ㄎ科	ㄏ喝			ㄐ基	ㄑ欺	ㄒ希	
zh	ch	sh	r		z	c	s	
ㄓ知	ㄔ蚩	ㄕ诗	ㄖ日		ㄗ资	ㄘ雌	ㄙ思	

　この声母表には字母表にない、3つの声母として機能する字母結合 zh、ch、sh も含まれている。また母音と子音が混在する字母表と異なり、声母表の配列は子音の調音位置に従っている。つまり、唇音の b、p、m、f、歯茎音の d、t、n、l、軟口蓋音の g、k、h、歯茎硬口蓋音の j、q、x、反り舌音の zh、ch、sh、r、前寄りの歯茎音の z、c、s のように、先に単子音を唇から口の奥に向かって順に配列し、その後、子音結合（破擦音）を口の奥から前に向かって順に並べている。[11]

　この声母表ではラテン字母の下に国語注音符号で声母の発音を記している。例えばㄅで b が無気無声両唇破裂音 [p] であることを、ㄊで t が有気無声歯茎破裂音 [tʰ] であることを、ㄏで h が無声軟口蓋摩擦音 [x] であることを表している。このような表記方法を採用したのは、中国語ピンイン方案が公表される（1958 年 2 月）前に単体字で中国語の音声を表記する国語注音符

11　「4.2.3 音節における子音連結——子音結合」では中国語の破擦音は子音結合ではないと述べている。さらに j [tɕ]、q [tɕʰ]、zh [tʂ]、ch [tʂʰ]、z [ts]、c [tsʰ] は破擦音であるが、x [ɕ]、sh [ʂ]、s [s] は摩擦音、r [r] は接近音であることから、「先に単子音を唇から口の奥に向かって順に配列し、その後、子音結合（破擦音）を口の奥から前に向かって順に並べている」という記述は正確ではない。（訳注）

号（1918年）が存在しており、それは中国政府によって初めて定められた漢字の音声表記体系で、すでに40年ほどにわたり広く使われていたからである。したがって当時、ラテン字母の下に国語注音符号を付け加えたことは、中国語ピンイン方案を速やかに普及させるのに有益であった。また国語注音符号と並んで漢字が示されており、その読みは該当するラテン字母の呼読音である。△(1文削除)▽例えば字母 b、p、m、f の呼読音は「玻」bo、「坡」po、「摸」mo、「佛」fo である。なお、声母表における声母の呼読音はいずれも声母本来の発音に△母音 e（さ）、o（こ）または i（丨）▽を加えることで成り立つ。それは前述のとおり、声母が子音であり、母音を加えた呼読音にしなければ、多くの場合、その音を明確に聞き取ることが難しいからである。

　子音字母には字母表に名称音があるとともに、声母表には呼読音もある。名称音も呼読音も音読の便を図るために作られたものであるが、同じ字母の名称音と呼読音が統一されていないのはなぜか。例えば b の字母表における名称音は bê（ㄅㄝ）、声母表における呼読音は bo（ㄅ）と異なるが、本来表そうとする音はどちらも無気無声両唇破裂音 [p] である。この違いが生じたのは字母表と声母表における字母が異なる順に並んでいることによる。字母表は国際的な習慣に従い、ラテン字母伝統の順序で配列されているのに対して、声母表は音声学における調音位置と調音方法に従って配列されている。また字母の名称音と声母の呼読音では、それぞれに付け加えた母音の子音に対する位置関係と付け加えた母音の種類が異なる。その結果、1つの子音の名称音と呼読音が異なるという事態が生じる。例えば z、c、s の声母表における呼読音が「資」zi、「雌」ci、「思」si であるのに対して、字母表における名称音は zê、cê、sê である。また m と r の字母としての名称音はそれぞれ êm と a'er であるのに対して、それらの声母としての呼読音はそれぞれ「摸」mo と「日」ri であり、両者は大きく異なる。実のところ、名称音も呼読音も中国語ピンイン字母の呼び名であり、それが表す音も同じであるため、1つのピンイン字母に2つの呼び名があることはたいへん煩わしい。しかしどちらか1つを選択すれば、字母の名称音で声母表を読むか、逆に声母の呼読音で字母表を読むこととなるが、いずれも子音に加えた母音の違いや配列順の違いによって言いにくく、読み上げの響きが悪くなる。また英語

356 | 第10章 中国語ピンイン方案と中国語普通話音素の関係

におけるラテン字母の発音をピンイン字母の名称音にすると、字母の表す中国語の発音と異なり、体系に不整合が生じる。この点についていまだに統一した見解が得られていないため、それぞれの呼び方を状況に合わせて用いざるをえないというのが現状である。すなわち名称音を字母表に用い、ラテン字母の国際的な使用習慣に準じた配列順序を維持するのに対して、呼読音を字母が声母を表す場合の呼び名とするのである。これは中国で数十年も続く1つの社会的習慣になっている。[12]

　中国語ピンイン方案の声母表ではすべての字母と音が一対一に対応しており、1字母が異なる音環境において異なる音を表すようになることはない。[13]過去に生まれた多くの中国語の表音体系に対比して、この点は中国語ピンイン方案の特徴であると言える。声母の字母と音を一対一に対応させることができたのは、中国語ピンイン方案が3つの歯茎硬口蓋音声母 [tɕ]、[tɕʰ]、[ɕ] それぞれに専用の字母を割り当てたからである。第9章「9.5 中国語普通話の子音音素と調素」で、音の分布に関して、これらの歯茎硬口蓋音声母は軟口蓋音 g、k、h、歯茎音 z、c、s、反り舌音 zh、ch、sh と相補分布を成し、同じ音環境に現れないために対立を成さないと述べた。したがって表音体系において、本来これらの歯茎硬口蓋音声母のために専用の字母を割り当てる理由はなく、相補分布を成すほかの声母と同じ字母を共有することができる。すなわち同じ字母が異なる組み合わせ（音環境）において異なる音を表すことにすればよいはずである。そうすることは字母使用の経済原則にかなっており、字母表から3つの字母を節約でき、ほかに必要が生じた場合に備えておくことができる。実際に過去に考案された多くのラテン字母による中国語の表音体系もこのような扱いをしている。例えば国際郵政システムに長く使用されていたウェード式の表音体系（1867年）とローマ字の表音体系（国語注音符号第2式）のいずれにおいても歯茎硬口蓋音声母を反り舌音

12　実際には現在、中国でピンイン字母を英語の発音で呼ぶことがほとんどであり、名称音はあまり普及していない。それに対して呼読音は学校の国語教育を通じて普及している（许长安 2014）。（訳注）

13　中国語ピンイン方案では声母（子音）を表す1字母は1音にのみ対応する。それに対し、母音では1字母が複数の音に対応するため、このあとの「10.4 韻母表における中母音字母の発音規則」に述べられるような発音規則が必要となる。（訳注）

声母と統合し、「知、吃、诗」を表す子音字母 j、ch、sh（国語ローマ字）が母音 i に先行する場合に歯茎硬口蓋音「基、欺、希」に変わると規定していた。似たようなことだが、1949 年より前に中国で一般に最も広く使われていた北方ラテン化新文字の表音体系では、字母 g、k、h で軟口蓋音を表し、g、k、h が母音 i に先行する場合に「基、欺、希」（gi、ki、hi）に変わると規定していた。中国語ピンイン方案を策定する過程でも、歯茎硬口蓋音のために専用の字母を設けず、音環境によってその発音に変わることにする案が示されたことがあるが、国内で広く議論した結果、最終的にすべての声母に独自の字母を割り当てる案で決着したのである。表音体系において形を優先する原則からすれば、多くの字母を使うことは表音字母を多様化し、ピンイン表記の形が豊富になって読みやすくなる。また近代の中国語音韻学や中国国内で数十年にわたって使用されてきた国語注音符号の表音体系においても歯茎硬口蓋音声母に 3 つの専用字母が与えられていたことから、こうすることは中国の社会文化の伝統にも適合しており、中国諸民族の共通語である普通話の普及にも有益であると言える。

　さまざまな言語においてラテン字母がどのような音によく対応しているかという点では、字母 j は有声破擦音 [dʒ]（英語）あるいは有声摩擦音 [ʒ]（フランス語、ポルトガル語、ルーマニア語）、字母 q は [k] あるいは [kʰ]（英語、フランス語、ドイツ語、スペイン語など）、字母 x はポルトガル語においてのみ後部歯茎音 [ʃ]、そのほかの言語では一般に子音結合 [ks] を表す。つまり中国語ピンイン方案において字母 j で [tɕ] を、字母 q で有気の [tɕʰ] を表すことはラテン字母の本来の音価からの逸脱であり、それらが表しうる音の範囲を拡大して字母を使用することになる。それに対して、字母 x で無声歯茎硬口蓋摩擦音 [ɕ] を表すのは、それが本来表す音と無関係の字母の借用である。[14] しかしこのようなラテン字母の拡大使用や借用は、現代ラテン字母を使用している各国の文字体系においても見られる現象であり、容認されよう。

14　調音方法の点で [tɕ] と [dʒ] はどちらも破擦音であり、[ɕ] と [ʃ] はどちらも摩擦音であるため、j で [tɕ] を表すのは英語の [dʒ] の拡大使用、x で [ɕ] を表すのはポルトガル語の [ʃ] の拡大使用と言える。それに対して、[tɕʰ] と [k] および [kʰ] とは調音方法も調音位置も異なるために、q で [tɕʰ] を表すのは英語等の [k]、[kʰ] からの拡大使用ではなく、ラテン字母が本来表す音と無関係の字母の借用である。（訳注）

358 | 第 10 章　中国語ピンイン方案と中国語普通話音素の関係

10.4　韻母表における字母と音声の対応関係

　中国語ピンイン方案の韻母表には合計 35 の韻母があり、それらは 6 つの母音字母 a、o、e、i、u、ü（6 つの母音音素を表す）と 2 つの子音字母 n と ng（2 つの子音韻尾を表す）で構成される。ほかに次の 4 つの韻母がある。まず、いずれの声母とも組み合わされず、ほかの母音とも組み合わされない反り舌韻母 er である。次に、歯茎音のみと組み合わされる [ɿ] と、反り舌音のみと組み合わされる [ʅ] である。この 2 つの母音を合わせて表す場合、中国語ピンイン方案では字母 i の前に短い横棒を付けた -i で表すが、特に舌面母音 [i] と区別する場合は i の上に二点を付けた ï で表す。そして、ふつう重韻母に現れるが、まれに間投詞として単独でも現れる ê「欸」である。これら 4 つの韻母は音韻体系の中でやや特殊であり、韻母表の整然とした体系性を維持するために、韻母表そのものではなく、韻母表に続く「説明」の部分にまとめられる。これらを合わせると、中国語ピンイン方案に示される普通話の韻母は実際には 39 である（基本韻母から派生する r 化韻を除く）。

　中国語ピンイン方案の韻母表は基本的に、伝統的な中国語音韻学における韻母の四呼に基づいて分類され、配列されている。韻母表は韻母間の集合関係と配列関係も表しており、それは中国語の学習と理解に資するものとなっている。表 10-2 に中国語ピンイン方案の韻母表における音の組分けと配列を示す。

　中国語ピンイン方案は四呼に基づき、韻頭の違いによって韻母全体を開口、斉歯、合口、撮口の 4 列に分けるが、一般人の学習と使用にかなうように韻母のピンイン表記によって個別の調整も加えてある。すなわち、音体系の観点からは合口呼である ong [uŋ] と撮口呼である iong [yŋ] をそれぞれ韻頭の字母によって開口呼と斉歯呼に含めている。[15] ところで、韻母表の 1 列目に並ぶ開口呼韻母は韻母表（韻母体系）の基本となるために、韻根また

15　中国では一定の教育を受けた者であれば、韻頭の違いによって韻母が四呼に分かれるという知識を身に着けているが、ほとんどの者はピンイン表記が実際の音声と異なることに気づいていない。そのため、実際の音声に基づいて ong [uŋ]、iong [yŋ] を合口呼、撮口呼とするより、ピンイン表記に従ってそれらを開口呼、斉歯呼としたほうが一般人の学習と使用に適するのである。（訳注）

10.4 韻母表における字母と音声の対応関係 | 359

表 10-2 中国語ピンイン方案の韻母表

	i	u	ü
	｜ 衣	ㄨ 烏	ㄩ 迂
ɑ	ia	ua	
ㄚ 啊	｜ㄚ 呀	ㄨㄚ 蛙	
o		uo	
ㄛ 喔		ㄨㄛ 窩	
e	ie		üe
ㄜ 鵝	｜ㄝ 耶		ㄩㄝ 約
ai		uai	
ㄞ 哀		△ㄨㄞ 歪▽	
△ei▽		uei	
ㄟ 欸		ㄨㄟ 威	
ao	iao		
ㄠ 熬	｜ㄠ 腰		
ou	iou		
ㄡ 歐	｜ㄡ 憂		
an	ian	uan	üan
ㄢ 安	｜ㄢ 烟	ㄨㄢ 弯	ㄩㄢ 冤
en	in	uen	ün
ㄣ 恩	｜ㄣ 因	ㄨㄣ 温	ㄩㄣ 晕
ang	iang	uang	
ㄤ 昂	｜ㄤ 央	ㄨㄤ 汪	
eng	ing	ueng	
ㄥ 「亨」の韻母	｜ㄥ 英	ㄨㄥ 翁	
ong	iong		
(ㄨㄥ) 「轟」の韻母	ㄩㄥ 雍		

は根源韻母[16]と呼ばれる。1 行目に並ぶ 3 つの単母音 i、u、ü にはそれぞれ開口呼韻母が後続してこれと組み合わされ、斉歯呼韻母、合口呼韻母、撮口

16　原著では韻根、根源韻母ではなく、韻基、基本韻母と記されている。しかしこれまで、第 4 章や第 9 章などで、韻基を韻腹＋韻尾、基本韻母を r 化していない韻母の意味で用いてきているので、用語の混乱を避けるため、あえて中国語音声学では用いない韻根、根源韻母と訳す。その意味するところは、表 10-2 の 1 例目に並ぶ開口呼韻母は根源的なものであるということである。なお、このあと本文でも述べられるように、1 行目に並ぶ単母音 i、u、ü も根源的韻母である。そのほかの韻母は i、u、ü に開口呼韻母が続くことによって形成された派生的なものである。（訳注）

360 | 第 10 章　中国語ピンイン方案と中国語普通話音素の関係

呼韻母となり、開口呼韻母とともに普通話の韻母体系を構成する。普通話の
すべての韻母はこの四呼に基づく韻母の体系に収まる。

　韻母表における列ごとの四呼の振り分けには普通話の声母と韻母の配列関
係が反映している。同じ列に属し、四呼分類を同じくする韻母であれば、声
母との配列関係も必ず同じになる。例えば斉歯呼に属する韻母 i が軟口蓋音
の声母 g、k、h と組み合わせられないのと同様に、そのほかの斉歯呼に属
する韻母も軟口蓋音の声母と組み合わせられない。また合口呼に属する韻母
u が歯茎硬口蓋音の声母 j、q、x と組み合わせられないのと同様に、そのほ
かの合口呼に属する韻母も歯茎硬口蓋音の声母と組み合わせられない。

　韻母表は普通話の韻母における韻部[17]の関係も一定程度、表している。す
なわち韻母表の 2 行目から、同じ行に属する韻母は一般に同じ韻部に属す
る。例えば a、ia、ua の 3 つの韻母は韻頭が異なるが、韻基（すなわち韻腹
と韻尾）が同じであるために 1 つの韻部にまとめられる△(1句削除)▽。同じ韻

17　第 4 章「4.3.2 声母、韻母と四呼」では中国語の音節構造について、音節は声母と韻母
　に分かれ、韻母はさらに韻頭（介音）、韻腹、韻尾に分かれると述べている。しかし、中
　国の伝統的な音韻学にはこうした分け方とやや異なる分け方もあった。古代中国人は韻母
　の代わりに韻にかかわる一連の概念で音節における母音とこれに連なるさまざまな部分を
　特定し、それらの発音によって字を分類していた。
　　韻に関連する概念には韻、韻目、韻類、韻部、韻撮、小韻などがある。そのうち、原著
　で言及されるのは韻部、韻、韻目、韻類であるが、やや用語の使用に不統一が起きている
　ため、本書（日本語版）では以下のように、万献初（2012: 24–25）を参考に用語の使用を
　統一して訳す。
　　まず、韻腹＋韻尾が同じ字は 1 つの韻部にまとめられる。例えば、「安」ān、「俺」ǎn、
　「欢」huān、「官」guān、「先」xiān は韻腹＋韻尾が同じであるから 1 つの韻部を成す。
　　次に、韻腹＋韻尾＋声調が同じ字は 1 つの韻にまとめられる。例えば、「安」ān、「欢」
　huān、「官」guān、「先」xiān は韻腹＋韻尾＋声調が同じであるから 1 つの韻を成す。そ
　のうち、仮に「安」を韻全体の名称とするならば、これらの字は「安」韻に帰属すること
　になり、「安」がその韻目となる。つまり、韻目は韻が同じである字の代表で、韻目の内
　容は韻が同じである具体的な字になる。ただし、原著の第 9 章や本章の記述を見ると、第
　9 章の「烟」韻、「冤」韻、「安」韻、「弯」韻などと、本章の「燕」韻、「雍」韻などで、
　声調の違いが考慮されていない。これらの「韻」を原著者らは「韻部」の意味で用いてい
　るのであろう。
　　最後に、韻頭＋韻腹＋韻尾＋声調が同じである字は 1 つの韻類にまとめられる。例えば
　「欢」huān、「官」guān は韻頭＋韻腹＋韻尾＋声調が同じであるから 1 つの韻類を成す。
　　なお、説明をわかりやすくするため、上の例「安、俺、欢、官、先」に示したのは普通
　話の発音であり、古代中国語の発音ではない。（訳注）

10.4 韻母表における字母と音声の対応関係 | 361

部に属する字は、詩や戯曲のせりふで互いに韻を踏むと見なされる。なお、普通話におけるすべての韻母の韻部への分類方法には大きく分けて2つがある。1つは明清時代から北方地域に広く使用されていた十三轍[18] である。十三轍による分類は比較的簡素で、北京方言の韻母を13の韻部に分け、大衆的な文芸作品の多くはそれに従っている。もう1つは十八韻[19] と呼ばれ、分類は比較的精密で、北京方言の韻母を18の韻部に分けている。しかしながら、実際にはこの2つの分類方法における違いは限定的であり、主な違いは十三轍における一七轍と中東轍が十八韻ではさらに細かく分けられている点である。そのほかの韻部について両者はほぼ同じで、単に韻部に対する命名が異なるだけである。

中国語ピンイン方案の韻母表（表10-2）1行目のi、u、üという3つの単韻母は十八韻においてそれぞれ齊韻、模韻、魚韻と呼ばれる。これらは第1列に並ぶ開口呼韻母と同様に韻母体系における根源韻母であり、韻母の四呼分類の土台となるという点で1列目よりもさらに重要である。なお、この韻母表1行目左端の空所には、音の体系という観点からすれば、舌尖母音の韻母 [ɿ]、[ʅ] または開口呼に属する反り舌韻母 er を入れてしかるべきである。しかし中国語ピンイン方案では [i]、[ɿ]、[ʅ] を1組にまとめ、ラテン字母iによって、異なる音環境に現れるこれらの3母音を合わせて表しているため、1行目左から2番目にすでにあるiをこの空所に重複して入れるのは適切ではない。また反り舌韻母 er は開口呼韻母に属するが、いずれの声母、韻母とも組み合わされず、音体系の中の特殊な存在であるため、ここに入れるのはやはり適切ではない。その結果、中国語ピンイン方案は韻母表の体系の整然性を保つためにここを空所のままにして、舌尖母音の韻母と反り舌韻母を韻母表に続く「説明」に含めるのである。

---

18 十三轍については第9章の注7を参照。

19 十八韻は中華民国政府が1941年に公表したもので、各韻部には名称だけでなく、番号も付けられている。具体的には一麻、二波、三歌、四皆、五支、六児、七齊、八微、九開、十模、十一魚、十二侯、十三豪、十四寒、十五痕、十六唐、十七庚、十八東である。名指す際には番号が除かれ、麻韻のように言うのがふつうであるが、本書（日本語版）では「烟」韻、「宛」韻（第9章、注26を参照）と区別するために、「 」でくくらずに麻韻のように記す。（訳注）

362 | 第 10 章　中国語ピンイン方案と中国語普通話音素の関係

　韻母表の 2 行目には 3 つの韻母 a、ia、ua が示される。これらは十三轍における韻部の名称では發花轍と呼ばれる。

　3 行目には 2 つの韻母 o と uo、4 行目には 3 つの韻母 e、ie、üe が示される。中国語ピンイン方案は韻腹の母音字母によってこれらの韻母を 2 行に分けているが、十三轍では o、uo、e が梭波轍に、ie、üe が叠雪轍に属する。それに対して十八韻ではこれら 5 つの韻母が 3 つの韻類に分けられ、o、uo が波韻に、e が単独で歌韻に、ie、üe と ê（欸）が皆韻に属する。このように、十八韻の分類は十三轍より細かい。

　韻母表の 5 行目から 11 行目まで、各行の韻母はそれぞれ十三轍の懐來轍、灰堆轍、搖條轍、由求轍、言前轍、人辰轍、江陽轍に属する。ここでは十三轍と十八韻に大きな違いはない。[20]

　ところで、韻母表の 12 行目と 13 行目に含まれる 5 つの韻母に注意が必要である。これらの 5 韻母は十三轍と国語注音符号のいずれにおいても四呼がそろった 1 組の 4 韻母とされている。十三轍ではこれらはいずれも中東轍に属し、注音符号ではそれぞれ ㄥ、ㄧㄥ、ㄨㄥ、ㄩㄥ と表記された。それに対して 1928 年の国語ローマ字では、ㄨㄥ 韻は、それ自体で音節を成す場合（例えば「翁」）と、声母と組み合わされる場合（例えば「轟」）の発音の違いによって、ong [uŋ] と ueng [uəŋ] の 2 つの韻母に分けられることになった。これを基に 1941 年に公表された『中華新韻』における十八韻では、従来の四呼がそろった 1 組の韻母が 2 つの韻部に分けられ、eng [əŋ]、ing [iəŋ]、ueng [uəŋ] が庚韻に、ong [uŋ] と iong [yŋ] が東韻に分類された。中国語ピンイン方案における「翁」韻、「轟」韻、「△雍▽」韻という 3 つの韻母のピンイン表記は国語ローマ字のつづり方を借用したものである。韻母表では韻腹の母音字母によって行が分かれる結果、ong と iong は同じ行に並べられ、それぞれ開口呼と斉歯呼の韻母を表すことになる。[21] このような分類

20　十八韻では 5 行目から 11 行目までの韻母はそれぞれ開韻、微韻、豪韻、侯韻、寒韻、痕韻、唐韻に属する。（訳注）

21　つまり十三轍（明清時代）と注音記号（1918 年）までは eng、ing、ueng/ong、iong は四呼に従って 4 つの韻母に分類されていたが、国語ローマ字（1928 年）では頭子音の有無による ueng、ong の発音の違い（例えば「翁」ueng と「轟」hong では後者の母音がより狭い）により、これらが別個の韻母とされ、その影響を受けて十八韻（1941 年）では eng、

は中国語音韻学における四呼の分類とは明らかに異なるが、中国語ピンイン方案はあくまでも字母による表音体系にすぎず、音声を記録するための国際音声字母とは異なる。すなわち中国語ピンイン方案では形を優先する原則を重んじた結果、中東轍と四呼の分類に一定の調整を加えたのである。こうした扱いは中国語ピンイン方案の普及と使用にとっては有益である。[22]

　中国語ピンイン方案の構築において文字体系の選択（すなわち中国語の音声を表すのにラテン字母を使用する）、字母と音の対応（すなわち中国語の音に字母を割り当てる）のあとに解決されなければならなかったのはピンイン表記の問題、つまり主に音節を具体的にどのようなピンイン表記で表すかという問題である。それは音節が中国語の発音単位であるだけでなく、最小の形態素でもあるからである。中国語音声における声母と韻母の構成を比較すると、まず声母は子音であり、そこには破擦音も現れ、それは音声学的には子音結合であるが、音素論的には常に１つのまとまりとして振る舞い、２音素が複合したものではなく単一の音素と見なされる。したがって、声母の構成は単純である。字母と音を対応させる際に、声母ごとに字母を割り当てれば、音節のピンイン表記に関する問題は声母に関してはなくなり、韻母のピンイン表記に的を絞ることができる。これに対して、韻母の構成は複雑であり、２つないし３つの母音字母の組み合わせもあれば、１つか２つの母音字母と（鼻音に限るが）子音字母との組み合わせもある。もちろん字母を続けてつづれば韻母のピンイン表記にはなるが、どのようにすればさらに書きやすくなるか、さらに区別が付けやすく、読みやすくなるか、どのようにすれば長く通用してきた伝統的表記法にさらになじむかなどを考慮に入れつつ、総合的に検討する必要がある。つまり、音節のピンイン表記、ことに韻母のピンイン表記は、中国語ピンイン方案のさまざまな領域における使用を想定し、詳しく研究を行い、長所短所を比べてはじめて決定できるものであ

---

ing、ueng が庚韻に、ong、iong が東韻に分類され、ピンイン方案でも ueng と ong は異なる韻母とされるようになった。このように本来、同じ「呼」に属する韻母が、歴史的経緯によってピンイン方案では二分されていることに注意が必要である。また発音からすれば ueng と ong は合口呼、iong は撮口呼であるが、ピンイン表記を基に ueng が合口呼、ong が開口呼、iong が斉歯呼に分類されていることにも注意が必要である。（訳注）

22　本章の注 15 を参照。（訳注）

364 | 第 10 章　中国語ピンイン方案と中国語普通話音素の関係

る。

　母音音素に母音字母を割り当ててピンイン表記を定めるには、さらに形を優先する原則（「10.1 字母と音」を参照）に従い、韻母のピンイン表記を分かりやすく、混同を起こしにくいものにする必要がある。同時に韻母のピンイン表記を中国語音韻学における韻母の四呼にも適応させるべきである。しかし中国の文化的伝統に不案内な外国人によって構築された中国語表音体系ではこれらの観点はしばしば無視される。そうした体系では、例えば「烟」韻[23] の韻母のピンイン表記はほとんどの場合 ien とされる。音声としては「烟」韻の韻腹は「椰」韻 ie とまったく同じであるから、この表記は実際の発音に合致すると言える。しかし中国人によって構築された中国語の表音方案では「烟」韻の韻母はいずれも ian で表記される。それは ian と表記することによって「烟」韻が「安」韻に属する斉歯呼韻母であることを表そうとするからである。すなわち、an「安」、ian「烟」、uan「弯」、üan「冤」が言前轍に属し、四呼において対応する 1 組の韻母であることがそのピンイン表記によって一目瞭然となるようにしているのである。「烟」韻を ien で表すなら、ほかの 3 つの韻母との形式上の共通性が失われ、対応が見えなくなる。

　また外国人によって構築された中国語表音体系では、韻母のピンイン表記における、形を優先する原則もあまり重視されていない。例えば「欧」韻、「忧」韻、「恩」韻の韻母の韻腹がしばしば字母 e で表される。その結果、この 3 つのピンイン表記はそれぞれ eu「欧」、ieu「忧」、en「恩」となる。確かに、実際の発音ではこの 3 つの韻母の韻腹は少しずつ異なる中舌音 [ə] であるから、この表記は現実の音声に適合している。しかし、形を優先する原則や「形で字を識別する」こと、さらに読字にかかる認知的負担から見れば、このような表記には改善の余地がある。このような表記法に従うなら、ピンイン体系において eu「欧」、en「恩」、ieu「忧」、ien「烟」や、ung「翁」、iung「拥」などの類似するピンイン表記が多数現れ、視認性が低下す

23　「烟」韻、「椰」韻などは十八韻の韻部ではなく、本来 ian、ie を韻母とし、声調を同じくするすべての字を指すはずだが、原著では声調の違いが考慮されていないと思われる（第 9 章の注 26 を参照）。（訳注）

10.4 韻母表における字母と音声の対応関係 | 365

るとともに、手書きにすると区別が付きにくくなる。そこで、中国語表音体系の策定過程において中国人自らが構築した表音体系では、その大多数において「欧」韻、「忧」韻、「烟」韻をそれぞれ ou、iou、ian とし、「翁」、「拥」もしばしば △ueng▽、iong とするような工夫がなされた。さらに数十年にわたる使用によって、この形式はすでに社会的伝統になっている。

ところで、中国語ピンイン方案が、形を優先する原則と四呼による分類を基に韻母のピンイン表記を定めるといっても、それは普通話の音素分析の結果に反するわけではない。字母によって音素が表記される文字体系であれば、当然のことながら音素分析の結果に従うべきである。さもなければ、その表音体系では限りある字母によって当該言語に現れるすべての語句の発音を表すことはできなくなる。ピンインももちろんそうである。中国語ピンイン方案における韻母の表記は明らかに次の音素分析の結果に従っている（第9章を参照）。

3つの高位母音音素：/i/、/u/、/y/

2つの中位母音音素：/o/、/e/

1つの低位母音音素：/a/

ただし、普通話における /o/ と /e/ の2つの母音音素とそれぞれに含まれる異音は相補分布を成すため、字母の割り当てを自由に調整できる。[24] また韻母のピンイン表記は韻母全体を単位にしていることから、韻母が競合しない限り、そのピンイン表記に含まれる母音への字母の割り当てにはかなりの自由度がある。韻母のピンイン表記は、例えば「熬」では ao または au、「轰」では ung または ong、「拥」では üng または iung または iong のいずれでもよい。いずれにしても音素帰納の結果に反することはなく、ピンイン表記の策定における、形を優先する原則に従って表記すればよい。

---

24 音素帰納の作業原則では、対立する音は必ず異なる音素に帰属しなければならないのに対して、相補分布を成す音は必ずしも1つの音素に統合しなければならないわけではない。韻母として対立しない普通話の /o/ と /e/ を異なる音素に帰属させる理由については第9章「9.3.1 [e]、[ɛ]（[ɐ]）、[ə]、[ʌ]、[ɤ]、[o] に関する音素の分割と統合について」を参照。なお、普通話では /o/ と /e/ によって韻母が対立しないため、例えば「歌」のピンイン表記は ge または go のどちらでもよく、自由である。「10.1 字母と音」に述べられているように「欧」の韻母を eu ではなく ou で表記できるのもこの理由からである。（訳注）

366 | 第10章　中国語ピンイン方案と中国語普通話音素の関係

　前述のとおり、表音体系（字母体系）における字母の発音は、一般に当該の音素に含まれる1つの出現頻度の高い異音の発音であり、連続発話に現れるすべての異音に対応しているわけではない。加えて、書記記号としてのピンイン表記は読みやすさ、書きやすさなどの要素も考慮した結果、実際の発音からの逸脱もしばしば生じる。これは字母による表音体系においてよく起こる現象であって、ほかの言語にもしばしば見られる。したがって単純に、漢字のピンイン表記はその実際の発音を反映すると考えることはできない。そうでなければ、字母の名称音を基に無理につづることとなり、かえって自然な発音からかけ離れた発音が生ずる恐れがある。ただし韻母表における母音字母と、その本来の音とは異なる発音との間には規則性がある。字母と発音のずれを理解するための鍵はまさにこれらの規則に込められている。ひと言で言えば、組み合わせ（音環境）さえ同じであれば、字母の発音も同じになるのである。以下では学習と理解が円滑に進むように、音韻論の表現形式を借用しながら、韻母における母音の発音規則をまとめて示す。

　韻母表における6つの母音字母のうち、字母 i は舌面母音と舌尖母音を合わせて表している。字母 i の発音規則は単純で、声母 z、c、s に後続する場合は舌尖母音 [ɿ] で、声母 zh、ch、sh、r に後続する場合は舌尖母音 [ʅ] で発音する。そのほかの声母との組み合わせでは舌面母音 [i] で発音する。それに対して字母 u は音声上1つの発音のみ、すなわち円唇・後・高母音 [u]「乌」だけに対応しており、二点が付いた ü も1つの発音のみ、すなわち円唇・前・高母音 [y]「迂」だけに対応する。複数の音節を続けて書く場合、u が w と表記されたり、前に w が加えられ、wu と表記されることもある。また、ü ではしばしば二点が省略されたり、前に y が付け加えられ、yu「鱼」のように表記されることもある。しかしこれらはピンイン表記の書記法上の規則であり、こうした書記法上の規則とは別に発音規則を立てる必要はない。そこで、1つの字母が本来表すのと異なる発音を学習者が見出せるようにする発音規則は次に示す3つの母音 a、o、e についてのみとなる。

10.4 韻母表における字母と音声の対応関係 | 367

(1) 字母 a の発音規則

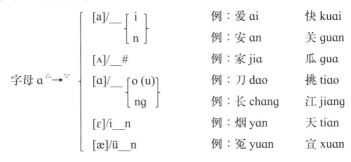

上の定式の読み方を確認しておくと、矢印 → は「〜になる」、斜線 / は「次の環境で」、斜線に続く下線 __ は a が現れる位置、中かっこ { } は字母 a に続く音声成分の種類で、そのいずれが後続する場合も a が [ ] に示された音で発音される。# は終結を示し、後続する成分がないことを表す。

上の式は次のように理解される。
① 字母 a が韻尾 i または n に先行する場合、[a] で発音する。
② 字母 a の直後に語境界がある場合、[ɑ] で発音する。
③ 字母 a が韻尾 u（字母 o）または軟口蓋鼻音韻尾 ng に先行する場合、[ɑ] で発音する。
④ 字母 a が韻頭 i と韻尾 n の間に現れる場合、[ɛ] で発音する。
⑤ 字母 a が韻頭 ü と韻尾 n の間に現れる場合、[æ] で発音する。

(2) 字母 o の発音規則

$$字母\ o^{△}→^{▽}\begin{cases}[o]/u\_\# & 例：我\ wo \quad 国\ guo \\ [uo]/^{△}[\ +唇音性\ ]^{▽}\_\# & 例：波\ bo \quad 摸\ mo \\ [ə]/\_u & 例：欧\ ou \quad 钩\ gou \\ [u]/\_ng & 例：空\ kong \quad 拥\ yong\end{cases}$$

上の式は次のように理解される。
① 字母 o が韻頭 u に後続し、直後に語境界がある場合、[o] で発音する。
② 字母 o が唇音声母（式では $^{△}[\ +唇音性\ ]^{▽}$ で表す）に後続し、直後に語境界がある場合、[uo] で発音する。
③ 字母 o が韻尾 u に先行する場合、[ə] で発音する。

④ 字母 o が韻尾 ng に先行する場合、[u] で発音する。

　字母 o の発音規則②に関して次の説明を付け加える必要がある。韻母のピンイン表記だけから発音を考えれば、唇音声母 (b、p、m、f) に続く韻母は単韻母 [o] のように思えるが、実際の発音と普通話の音体系からすると、この o は、ほかの唇音以外の声母 (d、t、n、l、g、k、h と z、c、s、zh、ch、sh、r) に続く uo とまったく同じで、いずれも複韻母 uo である。ただし、唇音声母に円唇母音 o が後続する場合、いずれにしても同化によって韻頭の u が一種の移行的な音として生じるため、書字の簡便化を図ってこの u は省略される。[25] このことについて、国語注音符号が構築され、公表されたときすでに次のように説明されていた。「ㄅㄛ『波』、ㄆㄛ『溌』、ㄇㄛ『摸』、ㄈㄛ『佛』におけるㄛ [o] はㄨㄛ [uo] の省略である。」しかし字母の発音規則は、自然発話における音声実態を反映するように戻すべきである (第 2 章「2.3 中国語普通話の単母音」参照)。そうすることは中国語教育と普通話の学習にとって有益である。

(3) 字母 e の発音規則

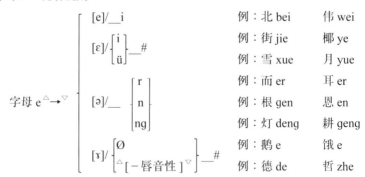

上の式は次のように理解される。

① 字母 e が韻尾 i に先行する場合、[e] で発音する。

② 字母 e が韻頭 i または ü に後続し、直後に語境界がある場合、[e] より低い [ɛ] で発音する。

③ 字母 e が反り舌韻尾 -r、歯茎鼻音韻尾 -n、軟口蓋鼻音韻尾 -ng のいず

25　唇音声母に続く uo と唇音以外の声母に続く uo とは同じ音であるから u を省略しないほうがよいという主張がある。これについては陈宏 (2008) を参照。(訳注)

れかに先行する場合、[ə] で発音する。

④ 字母 e がゼロ声母（Ø で表す）または非唇音声母（△[−唇音性]▽で表す）に後続し、直後に語境界がある場合、[ɤ] で発音する。

精密表記では中東轍（geng「耕」）と人辰轍（gen「根」）の韻腹の調音はやや異なるが、ここでは簡便さと通用しやすさを考慮し、両者を同じ [ə] とする（第9章参照）。

韻母表における韻母のピンイン表記は基本形式と呼ばれる。実際に中国語ピンイン方案によって韻母を声母と組み合わせる場合、iou「优」、uei「威」、uen「温」という3つの韻母に含まれる母音が省略される形式[26]があることを除き、韻母のピンイン表記は維持される。ただし韻母が声母と組み合わされず、それ自体で音節を成す場合、その表記に関して中国語ピンイン方案は次のように定めている。母音字母 a、o、e で始まる開口呼の韻母は音節連続において初頭の位置以外ではその前に間隔符号「'」を付ける。母音字母 i、u、ü で始まる斉歯呼、合口呼、撮口呼韻母の場合は韻頭の字母をそれぞれ y、w、yu に書き換える。こうして声母がない音節（ゼロ声母音節）が音節連続の中に現れても、個々の音節の始めと終わりが明示される。このことは普通話において特に重要である。ところで、普通話における音素の組み合わせは次のように発音される。第1に、母音連続と呼ばれるとおり、母音字母が連続すれば、それぞれを複数の音節に分けるのではなく1音節にまとめて発音する。第2に、子音別読と呼ばれるとおり、tianguo「天国」のように2つの子音が連続すればそれらを分けて発音する。第3に、danao「大脳」のように、1つの子音字母が2つの母音字母に挟まれる場合、その子音を後続の母音と組み合わせて発音する。このことから、間隔符号「'」や境界を表す字母 y、w がないと、「呉阿姨」と「外」、「胡阿姨」と「坏」、「地安门」と「电门」、「档案」と「单干」、「单袄」と「大脑」、「西安」と「线」、

---

26 iou、uei、uen という3つの韻母は、声母と組み合わされると韻腹が省略されて iu、ui、un となる。例として xiu「修」、tui「腿」、kun「昆」などがある。なお、省略される主な理由は、これら3つの韻母では一定の条件において韻腹が弱化するからである。詳細は王理嘉（2005）を参照。（訳注）

370 ｜ 第 10 章　中国語ピンイン方案と中国語普通話音素の関係

「饥饿」と「借」[27] などの対は声調を付けない限りピンイン表記が同一になり、区別できなくなる。つまり上のような境界を示すピンイン表記を定めなければ、中国語ピンイン方案は単独の漢字の発音を表記することはできても、多音節語や連続する語句を表記することができないのである。

10.5　中国語ピンイン方案と中国語普通話の簡略表記、精密表記との対照

　第 2 章と第 9 章では普通話の韻母の詳細な精密表記を行い、対立と相補分布、音声的類似の観点から音素帰納を行うとともに、簡略表記も行った。本章では中国語ピンイン方案における韻母の母音に割り当てる字母と音素および異音との関係などについて述べた。読者の利用の便を図るために、下の練習の次のページに掲げる表 10-3 で普通話のピンイン字母、精密表記、簡略表記を対照する。なお、この表では精密表記における補助記号はすべて省略してある。これについては本文の該当箇所を参照されたい。

練習

1. 中国語ピンイン方案における字母と音は一対一の関係であるか否かについて述べなさい。
2. 字母のピンイン表記と実際の発音が必ずしも一致しないのはなぜか説明しなさい。
3. 基本韻母 iou、uei、uen が声母と組み合わされる場合、iu、ui、un と表記できる根拠は何か、また、実際に発音される場合、その韻腹に相当する母音にどのような変化が起きるかを説明しなさい。

27　間隔符号「'」や間隔字母 y、w を設けなければ、「吴阿姨」と「外」、「胡阿姨」と「坏」、「西安」と「线」、「饥饿」と「借」はそれぞれ uai、huai、xian、jie と表記され、第 1 の原則によっていずれも単音節で発音され、区別ができなくなる。「地安门」と「电门」、「档案」と「单干」はそれぞれ dianmen、dangan と表記され、第 1 と第 2 の原則によって dian.men、dan.gan のように音節が分けられ、区別ができなくなる。「单袄」と「大脑」は danao で表記され、第 3 の原則によって da.nao のように音節が分けられ、区別ができなくなる。（訳注）

10.5 中国語ピンイン方案と中国語普通話の簡略表記、精密表記との対照 | 371

4. 音韻論の表現形式（定式）を用いて中国語ピンイン字母 i の発音規則を説明しなさい。

5. 普通話の音声の姿を理解し、研究するには字母のピンイン表記の理解にとどまらず、ピンイン字母から音声の精密表記までを理解し、そこから簡略表記と音素帰納に至る過程への理解を深める必要がある。それはなぜか説明しなさい。

△表 10-3　ピンイン表記と普通話の簡略表記、精密表記との対照▷

		開口呼で終わる韻母						その他の母音で終わる韻母 -i		-u		鼻音で終わる韻母 -n		-ŋ	
		-Ø													
開口	例	資 之	啊	噢	鵝	欸	二	哀	欸	熬	欧	安	恩	昂	幹
	ピンイン	-i	a	o	e	ê	er	ai	ei	ao	ou	an	en	ang	eng
	簡略表記	/ɿ/	/a/	/o/	/ɤ/	/ɛ/	/ər/	/ai/	/ei/	/au/	/ou/	/an/	/ən/	/aŋ/	/əŋ/
	精密表記	[ɿ][ʅ]	[A]	[o]	[ɤ]	[E]	[ər]	[aɪ]	[eɪ]	[ɑʊ]	[əʊ]	[an]	[ən]	[ɑŋ]	[ʌŋ]
	注音符号	帀 市	ㄚ	ㄛ	ㄜ	ㄝ	ㄦ	ㄞ	ㄟ	ㄠ	ㄡ	ㄢ	ㄣ	ㄤ	ㄥ
斉歯	例	一	呀			耶				腰	優	烟	音	央	英
	ピンイン	i	ia			ie				iao	iou	ian	in	iang	ing
	簡略表記	/i/	/ia/			/ie/				/iau/	/iou/	/ian/	/in/	/iaŋ/	/iŋ/
	精密表記	[i]	[iA]			[iE]				[iɑʊ]	[ieʊ]	[iɛn]	[iⁿn]	[iɑŋ]	[i'ŋ]
	注音符号	ㄧ	ㄧㄚ			ㄧㄝ				ㄧㄠ	ㄧㄡ	ㄧㄢ	ㄧㄣ	ㄧㄤ	ㄧㄥ

10.5　中国語ピンイン方案と中国語普通話の簡略表記、精密表記との対照　|　373

（表10-3、前ページより続く）

		開口呼で終わる韻母			その他の母音で終わる韻母			鼻音で終わる韻母				
		-∅			-i		-u	-n		-ŋ		
合口	例	乌	蛙	窝	歪	威		弯	温	汪	翁	发
	ピンイン	u	ua	uo	uai	uei		uan	uen	uang	ueng	ong
	簡略表記	/u/	/ua/	/uo/	/uai/	/uei/		/uan/	/uen/	/uang/	/uŋ/	/un/
	精密表記	[u]	[uʌ]	[uo]	[uai]	[uei]		[uan]	[uən]	[uaŋ]	[uvŋ]	[ʊŋ]
	注音符号	ㄨ	ㄨㄚ	ㄨㄛ	ㄨㄞ	ㄨㄟ		ㄨㄢ	ㄨㄣ	ㄨㄤ	ㄨㄥ	ㄨㄥ
撮口	例	迂		约				冤	晕		拥	
	ピンイン	ü		üe				üan	ün		iong	
	簡略表記	/y/		/yɛ/				/yan/	/yn/		/yŋ/、/iuŋ/	
	精密表記	[y]		[yE]				[yˠæn]	[yˀn]		[yʊŋ]、[iʊŋ]	
	注音符号	ㄩ		ㄩㄝ				ㄩㄢ	ㄩㄣ		ㄩㄥ	

374 | 第10章　中国語ピンイン方案と中国語普通話音素の関係

△付録1　中国語ピンイン方案の字母表▽ 28

字母	A a	B b	C c	D d	E e	F f	G g
名称	ㄚ	ㄅㄝ	ㄘㄝ	ㄉㄝ	ㄜ	ㄝㄈ	ㄍㄝ
	H h	I i	J j	K k	L l	M m	N n
	ㄏㄚ	ㄧ	ㄐㄧㄝ	ㄎㄝ	ㄝㄌ	ㄝㄇ	ㄋㄝ
	O o	P p	Q q	R r	S s	T t	
	ㄛ	ㄆㄝ	ㄑㄧㄡ	ㄚㄦ	ㄝㄙ	ㄊㄝ	
	U u	V v	W w	X x	Y y	Z z	
	ㄨ	万ㄝ	ㄨㄚ	ㄒㄧ	ㄧㄚ	ㄗㄝ	

　V、vは外来語、少数民族の言語、中国語の方言にのみ使用される。手書きの書体はラテン字母の一般的な書き方に従う。

　名称音の読み方を国際音声字母で表すと、以下のようになる。ただし、第10章、訳注12のとおり、中国ではピンイン字母を英語式に読むことがほとんどで、名称音はあまり普及していない。一部を除き、中国人はピンイン字母を名称音では読めないというのが実情である。

字母	A a	B b	C c	D d	E e	F f	G g
名称	[a]	[pe]	[tsʰe]	[te]	[ɤ]	[ef]	[ke]
	H h	I i	J j	K k	L l	M m	N n
	[xa]	[i]	[tɕiɛ]	[kʰe]	[el]	[em]	[ne]
	O o	P p	Q q	R r	S s	T t	
	[o]	[pʰe]	[tɕʰiu]	[ar]	[es]	[tʰe]	
	U u	V v	W w	X x	Y y	Z z	
	[u]	[ve]	[ua]	[ɕi]	[ja]	[tse]	

28　この付録は訳者が付けたものである。（訳注）

訳注の参考文献

阿河邦治・木原浩文・桂周良・小池靖夫（1988）「呼気流率測定について」『耳鼻臨床』24, 1–9.

浅山佳郎（2018）「複言語教育としての彝語教育」『マテシス・ウニウェルサリス』19 (2), 7–20.

Branner, D. P.（2006）. Comparative Transcriptions of Rime Table Phonology, In Branner, D. P. *The Chinese Rime Tables: Linguistic Philosophy and Historical-comparative Phonology*. John Benjamins.

陈宏（2008）「汉语拼音方案中 o 的拼合与音值」『语言教学与研究』(6), 76–82.

陈世良（2002）「论彝语 "阿" 在水西和圣乍土语中的用法」『凉山大学学报』4 (1), 153–156.

陈泽平（1998）『福州方言研究』福建人民出版社.

Chomsky, N. & Halle, M.（1968）. *The Sound Pattern of English*. M.I.T. Press.

Cooper, F. S., Delattre, P. C., Liberman, A. M., Borst J. M. & Gerstman, L. J.（1952）. Some Experiments on the Perception of Synthetic Speech Sounds, *The Journal of the Acoustical Society of America*, 24 (6), 597–606.

Delattre, P. C., Liberman, A. M. & Cooper, F. S.（1955）. Acoustic Loci and Transitional Cues for Consonants, *The Journal of the Acoustical Society of America*. 27 (4), 769–773.

邓文靖（2009）「字母 o 在汉语拼音中的音值」『汉字文化』(2), 64–66.

龚锐・晋美（2004）『珞巴族：西藏米林县琼林村调查』云南大学出版社.

平山邦彦（2018）「中国語語順体系に貫かれた構成原則について：基本語順の設定とその核心的 SVO の位置づけを中心に」『拓殖大学語学研究』137, 57–100.

黄成龙（2013）「普米语研究综述」『阿坝师范高等专科学校学报』30(1), 17–20.

黄大方（1989）「论广州话的变调兼评诸家之说」『汕头大学学报』(4), 89–98.

黄海萍（2019）「チワン語第 1 回：チワン族とチワン語」https://www.e-surugadai.com/surugadai-selection/%E3%80%90%E3%83%81%E3%83%AF%E3%83%B3%E8%AA%9E%E3%80%91%E7%AC%AC%EF%BC%91%E5%9B%9E%EF%BD%9E%E3%83%81%E3%83%AF%E3%83%B3%E6%97%8F%E3%81%A8%E3%83%81%E3%83%AF%E3%83%B3%E8%AA%9E%EF%BD%9E.html（2021/04/14 accessed）駿河台出版社.

黄雪贞（1988）「客家方言声调的特点」『方言』(4), 241–246.

黄雪贞（1989）「客家方言声调的特点续论」『方言』(2), 121–124.

黄雪贞（1992）「梅县客家话的语音特点」『方言』(4), 275–289.

International Phonetic Association（2007）. *Handbook of the International Phonetic Association: A Guide to the Use of the International Phonetic Alphabet*. Cambridge

University Press.

Jakobson, R., Fant, G. & Halle, M.（1961）. *Preliminaries to Speech Analysis: The Distinctive Features and Their Correlates*. M.I.T. Press.

Jakobson, R., Fant, G. & Halle, M. 著, 竹林滋、藤村靖訳（1965）『音声分析序説：弁別的特徴とその関連量』研究社.

Karakaş, A & Sönmez, E.（2011）. The Teaching of [θ] and [ð] Sounds in English. *1st International Conference on Foreign Language Teaching and Applied Linguistics.* May 5–7, 2011, Sarajevo.

加藤昌彦（2016）「ミャンマーの諸民族と諸言語」『ICD NEWS（法務省法務総合研究所国際協力部報）』69, 8–26.

河原英紀（2003）「聴覚フィードバックの発声への影響：ヒトは自分の話声を聞いているのか？」『日本音響学会誌』59(11), 670–675.

風間喜代三・上野善道・村松一登・町田健（2004）『言語学（第二版）』東京大学出版会.

孔江平（2015）「第 9 章韵律与情感」『实验语音学基础教程』北京大学出版社.

倉部慶太（2020）『ジンポー語文法入門』https://publication.aa-ken.jp/jinghpaw_grammar_ilc2019.pdf（2022/12/26 accessed）.

栗田茂二朗（1988）「声帯の成長、発達と老化：とくに層構造の加齢的変化」『音声言語医学』29 (2), 185–193.

黒澤直道（2015）「ナシ語：第 1 回ナシ語とナシ文字、挨拶言葉」https://www.e-surugadai.com/surugadai-selection/%E3%80%90%E3%83%8A%E3%82%B7%E8%AA%9E%E3%80%91%E7%AC%AC%EF%BC%91%E5%9B%9E%E3%80%80%EF%BD%9E-%E3%83%8A%E3%82%B7%E8%AA%9E%E3%81%A8%E3%83%8A%E3%82%B7%E6%96%87%E5%AD%97%E3%80%81%E6%8C%A8%E6%8B%B6%E8%A8%80.html（2021/04/26 accessed）駿河台出版社.

Ladefoged, P.（1968）. *A Phonetic Study of West African Languages*（2nd ed.）. Cambridge University.

Ladefoged, P.（1975）. *A Course in Phonetics*. Harcourt Brace Jovanovich.

Ladefoged, P. & Johnson, K.（2011）. *A Course in Phonetics*（6th ed.）. Wadsworth Cengage Learning.

Liberman, A. M., Delattre, P. C., Cooper, F. S. & Gerstman, L. J.（1954）. The Role of Consonant-Vowel Transitions in the Perception of the Stop and Nasal Consonants. *Psychological Monographs: General and Applied*, 68 (8), 1–13.

林焘（1962）「现代汉语轻音和句法结构的关系」『中国语文』(7). In 林焘著（2007）『林焘语言学论文集』商务印书馆, 23–48.

李如龙（1990）「「声调对声韵母的影响」『语言教学与研究』(1), 89–95.

刘光坤（1998）『麻窝羌语研究』四川民族出版社.

刘松泉（2010）「语音教学中多音节上声相连音变的处理」『周口师范学院学报』27 (6), 69–72.

李小凡・项梦冰（2009）『汉语方言学基础教程』北京大学出版社.

黎新第（1994）「官话方言全浊清化的一颗活化石：四川境内的现代"老湖广话"及其他」『古汉语研究』23, 22–27+51.

李延平（1998）「简论多音节上声字的变调」『延安大学学报（社会科学版）』(4), 66–67.

吕士良・于洪志（2012）「藏语夏河话复辅音特点」『语文学刊』(2), 47–48.

村田公一・村田晶子・兵藤博行・中山広之・岩澤淳・水谷内香里・高橋哲也（2011）「ヒトの聴覚器における鼓膜と卵円窓の面積比による音の増幅機構の演示モデルの検討と医療系学校における使用の効果」『生物教育』(3), 2–11.

大髙博美（2016）「二重母音と連母音の違いは何か？：音節構造から比較する英語と日本語の二重母音」『言語と文化』19, 1–29.

小川郁・河田了・岸本誠司・春名眞一編（2017）『イラスト手術手技のコツ　耳鼻咽喉科・頭頸部外科　耳・鼻編（第 2 版）』東京医学社.

大森孝一（2009）「喉頭の臨床解剖」『日本耳鼻咽喉科学会会報』112 (2), 86–89.

欧阳觉亚（1979）「珞巴语概况」『民族语文』(1), 57–70.

Percival, W. K. 著, 金有景訳（1964）「不同的音位归纳法的取舍问题」『语言学资料』(1), 25–27.

Percival, W. K.（1981）. *A Grammar of the Urbanised Toba-Batak of Medan*. chrome-extension://efaidnbmnnnibpcajpcglclefindmkaj/https://openresearch-repository.anu.edu.au/bitstream/1885/144535/1/PL-B76.pdf（2022/12/26 accessed）.

亓文婧（2022）「鲁西南方言的儿化变韵现象」『现代语文』(3), 16–23.

佐々木正人・渡辺章（1984）「『空書』行動の文化的起源：漢字圏・非漢字圏との比較」『教育心理学研究』32 (3), 182–190.

石峰・王萍（2006a）「北京话单字音声调的统计分析」『中国语文』(1), 33–40+96.

石峰・王萍（2006b）「北京话单字音声调的分组统计分析」『当代语言学』(4), 324–333.

施璐・文薇（2017）「国内怒族语言研究评述」『贵州民族研究』38 (1), 232–236.

宋元嘉（1965）「评哈武门和霍凯特对北京语音的分析」『中国语文』(3), 169–178.

王均・郑国乔（1980）『仫佬语简志』民族出版社.

王理嘉（2005）「《汉语拼音方案》与世界汉语语音教学」『世界汉语教学』(2), 5–11+116.

万献初（2012）『音韵学要略（第二版）』武汉大学出版社.

渡邊明子（2016）「トン語第 1 回：トン語とは」https://www.e-surugadai.com/surugadai-selection/%E3%80%90%E3%83%88%E3%83%B3%E8%AA%9E%E3%80%91%E7%AC%AC1%E5%9B%9E%EF%BD%9E%E3%83%88%E3%83%B3%E8%AA%9E%E3%81%A8%E3%81%AF%EF%BD%9E.html（2021/04/26 accessed）駿河台出版社.

Wells, J. C.（1982）. *Accents of English 1: An Introduction.* Cambridge University Press.

吴宗济（1980）「什么叫"区别特征"」『国外语言学』(1), 44–46.

吴宗济・林茂燦（1989）『实验音声学概要』高等教育出版社.

许长安（2014）「汉语拼音字母名称的改革应提上日程」『中国语文现代化学会通讯』http://www.yywzw.com/n3985c162p4.aspx（2023/11/21 accessed）.

山田敦士（2016）「ワ語第 1 回：ワ族のことば」https://www.e-surugadai.com/surugadai-selection/%E3%80%90%E3%83%AF%E8%AA%9E%E3%80%91%E7%AC%AC1%

E5%9B%9E%EF%BD%9E%E3%83%AF%E6%97%8F%E3%81%AE%E3%81%93%
E3%81%A8%E3%81%B0.html（2021/04/26 accessed）駿河台出版社.

叶祥苓（1979）「再论苏州方言上声和阴去的连读变调」『方言』(4), 306–308.

叶祥苓（1984）「关于苏州方言的调类」『方言』(1), 15–18.

曾毓敏（1991）『福建人怎样学习普通话』北京师范大学出版社.

张家茂（1979）「苏州方言上声和阴去的连读变调」『方言』(4), 304–306.

张倩（2018）「三合元音的特点及对外汉语教学初探」『齐齐哈尔师范高等专科学校学报』
　　(5), 90–92.

赵金灿（2010）「拉萨藏语与香格里拉藏语语音之比较」『四川民族学院学报』19 (1),
　　20–23.

赵元任（1922）「国语罗马字的研究」『国语月刊』1 (7). In 赵元任（2002）『赵元任语言
　　学论文集』商务印书馆, 37–89.

朱国伟（2017）「怒族语言文字」http://www.minzunet.cn/mzwhzyk/663688/686380/686382/
　　612287/index.html（2021/04/26 accessed）中国民族文化资源库.

朱宏一（2009）「论轻声与轻音之区分」『南开语言学刊』(2), 34–46+179.

原著の主要な参考文献

1. 鲍怀翘, 1984, 普通话单元音分类的生理解释, 《中国语文》第 2 期, 117–127 页。

2. 曹剑芬, 1987, 论清浊与带音不带音的关系, 《中国语文》第 2 期, 101–109 页。

3. 曹剑芬, 2002, 汉语声调与语调的关系, 《中国语文》第 3 期, 195–202 页。

4. 曹剑芬, 杨顺安, 1984, 北京话复合元音的实验研究, 《中国语文》第 6 期, 426–433 页。

5. 曹文, 2010, 《汉语焦点重音的韵律实现》, 北京：北京语言大学出版社。

6. 曹文, 2010, 汉语平调的声调感知研究, 《中国语文》第 6 期, 536–543 页。

7. 初敏, 王韫佳, 包明真, 2004, 普通话节律组织中的局部句法约束和长度约束, 《语言学论丛》第 30 辑, 北京：商务印书馆, 129–146 页。

8. [美] 霍凯特, 1986, 《现代语言学教程》(上)(第二, 十一, 十二, 十五章), 索振羽, 叶蜚声译, 北京：北京大学出版社。

9. 贾媛, 熊子瑜, 李爱军, 2008, 普通话焦点重音对语句音高的作用, 《中国语音学报》第 1 期, 118–124 页。

10. 厉为民, 1981, 试论轻声和重音, 《中国语文》第 1 期, 35–40 页。

11. 林茂灿, 2004, 汉语语调与声调, 《语言文字应用》第 3 期, 57–67 页。

12. 林茂灿, 2006, 疑问和陈述语气与边界调, 《中国语文》第 4 期, 364–376 页。

13. 林茂灿, 2012, 《汉语语调实验研究》, 北京：中国社会科学出版社。

14. 林茂灿, 颜景助, 1980, 北京话轻声的声学性质, 《方言》第 3 期, 166–178 页。

15. 林茂灿, 颜景助, 孙国华, 1984, 北京话两字组正常重音的初步实验, 《方言》第 1 期, 57–73 页。

16. 林焘, 1962, 现代汉语轻音和句法结构的关系, 《中国语文》第 7 期, 301–311 页；又载于《林焘语言学论文集》, 北京：商务印书馆, 2001 年, 23–48 页。

17. 林焘, 1983, 探讨北京话轻音性质的初步实验, 《语言学论丛》第 10 辑, 北京：商务印书馆, 16–37 页；又载于《林焘语言学论文集》, 120–141 页。

18. 林焘, 1984, 声调感知问题, 《中国语言学报》第 2 期；又载于《林焘语言学论文集》, 142–155 页。

19. 林焘, 1995, 日母音值考, 《燕京学报》新 1 期, 403–419 页；又载于《林焘语言学论文集》, 317–319 页。

20. 陆致极, 1987, 试论普通话音位的区别特征, 《语文研究》第 4 期, 10–20 页。

21. 路继伦, 王嘉龄, 2005, 关于轻声的界定, 《当代语言学》7 卷 2 期, 107–112 页。

22. 罗常培, 王均, 1981, 《普通语音学纲要》, 附录 (四) "音位的'区别特征'和'生成音系学'", 北京：商务印书馆。

23. [美] 颜西沃, 1964, 不同的音位归纳法的取舍问题, 金有景译, 《语言学资料》(内部刊物) 第 1 期 (总第 19 号), 《中国语文》编辑部编, 25–27 页。

24. [英] 琼斯, D., 1980, "音位" 的历史和涵义, 游汝杰译, 《国外语言学》第 2 期,

23–38 页。

25. 沈炯，1985，北京话声调的音域和语调，载于林焘，王理嘉等《北京语音实验录》，北京：北京大学出版社，73–130 页。

26. 沈炯，1992，汉语语调模型刍议，《语文研究》第 4 期，16–24 页。

27. 沈炯，1994，汉语语调构造和语调类型，《方言》第 3 期，221–228 页。

28. 沈炯，Hoek, J. H.，1994，汉语语势重音的音理（简要报告），《语文研究》第 3 期，10–15 页。

29. 石锋，1990，论五度值记调法，载于石锋《语音学探微》，北京：北京大学出版社，27–52 页。

30. 石锋，2008，《语音格局——语音学与音系学的交汇点》，北京：商务印书馆。

31. 石锋，2009，《实验音系学探索》，北京：北京大学出版社。

32. 石锋，王萍，2006，北京话单字音声调的统计分析，《中国语文》第 1 期，33–40 页。

33. 史存直，1957，北京话音位问题商榷，《中国语文》2 月号，9–12 页。

34. 宋元嘉，1965，评哈武门和霍凯特对北京语音的分析，《中国语文》第 3 期，169–178 页。

35. 王蓓，吕士楠，杨玉芳，2002，汉语语句中重读音节音高变化模式研究，《声学学报》第 3 期，234–240 页。

36. 王福堂，2007，普通话语音标准中声韵调音值的几个问题，《语言学论丛》第 35 辑，北京：商务印书馆，18–27 页。

37. 王辅世，1963，北京话韵母的几个问题，《中国语文》第 2 期，115–124 页。

38. 王洪君，1995，普通话韵母的分类，《语文建设》第 1 期，3–5 页。

39. 王洪君，2000，汉语的韵律词与韵律短语，《中国语文》第 6 期，525–536 页。

40. 王洪君，2002，普通话中节律边界与节律模式，语法，语用的关联，《语言学论丛》第 26 辑，北京：商务印书馆，279–300 页。

41. 王洪君，2004，试论汉语的节奏类型——松紧型，《语言科学》第 3 期，21–28 页。

42. 王洪君，2008，《汉语非线性音系学》(增订版)，北京：北京大学出版社。

43. 王理嘉，1988，普通话音位研究中的几个问题，《语文研究》第 3 期，3–8 页。

44. 王理嘉，1991，《音系学基础》，北京：语文出版社。

45. 王理嘉，2003，《汉语拼音运动与汉民族标准语》，北京：语文出版社。

46. 王理嘉，2005，《汉语拼音方案》与世界汉语语音教学，《世界汉语教学》第 2 期，5–11 页。

47. 王力，1979，现代汉语语音分析中的几个问题，《中国语文》第 4 期，281–286 页。

48. 王力，1983，再论日母的音值，兼论普通话声母表，《中国语文》第 1 期，20–23 页。

49. 王韫佳，2004，音高和时长在普通话轻声知觉中的作用，《声学学报》29 卷 5 期，453–461 页。

50. 王韫佳，2008，试论普通话疑问语气的声学关联物，《语言学论丛》第 37 辑，北京：商务印书馆，183–205 页。

51. 王韫佳，初敏，2008，关于普通话词重音的若干问题，《中国语音学报》第 1 辑，北京：商务印书馆，141–147 页。

52. 王韫佳，初敏，贺琳，2003，汉语语句重音的分类和分布的初步实验研究，《心理学报》35 卷 6 期，734–742 页。

53. 王志洁，冯胜利，2006，声调对比法与北京话双音组的重音类型，《语言科学》5 卷 1 期，3–22 页。

54. 吴宗济，1982，普通话语句中的声调变化，《中国语文》第 6 期，439–449 页。

55. 吴宗济，林茂灿（主编），1989，《实验语音学概要》，北京：高等教育出版社。

56. 徐世荣，1957，北京语音音位简述，《语文学习》8 月号，22–24 页。

57. 薛凤生，1986，《北京音系解析》，北京：北京语言学院出版社。

58. [美] 雅柯布逊，[瑞典] 方特，[美] 哈勒，1981，语音分析初探——区别性特征及其相互关系，王力译，《国外语言学》第 3 期 1–11 页，第 4 期 1–22 页。

59. 颜景助，林茂灿，1988，北京话三字组重音的声学表现，《方言》第 3 期，227–237 页。

60. 游汝杰，钱乃荣，高证夏，1980，论普通话的音位系统，《中国语文》第 5 期，328–334 页。

61. 袁家骅等，1989，《汉语方言概要》（第二版），北京：文字改革出版社。

62. 赵元任，1922，国语罗马字的研究，载于《赵元任语言学论文集》，北京：商务印书馆，2002 年，37–89 页。

63. 赵元任，1928，《现代吴语的研究》，北京：清华学校研究院；又，北京：科学出版社，1956 年。

64. 赵元任，1930，一套标调的字母，载于吴宗济等编《赵元任语言学论文集》，北京：商务印书馆，2002 年，713–717 页。

65. 赵元任，1932，英语语调（附美语变体）与汉语对应语调初探，载于吴宗济等编《赵元任语言学论文集》，北京：商务印书馆，2002 年，718–733 页。

66. 赵元任，1933，汉语的字调跟语调，载于吴宗济等编《赵元任语言学论文集》，北京：商务印书馆，2002 年，734–749 页。

67. 赵元任，1934，音位标音法的多能性，载于吴宗济等编《赵元任语言学论文集》，叶蜚声译，750–795 页。

68. 赵元任，1979，《汉语口语语法》，吕叔湘译，北京：商务印书馆；《中国话的文法》，丁邦新译，载于《赵元任全集》第一卷，北京：商务印书馆，2002 年。

69. 赵元任，1980，《语言问题》，北京：商务印书馆。

70. 周有光，1979，《汉字改革概论》，北京：文字改革出版社。

71. 周有光，1995，《汉语拼音方案基础知识》，北京：语文出版社。

72. Abramson, A. S. 1979. The Noncategorical Perception of Tone Categories in Thai. In Lindblom, B. & Öhman, S. (Eds.), *Frontiers of Speech Communication Research*, 127–134, London: Academic Press.

73. Bolinger, D. 1972. Accent is Predictable (If You're a Mind-Reader). *Language*, 48 (3), 633–644.

74. Bolinger, D. L. 1958. A Theory of Pitch Accent in English. *Word*, 14 (2–3), 109–149.

75. Cao, J. & Maddieson, I. 1992. An Exploration of Phonation Types in Wu Dialects of

Chinese. *Journal of Phonetics*, 20 (1), 77–92.

76. Cinque, G. 1993. A Null Theory of Phrase & Compound Stress. *Linguistic Inquiry*, 24 (2), 239–297.

77. Clark, J. & Yallop, C. 2000. *An Introduction to Phonetics and Phonology* (语音学与音系学入门). 2nd edition. Oxford: Blackwell Publishers Ltd. 北京：外语教学与研究出版社.

78. Couper-Kuhlen, E. 1986. *An Introduction to English Prosody*. London: Edward Arnold.

79. Cruttenden, A. 2002. *Intonation* (语调). 2nd edition. Cambridge: Cambridge University Press. 北京：北京大学出版社.

80. Francis, A. L. & Ciocca, V. 2003. Stimulus Presentation Order and the Perception of Lexical Tones in Cantonese. *Journal of Acoustical Society of America*, 114 (3), 1611–1621.

81. Fry, D. B. 1955. Duration and Intensity as Physical Correlates of Linguistic Stress. *Journal of the Acoustical Society of America*, 27 (4), 765–768.

82. Fry, D. B. 1958. Experiments in the Perception of Stress. *Language and Speech*, 1 (2), 126–152.

83. Gandour, J. T. 1978. The Perception of Tone. In Fromkin, V. A. (Ed.), *Tone: A Linguistic Survey*, 41–76, New York: Academic Press.

84. Ladd, D. R. 1996. *Intonational Phonology*. 1st edition. Cambridge: Cambridge University Press.

85. Ladefoged, P. 2009. *A Course in Phonetics*. 5th edition. Boston, MA: Thomson Wadsworth. 北京：外语教学与研究出版社.

86. Lehiste, I. 1970. *Suprasegmentals*. Cambridge, MA: The MIT Press.

87. Selkirk, E. 1984. *Phonology and Syntax: The Relation between Sound and Structure*. Cambridge, MA: The MIT Press.

88. Trask, R. L. 2000. 语音学与音系学词典 (A Dictionary of Phonetics and Phonology), 北京：语文出版社.

89. Wang, W. S-Y. 1976. Language Change. *Annals of N. Y. Academy of Science*, 280 (1), 61–72.

90. Xu, Y. 1999. Effects of Tone and Focus on the Formation and Alignment of F0 Contours. *Journal of Phonetics*, 27 (1), 55–105.

索　引

V

VOT 115–116

Z

z-score 188

あ

r化 209–216

アブミ骨 35–36

アモイ 53, 57, 58, 89, 123, 134, 135, 141–143, 152, 153, 155, 156, 179, 180, 191, 195, 205, 269

い

異音 256–265

異化 197–198

息漏れ声 61, 99

イ語 60–61, 86, 90, 91

韻基 135, 136, 331

陰去 170

陰上 170

韻素 340–341

陰調 170

韻轍 149, 302, 318

咽頭 22, 30–32, 48, 81–82, 97–99

韻頭 135–136, 137–138

咽頭音 81–82

咽頭後壁 31, 33, 48, 81–82, 327

イントネーション 163, 237–238, 241–246

イントネーション核 241–242

イントネーション群 241

イントネーション頭部 241, 242

イントネーション尾部 241, 242, 244–245

インド・ヨーロッパ語族 130, 131, 164, 265, 351

陰入 170

韻尾 135–136, 137

韻腹 135–136, 137–138

陰平 170, 172, 186, 239–240, 355

韻母 62, 136–138, 144–158

陰陽 170–171

韻律音韻論 233, 295

韻律外成分 235

う

温州 89, 123, 152, 168, 174, 176, 179, 181, 182, 212

え

F1-F2図 72–73

円唇化 94, 194–195, 196, 329

円唇母音 49, 52

煙台 80, 83, 84, 123, 160, 175

お

横隔膜 22, 24

横披裂筋 27

オーストロアジア語族 164

オーストロネシア語族 164

音意結合 252

音韻論 251–252

音響音声学 3

音源 11, 21–23

音声 1–2, 40, 110, 163, 249–250

音声器官 1–2, 21–22

音声合成 6–8

音声識別 6–7

音声的類似 259–260, 278–281

音声認識 6–7

音節 41–42, 119–123, 133–136

音節境界 100, 125–127

音節構造 123–133

384 | 索　引

オンセット 268
音素 4–5, 251
音素帰納 249
音素集合 265–267
音素体系 265–272
音素的負荷 255–256, 333–334
音素配列 268–272
音素論 250–252
音体系 265–272
音調軽音 223
音波 11–14

か

開韻尾 199
介音 137, 320
開音節 124, 133, 135
開口呼 138, 145, 271
開口呼韻母 158, 358–361
外耳 35
外耳道 35
外側輪状披裂筋 27
開放 82
蓋膜 37
外連音 192
外連声 192
蝸牛 36–37
蝸牛管 36–37
蝸牛孔 36, 37–38
楽音 17
下降二重母音 129
過少分析 282
過剰分析 282
仮性重母音 130
仮声帯 26, 27, 31
可聴度 120–121
環境異音 260–261
簡略表記 298

き

基音 17

気管 22, 25
気管支 25
気息 91, 108
基底膜 37–38
キヌタ骨 35–36
起伏型 164
基本周波数 17, 66, 67, 72, 165–166, 183–
　185, 186–187, 247
疑問文 243–245
逆行同化 195–196
吸気 24–25
吸着音 95, 98
強勢 219–220, 223, 295, 335, 339
強勢アクセント言語 220
共鳴 20–21, 33, 57, 286
共鳴腔 30–34
去声 170–172, 172–173, 177, 185, 186,
　232, 240, 335, 336
気流 21, 24
緊張 266, 286–287

く

唇 32–33, 78
クラ・ダイ語派 203

け

軽音 222–224, 226–227, 339
軽声 222–223, 338–339
形態素 126, 273, 295

こ

口音 33–34
喉音 81
硬音 103
口蓋垂 31, 32, 33–34, 80–81, 86
口蓋垂音 81
後響重母音 129, 135
口腔 22, 31, 32–34
硬口蓋 32–33
硬口蓋音 80

索 引 | 385

硬口蓋化 93–94, 328
合口呼 138, 139, 141, 150, 151, 153
合口呼韻母 141
広州 53, 54, 84, 85, 123, 159
広州方言 59, 79, 81, 94, 103, 113, 134,
　141, 143, 154–156, 159, 167, 174, 176,
　177, 180, 182, 184, 191, 195, 197, 199,
　203, 213, 227
降昇調 167–169
甲状軟骨 25–27, 30, 31
甲状披裂筋 30
後舌 32, 33, 53, 80
構造軽音 223
高調 168
高低型 164
喉頭 25–27, 30–31, 47
喉頭蓋 25–26, 31
喉頭原音 21–22, 26, 28–29, 30–34, 105
合肥 54, 56, 123
後鼻音 254
合肥方言 152, 180
後部歯茎 32–33, 79
後部歯茎音 79
後変型 204
後母音 49, 52, 197
高母音 49, 325
コーダ 268
呼気 22, 24–25, 29
語気助詞 62, 226–227
語強勢 219–222
呼気流 29
国語運動 265
国語注音符号 282–283, 310, 343, 362,
　368
国際音声学会 51
国際音声字母 51–52, 54–55, 58, 89, 95–
　100, 297
語軽音 219
鼓室階 36–37

5 段表調法 166–167
固定強勢 220
鼓膜 35–36
固有周波数 20–21
コルチ器 37
昆明 123, 141, 227
昆明方言 57

さ
斉歯呼 138, 139, 150–151, 271
最小対 254–255
済南 123, 189
済南方言 155, 181
ささやき声 28, 185
撮口呼 138, 139, 151, 153, 158, 272
三重母音 128–130, 133
三半規管 35, 36

し
子音 45–46, 77–116, 120
子音クラスター 130
子音結合 130–133, 363
次陰調 175
子音連結 124–125, 130–133
歯音 78
耳介 35
弛緩 286–287
耳管 35, 36
歯茎 32, 97, 98
歯茎音 78, 101–102, 112, 140–141
歯茎硬口蓋 32–33, 270
歯茎硬口蓋音 79–80, 101, 140
四呼 138
耳小骨 35–36
四声 166, 172–175, 335, 337–339
次清 170
持続的噪音 105
舌 31, 32–33, 47–48, 50–55, 128, 298–299,
　328–329

386 | 索 引

次濁 170
字調 42
実現 258, 291
実験音声学 4–5, 8
シナ・チベット語族 59, 81, 91, 94, 124,
　131, 136, 164, 165, 169, 203
自由異音 260, 262–264
周期 15–16, 29, 67
自由強勢 220
重慶 210
重軽式 222
重慶方言 4, 210, 212
十三轍 301, 361
周波数 14–16
十八韻 361
自由変異 192–194
重母音 127–130
主音 268–269
純音 16–18
順行同化 195
衝撃音 23, 105
条件異音 260–262, 332
条件変異 191–193
紹興 123
昇降調 167–169
紹興方言 57, 155, 174, 176
上声 170, 171–172, 176–177, 185, 240,
　245, 335–338
上昇調 167, 238
上昇二重母音 129
職業異音 264
女国音 265
舒声調 180
唇腔 30–31, 33
唇歯音 78, 101–102, 140
真性重母音 130
振幅 14–15
ジンポー語 60
瀋陽 123

瀋陽方言 140

す

スイ語 81, 90, 93, 96
スペクトル 16–20, 67
スペクトログラフ 4
スペクトログラム 67–70

せ

西安 83, 84, 123, 159
西安方言 141, 155
清音濁流 90
声化韻 134
正弦波 17
生成音韻論 251–252, 290–291, 293–295,
　312
声素 340
声帯 21–22, 25–30, 88, 185
声帯音 47, 64–65
声帯音源 21–22
声調 30, 42, 183–186
声調言語 42, 163–165, 183
成都 54, 123, 227
声道 21, 31–34, 47–48, 64–66
成都方言 181, 182
西南官話 181, 212
性別異音 264–265
声母 136–138, 139–144, 270, 353–357
精密表記 253–254, 297–298, 311, 372–
　373
声紋 7
声門 21–22, 26–29, 31–32, 81–82, 95–96,
　185
声門音 81–82
声門気流 24
声門波 28
声門破裂音 83
声門閉鎖 83
声門摩擦音 84
接近 46, 82, 139

索　引 | 387

接近音　46, 87–88, 103, 104, 140, 144, 303
舌尖　32–33, 78–79, 86, 102
舌尖母音　55–57, 63
舌背　80
舌面母音　55
狭め　47–48
セミトーン　187
ゼロ韻尾　146–147, 151
ゼロ声母　139, 157–158, 324–327
全陰調　175
尖音　159–160
前響重母音　129, 135, 137, 145, 199, 224
全清　170, 171
前舌　32–33
前舌面　33
全濁　170, 171
前庭階　36–37
前庭器官　36
前庭窓　35, 36–37
前庭膜　37
前鼻音　254
前変型　204
全変型　204
前母音　49, 52
全面的自由異音　262
旋律型　164, 165

そ

噪音　17
相互同化　194
挿入　198, 275, 295
相補分布　256–260, 275–278, 278–281
阻害　82
促声調　180
側面開放　99
側面接近音　85, 90, 102, 103, 104, 109, 140
側面摩擦音　85–86
蘇州　53, 54, 83, 84, 85, 123

蘇州方言　56, 78, 80, 81, 82, 90, 92, 93–94, 103, 116, 123, 134, 138, 144, 152, 154–155, 156, 159, 167, 171, 172, 176, 177, 180–181, 182, 195, 199, 204, 205, 216, 261, 269
疎密波　12–13
反り舌韻母　312
反り舌母音　56–57, 63, 312–313

た

第 1 強勢　100, 220
第 1 次基本母音　51–52
第 1 声　336
第 2 強勢　100, 220
第 2 声　336
第 3 声　336
第 4 声　336
太原　123, 176
太原方言　57, 82, 156
対比強勢　227–229
対立　56, 254, 281
高めの低　53–54, 299–300
脱落　198–200
縦波　12, 14
単韻母　144–145
単音　45, 251, 253, 258, 281, 294, 340
団音　159–160
単字調　201
単体字　283
単母音　61–64, 69–70

ち

チアン語　81, 83, 169, 200
地域異音　264
知覚音声学　3
置換　200
チベット・ビルマ語派　131, 203
中位高　52–54, 299
中央階　36–37
中国語派　203

388 | 索 引

中古中国語 92, 266, 267
中耳 35–36
中舌 32–33
中母音 64
チュルク語族 220
調域 165–166, 184
調域下限 240
調域上限 240
調音 38, 47
調音位置 32–33, 77–82
調音音声学 2
調音器官 21, 32–33, 39
超音波 16
調音方法 82–88
聴覚フィードバック 39–40
趙元任 284, 314, 320, 340, 347, 348
長沙 123
長沙方言 4, 143, 154, 156, 181, 182
超重フット 234
聴神経 35, 37
調素 255, 258, 334
調値 165–169
超分節記号 100
超分節的特徴 7
超分節的要素 40, 42, 258
調類 169–170, 174, 175–182, 201, 335
チワン語 59, 93, 96, 131
陳述文 227

つ

通常強勢 227–229
ツチ骨 35–36

て

停延 235
デシベル 15

と

同化 194–197
等強勢式 221

動的音声 282
トン語 59, 93, 167, 170, 180

な

内耳 35, 36–37
内リンパ液 36–37
内連音 192
内連声 192
ナシ語 124
軟音 103
南京 58, 123
南京方言 4, 177, 249
軟口蓋 22, 31, 32, 33–34
軟口蓋化 94
軟口蓋気流 24
軟骨声門 28
南昌 123

に

二項対立 287–290
二重母音 125, 127–130
入声韻 155
入破音 95–96

ぬ

ヌソ語 90–91, 92

ね

音色 16, 40

の

のどぼとけ 25

は

歯 32
バー 67
バースト 105–108
肺 24–25
倍音 17–19
梅県 123, 153
梅県方言 156, 180, 203

索 引 | 389

肺臓気流音 94–95
肺胞 24, 25
白読 123
波形 13–14
破擦音 84, 88, 132, 281–282, 283–284
弾き音 86, 108
発音規則 366–369
発声 21–22, 26–28
発声器官 21, 25–28
発話速度 193–194
ハニ語 60
張り母音 59–61
破裂音 23, 82–83, 111
破裂音韻尾 155
破裂音源 23
半高母音 277
半上声 206
反切 136
半低母音 316
バントゥー語群 164
半鼻音化母音 58
半母音 303

ひ

鼻韻母 148–150
鼻音 33–34, 46, 84–85, 90, 92
鼻音韻尾 151, 155–156
鼻音化音 33–34
鼻腔 22, 30–31, 33–34
低めの高 52–54, 298–299
非線形音韻論 335
左強勢式 221
必然的異音 276
ピッチ 71–72
非肺臓気流音 94–95
鼻母音 57–58
鼻摩擦音 132
平声 170, 171, 173, 176
平上去入 170

披裂軟骨 25–28, 30
ピンイン 4, 148–151, 283, 310–311, 344,
　345–350, 350–353, 353–357, 358–370,
　372–374

ふ

プイ語 96
フォーカス 228
フォルマント 66
フォルマント遷移 111–113, 115–116, 126
武漢 123
複韻母 145–148
複合音 16–18
複合波 16–18
福州 123, 143
福州方言 134, 137, 144, 154, 156, 159,
　168, 178, 180, 182, 192, 195, 196, 198,
　199, 200, 204, 212, 261
普通話 xiv
腹筋 24
フット 233–235
部分的自由異音 262–263
震え音 86, 108–109
プロミネンス 220
文強勢 219–220, 227–232
分節 40–41
分節音 45, 253, 258, 292
分節的要素 40, 42, 184, 258–259, 265
文読 123
分裂 171–172, 175–178, 181

へ

閉音節 124
閉鎖音 23, 82–83
平調 167, 184
平板型 164
ヘルツ 15
ベルヌーイの定理 28
変異 191–200, 275–278, 295, 335–336
変調 192, 201–209, 337–338

390 | 索　引

弁別 249, 353
弁別的素性 251, 285–287, 287–290, 290–
　295, 314

ほ

ボイスバー 105–109
母音 21–23, 45–46, 47–48, 48–50, 50–55,
　55, 120, 268, 287, 300, 316, 327
母音調和 196–197
母音連結 124–125, 127–130
方言 123
放出音 96
補助記号 53, 55, 99
北方ラテン化新文字 357
本調 201

ま

摩擦音 22, 23, 83–84, 88–89, 105

み

右強勢式 221
ミニマルペア 273–274
ミャオ語 91, 92, 123, 131, 167, 172, 203
ミャオ・ヤオ語派 203

む

無気 92, 281, 287
無気音 91, 332
無声音 88, 120
無声調言語 163, 237–238
無標 144, 326

め

鳴音 46
メル 71

や

ヤオ語 59, 93, 132

ゆ

有気 92, 281, 287
有気音 91, 281, 284, 332
融合 171–172, 175–178, 181, 198

有声音 22, 45, 88, 120
有声開始時間 115–116
有標 144
有毛細胞 37–38
緩み母音 59–60

よ

陽去 170
揚州 123
揚州方言 155, 156, 180
陽上 170
陽調 170
陽入 170
陽平 170, 172, 186, 240, 335
横波 12
余剰的素性 8, 287

ら

ラリンゴグラフ 29
蘭州 123
蘭州方言 4, 57, 181, 262
乱流音源 22

り

リ語 86
リズム 232–233
了解度 121
両唇音 78, 101, 102, 112, 287
輪状甲状筋 30
輪状軟骨 25–26, 30, 31

れ

連声 192, 198
連接 125–127
連続変調 192, 200–206
連母音 125

ろ

ローカス 112
ローバ語 169
肋間筋 24

| 391

著　者

林　燾（LIN, Tao）
<ruby>林<rt>リン</rt></ruby>　<ruby>燾<rt>タウ</rt></ruby>（LIN, Tao）

　1921 年、中国福建省長楽県生まれ。1944 年、成都燕京大学中国語言語学系卒業。1946
年より燕京大学などを経て、1952 年より北京大学で中国語音声学・音韻論を教授。その
間、北京大学に音声学および実験音声学研究室を創設。漢字現代化研究会副会長、中国語
言語学会理事、世界中国語教育学会理事。1981 年より北京大学教授。2006 年 10 月、北
京にて死去。
　専門は音声学、音韻論である。著書に『北京语音实验录』（北京大学出版社、1985 年）、
『语音探索集稿』（北京语言学院出版社、1990 年）など、論文に「北京话去声连续变调新
探」（『中国语文』1985 年第 2 期）、「北京官话溯源」（『中国语文』1987 年第 3 期）などが
ある。

王理嘉（WANG, Lijia）
<ruby>王<rt>オウ</rt></ruby><ruby>理<rt>リ</rt></ruby><ruby>嘉<rt>カ</rt></ruby>（WANG, Lijia）

　1931 年、中国上海市生まれ。1954 年、北京大学中国語言語学系卒業。1958 年より北京
大学において中国語音声学・音韻論を教授、外国人留学生向け中国語コースを担当。その
かたわら、米国スタンフォード大学において上級中国語を教授した経験を有す。1989 年
から 92 年まで北京大学中国語科副主任、2011 年から中国国家言語工作委員会測定セン
ター顧問、2018 年から中国漢語水平考試（HSK）顧問。2019 年 9 月、北京にて死去。
　専門は音声学、音韻論である。著書に『音系学基础』（语文出版社、1991 年）、『汉语拼
音运动与汉民族标准语』（语文出版社、2003 年）など、論文に「普通话音位研究中的几个
问题」（『语文研究』1988 年第 3 期）、「实验语音学与传统语音学」（『语文建设』1989 年第
1 期）などがある。

王韞佳（WANG, Yunjia）
<ruby>王<rt>オウ</rt><ruby>韞<rt>イン</rt></ruby><ruby>佳<rt>カ</rt></ruby>（WANG, Yunjia）

　1968 年、中国江蘇省生まれ。1984 年、南京大学情報物理系入学、1985 年同大学の中国
語言語学系に転入、1988 年卒業。1990 年、南京大学中国語言語学系修士課程修了、その
後北京大学へ入学、1993 年北京大学中国語言語学系博士課程修了。2008 年より北京大学
教授。
　専門は中国語音声学である。著書に『中国语音学史』第 10 章（北京大学出版社、2010
年）など、訳書に『声学与听觉语音学』（北京大学出版社、2021 年）、論文に「母语和非母
语者对北京话相似和相异调拱声调的范畴感知」（『当代语言学』2021 年第 3 期）、「声学线
索掩蔽下普通话情感语音的听辨研究」（『中国语音学报』2020 年第 13 卷）などがある。

翻訳者

梁 辰（リョウシン）（LIANG, Chen）

1989年、中国遼寧省生まれ。2011年、江南大学日本語系卒業。2016年名古屋大学大学院国際開発研究科・国際コミュニケーション専攻博士課程修了。2022年より早稲田大学・人間科学学術院・加齢人間工学研究室・助教。

専門は日本語音声学、聴覚音声学である。著書に『日语语音学研究』（苏州大学出版社、2018年）など、論文に「声调偏误对学习者日语发音自然度的影响」（『日语学习与研究』2020年第2期）、「日本語学習経験がLH・HLアクセント対立の知覚に与える影響」（『音声研究』2015年第19巻第3号）などがある。

本書は、『语音学教程（増订版）』の第2版（北京大学出版社、2013年）を翻訳出版したものです。

中国語音声学概論

初版第1刷 —— 2024年10月10日

著　者 ———　［原　著］林　焘・王理嘉（リン タウ・オウリカ）
　　　　　　　　［改訂版］王韫佳・王理嘉（オウインカ・オウリカ）

訳　者 ———　梁　辰（リョウシン）

発行人 ———　岡野 秀夫

発行所 ———　株式会社 くろしお出版

　　　　　　　〒102-0084　東京都千代田区二番町4-3
　　　　　　　［電話］03-6261-2867　［WEB］www.9640.jp

印刷・製本　シナノ書籍印刷　装 丁　仁井谷伴子

©LIANG, Chen, 2024　Printed in Japan

ISBN978-4-87424-969-7 C3087

乱丁・落丁はお取りかえいたします。本書の無断転載・複製を禁じます。